Michael Schratz (Hg.)

Gehen Bildung, Ausbildung und Wissenschaft an der Lebenswelt vorbei?

Technik- und Wissenschaftsforschung Band 3

Hrsg. von Arno Bammé, Peter Baumgartner,
Wilhelm Berger und Ernst Kotzmann

Michael Schratz (Hg.)

Gehen Bildung, Ausbildung und Wissenschaft an der Lebenswelt vorbei?

Profil

Anschrift des Herausgebers:
Michael Schratz
Institut für Erziehungswissenschaften der Universität
Innrain 52/V
A-6020 Innsbruck

Anschrift der Reihenherausgeber:
Arno Bammé, Peter Baumgartner, Wilhelm Berger, Ernst Kotzmann
Interuniversitäres Forschungsinstitut für Fernstudien
der Österreichischen Universitäten
Sterneckstr. 15
A-9010 Klagenfurt

CIP-Kurztitelaufnahme der Deutschen Bibliothek

Gehen Bildung, Ausbildung und Wissenschaft an der Lebenswelt vorbei? / Michael Schratz (Hg.). - München :
Profil-Verlag., 1988
(Techni k- und Wissenschaftsforschung ; Bd. 3)
ISBN 3-89019-193-2
NE: Schratz, Michael [Hrsg.]; GT

Gedruckt mit Unterstützung des Bundesministeriums für Wissenschaft und Forschung, Wien

Umschlagmontage: Michael Schratz/Irmgard Hierdeis unter Verwendung einer Abbildung aus Schiffler/Winkeler: Tausend Jahre Schule. Eine Kulturgeschichte des Lernens in Bildern. Stuttgart: Belser, 1985

Gesamtherstellung: WB-Druck 8959 Rieden
Printed in the Federal Republic of Germany
ISBN 3-89019-193-2

Inhaltsverzeichnis

Einleitung

"... eine trotz Zweifel mehr oder weniger geradlinig durch alle Wandlungen der Geschichte aufsteigende Linie des Verstandes und seiner Gebilde, dagegen ein Scherbenberg der Gefühle, der Ideen, der Lebensmöglichkeiten, wo sie in Schichten so liegen, wie sie als ewige Nebensachen entstanden und wieder verlassen worden sind ..."
(Robert Musil)

Diese Zeilen aus "Mann ohne Eigenschaften" gaben einer Veranstaltung das Leitmotiv, die vor kurzem als Zukunftswerkstätte in Neukirchen am Großvenediger durchgeführt wurde. In seinen Anmerkungen zu "Seele und Genauigkeit" diagnostiziert Musil, daß unsere Auffassung von Rationalismus und Fortschritt unhaltbar geworden sei und wir zugleich unsere Gefühlswelt (die uns so selbstverständlich scheint) kaum kennen würden. Dieser Diagnose stellten sich zahlreiche Teilnehmerinnen und Teilnehmer in einem Netzwerk von Themen aus Geistes- und Naturwissenschaften, Kunst und Kultur, Wirtschaft und Politik. In diesem Rahmen fand sich auch eine Arbeitsgruppe unter der Fragestellung zusammen, ob Bildung, Ausbildung und Wissenschaft heute an der Lebenswelt vorbeigingen, wenn sie sich dem technischen und wirtschaftlichen Fortschritt verschreiben.

In diesem Band soll der Versuch unternommen werden, Aspekte der Lebenswelt wieder mehr ins Zentrum der (bildungs)wissenschaftlichen Bemühungen zu stellen. Heute ist oft von einer 'Krise der Moderne' die Rede, wenn kritisiert wird, daß Erziehung, Bildung und Ausbildung mit der gesellschaftlichen Entwicklung nicht mehr Schritt halten würden. Die Wissenschaft als bislang dominante Wissensform ist unter Legitimationsdruck geraten, weil sie den großen Problemen der heutigen Zeit (Ökologie, Frieden, Arbeitslosigkeit) ohnmächtig gegenübersteht.

Die hier gesammelten Beiträge verbindet das Bemühen, den Stellenwert von Bildung, Ausbildung und besonders der Wissenschaft auf die Lebenswelt von heute neu zu bestimmen. Dies gelingt den Autorinnen und Autoren auf vielfältige Weise, indem sie sich dieser Aufgabe aus unterschiedlichen Perspektiven nähern. Die Aufsätze dieses Bandes gehen über die genannte Veranstaltung hinaus, die bei seiner Namensgebung Pate stand. Damit erwarte ich mir als Herausgeber neue Anregungen zu diesem Thema, die nicht so sehr die Titelfrage beantworten sollen, sondern vielmehr die unterschiedlichen Zugänge zu möglichen Antworten aufzeigen könnten.

Auf eine Gliederung in Kapitel oder Schwerpunkte wurde verzichtet. Die Lebenswelt läßt sich nicht einfach durch ordnende Herausgebereingriffe gewaltsam in Zusammenhänge rücken, die nur äußerlich über die Beteiligten hinweg ein Schema zustandegebracht hätten. So können sich die

Leser anhand der Titelformulierungen selbst ihre Reise durch den Sammelband planen. Dabei soll auch die folgende Vorstellung der Beiträge helfen, aus der ersichtlich wird, mit welchen Aspekten des vorgegebenen Themas sich die Autorinnen und Autoren im einzelnen beschäftigt haben.

Im Eingangskapitel problematisiert *Johann August Schülein* das Verhältnis von Sozialwissenschaften und Lebenswelt, indem er den Begriff des 'Alltagsbewußtseins' erörtert und mit den Vorstellungen einer selbstreflexiven Wissenschaft in Zusammenhang bringt. Dabei geht er den historischen und strukturellen Problemen einer sozialwissenschaftlichen Praxis nach, ehe er mögliche Perspektiven zur Verbesserung der Kommunikation zwischen Wissenschaft und Lebenswelt aufzeigt. *Lutz Hieber* durchleuchtet in seinem Beitrag die Struktur des naturwissenschaftlich-technischen Fortschritts, der durch die zunehmende Verwissenschaftlichung einzelner Lebensbereiche und die immer raffinierter werdende Spezialisierung undurchschaubar geworden ist.

Ausgehend von einem mathematischen Märchen befaßt sich eine Lehrergruppe *(Peter Awecker, Anne Henzinger, Georg Leiter, Gottfried Moser, Kurt Pruner, Werner Schweinitzhaupt)* mit der Frage, wieweit mathematisches Denken unsere Sichtweisen im Alltag beeinflußt. Dabei geht es nicht nur um den Sinn und Stellenwert der Mathematik als Lehr- und Lerngegenstand, sondern um die menschlichen Bezüge einer naturwissenschaftlichen Disziplin. *Thomas Leithäuser* versucht in seinem Beitrag anhand von Techniker- und Ingenieursgruppen aufzuzeigen, wie sich ein interdisziplinärer Dialog zwischen unterschiedlichen Denk- und Wissenschaftsbereichen herstellen läßt. Dabei geht es ihm nicht nur um den Abbau von latenten Formen des Mißtrauens einzelner Forscher untereinander, sondern auch um Rollenbezüge, Sprachschwierigkeiten und Mann-Frau-Beziehungen. Für ihn läßt sich die notwendige Offenheit für den interdisziplinären Dialog erst dann herstellen, wenn man "das Fremde und Andersartige an der Haltung der Gesprächspartner zu akzeptieren gelernt hat".

In meinem eigenen Beitrag untersuche ich die Bezüge von Erziehung, Ausbildung und Wissenschaft zur Lebenswelt vor dem Hintergrund der gesellschaftlichen Veränderungen, die in den letzten Jahren zu starken 'Brüchen' im Bildungswesen und in der Forschung geführt haben. Perspektivisch sind für die künftige Entwicklung der Menschheit neue Formen gesellschaftlichen Lernens zu suchen, die der Persönlichkeit des einzelnen mehr Einflußnahme im Bildungsprozeß ermöglichen, andererseits Wissenschaft verstärkt zur gesellschaftlichen Aufklärung einsetzt. *Albrecht Feurstein, Stephan Laske, Peter Swozilek* zeigen anhand eines Modells der Patenschaft zwischen Wirtschaftsstudium und Unternehmenswelt auf, wie schwierig es ist, sich aus den Höhen des Elfenbeinturms in die 'Tiefen' der Alltagspraxis hinabzulassen. Damit wird an diesem Beispiel aber auch eine konkrete Form für die Öffnung der Universität deutlich gemacht.

Herbert Maschat reflektiert am Beispiel eines Ingeborg-Bachmann-Zitats darüber, wieweit Bildung, Ausbildung und Wissenschaft überhaupt nach

Wahrheit streben. Seine Reflexionen legen nahe, daß Wahrheitssuche für den Wissenschaftler mehr darstellen muß als das Ernstnehmen tradierter Forschungsregeln, gibt aber auch zu bedenken, daß dazu auch Geduld und Gelassenheit nötig sind. Demgegenüber sieht *Heinrich Dauber* im Zusammenhang zwischen äußerer Bedrohung und innerem Zusammenbruch ein wichtiges Anzeichen dafür, daß die Angst als diffiziler Seismograph für gesellschaftliche Erschütterungen angesehen werden muß. Letztere gilt es genauer zu analysieren, wollen wir die Ansprüche an eine Annäherung von Bildung, Ausbildung und Wissenschaft an die Lebenswelt erreichen.

Helmwart Hierdeis befaßt sich in seinem Beitrag mit der Frage, wie professionell Erzieher/innen heute (noch) sein sollen. Dabei problematisiert er die oft vorfindbare Prämisse eines reinen Zweck-Mittel-Denkens in der Professionalisierungsfrage; dann stellt er die Analyse der eigenen Lebensgeschichte in Form eines vielschichtigen Reflexionsprozesses als wichtiges (Aus-)Bildungselement für berufliches Handeln dar. *Horst Siebert* versucht im Bereich der Erwachsenenbildung den Stellenwert der Lebenswelt als Forschungsinhalt und zentrale didaktische Maxime aus historischer Sicht aufzuspüren und kommt zum Schluß, daß das Themenspektrum der Bildungsangebote heute vielfältiger und die Veranstaltungsformen "bunter" und "kreativer" geworden sind.

Herbert Altrichter geht der oft gestellten Frage nach, wie Wissenschaft für Lehrerinnen und Lehrer wichtig werden kann. In ihrer Beantwortung zeigt er am Beispiel von zwei Lehrveranstaltungen auf, wie Theorie- Praxis-Vermittlung im Sinne von "Lehrerforschung" konkretisierbar wird.

Ein selten im Hinblick auf die (Weiter-)Bildung untersuchtes Berufsfeld stellt der Bereich der öffentlichen Verwaltung dar. *Eveline List* untersucht in ihrem Beitrag die Sozialisationsinstanzen der Beamten(fort)bildung. Der Forderung, die Entfremdung zwischen Staat und Bürger aufzuheben, steht die Vorstellung gegenüber, daß die öffentliche Verwaltung wie ein wirtschaftliches Großunternehmen funktionieren solle. Daraus leitet sie die Konfliktfelder eines beamtischen Lebens- und Arbeitszusammenhangs ab, die zu den Hauptinhalten einer politischen Beamtenbildung erhoben werden sollten.

Anhand eines historischen Abrisses der Ausbildung von Lehrlingen zeigt *Erich Ribolits* das Problem einer "vernachlässigten Majorität" des (österreichischen) Schulsystems auf. Im Zentrum seiner Ausführungen steht die Frage, für wen das duale System der Lehrlingsausbildung wie gut funktionieren könne. In den kurzfristigen Verwertungsinteressen der Arbeitgeber ortet er einen Ansatzpunkt für die "Disfunktionalität" des derzeitigen Facharbeiterausbildungssystems. Als Gegenvorschlag stellt er Perspektiven für die Berufsbildung im Zusammenhang mit den Veränderungen der Arbeitswelt durch die derzeitigen technologischen Entwicklungen auf.

Am Beispiel der Kärntner Slowenen setzt sich *Dietmar Larcher* in seinem Beitrag mit der brisanten Frage auseinander, ob man Minderheiten in ihrer Kultur bilden solle. Aus den Erfahrungen in einem einschlägigen Handlungsforschungsprojekt entwickelt er auf mehreren Ebenen Ansätze, die einen solchen Bildungsauftrag zum (Selbst-)Aufklärungsprozeß werden lassen. Durch die Auseinandersetzung mit den verdrängten Anteilen der fremden Kultur wird für ihn "Abwehr durchlässiger, wird Anerkennung des anderen leichter möglich, wird die Dialektik des Anerkennungsgeschehens erst ermöglicht". Daraus erwachsen auch neue Aufgaben des Bildungswissenschaftlers in Mehrheits-Minderheits-Situationen.

Anton Pelinka befaßt sich mit der Universität als Stätte institutioneller Macht, indem er die inneren und äußeren 'Machtkulturen' im Hinblick auf mögliche Demokratisierungsprozesse ausleuchtet. In einer Vergleichsanalyse mit amerikanischen Universitäten geht er der Frage nach Leistungsorientierung als "Relativierung von Macht" und den sozialen Wirkungsweisen der Massenuniversität nach. Demgegenüber schildert *Ursula Schneider* aus der 'Innensicht' ihre Probleme bei der Anforderung eine Habilitation schreiben zu müssen, um wissenschaftlich anerkannt zu werden. Der Eintritt in die *scientific community* stellt sich für sie ähnlich einem "Initiationsritus" dar, der in leidvoller Erfahrung durchlebt werden muß.

Das Thema des Schreibens wissenschaftlicher Arbeiten steht auch im Vordergrund der letzten Beiträge des Bandes. *Christian Rechberger, Gerhard Stumm, Rüdiger Teutsch* reflektieren den Stellenwert der Lebenswelt für Dissertanten und Diplomanden beim Verfassen ihrer Abschlußarbeiten. Sie zeigen anhand von konkreten Veranstaltungen und Projekten auf, wie das Problem solcher akademischer Hürden für Studierende entschärft werden kann. *Edgar Forster* versucht in seinen Notizen zum wissenschaftlichen Arbeiten die "Rekonstruktion einer wissenschaftlichen Lebenswelt", während *Helga Peskoller* in ihrem abschließenden Textexperiment das Schreiben in Bildern als selbstreflexives Verfahren vorstellt.

Edith Rainer schließlich tippte in bewundernswerter Ausdauer die Manuskripte und brachte die unterschiedlichen Formate in eine brauchbare Druckvorlage. *Bärbl Schratz* und *Claus Peter Unterberger* saßen Stunden vor den Druckfahnen und brachten erstaunlicherweise immer wieder Neues zutage, was ich bei meiner Durchsicht übersehen hatte. Sie haben mich dadurch bei der Herausgeberarbeit vor Ort entscheidend unterstützt. Herzlichen Dank! Wieweit die dadurch jetzt öffentlich vorliegenden Beiträge in der bildungswissenschaftlichen Diskussion auch praktisch wirksam werden können, liegt nicht zuletzt an der weiteren Auseinandersetzung mit den hier behandelten Themen. Die Beiträge wurden geschrieben, um in das aktuelle Bildungsgeschehen einzugreifen, um Zustimmung und Widerspruch zugleich auszulösen. Denn erst durch diese kritische Auseinandersetzung erwarte ich mir weiterführende Impulse für die zukünftige Entwicklung von Bildung, Ausbildung und Wissenschaft. Ansonsten könnte es leicht passieren, daß die Lebenswelt an ihnen vorbeigehen wird ...

März 1988 Michael Schratz, Innsbruck

Johann August Schülein

Anmerkungen zum Verhältnis von Sozialwissenschaften und Lebenswelt

1. Gehen die Sozialwissenschaften an unserer Lebenswelt vorbei?

In der Diskussion der "Zukunftswerkstätte" im Sommer 1986 spielte die Frage: "Warum gehen die (Sozial-)Wissenschaften an unserer Lebenswelt vorbei?" eine zentrale Rolle. Eine so gestellte Frage setzt bereits voraus, daß Sozialwissenschaften an der Lebenswelt der Menschen vorbeigehen. Das sollte jedoch erst noch einmal genauer überlegt werden. Gehen sie wirklich an der Lebenswelt vorbei? Neulich hatte in einem Supermarkt, in dem ich regelmäßig einkaufe, ein schusseliger, überarbeiteter, desinteressierter Verkäufer beim Auspacken der Ware vergessen, die Aufstellungsanweisungen wegzupacken. So prangten dem Käufer, der sich in der Schlange langsam vorwärtsbewegte, nicht nur wunderschöne "Überraschungseier" entgegen (genau in der Höhe, wo sie von kleinen Kindern mühelos wahrgenommen und gegriffen werden konnten, aber auch sich dem Blick der Erwachsenen aufdrängten), sondern auch der energische Hinweis: "Achtung! Impulskaufware!" Mit einer (beim Aufstellen genau berücksichtigten) Skizze, wie selbige aufzustellen sei und was vermieden werden müsse (nämlich, daß Kinder sie nicht sehen kön- nen und der Erwachsene nur durch dezidierten Entschluß und aktive Suche auf sie aufmerksam wird). Daran haben Generationen von Sozialwissenschaftlern hart gearbeitet: Die Bewegungen und der Blick der Käu- fer(innen) wurden analysiert, das Verhalten von Kindern und die Reaktionen der Erwachsenen untersucht, Theorien des Kaufens, speziell von "Impulskäufern" erarbeitet usw. usw.[1] Es kann also keine Rede davon sein, daß die Sozialwissenschaften an der Lebenswelt vorbeigingen, im Gegenteil, sie dringen energisch ein.

Und dies auf breiter Front. Es wäre falsch, vom "Überwachungsstaat" zu sprechen, aber die Bedeutung der Informationssammlung und -verarbeitung für den politischen wie den ökonomischen Prozeß kann man kaum überschätzen. Auch wenn der Einzelne nicht direkt erfaßt und kontrolliert wird, ist doch über den Typ, dem er zuzuordnen ist, seinen Lebensstil, sein Wahl- und Freizeitverhalten viel bekannt, wird permanent mit Wissen dieser Art gearbeitet. Und umgekehrt werden Informationen dieser Art auch für den Einzelnen mehr und mehr zum Orientierungspunkt; gewinnen sogar Unterhaltungsqualität - was wäre ein Wahlkampf ohne Umfrageergebnisse, ohne Hochrechnungen, Wählerbefragungen, Analysen der Wanderungsbewegungen?[2] Gleichzeitig existiert mittlerweile ein hochdifferenziertes Spektrum an sozialwissenschaftlich inspirierten Beratungseinrichtungen, die von Einzelpersonen wie Organisationen eifrig zu Rate gezogen werden.[3] Schließlich ist auch die Terminologie schon in die Alltagssprache hineindiffundiert. Freud würde staunen, wie vielen heute "Ödipus" und "Verdrängung" problemlos von den Lippen kommen; in Diskussionen und Kommentaren wird auf "Systemstrukturen", "Funktionen" Bezug genommen, werden "Szenarien" entworfen, wird sozialwissenschaftlich argumentiert (bzw.: zumindest eine entsprechende Terminologie benutzt).

So gesehen muß man den Sozialwissenschaften eher bescheinigen, daß sie in vieler Hinsicht lebensweltlich ziemlich präsent sind. Nun hat sich der Herausgeber dieses Bandes die Themenformulierung sicher nicht nur so einfallen lassen, er beruft sich auf evidente und massive Eindrücke, die offenkundig von vielen geteilt werden - so etwa während der "Zukunftswerkstätte" vom Sommer 1986, aus der die Anregung für diesen Band entstand. Wenn also durch die Fragestellung als evident vorausgesetzt wird, daß dem nicht so sei, muß es noch andere Erfahrungen geben. Ich nehme an, daß es vor allem zwei Eindrücke sind, die jenes "Vorbeigehen" nahelegen:

- Die Ausbildung der Studenten in den sozialwissenschaftlichen Fachbereichen ist typischerweise alles andere als "realitätsbezogen". Gelernt werden vor allem Methoden, kennengelernt werden akademisch relevante, aber außerhalb der Universität eher marginale Themen und Diskussionen. Der Psychologiestudent erfährt nichts von "wirklichem" psychischem Geschehen, soll ausdrücklich dazu gebracht werden, nicht an sich und seine Situation zu denken, sondern sich auf die bewährten und etablierten Praktiken der Wissenschaft einzulassen; der Soziologiestudent hat zu lernen, daß Wissenschaft zuallererst Distanzierung und Abstraktion heißt, daß es keinen direkten Kontakt zu sozialen Problemen gibt - schon gar keinen, der Partei nimmt.[4]
- Analog dazu erscheinen häufig die Themen, mit denen sich Sozialwissenschaftler beschäftigen, von der Lebenswelt (nicht nur) von Studenten ebenso weit weg zu sein wie die Methoden, mit denen sie es tun, von lebensweltlicher Praxis geschieden sind. Wofür sind "minimum visible", "minimum separabile", mit denen sich die Wahrnehmungspsychologie auseinandersetzt, wichtig und nützlich? Was hat ein Sozialarbeiter von der Theorie autopoietischer Systeme? Wer sieht, interessiert sich mehr für das, was er sieht; wer arbeitet, braucht Wissen, welches ihm in seiner Situation hilft. Und es gibt viele Situationen, für

die die Sozialwissenschaften nichts zu bieten haben, viele soziale Gruppen, denen sie nichts bieten können.

Aus dieser Perspektive ist also mehr als evident, daß die Sozialwissenschaften an der (jeweils spezifischen) Lebenswelt vorbeigehen. Es zeigt sich also, daß beide Perspektiven sich nicht notwendigerweise widersprechen: Es scheint, als wären Sozialwissenschaften auf eine Weise lebensweltlich präsent, die zugleich eine ganz bestimmte Form der Präsenz und eine Beschränkung derjenigen, die damit etwas anfangen können, einschließt.

Um die damit zusammenhängenden Fragen und Probleme präzisieren zu können, ist es sinnvoll, genauer danach zu fragen, inwiefern es sich um notwendige Differenzen und Distanzen und/oder um "zusätzliche", durch spezifische/historische Umstände bedingte Differenzen handelt. Dazu soll zunächst ein kurzer Blick auf das Verhältnis von (Sozial-)Wissenschaft und Alltagsbewußtsein geworfen werden.

2. Wissenschaft und Alltagsbewußtsein

Der Begriff des "Alltagsbewußtseins" wird sehr unterschiedlich gebraucht.[5] Hier soll damit ein Typ von Bewußtsein bezeichnet werden, der dazu dient, individuelles Handeln zu ermöglichen. Praktisches Handeln im Alltag setzt voraus, daß die jeweiligen Situationen bekannt sind, im Sinne der jeweiligen subjektiven Besonderheiten interpretiert und in Handlungsperspektiven/Alternativen übersetzt werden können. Soziale Wirklichkeit ist prinzipiell vieldeutig bzw. interpretationsbedürftig; ist nicht per se so strukturiert, daß sie selbstverständlich und eindeutig Auskunft darüber gibt, was in ihr möglich/erforderlich ist, welche Konsequenzen sich aus ihr ergeben, was wie in ihr zu erreichen ist usw. Gleichzeitig ist subjektive Identität etwas, was nicht immer "gleich" ist: Von Situation zu Situation unterscheiden sich "Stimmungen", d. h. auch: Selbst- und Fremderfahrungen. Schon deshalb muß jeder Handelnde ständig aktiv ein "Bild" von Wirklichkeit (innerer wie äußerer) erstellen, welches ihn in die Lage versetzt, handlungsfähig zu sein und (was davon nicht getrennt werden kann) sich selbst in der jeweiligen Situation zu definieren.

Alltagsbewußtsein steht daher gewissermaßen unter "Leistungsdruck". Es muß situativ diese doppelte Funktion der Klärung der Situation und der Selbstdefinition erfüllen. Das bedeutet, daß Alltagsbewußtsein nicht nur zu jedem Zeitpunkt ein hohes Maß an integrativer Leistung erbringen muß, es steht auch vor dem Problem, daß ständig unterschiedliche und heterogene Eigenheiten (der Identität, der Situationen) auf einen Nenner gebracht werden müssen. Wo die wissenschaftliche Reflexion sich in aller

Ruhe mit der Analyse von Gegebenheiten und ihren Hintergründen beschäftigen kann, muß das Alltagsbewußtsein momentan und umfassend Realität verarbeiten und zugänglich halten. Dies ist ein enormer Balanceakt. Es liegt daher nahe, daß es mit vereinfachenden und verkürzenden Kategorien arbeitet, daß biografisch bewährte Erfahrungen und Einschätzungen angewendet werden, daß jeweils subjektzentriert erlebt und gedacht wird.

Konkret heißt das: Viele situationsspezifische Besonderheiten werden weggefiltert, werden so interpretiert, daß sie in meine momentane Befindlichkeit passen. Das muß unbedingt mit den objektiven Gegebenheiten übereinstimmen, kommt aber meinen Bedürfnissen entgegen. Außerdem ist das Alltagsbewußtsein - bezogen auf die psychischen Gegebenheiten - "parteilich", d. h.: es bewertet, wie der jeweilige Sachverhalt zu den Interessen und Bedingungen des handelnden Subjekts steht. Es reagiert also schnell mit normativen Zuordnungen und ist nicht an "Wahrheit" interessiert. Wenn ich jemanden und etwas erlebe, was mir momentan nicht zusagt, stufe ich selbiges/selbigen als "unsympathisch", "unangenehm", "doof" ein und habe damit eine klare Einstellung - ob das der Situation wirklich gerecht wird, spielt dabei weniger eine Rolle als vielmehr die Tatsache, daß dies *mir* in dieser Situation gerecht wird. Ich sehe Spinat und denke: den mag ich nicht. Damit erübrigt sich jede Auseinandersetzung über "objektive" Qualitäten usw. Ich weiß, wie ich mich in dieser Situation verhalte (ich kaufe/esse keinen).[6]

Alltagsbewußtsein funktioniert, unter dem Zwang, Situation und psychosoziale Identität hic et nunc auf einen Nenner bringen zu müssen, mit Hilfe der konkret verfügbaren Möglichkeiten und nach ökonomischen bzw. ökologischen Prinzipien - es geht um Situationsbewältigung und Identitätsbalance; Objektangemessenheit und -zentrierung sind dabei sekundäre Kriterien. Dies muß nicht heißen, das Alltagsbewußtsein sei notwendig borniert und agiere blindlings egozentrisch. Denn es beinhaltet und verarbeitet auch lebenspraktische Erfahrungen und Kenntnisse, was bedeutet, daß jemand, der bestimmte Lebensweltbereiche gut kennengelernt hat, auch über ein hohes Maß an Informiertheit verfügt; nicht nur alle möglichen (und unmöglichen) Situationen genau kennt, sondern auch ebenso genau versteht, was sich im einzelnen abspielt. Und dies, ohne lange interpretieren zu müssen. Wer beispielsweise in einer dauerhaften und intensiven Beziehung mit einer anderen Person lebt, weiß viel über sie, hat sie in vielen Situationen erlebt und kann mit großer Sicherheit sagen, wie sie reagieren wird, was sie für Einstellungen hat, kann bereits aus minimalen Anzeichen komplexe Abläufe und Zusammenhänge ab- lesen. Schon wenn bei der Begrüßung irgend etwas anders ist als sonst, weiß man, es ist etwas los (und kann sich u. U. denken, was los ist). Durch Erfahrung basierendes Alltagsbewußtsein ist also sehr wohl kompetent (auch wenn diese Kompetenz nicht notwendigerweise eine in jeder Hinsicht bewußte/bewußtseinsfähige Kompetenz ist). Wo beispielsweise eine wissenschaftliche Erforschung erst mit ungeheurem Aufwand sich an das Sammeln von Informationen machen müßte (und mit Sicherheit auch nur einen Teil der Situationen erfassen könnte), entwickelt das Alltagsbewußtsein einen ausgesprochenen präzisen und differenzierten Zugang.

Außerdem spiegelt das Alltagsbewußtsein nicht nur die lebenspraktischen Erfahrungen mit bestimmten Bereichen der sozialen Realität, sondern auch die Strukturen der Identität überhaupt. Wo die Identitätsentwicklung ohne übermäßige Brüche und Widersprüche vonstatten ging, wo also das Ausmaß psychopathologischer Verzerrungen sich in Grenzen hält und der Umgang mit Realität kaum von neurotischen Mechanismen verzerrt und beeinträchtigt ist, entwickelt auch das Alltagsbewußtsein "reflexivere" Strukturen; entstehen praktisch Modi im Umgang mit inneren und äußeren Abläufen, die weniger zwanghaft, differenzierter, vermittelter sind und über ein höheres Maß an Distanz auch ein komplexeres Modell der Selbstidentifikation und Wirklichkeitsverarbeitung erlauben. Die Funktionen des Alltagsbewußseins schwanken je nach Ausmaß der durch Psycho- und Soziopathien erzwungenen Clichés.[7] Es gibt keinen Grund, die Leistungen des Alltagsbewußtseins, in actu Identität und Situation zu vermitteln, abzuwerten. Es ist alles andere als selbstverständlich, daß beides zusammenpaßt; dem Alltagsbewußtsein wird quasi abverlangt, ständig wechselnde Kombinationen zu verarbeiten und horizontale wie vertikale Heterogenitäten zu verkraften. Diese besondere Fähigkeit des Alltagsbewußtseins liegt also vor allem darin, im ständigen Betrieb Einheit, Kontinuität und Balance zu stiften.

Wissenschaftliche Reflexion[8] ist, so gesehen eine *Sonderform* des Bewußtseins, welche sich aus dem Alltagsbewußtsein heraus entwickelt und sich ein (mehr oder weniger großes) Stück von dessen Funktionsprinzipien entfernt hat. Vor allem ist Wissenschaft wesentlich objektzentriert. Sie löst sich also von der Subjektzentrierung, von den Erfordernissen der Aufrechterhaltung von Handlungsfähigkeit, und wendet sich, gewissermaßen ohne Rücksicht auf die Imperative des praktischen Überlebens im Hier-und-Jetzt der Objektwelt zu. Und dies nicht unter dem Vorzeichen der "Verwertung" für subjektive Zwecke, sondern im Gegenteil: unter den Vorzeichen der Freisetzung von primären Verwertungsinteressen. Das muß nicht heißen, daß indirekt dahinter nicht massivere Verwertungsinteressen stehen (können). Aber der primäre Zugang ist "(ver)wert(ungs)-

frei", uninteressiert am praktischen Nutzen, nur an der vollständigen symbolischen Durchdringung und Reproduktion interessiert.

Dies hat nun erhebliche Folgen für den Umgang mit Realität. Wissenschaftliche Praxis heißt zunächst, daß Realität nicht als Gelegenheit behandelt und genutzt, sondern daß sie auf ihre Struktur und Logik untersucht wird, daß sie "zerlegt" und wieder zusammengesetzt wird. Dabei wird auf das Thema selbst, aber auch auf die Ressourcen, die der Umgang mit ihm verlangt, keine Rücksicht genommen. Wissenschaftliche Praxis geht - im Vergleich mit dem Alltagsbewußtsein - extrem verschwenderisch mit Zeit, Material um, betreibt einen beträchtlichen (und ertragsunabhängigen) Aufwand. Gleichzeitig nimmt sie auf ihren Gegenstand wenig "Rücksicht": Er wird aus der Bindung in Situationen und Präsenz in Identitäten herausgenommen, analytischen, auch "destruktiven", Prozeduren unterworfen und auf diese Weise genötigt, seine Eigenheiten zu veröffentlichen. Im Verhältnis zum Alltagsbewußtsein, so könnte man diese Art der Praxis bezeichnen, werden vor allem die ökonomischen und ökologischen Prinzipien des Umgangs mit der Realität außer Kraft ge- setzt. Wissenschaftlicher Umgang mit Realität kümmert sich zunächst nicht darum, was mit ihrem Gegenstand, und mit dem erkennenden Subjekt "los ist" und "passiert", es suspendiert die Vorgaben des Handelns, der Situation.

Es handelt sich also um die Praktizierung extraalltäglicher Formen des Umgangs mit Realität. Wissenschaft löst sich von der Bindung an Alltagsrealität, schafft einen vom Normaltypus abweichenden Modus der Interaktion und gewinnt auf diese Weise auch extraalltägliche Zugänge im Umgang mit (spezifischer, auf spezifische Weise "zubereiteter") Realität. Wissenschaft ist sozial gesehen exzentrisch. Sie verlangt daher besondere soziale Arrangements und spezifische darauf ausgerichtete Identitätsformen.[9]

Es ist bekannt, daß mit Hilfe dieser besonderen Interaktionsformen dem Umgang mit Realität qualitativ neue Dimensionen erschlossen wurden. Die Revolutionierung der analytischen Kenntnisse vor allem der materiellen Welt haben dazu geführt, daß sich die Lebensbedingungen (d. h. auch: die Konstitutions- und Reproduktionsbedingungen des Alltagsbewußtseins) systematisch verändert haben. Das heißt weder, daß das Alltagsbewußtsein dadurch etwa außer Kraft gesetzt wäre, noch, daß wissenschaftlicher Umgang mit Realität "besser" wäre. Wissenschaft ist ein anderer Typ von Bewußtsein, der sich distanziert, dadurch andere Leistungen erbringt, die Wissenschaft bleibt gebunden an die lebensweltlichen Voraussetzungen, die durch das Alltagsbewußtsein gesetzt/vermittelt werden.

Damit stellt sich die Frage, wie sich das Verhältnis von Wissenschaft und Alltagsbewußtsein entwickelt hat und welchen Risiken es unterliegt.

3. Selbstreflexive Wissenschaft

Bisher ist nicht weiter zwischen den verschiedenen Themen, mit denen Wissenschaft sich beschäftigt, unterschieden worden. Idealisiert kann man sagen, daß Wissenschaft mit zwei qualitativ verschiedenen Themenbereichen zu tun hat:

- Wo sie sich mit Objektweltstrukturen beschäftigt, d. h.: mit Realitätsstrukturen, die Vorgaben sozialer Praxis sind und durch den Prozeß der Erkenntnis in keiner Weise beeinflußt oder verändert, sondern nur bekannt (und damit nutzbar) werden, kann man von "*objekt reflexiver Praxis*" sprechen. Hierbei bleiben Gegenstand und erkennendes Subjekt getrennt, geraten nicht in einen nach beiden Seiten wirksamen Austausch.
- Wenn jedoch soziale Realität Gegenstand der Reflexion ist, thematisiert das erkennende Subjekt (ein Stück weit) sich selbst; Erkenntnis wird "*selbstreflexiv*". Das bedeutet einerseits, daß der Gegenstand verändert wird, denn soziale Realität wird praktisch hergestellt und hat Alternativen, sodaß reflexiver Umgang mit ihm Konstitutions- und Selektionsprinzipien verändert, tangiert. Andererseits wird die subjektive Identität derjenigen, die sich auf diese Weise mit der Thematik beschäftigen, durch die damit verbundenen Erkenntnisgewinne und Erlebnisse ebenfalls beeinflußt.

Selbstreflexive Praxis - und dazu gehört jede sozialwissenschaftliche Forschung - impliziert also eine intensive Dialektik von Gegenstand und Subjekt. Wer den Aufbau von Zellmembranen untersucht, ändert daran nichts, wird auch in seiner Lebenspraxis davon nur sehr indirekt betroffen. Wer sich dagegen mit Familienneurosen beschäftigt, wird zunächst in seiner eigenen (vielleicht neurotischen) Familienerfahrung angesprochen: Die Konfrontation mit fremden Familienstrukturen, die den eigenen ähneln (und/oder sich davon unterscheiden) aktualisiert die Vorstellungen, Gewißheiten, Ängste etc., die man selbst damit verbindet. Die Beschäftigung mit einem Thema der sozialen Realität schließt also ein, daß das Alltagsbewußtsein desjenigen, der sich darauf einläßt, mitthematisiert wird. Dies umso mehr, als soziale Themen, insbesondere handelnde Subjekte, ihrerseits aktive Beziehungsangebote in die Forschung einbringen: Eine Familie läßt sich nicht stillstellen und unters Mikroskop legen, sie reagiert auf die "Invasion" der Wissenschaft, indem sie diese interpretiert, sich darauf einstellt, sie einordnet. Die Interaktion zwischen Gegenstand und erkennendem Subjekt aktualisiert also *auf beiden Seiten* besondere

Aktionen und Reaktionen, sodaß eine eigenständige, neue Realität entsteht, in die beide Seiten ihre alltagspraktischen Bewältigungsstrategien einbringen.

Es kann und muß hier nicht im Einzelnen diskutiert werden, wie sich der daraus resultierende Interaktionsprozeß entwickelt.[10] Festzuhalten ist, daß hier die Distanzierung, die Herstellung einer exzentrischen Beziehung so ohne weiteres nicht möglich ist, weil es einen stimulierenden Austausch gibt. Dadurch besteht z. B. die Möglichkeit, daß der Prozeß der Erkenntnis systematisch verzerrt wird: Es kann sein, daß etwa die Familie, die wissenschaftlich erforscht werden soll, darauf mit einer eigens für diese Zwecke generierten Außendarstellung reagiert, also der Wissenschaft eine stilisierte Realität zeigt; es ist aber auch möglich, daß der Forscher die Familie durch seine vom Alltagsbewußtsein eingefärbte Optik erlebt und sieht und dadurch projektiv verfärbt und verarbeitet.[11] So wird ein "bürgerlicher" Sozialforscher, der in ein traditionelles Arbeitermilieu kommt, erst einmal geschockt von den Umgangsformen und reagiert unter Umständen mit Kategorisierungen, die, auch wenn sie wissenschaftlich formuliert sind, in ihrem Kern vom Alltagsbewußtsein eingefärbt sind. Das soll nicht heißen, daß nur selbstreflexive Praxis riskant ist. Auch Objektreflexion, so zeigt die Wissenschaftsgeschichte, unterliegt dem Ri- siko direkter oder indirekter Verzerrung durch Wahrnehmungsstrukturen individueller und kultureller Art. Aber hier bleibt der Austausch reduziert; der Gegenstand "antwortet" nicht (und aktualisiert auch nicht so subjektnahe Bereiche des Alltagsbewußtseins). Relevanter sind hier vor allem die Risiken, die sich aus der Distanzierung selbst ergeben: daß objektreflexive Praxis jede Bindung an Lebensweltstrukturen verliert, sich verselbständigt, auf partikular-destruktive instrumentelle Praxis generiert und so zur direkten und indirekten Gefahr für die Lebenswelt werden kann. Während also objektreflexive Praxis sich strukturell vom Objekt distanzieren kann (und daher vorrangig mit Distanzierungsrisiken verbunden ist), bleibt selbstreflexive Praxis an ihren Gegenstand "gebunden", kann sich nur ein Stück weit von ihm lösen.

Daher hat selbstreflexive Praxis zunächst damit zu kämpfen, daß sie überhaupt in ein balanciertes und produktives Verhältnis mit ihrem Gegenstand gerät, daß sie die Besonderheiten, die sich aus der (partiellen) Identität von Erkenntnisgegenstand und erkennendem Subjekt sowie aus der Eigenheit des Gegenstandes selbst ergeben, angemessen bewältigt. Dabei können nun die im Bereich der Objektreflexion bewährten Methoden nicht ohne weiteres (bzw. nur um den Preis zusätzlicher Komplikationen) verwendet werden. Objektreflexive Praxis kann sich die Möglichkeit von psychisch und sozial "neutralisierter" Praxis zunutze machen, kann eine

Art von "Ich-Spaltung" institutionalisieren, auf deren Basis dann der distanzierende/distanzierte Umgang mit der Objektwelt funktioniert. Was der Forscher privat ist und tut, spielt keine Rolle, wenn er die Forscherposition einnimmt. Er läßt seine persönliche Identität (weitgehend) draußen und kann dies auch ohne Einschränkungen tun, im Gegenteil: Er gewinnt dadurch die nötige Unabhängigkeit von seinen lebensweltlichen Bezügen und kann sich voll und ganz den Objektweltstrukturen widmen.

Wenn nun der Sozialwissenschaftler ähnliches versucht, ergeben sich neue Probleme. Selbstverständlich ist ein bestimmtes Maß an Distanzierung zur eigenen Lebenspraxis und an Distanz zur sozialen Realität, mit der man konfrontiert wird, erforderlich, aber hier ist eine einfache Trennung nicht möglich. Zum einen ist dies kein voluntaristischer Akt, d. h.: auch wenn man es sich vornimmt, kann man doch nicht kontrollieren, ob sich nicht unterschwellig, unbewußt projektive Mechanismen bemerkbar machen, mehr noch: ob nicht gerade der Versuch der Distanzierung Teil einer unbewußten Bewältigungsstrategie ist.[12] Zum anderen reduziert sich dadurch der Kontakt zur sozialen Realität auf das, was objektreflexiv gefiltert, davon noch übrig bleibt. Das kann unter Umständen sehr wenig sein. Gerade der ganze Komplex psychosozialer Beziehungen (inklusive ihrer Tiefenstruktur) ist objektreflexiv nur begrenzt zugänglich.[13] Auf diese Weise wird die Interaktion zwischen Erkenntnisgegenstand und erkennendem Subjekt zwar vereinfacht und handhabbar, weil die "störende Überkommunikation", der Austausch, den das klassische wissenschaftliche Interaktionsmodell nicht vorsieht, ausgegrenzt wird, aber dies um den Preis der Einschränkung der Möglichkeiten bzw. der systematischen Verzerrung.

Was bisher auf der Interaktionsebene skizziert wurde, gilt mutatis mutandis auch auf der Strukturebene. Auch unabhängig von konkreten Einzelinteraktionen besteht eine intensive Beziehung, ein intensiver Austausch zwischen der gesellschaftlichen Gesamtentwicklung und dem strukturellen Prozeß der Reflexion. Dies gilt in gewisser Weise auch für objektreflexive Praxis: gesellschaftliche Bedingungen determinieren, welches Wissen wie produziert wird. Aber hier beeinflussen beide Seiten sich ebenfalls nicht auf die qualitativ besondere Weise, wie dies für selbstreflexive Praxis gilt. Sie hat es direkt mit dem zu tun, was zu den relevanten gesellschaftlichen Konstituentien (auch ihrer selbst!) zählt. So sind beispielsweise gesellschaftlich dominierende Ideologien nicht nur "forschungsresistent", d. h. schwer zu identifizieren und zu bearbeiten, weil ihr "Widerstand" erhebliche Ausmaße besitzt; der Forschungsprozeß selbst ist bereits von diesen Ideologien beeinflußt, findet unter den Vorzeichen seiner subjektiven wie sozialen Dominanz statt. Weder kann sich der Forscher frei machen von dem, was ihm qua Sozialisation an Denkgewohnheiten mitgegeben wird, noch kann er die in der sozialen Organisation mitinstitutionalisierten Eigenheiten des Diskurses beliebig überspringen. Mit einem Wort: selbstreflexive Erkenntnis ist besonders intensiv mit den gesellschaftlichen Rahmenbedingungen der Reflexion, mit den in die Struktur der Identität, der Interaktion, der Reflexion eingelassenen Steuerungs- und Kontrollmechanismen abhängig. Genau wie im mikrosozialen Bereich spielen sich auch im makrosozialen massive Beeinflussungen ab, die nicht ausgeschaltet werden können und deren Vernachlässigung sich beträchtlich auf die Erkenntnis auswirkt.[14]

Das hat zur Folge, daß sowohl die individuelle Identität desjenigen, der selbstreflexive Praxis betreibt, als auch Selbstreflexion als soziale Institution, ständig belastet sind durch ihre Verbindungen mit dem Thema bzw. durch die Auseinandersetzung mit den Folgen dieser Subjekt-Objekt-Dialektik. Selbstreflexion ist ständig konfrontiert mit den direkten und indirekten Bedingungen und Folgen ihrer Praxis und dadurch besonders anfällig für reduktionistische/verzerrende Bewältigungsmechanismen.

4. Strukturelle und historische Probleme

Zusammengefaßt: Selbstreflexion - dazu gehört sozialwissenschaftliche Forschung allemal - hat strukturelle Balanceprobleme (mit sich selbst/im Austausch mit dem Thema) und ist anfällig für zusätzliche Komplikationen. Sie kann subjektive und soziale Konflikte nicht ausgrenzen, wenn und soweit sie für sie selbst konstitutiv sind und ist, wo sie sich mit ihren Schwierigkeiten auseinandersetzt, in Gefahr, zusätzlich belastet und beeinträchtigt zu werden.

Damit läßt sich nunmehr auch die Ausgangsfrage wieder aufgreifen. Betrachtet man die Tatsache, daß sozialwissenschaftliche Erkenntnis sowohl sehr präzise in unsere Lebenswelt intervenieren als auch an bestimmten Problemen und Themen vorbeigehen kann, auf dem skizzierten Hintergrund, so wird deutlich, daß man sie im Zusammenhang mit den strukturellen und historischen Eigenheiten sozialwissenschaftlicher Erkenntnis sehen muß.

Zunächst ergibt sich aus den angesprochenen Besonderheiten, daß sozialwissenschaftliche Praxis in einem eigentümlichen Verhältnis zum Alltagsbewußtsein steht: Einerseits davon geschieden, andererseits davon nicht zu trennen. Diese (wie Hegel sagen würde) "Identität von Identität und Nicht-Identität" macht beiden Seiten Probleme. Der Sozialwissenschaft, wo sie ihrer Differenz zum Alltagsbewußtsein (welche ja auch stabilisierende Effekte hat) nicht sicher sein kann (und daher bemüht ist, Distanzen auf andere Weise zu stabilisieren), aber auch dem Alltagsbewußtsein, welches sozialwissenschaftliche Praxis zugleich als Konkurrenz und als Eingriff erfährt - als Konkurrenz, weil sich eine anders strukturierte Thematisierungsstrategie mit den gleichen Themen beschäftigt, als Eingriff, weil damit die (vortheoretischen) Gewißheiten des Alltagsbewußtseins in Frage gestellt, relativiert, kritisiert, außer Kraft gesetzt werden. Es ist daher verständlich, daß das Verhältnis von Sozialwissenschaften und Alltagsbewußtsein gespannt ist bzw. sein kann.

Das muß nicht heißen, sie wären inkompatibel, aber beide Seiten haben Probleme, sich mit den jeweils anderen Funktionsprinzipien auseinanderzusetzen - und diese Probleme sind chronisch, weil und wo sie nicht quasi technisch neutralisiert werden können. Die Möglichkeiten dafür sind begrenzt, weil das Alltagsbewußtsein (in seiner Subjektzentrierung) nur zum Teil Methoden und Ergebnisse selbstreflexiver Praxis aufnehmen und verarbeiten kann. Auch wer Bescheid weiß über die Abgründe, die sich in Beziehungskonflikten auftun, ist deshalb nicht davon befreit, voll und ganz in ihnen zu versinken, wo er selbst in eine Beziehung verstrickt ist - im Gegenteil: Unter Umständen verkomplizieren sich die Konflikte dadurch erst recht, erschwert sich die Interaktion, weil verschiedene Typen vermischt werden und die Orientierung erschwert bzw. die Eigendynamik alltagspraktischer Bewältigungsmechanismen beeinträchtigt wird.[16]

Wenn die bisherigen Ausführungen danach klangen, als sei das Verhältnis von Selbstreflexion und Alltagsbewußtsein dem von Hund und Katze ähnlich, so ist dies irreführend. Sie können sich zwar gegenseitig im Weg stehen, sich aber auch produktiv ergänzen und stimulieren. Weite Bereiche sozialwissenschaftlicher Forschung leben von den kreativen Impulsen des Alltagsbewußtseins (auch wenn dies nicht immer so deklariert ist), während umgekehrt das Niveau der Mechanismen des Alltagsbewußtseins sich entschieden heben kann, wenn es selbstreflexive Prinzipien aufnimmt und integriert. Es stellt sich daher die Frage, wo und wie dies der Fall ist (bzw. sein kann) und wo dies nicht der Fall ist (bzw. verhindert wird). Und im Anschluß daran die Frage, was dies mit dem gegenwärtigen Verhältnis von Sozialwissenschaften und Lebenswelt zu tun hat.

Beide Fragen hängen eng mit der historischen Entwicklung sowohl der Sozialwissenschaften als auch der Lebensweltstrukturen (bzw. der damit verbundenen Formen psychosozialer Identität) zusammen. Auch dies kann und muß hier nicht in aller Ausführlichkeit erörtert werden. Daher nur einige kurze Hinweise: Aus dem oben Gesagten geht indirekt hervor, daß die Sozialwissenschaften strukturell wie aktuell erhebliche "Emanzipationsprobleme" haben und hatten, aber auch, daß ihre Entwicklung in sich ein Echo der gesamtgesellschaftlichen Entwicklung trug und trägt. Die Entwicklung zur Industriekultur hat in dieser Hinsicht entscheidende Markierungen gesetzt. Sie ging einher mit dem, was Max Weber "okzidentale Rationalität" nannte: einer Revolutionierung von Produktion und Reproduktion durch "Zweckrationalität" und, wie man heute eher sagt, "funktionale Differenzierung". Das bedeutet für den Bereich der Wissenschaft, daß die vormals dominierenden Wissenschaften - Theologie, Philosophie - von der empirisch-analytischen (Natur-)Wissenschaft zurückgedrängt und abgelöst wurden. Das 19. Jahrhundert stand völlig im Zeichen des Siegeszugs dieses neuen Typs von Wissenschaft - eben jener Form von Praxis, die auf der skizzierten Subjekt-Objekt-Spaltung basierte. Jede Form von Metaphysik, von spekulativer Reflexion, hatte es schwer, dagegen anzukommen. Von dem erfolgreichen und revolutionären neuen Wissenschaftsparadigma ging ein starker Sog aus. Außerdem wurde Metaphysik in Verbindung mit Idealismus gebracht, also mit jener Form von Theorie, die die Entfaltung der empirisch-analytischen Praxis lange Zeit behinderte.

Die sich entwickelnden Sozialwissenschaften gerieten von daher doppelt unter Druck: Zum einen mußten sie sich inneruniversitär gegen Konkurrenz und Ablehnung durchsetzen (und das hieß vor allem auch: sich vor dem herrschenden Paradigma legitimieren), zum anderen sahen sie sich mit Leistungsanforderungen konfrontiert, die aus den Verwertungs- und Effizienzkriterien, mit denen das empirisch- analytische Paradigma eng verknüpft war/ist, ergaben.

Beides hat erheblich dazu beigetragen, daß sich auch in den Sozialwissenschaften das objektreflexive Prinzip über weite Strecken als (im Sinne interner wie externer Beurteilungskriterien) erfolgreich erwies und durchsetzte. Teils, weil sich die Sozialwissenschaftler selbst bemühten, dem neuen Wissenschaftsideal gerecht zu werden (psychodynamisch gesagt: aus Identifikation mit dem Aggressor), teils aber auch, weil es ganz handfeste ökonomische Gründe gab, kam es (unter Federführung der US-Soziologie) zur Vorherrschaft des pragmatisch-handwerklichen Denkens: das kritische Potential der Sozialwissenschaften geriet ebenso in Marginalität wie systematisch-spekulative Reflexion. Der Effekt war, daß die Sozialwissenschaften sich über weite Strecken Themen von außerwissenschaftlichen Auftraggebern vorgeben ließen, aber auch, daß sie diese Themen methodisch einseitig behandelten. Nicht zu unterschätzen ist dabei die Sozialisationswirkung, die von einem so formierten und regulierten Wissenschaftsbetrieb ausgingen/-gehen: Erfolg hat in der Institution nur, wer den Vorgaben entspricht, Außenseiter gibt es nur in (seltenen) Nischen. - Dazu kommt ein weiterer, wichtiger Aspekt: Die Imperative des empirisch-funktionalistischen Paradigmas und der damit verbundenen Art empirischer Forschung korrespondieren mit bestimmten For- men des Umgangs mit jenem oben angesprochenen Problem selbstreflexiver Praxis. Durch ein (einseitig) positivistisches Denken wird der Gegenstand um "irrationale" Dimensionen gekürzt, wird die Interaktion zwischen Subjekt und Objekt eingeschränkt, wird der Gegenstand auf einen mehr oder weniger differenzierten Objektstatus reduziert. Das erleichtert den Umgang und läßt vor allem partikulare Zugänge problemlos zu. Wer also diese Art des Umgangs mit sozialer Realität erwirbt, erwirbt zugleich ein (extern stabilisiertes) Modell der Problemreduktion, eine psychosoziale Bewältigungsstrategie - und wird sozial fungibler.

Es ist diese Korrespondenz von externen Anpassungszwängen und Bedarf an psychosozialen Bewältigungsstrategien, welche das herrschende Paradigma so stabil werden ließ/läßt.[18] Damit kein falscher Eindruck entsteht: auch auf dessen Basis ist produktives wissenschaftliches Arbeiten möglich.[19] Aber es geht hier ja um die Frage, warum bestimmte Themen und Thematisierungsformen systematisch zu kurz kommen. Wo dies der Fall ist, läßt sich auf ein Zusammenspiel von sozialer Selektion und psychosozialen Strategien schließen: naturgemäß sind Geldgeber eher an Themen interessiert, die mit ihrem Geld (i.w.S.) zusammenhängen; wer nicht bezahlen kann, hat sehr viel mehr Schwierigkeiten, seine Themen zu realisieren. Zugleich ergeben sich aus der Einschränkung und psychosozialen Verzerrung der Thematisierung aber auch Unfähigkeit und Unwillen, bestimmte Themendimensionen systematisch aufgreifen zu können - die Institution wie auch ihre Mitglieder sind nur beschränkt imstande, bestimmte Problemsichten aufzunehmen und auf sie einzugehen.

So tragen die Sozialwissenschaften dazu bei, daß der Austausch mit gesellschaftlichen Gruppen und Themen verzerrt wird: Sie sind auf spezifische, mit den herrschenden Produktions- und Reproduktionsprinzipien eng korrespondierenden Sichtweisen abonniert. Und sie sind in institutionelle und interaktive Zusammenhänge eingebunden, die es nahelegen, einen spezifischen Blick und Umgang mit Themen/Problemen zu praktizieren. Es wäre allerdings zu einfach, damit das spezifische "Vorbeigehen" der Sozialwissenschaften an bestimmten Lebenswelten zu erklären. Denn auch die Lebenswelten selbst tragen dazu bei. Zum Beispiel dadurch, daß sie Erwartungen an wissenschaftliche Praxis richten, denen sie nicht gerecht werden kann, auch nicht gerecht werden könnte, wenn sie in einem (wie auch immer entworfenen) Idealzustand wäre. Wenn beispielsweise die Erwartungen an das Studium der Psychologie, der Soziologie zu einseitig von den Wünschen des Alltagsbewußtseins bestimmt werden, d. h.: wenn man erwartet, dort Bestätigungen und Fortsetzungen der gewohnten und bewährten Denkschemata zu finden, wird man zwangsläufig enttäuscht. Ohne die Bereitschaft, sich auf ein fremdes Prinzip einzulassen, sind die Leistungen der wissenschaftlichen Praxis nicht verständlich, können auch nicht angeeignet werden.

Wenn also erwartet wird, daß Sozialwissenschaft sich darauf beschränkt, willig Hilfestellungen und Rechtfertigungen für die eigene Position zu bieten, wird man enttäuscht - es sei denn, er/sie bringt es fertig, die Sozialwissenschaften instrumentell-partikular zu nutzen bzw. auf genau diese Weise für die eigenen Interessen zu funktionalisieren (d. h.: den Verwertungsmodus sozialwissenschaftlicher Praxis zu kopieren). Mit Hilfe instrumenteller/instrumentalisierender Wissenschaftspraxis läßt sich auch eine abweichende Position zementieren. Wo immer jedoch nicht nur negative Abziehbilder, sondern "alternativer" Umgang mit selbstreflexiver Praxis geplant ist - und nur so sind den Sozialwissenschaften auch "alternative" Themen und Thematisierungen nahezubringen - ist mehr erforderlich: muß der Umgang mit der Wissenschaft dem entsprechen, was von ihr erwartet wird, damit sie ihren Beitrag dazu leisten kann.

Das Kommunikationsproblem besteht also auf beiden Seiten. Es sind nicht nur die Sozialwissenschaften, die durch ihren empirischen Zustand bestimmte Dimensionen vernachlässigen bzw. mit Realität einseitig umgehen, es ist auch der empirische Zustand der Bereiche sozialer Realität, um die es geht, das Alltagsbewußtsein der Personen, die sich ausgeblendet fühlen, der zu "Verständigungsproblemen" beiträgt. Gerade wo Lebenspraxis besonders engagiert ist, tendiert sie zur Abschottung gegen Selbstreflexion, was, unabhängig davon, um welche Position es sich inhaltlich handelt, immer mit einem Stück Realitätsverlust einhergeht. Dann aber bleiben die Fähigkeiten des produktiven Anknüpfens und Aufgreifens, d.h. der praktischen Transzendierung, begrenzt. Die "Zukunftswerkstatt" von 1986 hatte das Motto "Seele und Genauigkeit"[20] - eine scheinbar klare Konfrontation: wer möchte nicht für die Seele gegen die Genauigkeit Partei ergreifen? Es ist jedoch nicht nur der Zustand der Genauigkeit, sondern auch der der Seele, welcher hier genauer (!) betrachtet werden muß.

5. Perspektiven

Bevor man die Frage stellt, wie die Kommunikation von Wissenschaft und Lebenswelt verbessert werden kann, müßte geklärt werden, ob dies überhaupt sinnvoll ist. Man könnte auch die These vertreten, daß es vielleicht gar nicht so schlecht ist, wenn diese Wissenschaft von der Lebenswelt ferngehalten wird, wenn es ihr verwehrt bleibt, auch noch die nicht erfaßten und der Verwertung zugänglichen Lebensbereiche zu mediatisieren. Und ob nicht der Kontakt mit bestimmten Formen der wissenschaftlichen Praxis so weit ansteckt, daß sie die letzten Reservate der Seele zerstört. Sollte man nicht versuchen, Teile der Lebenswelt vor dem Zugriff empirisch-analytischen Denkens zu retten?

Diese Position ist aus zwei Gründen wenig befriedigend. Sie ist erstens passiv/defensiv, versucht also nicht, ein Problem aktiv in Angriff zu nehmen (und so möglichst viel eigene Perspektiven zur Geltung zu bringen), sondern beschränkt sich aufs Re-agieren, wird (noch mehr) zum Opfer der Entwicklung. Außerdem ist es zu spät. Verwissenschaftlichung und Industrialisierung machen nur zum Schein halt vor bestimmten Lebensbereichen, tatsächlich sind auch diese zumindest indirekt den institutionellen und interaktiven Vorgaben unterworfen, die von der Umwelt ausgehen. Wenn also gegenwärtig "biologisch" angebaut wird, ohne Kunstdünger, dann ist dies nicht vergleichbar mit vorindustrieller Landwirtschaft, sondern es handelt sich um den Verzicht auf Kunstdünger im Zeichen des Kunstdüngers - ganz abgesehen davon, daß eine ganze Menge "zweckrationaler" Strukturen indirekt dafür Voraussetzung und Bedingung sind. Es handelt sich demnach nicht um etwas "ganz anderes", sondern um eine der möglichen Alternativen, die sich durch die Existenz von Kunstdünger ergeben.[21]

Aus diesem Grund ist es müßig, zu versuchen, eine Gegenwelt ohne Auseinandersetzung mit der Umwelt aufbauen und entwickeln zu wollen. Gerade um die Möglichkeiten wissenschaftlicher Praxis für die Wahl von Alternativen nutzen zu können, ist es unumgänglich, den Kontakt zu suchen und aktiv zu steuern. Einmal, um in der praktischen Auseinandersetzung die für eine abgrenzende Selbststabilisierung erforderlichen Kompetenzen zu entwickeln, zum anderen aber auch, um die Wissenschaft, soweit dies möglich ist, dazu zu bewegen, "alternative" Paradigmen zuzulassen und zu nutzen.

Denn Bedarf besteht allemal. Ein Blick auf die internen Reibungsverluste, wie sie etwa bei den "Grünen" auftreten, verdeutlicht, daß hier mehr Wissen um die eigene Situation, mehr Können im Umgang mit dem, was man vorhat, ausgesprochen nützlich wäre - nicht nur für die Grünen, sondern auch für ihr Publikum, welches ja schließlich ihr Adressat ist. Von daher wäre es sicher sinnvoll, wenn der Kontakt von Sozialwissenschaft, wissenschaftlicher Praxis und Lebenswelt intensiviert und qualitativ verändert werden würde. Für ein solches Programm der Kontaktaufnahme bzw. -verbesserung gibt es allerdings kein Rezept. Die Verhältnisse sind widersprüchlich, jeder Versuch, sie zu verändern, wird von ihnen angesteckt. Vermutlich wäre es sinnvoll, ein breites Spektrum von Möglichkeiten zu nutzen, um zu versuchen, die jeweiligen Vorteile zu kombinieren und die Nachteile zu kompensieren:

- Notwendig wäre es, auf der Basis des existierenden Diskurses der Sozialwissenschaften verstärkt zu versuchen, an die Ansätze anzuknüpfen, die andere Themen/Thematisierungsformen ermöglichen/anstreben: innerhalb der empirisch existierenden Sozialwissenschaften Alternativen anzubieten und zu zeigen, daß sie, auch an ihren Kriterien gemessen, produktiv und notwendig sind. Nicht, daß zum Beispiel Kritische Theorie, Psychoanalyse, Ethnomethodologie usw. per se "lebensweltfreundlicher" wären als das herrschende Wissenschaftsparadigma, aber sie transportieren Erkenntnismodi, die andere Dimensionen betonen und als Kritik am wissenschaftlichen Status Quo quasi natürliche Verbündete von Alternativen sind.
- Außerdem wäre eine offensive Wissenschaftspolitik sinnvoll, d. h. eine Strategie, die herkömmliche Verteilung von Ressourcen und Status zu hinterfragen, die Öffnung der Wissenschaft für andere Fragestellungen und Umgangsformen mit Realität voranzutreiben. Hierbei ginge es vor allem darum, den bestehenden Diskurs zu erweitern, seine Steuerung zu beeinflussen. Zwar dürfte gegen die Schwerkraft von Wissenschaftsbürokratie und Industrie jede Kritik es schwer haben, aber andere Medien der Steuerung sind offener und durchlässiger. Vor allem wäre es erforderlich, Öffentlichkeit verstärkt als Korrekturmechanismus einzusetzen. Dies geschieht in Ansätzen, ist aber noch ausbaubedürftig.
- Darüber hinaus wäre es sinnvoll, wissenschaftliche Praxis quasi in eigener Regie zu betreiben. Diese Strategie zielt darauf, die Prinzipien systematischer Selbstreflexion aus dem existierenden Monopol des Wissenschaftsbetriebes herauszulösen und zu versuchen, sie auf neue Weise zu institutionalisieren. Dafür gibt es bereits eine Reihe von Beispielen (vom Freiburger Öko-Institut bis zu Mechtersheimers Friedensforschungs-Einrichtungen); der Bedarf geht jedoch weit darüber hinaus und auch die Möglichkeiten sind größer: bei konsequenter Verteilungspolitik ließe sich noch mehr daraus machen.
- Schließlich wäre es dringend nötig, die eigene Praxis so zu verändern, daß die von dort ausgehenden Kommunikationswiderstände und -barrieren eingeschränkt und abgebaut werden. Es steht außer Frage, daß es auch die spezifisch alternativen Irrationaliäten und Berührungsängste im Umgang mit der Wissenschaft sind, die den Diskurs behindern. Eine interne Wissenschaftspropädeutik wäre daher ausgesprochen sinnvoll und, da es genügend kompetente und willige Akteure gäbe, auch nicht utopisch. Eine alternative "Volkshochschule" könnte hier

zumindest ein Angebot machen, welches dazu beitragen könnte, den Anschluß an den notwendigen Diskurs nicht unnötig zu erschweren. Es braucht nicht eigens betont zu werden, daß jeder dieser Wege dornig ist. Aber welcher notwendige Weg wäre das nicht? Wenn man nicht beim bloßen Konstatieren (und beim heimlichen Bestätigen) von Kommunikationsdefiziten stehenbleiben will,[22] muß man versuchen, ihre Bedingungen möglichst konsequent zu erfassen und sich zumindest in die Richtung bewegen, die eine Bearbeitung möglich scheinen läßt. Wer nicht will, daß die Wissenschaften auf bestimmte Weise an der Lebenswelt vorbeigehen, muß aktiv die Auseinandersetzung aufnehmen.

Anmerkungen

1 Die Handbücher der Verkaufspsychologie sind nur die Spitze des Eisbergs. Vom Frühstücksverhalten bis zum Verschleiß von Präsentationsformen ist weitaus mehr untersucht, als man sich als Laie träumen läßt. - Eine andere Frage ist allerdings, wieweit diese wissenschaftlichen Erkenntnisse auch in der Alltagspraxis des Verkaufens wirklich genutzt werden. Verkäufer, die lustlos versichern, daß "man" bestimmte Sachen jetzt "viel kauft" oder "gern trägt", haben wohl Instruktionen bekommen, wie ein ideales Verkaufsgespräch auszusehen habe, es hapert aber mit der Umsetzung. Von daher wäre zu fragen, ob nicht auch hier Wissenschaft die Lebenswelt vielleicht tangiert, aber nicht trifft.

2 Die Medien werden mehr und mehr gezwungen, ein Thema wie Wahlen zumindest unter Einbeziehung verobjektivierter Interpretationen zu präsentieren und zu verarbeiten. Die meisten großen Zeitungen/Zeitschriften geben Wahlumfragen in Auftrag, wenn auch der Umgang mit den Befunden häufig vom Verwertungsprinzip der Medien gesteuert ist. Dennoch: Sozialwissenschaft hat hier einen festen Platz.

3 Dies ist ein Hinweis darauf, daß die strukturelle Belastung mit Schwierigkeiten, die sich aus Organisationsentwicklung usw. ergeben, ein Maß erreicht hat, welches nicht mehr mit alltäglichen Bewältigungsmethoden balanciert werden kann. Die Komplexität der sozialen Welt hat Ausmaße erreicht, die sozialwissenschaftliche Steuerung notwendig werden läßt (oder vielleicht besser: ihr bestimmte Funktionen zuweist - ob sie das leistet, wofür sie bezahlt wird oder anderen Zwecken dient, wäre erst noch zu untersuchen).

4 Dies ist, wie vieles in diesem Text, sehr vereinfacht und verkürzt. Aber darüber, daß beispielsweise Studenten der Psychologie erst mal davon abgebracht werden sollen, für sich etwas zu erwarten, ist auf Psychologie-Kongressen verstärkt meditiert worden, seit solche Interessen intensiv geäußert wurden/werden.

5 Vgl. dazu beispielsweise Thomas Leithäuser, Alltagsbewußtsein, Frankfurt 1975, aber auch als Kontrastprogramm, Peter Berger/ Thomas Luckmann, Die gesellschaftliche Konstruktion der Wirklichkeit, Frankfurt 1970.

6 Wenn ich nach Begründungen gefragt werden würde, müßte ich etwas tun, was im Alltagsbewußtsein selbst eigentlich nicht vorgesehen ist: eine intersubjektive Legitimation anbieten (es sei denn, ich entschließe mich, rein egoistisch etwas für mich in Anspruch zu nehmen). Dann kommt es häufig zu Pseudo-Begründungen oder auch Rationalisierungen ("Spinat enthält zu viel Schwermetall" - eine Aussage, die - vielleicht - stimmt, aber hier andere Funktionen trägt).

7 Alfred Lorenzer (Sprachzerstörung und Rekonstruktion, Frankfurt 1970) hat ein Modell entwickelt, welches davon ausgeht, daß unter dem Einfluß neurotisierender Erfahrungen Symbole ihren Kontakt zur Realität verlieren, Interaktionsformen nicht mehr benannt werden können. Aus lebenspraktisch funktionsfähigen Symbolen werden dann desymbolisierte Sprachmuster, zu leeren Zeichen erstarrte Formen. - Ein Stück weit sind

solche Chlichés im Alltagsbewußtsein unvermeidlich und (vielleicht) auch nötig; ein Übermaß muß zu qualitativ bedeutsamen Einschränkungen führen.

8 Wiederum idealisiert dargestellt, also nicht auf empirische wissenschaftliche Praxis bezogen.

9 Zugespitzt: der ideale Forscher kann perfekt von sich selbst und seinen Umweltbezügen abstrahieren, sich ganz der Objektlogik unterwerfen. Es zeigt sich jedoch, daß produktive Wissenschaft niemals ausschließlich aus der Perfektion dieser Tendenz resultiert, sondern immer "subjektiv verunreinigt" ist. - Unabhängig davon sind die psychosozialen "Kosten" solcher "exzentrischen" Identität häufig groß.

10 Dafür, daß auch die Sozialwissenschaften zu projektiver Wirklichkeitsverarbeitung tendieren, gibt es genügend Beispiele - von der klassischen Intelligenzforschung und ihren Vorurteilen bis zu Margret Meads Idealisierungen von Südsee-Gesellschaften.

11 Vgl. dazu z. B. Johann August Schülein, Selbstbetroffenheit. Über Aneignung und Vermittlung selbstreferentieller sozialwissenschaftlicher Kompetenz. Gießen 2 1986.

12 Vgl. dazu Georges Devereux, Angst und Methode in den Verhaltenswissenschaften, München 1974.

13 Das verdeutlichen die Sackgassen, in die sich etwa der radikale Behaviorismus verrannt hat.

14 Dies ist immer wieder unter dem Blickwinkel der Ideologiekritik analysiert worden; eine Perspektive, die nach wie vor wichtig ist (und eine gewisse Ausweitung und Modernisierung vertragen könnte).

15 Auf Seiten der Sozialwissenschaften gibt es deutliche Berührungsängste, was sich zum Beispiel daran zeigt, daß häufig um der Abgrenzung willen terminologische Extravaganzen gepflegt werden, aber auch daran, daß für einen seriösen Sozialwissenschaftler kaum etwas schlimmer ist als der Vorwurf, etwas "journalistisch", "feuilletonistisch" o.ä. zu behandeln.

16 Die gesamte Problematik der Vermittlung bzw. Vermischung unterschiedlicher Typen von Bewußtsein und Reflexion muß hier ausgeklammert werden. Es handelt sich aber um eine höchst wichtige Frage, ob und wie Verbindungen zwischen verschiedenen Diskursen möglich sind.

17 Auch dies ist wieder bis an die Schmerzgrenze verkürzt und zugespitzt; es kann lediglich um Hinweise für bestimmte Richtungen von Entwicklungen gehen.

18 Es handelt sich gewissermaßen um einen "Zwei-Komponenten-Kleber": Das Ineinandergreifen organisierter organisatorischer Selbstverständlichkeiten und psychosozialer Abwehr festigt und läßt zugleich diese Verbindung unauffällig werden.

19 Da die soziale Realität über weite Strecken "Objektstruktur" besitzt, kann sie auf diese Weise auch in wichtigen Bereichen thematisiert werden. Außerdem ermöglicht auch objektreflexive Praxis ein Stück weit indirekten Umgang mit selbstreflexiven Themenanteilen (allerdings oft auf reduzierte und selektive Weise).

20 Die Zusammenstellung von "Seele" und "Genauigkeit" ist ausgesprochen vieldeutig (und wohl auch deshalb so gewählt). Themenprogramm und -begründung lassen jedoch keinen Zweifel daran, daß es sich um eine Gegenüberstellung von Industriekultur und Emanzipation, festgemacht an "Wissenschaft" und "persönlicher Identität", handelte.

21 Dies gilt auch für "alternative" Organisationsstile - "basisdemokratische" Verfahren sind nicht "urkommunistisch", sondern direkt wie indirekt durch funktionale Differenzierung bedingt und ermöglicht. Entsprechend anders ist auch ihre Binnenstruktur und -dynamik und ihr Verhältnis zur Umwelt.

22 Gelegentlich keimt beim Anhören fundamentalistischer Wissenschaftskriterien der Verdacht, daß es (auch) darum geht, durch besonders intensive Abgrenzung eine Kontaktaufnahme zu vermeiden. Radikale Kritik ist immer in Gefahr, sich zu isolieren, und daher leicht instrumentalisierbar für Strategien, die (aus Angst, aus Abneigung) Wirklichkeitsanteile nicht annehmen und sich mit ihnen nicht auseinandersetzen wollen.

Lutz Hieber

Die Struktur des naturwissenschaftlich-technischen Fortschritts

Wir leben in einer verwissenschaftlichten Welt. Die Naturwissenschaften haben Grundlagen für technisch-industrielle Entwicklungen geschaffen, die unser Dasein zutiefst bestimmen. Sie haben die Mittel bereitgestellt, deren sich wirtschaftliche, militärische oder andere staatliche Interessen bedienen konnten. So wurde beispielsweise die Kernspaltung im Jahre 1938 als Ergebnis reiner Grundlagenforschung entdeckt. Hätte es keine besonderen Interessen gegeben, die sich von ihrer Nutzung Vorteile versprachen, wäre sie nichts weiter gewesen als eine Erweiterung des kernphysikalischen Wissens. Doch, wie wir wissen, kam es anders. Bald reifte der Gedanke, diese Entdeckung könne militärischen Zwecken dienen. Gewaltige Summen wurden aufgebracht, ein wissenschaftliches Großprojekt eingerichtet. Die Erforschung der kriegstechnischen Anwendung führte rasch zum 'Erfolg', 1945 wurden die ersten Atombomben über Hiroshima und Nagasaki gezündet. Wenig später meldeten sich dann weitere Interessen zu Wort. Deren Ziel war Atomenergie. Wie in anderen hochindustrialisierten Ländern auch, bildete sich in der Bundesrepublik Deutschland ein Zusammenspiel zwischen Wissenschaftlern, staatlicher Forschungspolitik und den entsprechenden Wirtschaftsbranchen (vgl. Prüß 1974, 16ff). Die immensen staatlichen Aufwendungen trugen reiche Früchte. In den frühen 1970er Jahren blühte das Atomkraftwerks-Geschäft.

Naturwissenschaften und Technik verändern unsere Welt nicht von sich aus. Sie sind lediglich Mittel. Eine militärische Führung, die Leitung eines Industrieunternehmens oder vielleicht auch andere gesellschaftliche Kräfte können sich ihrer bedienen, um irgendwelche besonderen Zwecke in die Tat umzusetzen.

Die technisch-industrielle Entwicklung entzieht sich in wachsendem Ausmaß unserem Einfluß, zugleich bestimmt sie zunehmend unsere Lebenswirklichkeit. Sie entzieht sich unserem Einfluß, nicht nur weil konkrete gesellschaftliche Herrschaftsverhältnisse bestehen, sondern auch weil das Ganze immer undurchschaubarer wird. Was unverständlich, unbegreifbar ist, läßt sich nicht einmal mehr begründet kritisieren. Je undurchschaubarer die verwissenschaftlichte Umwelt für den einzelnen Menschen ist, um so leichter können sich Sonderinteressen unhinterfragt durchsetzen. Mit einem Wort: je weniger wir von unseren Daseinsbedingungen verstehen, umso leichter sind wir manipulierbar. Die schlichten Voraussetzungen, künftige Entwicklungen unserer Gesellschaft demokratisch zu beeinflussen oder gar eingespielte Herrschaftsstrukturen anzukratzen, scheinen zunehmend zu schwinden.

Ich möchte versuchen, der Undurchschaubarkeit des technisch-industriellen Wandels anhand zweier Thesen auf die Spur zu kommen. Die Thesen lauten:

1. Die moderne Technik ist durch die Naturwissenschaften, auf denen sie gründet, dem Laien undurchschaubar geworden.
2. Die Spezialisierung innerhalb der Fachdisziplinen ist in erster Linie ein Mittel zur Rationalisierung des Wissenschaftsbetriebes; auch sie wirkt einer der wichtigen Aufgaben der Wissenschaften, das allgemeine Verständnis unserer Welt zu fördern, zunehmend entgegen.

Verwissenschaftlichung, Unanschaulichkeit, Laie und Experte werden die Schlüsselworte der nachfolgenden Überlegungen sein.

Man kann die beiden Thesen nur gemeinsam verstehen. Die zunehmende Unanschaulichkeit von Naturwissenschaft und Technik läuft in etwa parallel zur Zergliederung von Fachgebieten in eine wachsende Anzahl von immer enger werdenden Teildisziplinen. Beide Momente beeinflussen sich daher, und sie verstärken sich in ihrer Wirkung gegenseitig. Ich werde versuchen, durch ihre Analyse einige Probleme unserer Zeit zu verstehen. Ich beginne damit, zu sagen, in welchem Sinne ich die Thesen für richtig halte.

Undurchschaubarkeit durch Verwissenschaftlichung

Die moderne Industrie baut auf Technik auf, Technik auf den Naturwissenschaften. Ein Industrieroboter etwa, der in einem Werk der Automobilindustrie Schweißpunkte setzt, ist ein außerordentlich kompliziertes Gerät. Seine Konstruktion setzt hochentwickelte technische Wissenschaften voraus. Außerdem ein weites Feld naturwissenschaftlicher Erkenntnisse, das sich von den Ergebnissen der reinen Grundlagenforschung bis hin zur angewandten Forschung erstreckt. Allein die Mikroprozessor-Steuerung eines Industrieroboters setzt umfangreiche Forschungen sowohl in Gebieten der Festkörperphysik als auch der Informatik voraus. Natürlich ist es nicht nur die industrielle Produktionstechnik, die sich oft aus den fortgeschrittensten Stufen der Naturwissenschaften herleitet. Dasselbe gilt für viele industrielle Produkte. Ich erinnere nur an die Stereo-Anlage mit CD-Player, das Video-Gerät, die Geldautomaten der Banken oder die Quarz-Uhr.

Meine erste These ist, die eine Ursache für die zunehmende Undurchschaubarbeit unserer Welt liege in den Naturwissenschaften. Um diese Behauptung zu begründen, möchte ich nun zunächst genauer herausarbeiten, was die Naturwissenschaften kennzeichnet. Dazu gehe ich von meinem Lieblingsbeispiel aus, von der theoretischen Formulierung einer Aussage über fallende Gegenstände.

Dieses Fallgesetz lautet: "Ein Körper fällt um so schneller, je schwerer er ist; und er fällt um so langsamer, je dichter das Medium ist, durch das er sich bewegt." Wer auch nur eine flüchtige Erinnerung an den Physikunterricht in der Schule bewahrt hat, weiß, daß man dort ein anderes Fallgesetz lernen mußte. Doch das heißt nicht, daß die von mir gegebene Formulierung falsch sei. Im Gegenteil. Ich prüfe also, ob diese Aussage zutrifft oder nicht. Der erste Teil des Satzes sagt, ein Körper falle um so schneller, je schwerer er sei. Beobachtungen, die ich in der natürlichen Umwelt mache, bestätigen dies. Nehmen wir an, ich befände mich am seichten Ufer eines ruhigen Sees. Ich nehme mit den Fingern eine Prise Sand, hebe sie bis an die Oberfläche des Wassers, und lasse sie dann los. Ich beobachte, wie die Sandkörnchen langsam nach unten rieseln. Dann nehme ich einen größeren Kieselstein, verfahre mit ihm ebenso. Plumps, ist er unten. Aha, die Aussage wird bestätigt. Schwere Körper fallen schneller als leichte. Jetzt zum zweiten Teil des Fallgesetzes. Er sagt, ein Köper falle um so langsamer, je dichter das Medium sei, durch das er sich bewege. Auch das läßt sich überprüfen. Ich nehme eine Prise Sand und lasse sie durch Luft fallen. Sie bewegt sich deutlich schneller als durch Wasser. Dasselbe beobachte ich, wenn ein Steinchen zuerst durch Luft und dann durch Wasser fällt. Trage ich das Steinchen in die Küche und werfe es in eine Flasche mit Pflanzenöl, sehe ich es dort noch langsamer fallen als durch Wasser. Damit sind beide Teile des Fallgesetzes bestätigt. Ich möchte erwähnen, daß ich mir dieses Gesetz nicht selbst ausgedacht habe. Ich habe es sinngemäß aus einer philosophischen Schrift übernommen, aus der 'Physik' des Aristoteles. Dort finden sich die entsprechenden Formulierungen im Buch IV (vgl. Aristoteles 11, 215a-216a).

Dennoch steht dieses Fallgesetz im Widerspruch zum Fallgesetz der klassischen Physik, das man in der Schule lernt. Das Fallgesetz der klassischen Physik lautet: "Die Fallgeschwindigkeit wächst proportional zur Fallzeit; die vom freifallenden Körper zurückgelegte Strecke ist proportional zum Quadrat der Fallzeit." Vom Gewicht des fallenden Gegenstandes ist dabei nicht mehr die Rede, die angegebenen Proportionalitäten gelten davon unabhängig. Dieses Gesetz hat Galilei entdeckt.

In seinen 'Discorsi', die 1638 veröffentlicht wurden, teilt er mit, wie er es gefunden hat. Er beginnt seine Schilderung mit einer Beschreibung der

Vorrichtung, die er verwendete: "Auf einem Lineale, oder sagen wir auf einem Holzbrette von zwölf Ellen Länge, bei einer halben Elle Breite und drei Zoll Dicke, war auf dieser letzten schmalen Seite eine Rinne von etwas mehr als einem Zoll Breite eingegraben. Dieselbe war sehr gerade gezogen, und um die Fläche recht glatt zu haben, war inwendig ein sehr glattes und reines Pergament aufgeklebt; in dieser Rinne ließ man eine sehr harte, völlig runde und glattpolierte Messingkugel laufen. Nach Aufstellung des Brettes wurde dasselbe einerseits gehoben, bald eine, bald zwei Ellen hoch; dann ließ man die Kugel durch den Kanal fallen und verzeichnete in sogleich zu beschreibender Weise die Fallzeit für die ganze Strecke: häufig wiederholten wir den einzelnen Versuch, zur genauen Ermittlung der Zeit, und fanden gar keine Unterschiede, auch nicht einmal von einem Zehntel eines Pulsschlages" (Galilei 1973, 162). Da der freie Fall einer Kugel durch Luft so schnell verläuft, daß man ihn mit dem Auge nicht mehr genau verfolgen kann, hat Galilei die auf die Kugel wirkende Beschleunigung verringert. Dazu dient ihm das Modell einer 'schiefen Ebene'. Er läßt die Kugel längs einer Geraden auf der schiefen Ebene laufen. Diese Gerade ist durch die Rinne in der Schmalseite des Brettes vorgegeben. Um den Vorgang nicht durch Reibung zu stören, beseitigt er jede Unebenheit. Was die Zeitmessung betrifft, hatte es Galilei sehr viel schwerer als die heutigen Physiklehrer. Dem Lehrer, der den Zusammenhang von Fallzeit und zurückgelegter Strecke vorführen möchte, stehen ausgeklügelte Demonstrationsapparaturen zur Verfügung. Fallzeiten werden elektronisch gemessen. Galilei, der über solche Hilfsmittel nicht verfügte, half sich fürs erste mit dem Pulsschlag als Zeitmesser. Er hält fest, bei jeder Wiederholung des Falles durch die ganze Strecke sei die Fallzeit immer dieselbe gewesen.

Dann fährt Galilei fort: "Darauf ließen wir die Kugel nur durch ein Viertel der Strecke laufen, und fanden stets genau die halbe Fallzeit gegen früher. Dann wählten wir andere Strecken, und verglichen die gemessene Fallzeit mit der zuletzt erhaltenen und mit denen von 2/3 oder 3/4 oder irgendanderen Bruchteilen; bei wohl hundertfacher Wiederholung fanden wir stets, daß die Strecken sich verhielten wie Quadrate der Zeiten: und dieses zwar für jedwede Neigung der Ebene, das heißt des Kanals, in dem die Kugel lief" (Galilei 1973, 162f.). Er teilt in diesen Sätzen das wichtige Gesetz mit, das er gefunden hat: die Fallstrecken verhalten sich proportional zu den Fallzeiten.

Um bei diesem Gesetz ganz sicher zu gehen, ersann er ein Gerät, mit dem er die Zeitabschnitte genauer messen konnte. Die Pulsschläge als Zeitmaß waren zu unpräzise. Er beschreibt das Zeitmeßgerät und seinen Erfolg damit: "Zur Ausmessung der Zeit stellten wir einen Eimer voll

Wasser auf, in dessen Boden ein enger Kanal angebracht war, durch den ein feiner Wasserstrahl sich ergoß, der mit einem kleinen Becher aufgefangen wurde, während einer jeden beobachteten Fallzeit; das auf diese Art aufgesammelte Wasser wurde auf einer sehr genauen Waage gewogen; aus den Differenzen der Wägungen erhielten wir die Verhältnisse der Gewichte und die Verhältnisse der Zeiten, und zwar mit solcher Genauigkeit, daß die zahlreichen Beobachtungen niemals merklich voneinander abwichen" (Galilei 1973, 163). Ihm standen damals keine Stoppuhren zur Verfügung. So mußte er sich, um zu exakten Ergebnissen zu gelangen, nach einem anderen brauchbaren Präzisionsinstrument umsehen. Seine Wahl fiel auf die Waage. Apotheker und Goldschmiede benutzen sehr genaue Waagen. Ich vermute, daß er eines dieser gebräuchlichen Geräte verwendete.

Das Fallgesetz der klassischen Physik widerspricht dem aristotelischen Fallgesetz. Dennoch ist keines der beiden falsch. Ihre Aussagen sind widersprüchlich, weil sie sich nicht auf die gleiche Erfahrungsgrundlage beziehen (vgl. Mittelstraß 1974, 65ff.). Die Erfahrungsgrundlage des aristotelischen Fallgesetzes ist unsere gewöhnliche Lebenswelt. Die Erfahrungsgrundlage des Fallgesetzes der klassischen Physik ist das Experiment. Die aristotelischen Sätze kann jeder Mensch unseres Kulturkreises sofort bestätigen, der über einen angemessenen Bestand lebensweltlichen Wissens verfügt, also jeder mündige Erwachsene. Das Fallgesetz der klassischen Physik kann andererseits nur jemand als zutreffend anerkennen, der einen Zugang zur experimentellen Praxis der Naturwissenschaften hat.

Damit bin ich bei einem entscheidenden Kennzeichen unserer neuzeitlichen Naturwissenschaft. Wir alle besitzen einen Bestand an lebensweltlichem Wissen. Dieses ist empirisch gesichert: durch die Erfahrungen einer alltäglichen Praxis. Daneben gibt es einen Bestand an naturwissenschaftlichem Wissen. Auch dieses ist selbstverständlich empirisch gesichert: durch eine experimentelle Praxis. Das Experiment ist eine instrumentell erzeugte Erfahrung. Die lebensweltliche Erfahrung reicht nicht aus, die Sätze der Naturwissenschaften zu verstehen. Sie stört sogar oft. Denn viele naturwissenschaftliche Aussagen stehen in deutlichem Gegensatz zum lebensweltichen Wissen, dadurch sind sie schwer verständlich und unanschaulich.

Naturwissenschaftliches Wissen versteht also nur jemand richtig, der Zugang zum Experiment hat (Abbildung 1). Einer verbreiteten Bezeichnung folgend, gelten solche Personen als 'Experten'. Diejenigen hingegen, die diesen Zugang nicht haben, werden 'Laien' genannt.

Abb. 1: Josef Wright of Derby: Das Experiment mit der Luftpumpe. 1768. London, Tate Gallery, 184x244 cm.
Der Maler ist ein Zeitgenosse von James Watt. Er schildert ein Experiment, das die Wirkung der Luft erkennen lassen soll. Der Vogel im evakuierten Glas ist tot, die Betrachter reagieren unterschiedlich. Dieser frühe Experimentator hat noch Züge eines 'Hexenmeisters'; er ist noch nicht der kühle und trockene Beobachter, der seine Rolle im bloßen Registrieren von Meßergebnissen sieht.

Ich habe für die Charakterisierung der Naturwissenschaften (und damit der Experten) im Unterschied zum lebensweltlichen Wissensbestand (und damit der Laien) ein einfaches Beipiel gewählt. Die Entwicklung ist indes nicht bei Galilei stehengeblieben. Der weitere Fortschritt hat zu einer stufenweise zunehmenden Unanschaulichkeit der Naturwissenschaften geführt (vgl. Hieber 1983, 116ff.).

Bis zum Anfang unseres Jahrhunderts war es immerhin noch gelungen, über die Kluft zwischen lebensweltlichem Wissen und den Naturwissenschaften eine Brücke zu schlagen. Dazu diente das "mechanistische Weltbild". Es war mit einem "neuen Begriff von Anschaulichkeit" verbunden. Danach suchte man sich das nicht Anschaubare, eben die experimentell hergestellte Erfahrung, nach dem Bilde des Anschaubaren vorzustellen. Man "sah ... einen nichtsinnlich wahrnehmbaren Vorgang erst als verstanden an, wenn er auf ein Modell nach dem Muster des Wahrnehmbaren zurückgeführt war" (Weizsäcker 1958, 28). Eines dieser handgreiflichen Modelle war das Tischplanetarium (Abbildung 2). Mit seiner Hilfe wurde die kopernikanische Theorie des Sonnensystems veranschaulicht. Freilich konnten solche mechanischen Modelle nichts anderes sein als mehr oder weniger tragfähige Brücken.

Abb. 2: Tischplanetarium
Das kopernikanische Weltbild wurde mit Hilfe von Tischplanetarien veranschaulicht, die im 18. Jh. häufig angefertigt wurden.

Das wurde mir vor einigen Jahren klar, als ich mich im Rahmen des 'Glocksee'-Schulversuchs in Hannover mit dem kopernikanischen Weltbild befaßte. Das Planetarium führt vor, wie sich die Planeten um die Sonne bewegen. Zugleich läßt es jedoch entscheidende Fragen offen. So beispielsweise die Frage, warum wir von der überaus hohen Bahngeschwindigkeit der Erde nichts bemerken. Die Erde rast auf ihrer Bahn um die Sonne mit einer Geschwindigkeit von rund dreimillionen Kilometern pro Tag. Wenn ich meinen Küchentisch mit einer sehr viel kleineren Geschwindigkeit wegziehe, fallen alle Sachen herunter, die sich auf ihm befinden. Wie kommt es denn dann, daß uns unsere Erde so ruhig und stabil erscheint? Warum ist sie nicht längst von allen Gegenständen entblößt, weil diese über dem Horizont entschwunden sind? Ähnlich stellt sich das Problem mit der Rotationsgeschwindigkeit der Erde. Sie dreht sich pro Tag einmal um ihre Achse. In unseren Breiten führt das zu Geschwindigkeiten von ungefähr 1 600 km/h. Warum bewirkt diese Erdrotation nicht gewaltige Stürme? Warum kommt ein Ball, den wir senkrecht nach oben geworfen haben, wieder zu uns zurück, obwohl wir in den Sekunden, die er in der Luft flog, von der Erde ein erhebliches Stück weitergetragen worden sind. Man sieht, das Planetarium macht die Verhältnisse in unserem Sonnensystem für einen Laien nur zu einem gewissen Teil plausibel. Der Rest bleibt offen. Unter diesen Bedingungen scheint es nur vernünftig, daß die Umgangssprache entgegen aller physikalischer Erkenntnis an der lebensweltlichen Erfahrung festhält. Immer noch sagen wir: "Die Sonne geht auf." Diese Redewendung geht von der alten Vorstellung aus, die Erde befinde sich ruhend an ihrem Ort und die Sonne bewege sich um sie herum. Und das obwohl wir alle in der Schule gelernt haben, daß diese Ansicht vorwissenschaftlich und deshalb falsch ist.

Das Experiment, die Erfahrungsgrundlage der Naturwissenschaften, ist auf Erkenntniszuwachs jenseits der lebensweltlichen Erfahrung angelegt. Durch theoretische und experimentiertechnische Fortschritte konnten sich die Naturwissenschaften vom lebensweltlichen Wissensbestand entfernen. Mit der Zeit entstand eine immer breiter und tiefer werdende Kluft zwischen beiden. Die Naturwissenschaften wurden zunehmend unanschaulich. Das mechanistische Weltbild verlor seine Tragfähigkeit, wurde stärker und stärker angegriffen. In der Entwicklung der Physik machten sich in den letzten Jahrzehnten des vergangenen Jahrhunderts ernstzunehmende Schwierigkeiten bemerkbar, die Elektrodynamik nach mechanischen Modellen zu deuten. In den ersten Jahrzehnten unseres Jahrhunderts kam es dann zum Eklat. Der physikalische Fortschritt selbst zerstörte das menchanistische Weltbild. Die spezielle Relativitätstheorie und die Kopenhagener Deutung der Quantenmechanik sprengten die schon ziemlich wackelig gewordene Brücke zwischen Lebenswelt und Naturwissenschaften.

Als einer der Sprengsätze erwies sich das Bohrsche Komplementaritätsprinzip. Wie die Atomphysik erkannt hat, läßt sich beispielsweise das Elektron sowohl als Korpuskel (d.h. Teilchen) als auch als Welle beschreiben. Gewisse Experimente lassen sich nur verstehen, wenn man es als Welle auffaßt, andere wiederum nur, wenn man es als Korpuskel auffaßt. Die Experimente führen auf genau zwei Modelle derselben Sache. Diese Modelle sind übrigens nicht aus einer größeren Anzahl gleichwertiger Möglichkeiten herausgegriffen, sie bilden vielmehr eine vollständige Disjunktion (vgl. Weizsäcker 1941/42, 492). Ein Korpuskel ist ein Teilchen, das sich an einem bestimmten Ort und nicht zugleich an einem anderen befindet. Die Welle dagegen hat diese Eigenschaft nicht, sie ist als Feld über einen Raumbereich verteilt. Welle und Korpuskel bezeichnen also Eigenschaften, die sich logisch ausschließen. Entscheidend ist jedoch, daß erst beide zusammengenommen eine vollständige Beschreibung der physikalischen Wirklichkeit ergeben. Die Bestimmungsstücke, die dem Elektron nach einem der beiden Modelle zukommen, können dabei nicht beliebig genau festgelegt sein, weil dies der gleichzeitigen Gültigkeit des anderen Modells widerspräche.

Welle und Korpuskel sind nur noch Anschauungsbruchstücke, die nicht mehr zu einem einheitlich mechanisch-handgreiflichen Modell zusammengesetzt werden können. Die quantenmechanische Theorie entzieht sich jeder Anschaulichkeit. Dasselbe trifft selbstverständlich auch für die Zweige zu, die auf der Quantenmechanik aufbauen und deren Weiterentwicklung darstellen. All diese Disziplinen halten das einmal erreichte Niveau hoher Unanschaulichkeit durch. Da nicht einmal mehr das mechanistische Weltbild als Brücke besteht, ist dem Laien jede direkte Zugangsmöglichkeit zu diesen Gebieten genommen. Was sich in der klassischen Physik andeutete, wird in der modernen Physik vollendet. Die moderne Physik ist zum ausschließlichen Betätigungsfeld von Experten geworden.

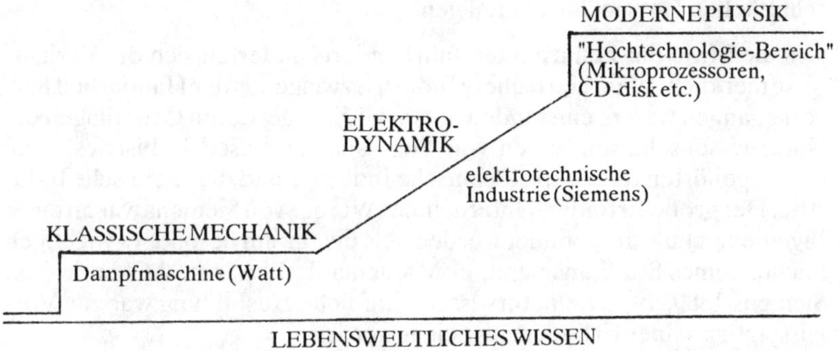

Abb. 3: Schematische Darstellung: Der Abstand von Lebenswelt und Naturwissenschaft.

Für die künftige Entwicklung unserer Welt ist dieser Umstand wichtig. Die unterschiedlichen Stufen der Unanschaulichkeit, die ich in einer schematischen Abbildung zu fassen versuche (Abbildung 3), haben ihre Folgen. Denn die Naturwissenschaften wurden benutzt, um technische Produktionsverfahren zu entwickeln und technische Güter zu produzieren. Unsere Lebenswelt wurde verwissenschaftlicht. Damit ist unsere alltägliche Umwelt von Bestandteilen durchsetzt, die dem Laien undurchschaubar, für den Experten jedoch handhabbar und benutzbar sind. Ge- nauer gesagt: für den Experten handhabbar; und für diejenigen, die Experten beschäftigen können, benutzbar. Für den Laien jedenfalls erweist sich die Geschichte der Verwissenschaftlichung als stufenweise fortschreitende Undurchschaubarkeit.

An der Technikgeschichte sind die Marksteine dieses Prozesses ablesbar. James Watt war Erfinder auf der Stufe der klassischen Physik. Sein Gegenstand war die Dampfmaschine (vgl. Klemm 1969, Roosen 1969). Er verbesserte durch epochemachende Neuerungen die Newcomensche Dampfmaschine, eine ältere Bauart. Das Patent für seine Erfindung wurde ihm 1769 erteilt. James Watt war Feinmechaniker. Seine Erfindertätigkeit belegt, daß er fähig war, die fortgeschrittenste Technik seiner Zeit kreativ weiterzuentwickeln. Die naturwissenschaftlichen Kenntnisse und Fähigkeiten, die er brauchte, konnte er sich aneignen. Er hatte das Glück, mit Naturwissenschaftlern befreundet zu sein (vgl. Schofield 1977). So konnte er sich auf den aktuellen Stand der naturwissenschaftlichen Kenntnisse bringen, vor allem auf dem Gebiet der Wärmelehre. Aber dazu brauchte er, was ich ausdrücklich festhalten möchte, nicht selbst eine naturwissenschaftliche Ausbildung absolviert zu haben. Als Handwerker, das heißt als Laie, konnte er sich an der aktuellen technisch-naturwissenschaftlichen Entwicklung beteiligen.

Um die Mitte des neunzehnten Jahrhunderts änderten sich die Verhältnisse merklich. Während frühere Industriezweige aus der Handarbeit hervorgegangen waren, entstanden nun neue Zweige, deren Grundlagen die Naturwissenschaften waren (die sog. 'science based industries'). Zu diesen gehörten die elektrotechnische Industrie und die chemische Industrie. Der große Erfinder-Unternehmer Werner von Siemens war an einer Ingenieurschule ausgebildet worden. Als die für ihn besonders wichtigen Fächer seines Studiums nennt er Mathematik, Physik und Chemie (vgl. Siemens 1889, 19). Die naturwissenschaftliche Ausbildung war zur Voraussetzung seiner Erfindertätigkeit geworden.

Noch Karl Marx feierte die Erfindungen der Epoche eines James Watt als Befreiung von ständischen Zwängen, als Schritte auf dem Weg zur Selbstbestimmung: "'Ne sutor ultra crepidam (Schuster bleib bei deinem Leisten)!', dies nec plus ultra (dieser Gipfel) handwerksmäßiger Weisheit, wurde zur furchtbaren Narrheit in dem Moment, wo der Uhrmacher Watt, die Dampfmaschine, ... der Juwelierarbeiter Fulton das Dampfschiff erfunden hatte" (Marx 1962, 23, 512f.). Daß einige der bedeutenden Erfinder der industriellen Revolution Handwerker waren, galt ihm als Hinweis auf eine allgemeine kreative Gestaltbarkeit der Technik durch Laien. Darin sah er eine der Voraussetzungen für Emanzipation. Doch die Hoffnungen, die Marx hegte, wurden nicht erfüllt. Die Entwicklung hatte deutlich gemacht, daß der Laie immer mehr aus der Teilnahme am technisch-industriellen Fortschritt zurückgedrängt wurde. Bereits in den 'science based industries' des neunzehnten Jahrhunderts war der Experte federführend geworden. Damit war die Richtung festgelegt. Die 'neuen Technologien', denen in den heutigen industriellen Leitsektoren entscheidende Wichtigkeit zukommt, sind zum ausschließlichen Betätigungsfeld hochspezialisierter Experten geworden. Das liegt natürlich an ihrer naturwissenschaftlichen Grundlage. Sie bauen auf den modernsten naturwissenschaftlichen Entwicklungen auf. Und wie ich versucht habe anzudeuten, sind diese Grundlagen durch einen so hohen Grad an Unanschaulichkeit gekennzeichnet, daß dem Laien jeder Zugang verwehrt ist. Die Laien sind also, was den technisch-industriellen Fortschritt betrifft, durch Verwissenschaftlichung entmündigt.

Undurchschaubarkeit durch Spezialisierung

Die forschreitende Unanschaulichkeit der Naturwissenschaften ist freilich nicht das einzige Problem, das mit der Technisierung unserer Umwelt verbunden ist. Ein weiteres Problem liegt in der arbeitsteiligen Aufspaltung von Wissenschaftsdisziplinen in immer engere Unterdisziplinen. Diese Spezialisierung hat die wissenschaftliche Produktivität erhöht, die Kenntnisse wurden enorm vermehrt. Gerade dadurch haben aber die Wissenschaften - so paradox es im ersten Augenblick klingen mag - ihre Fähigkeiten eingebüßt, zum Verstehen dieser Welt beizutragen. Der Grund ist unschwer auszumachen. Im Prinzip sind Kenntnisse dazu da, Durchblick zu gewinnen. Durch die Vermehrung der Kenntnisse ist je- doch das Gegenteil eingetreten. Denn sie wurden so sehr vermehrt, daß sie ein undurchdringliches Dickicht geworden sind. Und im Dickicht verliert man leicht die Orientierung.

Ich möchte nun den Prinzipien nachspüren, nach denen die Arbeitsteilung in den Naturwissenschaften und den technischen Wissenschaften verläuft. Einerseits ist dazu zunächst festzuhalten, daß sich Spezialisierung nach Regeln vollzieht, die vom Fach diktiert werden. Ein Fach läßt sich nicht nach Belieben in Teilgebiete zerlegen. Die Gegenstände, die vorhandenen Theorien zeichnen die Markierungen vor, längs derer Trennungslinien wirksam werden können. Andererseits ist Spezialisierung gleichwohl kein bloß innerfachlicher Vorgang. Sie ist wesentlich dadurch gekennzeichnet, daß sie erprobten Rationalisierungsmustern folgt. Dieser Gesichtspunkt interessiert mich besonders. Meine Behauptung ist: Wissensproduktion ist heute vorwiegend manufakturartig organisiert.

Die Manufaktur stellt eine frühe Form der Rationalisierung der materiellen Produktion dar. Sie zerlegt die handwerkliche Produktion in Teiloperationen. Arbeitskräfte, die auf streng arbeitsteilige Tätigkeiten verteilt sind, werden unter einer gemeinsamen Leitung zusammengefaßt. Der Rationalisierungseffekt entspringt in der Manufaktur der Arbeitsorganisation, sie verfügte über keine entwickelte Produktionstechnik. Insofern ist sie Vorläuferin der maschinisierten Fabrik des neunzehnten Jahrhunderts.

Abb. 4: Stecknadelmanufaktur 1762.
Oben: Ziehen des Drahtes, Zerschneiden, Anspitzen.
Unten: Formen und Abschneiden der Köpfe. Befestigen der Köpfe.
Jede Arbeitskraft ist nur noch mit einer Teiltätigkeit beschäftigt.

Die Zerlegung des Herstellungsprozesses in Teiloperationen hat mehrere Produktivitätsvorteile. Sie gehen auf die Tatsache zurück, daß die Herstellung beispielsweise von Stecknadeln in unterschiedliche Abschnitte zerfällt, die in ihrer Gesamtheit vielfältige Anforderungen an die Arbeitskräfte stellen und sehr verschiedene Fähigkeiten verlangen. Der Manufakturunternehmer kann durch die Aufspaltung der auszuführenden Arbeit in verschiedene Arbeitsgänge, von denen jeder einen anderen Grad an Geschicklichkeit oder Kraft erfordert, genau jene Menge der benötigten Fähigkeiten kaufen, die für jeden dieser Arbeitsgänge gebraucht wird.

Charles Babbage, englischer Mathematiker und Ökonom, stellte im frühen neunzehnten Jahrundert eine Tabelle für die in einer Stecknadelmanufaktur (Abbildung 4) beschäftigten Arbeiter auf. Er gliedert sie nach Typ (d.h. Alter und Geschlecht) und Lohn (vgl. Braverman 1977, 70).

Ziehen des Drahtes	Mann	3 Shilling 3 Penny pro Tag
Geradebiegen des Drahtes	Frau	1 Shilling 0 Penny
	Mädchen	0 Shilling 6 Penny
Anspitzen	Mann	5 Shilling 3 Penny
Formen und Abschneiden	Junge	0 Shilling 4 Penny
der Köpfe	Mann	5 Shilling 4 Penny
Befestigen der Köpfe	Frau	1 Shilling 3 Penny
Verzinnen oder Weißen	Mann	6 Shilling 0 Penny
	Frau	3 Shilling 0 Penny
Einwickeln	Frau	1 Shilling 6 Penny

Würde die ganze Arbeit von einem Arbeiter verrichtet, müßte dieser genügend Geschicklichkeit besitzen, um die schwierigste und kniffligste der anfallenden Operationen ausführen zu können. Gleichzeitig müßte er genügend Kraft besitzen, um die anstrengendste zu bewältigen. Wären in einem Betrieb der Stecknadelherstellung nur solche Handwerker beschäftigt, die zur Ausführung aller Operationen in der Lage sind, würden die Lohnkosten erheblich steigen. Das läßt sich einfach nachrechnen. Selbst wenn der Lohn jedes dieser Handwerker nicht höher als der höchste Lohn in der Tabelle wäre, würden die Lohnkosten insgesamt auf mehr als das Doppelte anwachsen. Und zwar sogar dann, wenn genau dieselbe Arbeitsteilung angewandt wird.

Der Hauptvorteil der manufakturmäßigen Arbeitsteilung liegt also auf der Hand: "In einer Gesellschaft, die auf dem Kauf und Verkauf von Arbeitskraft beruht, verbilligt die Aufsplitterung einer Tätigkeit ihre einzelnen Teile" (Braverman 1977, 70). Der Grund liegt darin, daß weniger qualifizierte Tätigkeiten niedriger bezahlt werden als höher qualifizierte. Damit hängt zusammen, daß die Teiltätigkeiten der Manufaktur keine umfassende handwerkliche Ausbildung mehr erfordern. Es handelt sich um Arbeiten, deren Ausführung die Arbeitskräfte nach vergleichsweise kurzen Anlernzeiten beherrschen können. Dem niedrigen Stand der damaligen Produktionstechnik entsprechend, war das Anlernen an die verschiedenen Tätigkeiten allerdings noch stark an körperliche Voraussetzungen gebunden. Anlerntätigkeiten werden jedenfalls, und das ist unter den gegebenen gesellschaftlichen Bedingungen das entscheidende, niedriger bezahlt als die Arbeit eines voll ausgebildeten Handwerkers. Je nach dem Typ der Anlerntätigkeit werden die Teilarbeitskräfte unterschiedlich bezahlt. Die Manufaktur entwickelt eine Hierarchie der Arbeitskräfte, der eine Stufenleiter der Löhne entspricht. An der Spitze steht notwendig die Leitung der Manufaktur. Sie kontrolliert alle Teiltätigkeiten und stimmt sie aufeinander ab. Da dem Teilarbeiter der Zugriff auf das Produktionswissen des Gesamtprozesses unmöglich geworden ist, liegt die Organisation des Betriebes bei der Leitung.

Ein weiterer Produktivitätsvorteil der manufakturmäßigen Arbeitsteilung liegt weniger auf der Linie jener traditionellen Rationalisierungsbemühungen, die auf Verbilligung der Produktion durch Senkung von Lohnkosten abzielen. Er hat vielmehr den Charakter einer unbeabsichtigten Dreingabe. Diese besteht in einer Steigerung der Produktivität der Arbeitskraft. Der Arbeiter, der Tag ein Tag aus die gleichen Handgriffe ausübt, wird diese im Laufe der Zeit besser beherrschen als jeder andere. Der Teilarbeiter wird zum Virtuosen seines Teilgeschicks.

Auf den ersten Blick hat ein naturwissenschaftliches oder technisches Forschungsinstitut mit der Stecknadelherstellung nicht das gerinste zu tun. Um so frappierender ist es zu beobachten, wie trefflich die Prinzipien der Arbeitsteilung aus der Stecknadelmanufaktur auf den Bereich der Wissensproduktion (Abbildung 5) übertragen werden konnten.

Der erste Gesichtspunkt der manufakturmäßigen Arbeitsteilung war: Rationalisierung durch Kostensenkung im Bereich der Aufwendungen für Arbeitskräfte. In den vergangenen Jahrzehnten sind die Aufwendungen für naturwissenschaftlich-technische Forschung immens gestiegen. Das ist in einer Epoche, in der die Entscheidungen um die internationale Konkurrenzfähigkeit der Industrie im Hochtechnologie-Sektor entschieden wird, nur folgerichtig. Beckurts, als Vorstandsmitglied der Siemens AG ein Experte für diese Frage, beschrieb den Sachverhalt vor ein paar Jahren so: "Der Wettbewerb ... wird sich in den Hochtechnologie-Bereich verlagern; dieser wird so zum Prüfstand zukünftiger Wettbewerbsfähigkeit" (Beckurts et al. 1984, 5). Der Hochtechnologie-Bereich ist sehr forschungsintensiv. In der Bundesrepublik Deutschland, die zu den bedeutenden hochindustrialisierten Ländern der westlichen Welt gehört, wurden die Ausgaben für Forschung und Entwicklung beträchtlich erhöht. Den Aufwendungen von insgesamt 4,49 Milliarden DM im Jahre 1962 stehen Aufwendungen von 44,57 Milliarden DM im Jahre 1982 gegenüber. Nach einer groben Faustregel kann man sagen, die Inflationsrate dieser Jahre habe bewirkt, daß sich die Preise alle zehn Jahre verdoppelten. Bereinige ich die genannten Zahlen um diese Preissteigerungsrate, kommt heraus, daß die Forschungsausgaben in diesen zwei Jahrzehnten um fast das Zweieinhalbfache anstiegen. Zur Ergänzung noch zwei weitere Zahlen: gemessen am Bruttosozialprodukt lagen diese Ausgaben bei 1,3 % im Jahre 1962 und bei 2,8 % im Jahre 1982. Auch daraus läßt sich eine Steigerung auf über das Zweifache ablesen (vgl. BMFT 1984, 341). Es erübrigt sich fast zu erwähnen, daß die Sozial- und Geisteswissenschaften von diesem Kuchen nur ein winziges Stückchen abbekommen haben. Der Löwenanteil fällt auf die Natur- und Ingenieurwissenschaften. Ein Bereich, der so gewaltig expandiert, bietet sich förmlich an für Rationalisierungsbemühungen.

Die Stoßrichtung der Rationalsisierungsbestrebungen läuft in den gewohnten Geleisen: Ausbau der Arbeitsteilung bei gleichzeitiger Senkung der Qualifikation. Auch im Forschungsbereich kann man sich als Hauptvorteil der manufakturmäßigen Arbeitsteilung zunutze machen, daß weniger qualifizierte Tätigkeiten niedriger bezahlt werden als höher qualifizierte. Natürlich wird es hier nicht möglich sein, die Teilarbeiten auf das Niveau von Anlerntätigkeiten herunterzubringen. Aber eine merkliche Senkung des Ausbildungsgrades läßt sich doch erreichen. Auch dazu möchte ich Zahlen anführen. Mein Physikstudium, das ich Anfang der 1970er Jahre mit dem Diplom abschloß, hatte 12 Semester gedauert. Solange war ich durch das staatliche Stipendium gefördert worden, weil 12 Semester als Regelstudienzeit galten. Wenige Jahre später, um 1980, sind drastische Änderungen eingetreten. Das Niedersächsische Hochschulgesetz, um ein Beispiel zu nennen, führt im § 16 dazu aus: "Die Regelstudienzeit bis zum ersten berufsqualifizierenden Abschluß soll vier Jahre nur in besonders begründeten Fällen überschreiten. In geeigneten Fachrichtungen sind Studiengänge einzurichten, die bereits innerhalb von drei Jahren zu einem ersten berufsqualifizierenden Abschluß führen" (NHG 1981). In anderen Bundesländern waren die Regelungen ebenso. Die Regelstudienzeit ist also auf sechs bis acht Semester heruntergedrückt worden. Die Förderungsdauer der staatlichen Stipendien hat sich dem angeglichen. Das waren die neuen Normen. Die Sache war jedoch mit einem Schönheitsfehler behaftet: die konkreten Verhältnisse wollten sich den Vorschriften nicht anpassen. Nach wie vor blieb die tatsächliche Studiendauer in der Größenordnung von zwölf bis vierzehn Semestern, bei nur unwesentlichen Unterschieden zwischen einzelnen Fachrichtungen. Um nun die Ausbildung an die gewünschten Ziele anzupassen, verfiel die niedersächsische Landesregierung im Frühjahr 1987 auf ein Druckmittel. Nach ihren Plänen sollen die Studierenden künftig, sobald sie die gesetzlich festgeschriebene Regelstudienzeit um mehr als drei Semester überschreiten, beträchtliche Studiengebühren bezahlen. Dieser Vorstoß löste eine Welle heftiger Proteste aus. Studenten und Professoren zogen an einem Strang. Sollte sich die Landesregierung durchsetzen, wären die Weichen für eine tiefgreifende Umgestaltung der wissenschaftlichen Fachausbildung gestellt. Andere Bundesländer würden den Vorreitern auf dem Fuße folgen.

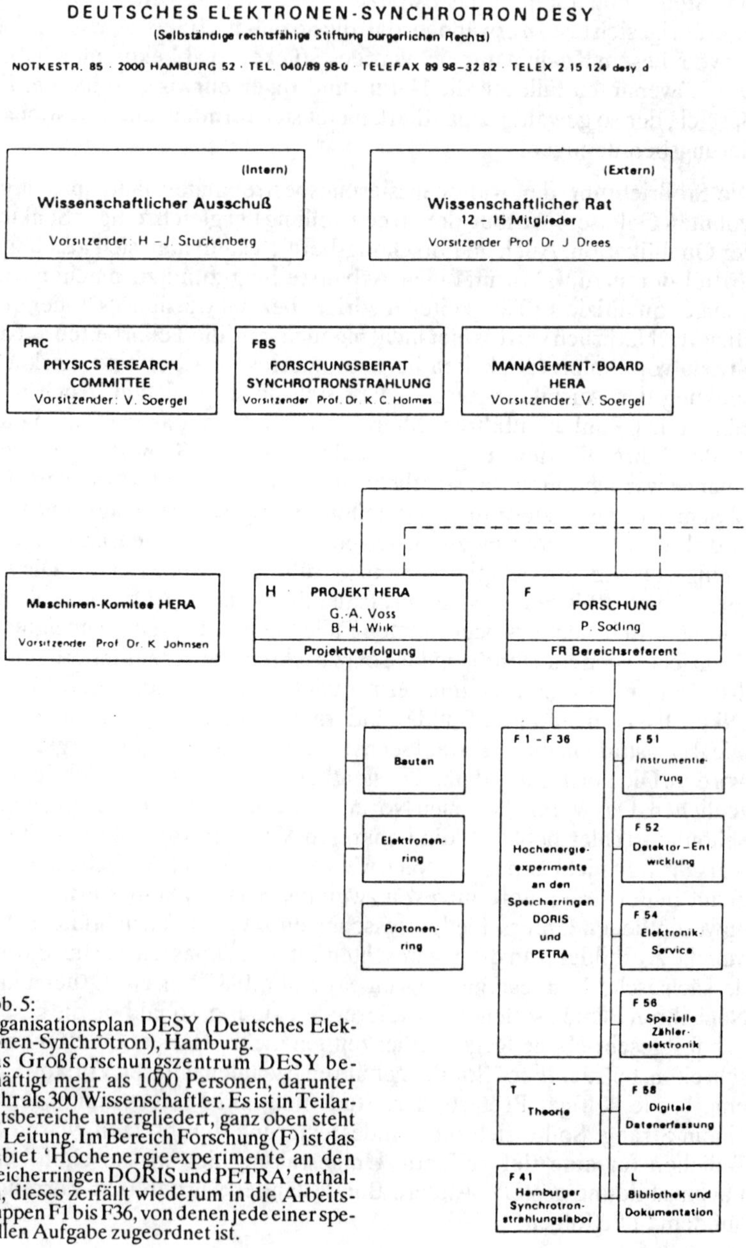

Abb. 5:
Organisationsplan DESY (Deutsches Elektronen-Synchrotron), Hamburg.
Das Großforschungszentrum DESY beschäftigt mehr als 1000 Personen, darunter mehr als 300 Wissenschaftler. Es ist in Teilarbeitsbereiche untergliedert, ganz oben steht die Leitung. Im Bereich Forschung (F) ist das Gebiet 'Hochenergieexperimente an den Speicherringen DORIS und PETRA' enthalten, dieses zerfällt wiederum in die Arbeitsgruppen F1 bis F36, von denen jede einer speziellen Aufgabe zugeordnet ist.

Organigramm für das Geschäftsjahr 1986
Stand: 5. Juni 1986

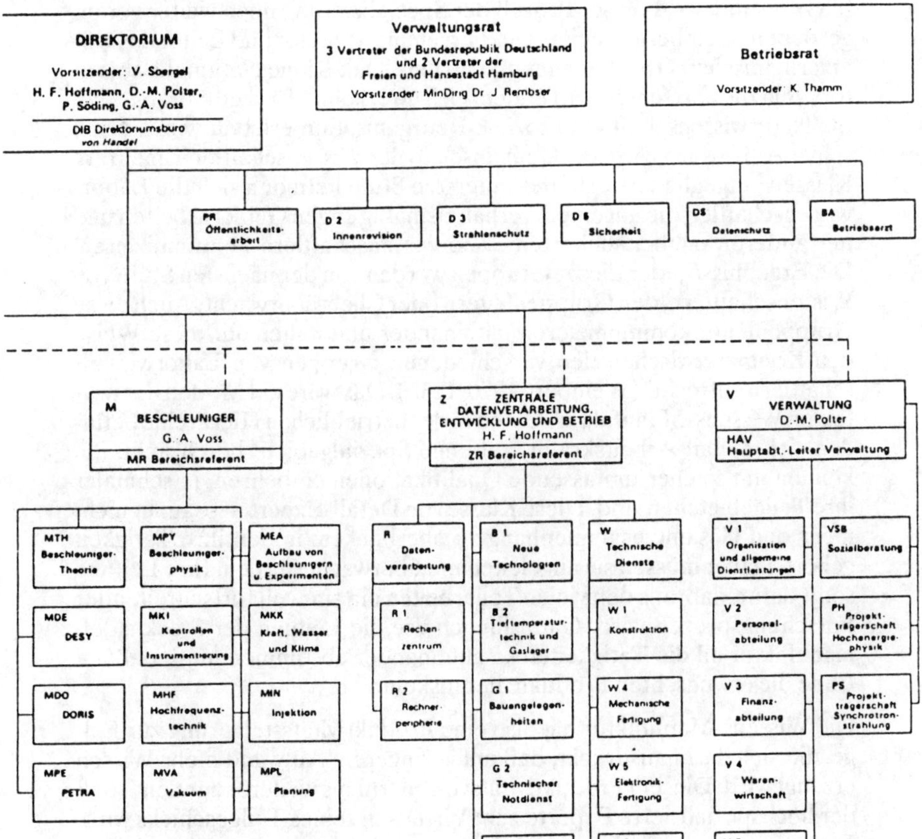

Wird die Studiendauer verkürzt, ändert sich die Qualifikationsstruktur. Die Fachausbildung darf nicht mehr breit angelegt sein, sie muß sich beschränken. Nachdem die einzelnen Fächer schon längst in enge Spezialdisziplinen zerfallen sind, die nicht einmal mehr ein Fachgelehrter überblicken kann, wird dieser Prozeß der Spezialisierung noch weiter vorangetrieben. Weinberg, langjähriger Forschungsdirektor und Leiter des US-amerikanischen Großforschungszentrums 'Oak Ridge National Laboratory', hat die herrschenden Tendenzen früh erkannt. Er sagte voraus, "daß die Naturwissenschaft eine soziale Reorganisation erleben wird". Nach seiner Auffassung wird "die Gemeinschaft der Wissenschaftler in mehrere Klassen aufgegliedert. Auf der untersten Stufe befinden sich die Laborwissenschaftler, die auf einem verhältnismäßig engen Gebiet arbeiten und mit anderen engbenachbarten Laborwissenschaftlern kommunizieren. Die Ergebnisse jeder dieser Gruppen werden von der nächsten Stufe von Wissenschaftlern, den Gruppenleitern oder Chefs überwacht. Auch diese Gruppenleiter kommunizieren miteinander und halten auf diese Weise den Kontakt zwischen den verschiedenen Gruppen von Laborwissenschaftlern aufrecht" (Weinberg 1970, 123f.). Das wäre ein Modell der perfekten Wissens-Manufaktur. Unten in der betrieblichen Hierarchie befinden sich Detail-Arbeitskräfte, auf enge Spezialgebiete beschränkt. Sie können um so eher umfassende Qualifikationen entbehren, je schmaler ihre Teilgebietchen sind. Diese Klasse von Detail-Experten braucht nicht mehr den Gesamtzusammenhang zu überblicken, in den ihre Tätigkeit gehört. Daher müssen sie angeleitet und überwacht werden. Ihre Leitung sorgt dafür, daß aus den vielen Teilarbeiten ein sinnvoll fortschreitender Forschungsprozeß wird. Ganz ähnlich wie die Leitung der Stecknadelmanufaktur all die Tätigkeiten so aufeinander abstimmen muß, daß am Ende die erwünschten Produkte herauskommen.

Die Wissens-Manufaktur hat also eine Produktivitätssteigerung zur Folge, die sich darin ausdrückt, daß mit geringerem Aufwand mehr Wissen erzeugt wird. Diesem Produktivitätsvorteil tritt als weiterer zur Seite, daß der hochspezialisierte Experte zum Virtuosen seines Teilgeschicks wird. Je enger ein Spezialgebiet, um so besser kann man es beherrschen. Nietzsche, der vor einem Jahrhundert die - aus heutiger Sicht - zaghaften Anfänge des wissenschaftlichen Expertentums miterlebte, stellt zum Betrieb der Wissenschaften fest, "daß, wer ... in ihnen etwas leisten will, ein ganz spezielles Fach betreiben wird, um alle übrigen aber dann unbekümmert bleibt". Was herauskommt, ist der typische Experte. "Wird er nun schon in seinem Fach über dem vulgus stehen, in allem übrigen gehört er doch zu ihm, das heißt in allen Hauptsachen. So ein exklusiver Fachgelehrter ist dann dem Fabrikarbeiter ähnlich, der, sein Leben lang, nichts anderes macht als eine bestimmte Schraube oder Handhabe, zu einem bestimmten Werkzeug oder zu einer Maschine, worin er dann freilich eine unglaubliche Virtuosität erlangt" (Nietzsche 1964, 419f.).

Was Nietzsche beschreibt, hat sich seither weiterentwickelt. Die Tendenzen, die er benennt, verwirklichen sich zusehens in karikaturenhafter Überdeutlichkeit und Übersteigerung. Aus dem Experten, der wenigstens sein Fach beherrscht, ist heute einer geworden, der nur noch in einer schmalen Spezialdisziplin innerhalb seines Faches zuhause ist. Künftig wird es die Masse der Wissenschaftler nicht weiter bringen als zu Spezialisten kleinster Teilgebiete von Spezialdisziplinen.

Die Rationalisierung der Wissensproduktion hat somit den Großteil der naturwissenschaftlich-technischen Intelligenz der Fähigkeiten beraubt, sich kritisch mit dem technisch-industriellen Wandel auseinanderzusetzen. Die hochspezialisierten Experten sind zu Anhängseln jener Entwicklung geworden, an der sie selbst mitwirken. Sie wurden Anhängsel zu einem Zeitpunkt, in dem die Entwicklung für die Laien bereits nicht mehr durchschaubar war.

Zum Abschluß meiner Ausführungen über die Spezialisierung der Wissenschaften möchte ich betonen, daß trotz der Verwandtschaft der Rationalisierungsprinzipien in der Wissensproduktion zu denen in der materiellen Produktion auch wichtige Unterschiede bestehen. Ich möchte das nicht unter den Teppich kehren. Einer dieser Unterschiede ist besonders hervorzuheben. In den Wissenschaften gibt es eine Notwendigkeit zur Kommunikation. Wissenschaft ohne Kommunikation gibt es nicht. Jeder Forscher muß sich über alle Aspekte seines Themas uneingeschränkt informieren können. Und er muß Gelgenheit haben, seine Arbeit und deren Ergebnisse mit Fachkollegen zu diskutieren. Zum Teil kann diese Kommunikation über schriftliche Veröffentlichungen laufen, zum Teil ist sie auf persönliche Kontakte angewiesen. Stets ist jedoch vorausgesetzt, daß die Partner als Gleiche miteinander verkehren. Nur Sachargumente dürfen zählen, der akademische Grad oder die höhere Stellung in der Industriehierarchie dürfen in der fachlichen Kommunikation nicht in die Waagschale geworfen werden. Parallel dazu kann ein Wissenschaftler selbstverständlich in hierarchische Beziehungen eingebunden sein: die Leitung seiner Institution legt die Planung fest, weist Aufgaben zu, entscheidet über Einstellungen und Entlassungen. Aber die rein fachliche Kommunikation muß frei von Herrschafts-Einflüssen gehalten werden. Erkenntnisse lassen sich nicht verordnen. Die herrschaftsfreie Fachkommunikation kann durch enges Expertentum auf kleinste Spezialgebiete eingeschränkt sein, aber auch dort noch bleibt sie Lebensbedingung der Wissensproduktion. Ich vermute, daß in dieser Lebensbedingung ein Grund dafür liegt, daß die Organisation wissenschaftlicher Tätigkeit nicht über die Manufaktur hinaus den Rationalisierungsfortschritten der industriellen Arbeitsteilung folgen konnte. Auch in den hochtechnisierten Großforschungsinstituten läßt sich die Forschungstätigkeit keinesfalls mit den Tätigkeiten der standardisierten Maschinenbedienung in den Fabriken vergleichen.

Folgerungen

Unsere gegenwärtige Lage läßt sich auf einen einfachen Nenner bringen: unsere hochindustrialisierte Lebenswelt wird zunehmend undurchschaubarer. Der naturwissenschaftlich-technische Fortschritt hat dazu auf mindestens zweifache Weise beigetragen. Erstens sind durch Verwissenschaftlichung Zonen in unserer Alltagswelt entstanden, die dem Laien ein Buch mit sieben Siegeln sind. Die fortgeschrittensten Technologien sind die vorläufige Krönung dieser Entwicklung. Zweitens erleben die Wissenschaften, gerade in den Jahrzehnten der Hochtechnologie-Entwicklung, einen gewaltigen Produktivitätszuwachs. Der sprunghafte Produktivitätsfortschritt wurde durch Arbeitsteilung erzielt. Hochspezialisierte Experten sind entstanden, deren Kompetenz sich auf immer kleinere Bereiche einengt. Diese Experten sind - wie ein geflügeltes Wort sagt - Leute, die fast alles über fast nichts wissen.

Dem Konkurrenzkampf der Industriegiganten, ihrem Ringen um Marktanteile paßt das Ganze sicher ins Konzept. Die Unternehmen können die Wissenschaften als Mittel ihrer Strategien fast beliebig einsetzen. Auf Widerstand stoßen sie selten. Und wenn dies doch einmal der Fall ist, wie z.B. bei den Protestbewegungen gegen Atomenergieanlagen in den 1970er Jahren, kommt die Kritik oft zu spät. Als damals der Proteststurm losbrach, waren die betreffenden naturwissenschaftlich-technischen Programme bereits zwei Jahrzehnte gelaufen und hatten allein in der Bundesrepublik Deutschland mehrere Milliarden DM verschlungen. Damit waren die Weichen gestellt, der Zug nicht mehr aufzuhalten. Ich stelle das ganz nüchtern fest, nicht zuletzt als Lehre aus meinem langjährigen Engagement in dieser Bewegung. Aus ähnlichen Gründen kann sich die aberwitzige Logik der Militärstrategen zufrieden zeigen. Ist es ihnen doch gelungen, ein Vernichtunspotential zu entwickeln, das die Menschheitsgeschichte beenden kann.

Durch seine Undurchschaubarkeit erscheint der heute vorherrschende Wissenstyp in erster Linie ein gut funktionierendes Mittel zu sein, um Sonderinteressen durchzusetzen. Einer sinnvollen argumentativ und demokratisch begründbaren Gestaltung unserer Welt kann er weit weniger dienen. Im Augenblick jedenfalls, im gegebenen Zustand. Das ist deshalb besonders schwerwiegend, weil die konkrete Technik durch die Zwecke ihre besondere Ausprägung erhält, die in sie einfließen. Andere Interessen sind mit ihr nur bedingt zu verwirklichen. Es sei denn, daß sie umgestaltet wird - und das wiederum ist ohne wissenschaftlich-technische Kenntnisse schwer möglich. Ich möchte das an einem aktuellen Beispiel veranschaulichen. Die Losung der christlichen Friedensbewegung lautet: Schwerter zu Pflugscharen (nach dem Bibel-Wort: Micha 4,3) klingt heute etwas altmodisch (auch wenn man dem Sinn dieser Worte, der Forderung nach Abrüstung, nur zustimmen kann). Denn sie stammt aus einer Zeit, in der man ein Kriegsgerät durch einfaches Umschmieden in ein nützliches Gerät verwandeln konnte. Die Schwierigkeiten der gegenwärtigen hochtechnisierten Rüstung haben sich demgegenüber jedoch gewaltig verschoben. Atomraketen lassen sich nicht kurzer Hand in sinnvolle Gebrauchsgegenstände umformen. Denn in sinnvollen Geräten wären - soweit ich sehe - weder Interkontinentalraketen noch das spaltbare Material der Kernwaffen am Platze. Zu prüfen, wie weit die fachwissenschaftliche Grundlage einer Atomrakete für andere Zwecke genutzt werden kann, erfordert Sachverstand.

Dennoch halte ich es für grundfalsch, die gegenwärtige naturwissenschaftlich-technische Entwicklung schlichtweg abzulehnen und dem Traumbild einer vermeintlich glücklicheren Vergangenheit anzuhängen. Eine romantische Verklärung des Gewesenen, die sich modisch technikfeindlich gibt, hilft nicht weiter. Das Rad der Geschichte kann man nicht zurückdrehen. Und die technisch-industrielle Entwicklung hat ja außer dem Plunder, den sie hervorbringt, auch eine Menge Vorteile. So bin ich, wenn ich durch die Geschäfts-City gehe, ein begeisterter Benützer eines Walkman. Mit einer Mozart-Messe im Ohr oder mit Miles Davis kann man sehr viel akustische Umweltverschmutzung, beispielsweise durch Schlager-Berieselung im Warenhaus, umgehen. Und weil ich gerne Kunstausstellungen in den unterschiedlichsten Städten besuche, freue ich mich auf die Hochgeschwindigkeits-Züge, die in den nächsten Jahren eingesetzt werden. Usw.
Der entscheidende Punkt wird also sein müssen, die positiven Seiten zu fördern, ohne den negativen aufzusitzen. Aus meiner Analyse des Bestehenden werde ich ein paar Hinweise ableiten, wie das geschehen könnte. Die herrschenden Verhältnisse haben dazu geführt, daß der gesellschaftliche Reichtum immens gewachsen ist, während die Möglichkeiten der Individuen verarmt sind. "Die Steigerung der Produktivkräfte deckt sich," wie Habermas feststellt, "nicht mit der Intention des 'guten Lebens', sie kann dieser allenfalls dienen." Ergänzend fügt er - ganz in meinem Sinne - an, daß ein bloßes Ausschöpfen des vorhandenen Potentials nur wenig emanzipatorische Folgen haben könne. Vielmehr käme es darauf an, dasjenige Potential erst zu "wählen, das wir zum Zwecke der Befriedung und der Befriedigung der Existenz wollen können" (Habermas 1968, 99).

Die naturwissenschftlich-technische Entwicklung eröffnet die besten Möglichkeiten. Nur, die einzelnen Individuen können immer weniger damit anfangen. Daher muß es darum gehen, ihnen zurück zu geben, was sie verloren haben. Drei Vorschläge dafür liegen auf der Hand. Erstens wäre denkbar, Wissensproduktion mit der Erforschung von Prozessen der Wissensvermittlung zu koppeln. Gegenwärtig wird im Wissenschaftsbetrieb ausschließlich belohnt, neue Erkenntnisse zu Tage zu fördern. Dafür werden akademische Grade verliehen, dafür werden Projekte von staatlichen und privaten Trägern finanziert. Dieses Belohnungssystem, das früher einmal sinnvoll gewesen sein mag, hat sich zur gesellschaftlichen Konvention verfestigt. Ich sehe nicht ein, warum es so bleiben müßte. Wenn Konventionen veralten und zu Fehlsteuerungen führen, sollten sie durch bessere Übereinkünfte ersetzt werden. Die Erforschung von Wegen der Wissensvermittlung, z.B. an Laien, stellt in den fortgeschrittensten Wissenschaftsbereichen ebenso anspruchsvolle Aufgaben wie die Wissensvermehrung.

Zweitens denke ich an die naturwissenschaftlich-technische Intelligenz. Bei dieser Personengruppe wäre dafür zu sorgen, daß die Rationalisierung der Wissensproduktion nicht zu untragbaren Verengungen der Arbeitsfelder führt. Zu weit getriebene Spezialisierung läßt Kreativität erlahmen, und sie ist der beste Humus für gefährliche Halbbildung. Fähigkeiten und Qualifikationen, die nicht dauernd gefördert werden, verkümmern mit der Zeit. Der Virtuose eines kleinen Teilgebietes kann außerhalb davon leicht auf das Niveau von Boulevardblättchen herunterkommen. Wenn allerdings ein gewisses Tätigkeitsspektrum erhalten bleibt, könnte daran eine lebenslange Weiterbildung ansetzen. An Kommunikationstechnik und Bildungsprogrammen ist kein Mangel. Dem spezialisierten Experten könnte auf diese Weise zurückgegeben werden, was er durch Spezialisierung verloren hat.

Drittens müßte naturwissenschaftlich-technisches Wissen wieder stärker in eine allgemeine Diskussion über die gesellschaftliche Praxis eingebunden werden. Dann erst würden Lebenswelt und naturwissenschftlich-technischer Fortschritt kein unvermitteltes Nebeneinander mehr darstellen. Die verhängnisvollen Folgen, die ein abgesonderter Wissenschaftsbetrieb haben kann, hat Brecht an einem Beispiel deutlich gemacht: "Das Ziel des Forschers ist 'reine' Forschung, das Produkt der Forschung ist weniger rein. Die Formel $E = m \cdot c^2$ ist ewig gedacht, an nichts gebunden. So können andere die Bindungen vornehmen: die Stadt Hiroschima ist plötzlich sehr kurzlebig geworden" (Brecht 1967, 17, 1112). Das die Verhältnisse so sind, ist Folge eines gesellschaftlichen Versagens. Die Möglichkeit besteht, dieses zu korrigieren. Sie hat indes, wie leicht zu erkennen ist, die bereits genannten Punkte eins und zwei zur Voraussetzung. Ohne die Förderung von Wissensvermittlung kann der Laie nicht die richtigen Fragen an den Wissenschaftsbetrieb stellen, ohne das Zurückdrängen der Spezialisierungsfolgen kann der Fachmann nicht angemessen antworten.

Mir ist natürlich klar, daß meine Vorschläge unter den bestehenden Verhältnissen etwas Utopisches an sich haben. Dennoch möchte ich sie nicht verschweigen.

Literaturverzeichnis

ARISTOTELES: Physikvorlesung (Werke in deutscher Übersetzung, Bd. 11). Darmstadt: Wissenschaftliche Buchgesellschaft, 1983.
BECKURTS, K. H., HOEFLE, M.: Innovationsstärke und Wettbewerbsfähigkeit. In: Siemens-Zeitschrift 58, 1958, Heft 5, S. 2-7.
BMFT Bundesminister für Forschung und Technologie (Hg.): Bundesbericht Forschung 1984. Bonn.
BRAVERMAN, H.: Die Arbeit im modernen Produktionsprozeß. Frankfurt/M. - New York : Campus, 1977.
BRECHT, B.: Gesammelte Werke in 20 Bänden. Frankfurt/M.: Suhrkamp, 1967.
GALILEI, G.: Unterredungen und mathematische Demonstrationen über zwei neue Wissenszweige, die Mechanik und die Fallgesetze betreffend (Hrsg. von A. von Oettingen). Darmstadt: Wissenschaftliche Buchgesellschaft, 1973.
HABERMAS, J.: Technik und Wissenschaft als 'Ideologie'. Frankfurt/M.: Suhrkamp, 1968.
HIEBER, L.: Aufklärung über Technik. Frankfurt/M. - New York: Campus, 1983.
KLEMM, F.: Der Weg von Guericke zu Watt. In: Abhandlungen und Berichte des Deutschen Museums 37, 1969, Heft 1, S. 5-23.
MARX, K.: Das Kapital, Bd. 1 (Marx-Engels-Werke Bd. 23). Berlin (DDR): Dietz, 1962 u.ö.
MITTELSTRASS, J.: Die Möglichkeit von Wissenschaft. Frankfurt/M.: Suhrkamp, 1974.
NHG (Niedersächsisches Hochschulgesetz). Niedersächsisches Gesetz- und Verordnungsblatt 1981, S. 263.
NIETZSCHE, F.: Über die Zukunft unserer Bildungsanstalten. In: Ders.: Unzeitgemäße Betrachtungen, S. 391-527. Stuttgart: Kröner, 1964.
PRUSS, K.: Kernforschungspolitik in der Bundesrepublik Deutschland. Frankfurt/M.: Suhrkamp, 1974.
ROOSEN, R.: Watts Pionierpatent und die weitere Entwicklung der Dampftechnik. In: Abhandlungen und Berichte des Deutschen Museums 37, 1969, Heft 1, S. 24-44.
SCHOFIELD, D. E.: Die Orientierung der Wissenschaft auf die Industrie in der Lunar Society von Birmingham. In MUSSON, A. E. (Hg.): Wissenschaft, Technik und Wirtschaftswachstum im 18. Jahrhundert. Frankfurt/M.: Suhrkamp, 1977.
SIEMENS, W. von: Lebenserinnerungen. Berlin: Springer, 1889.
WEINBERG, A. M.: Probleme der Großforschung. Frankfurt/M.: Suhrkamp, 1970.
WEIZSÄCKER, C. F. von: Zur Deutung der Quantenmechanik. In: Zeitschrift für Physik 118, 1941/42, S. 489-509.
WEIZSÄCKER, C. F. von: Zum Weltbild der Physik. Stuttgart : Hirzel, 1958.

Peter Awecker, Anne Heinzinger, Georg Leiter, Gottfried Moser, Kurt Pruner, Werner Schweinitzhaupt

Verbildet die Mathematik den Menschen?

Zunächst möchten wir uns der Leserin und dem Leser vorstellen:

Peter Awecker ist seit 1966 Lehrer für Mathematik, Physik, EDV und Informatik am BG und BRG Innsbruck Reithmannstraße und seit 1987 am Schulpraktikumszentrum der Universität Innsbruck tätig.

Anne Henzinger unterrichtet seit 1980 Mathematik und Physik am BG Kufstein.

Georg Leiter arbeitet seit 1981 als Lehrer für Mathematik, Physik und Informatik am BRG Innsbuck Adolf-Pichler-Platz.

Gottfried Moser ist seit 1978 Lehrer für Mathematik und Informatik am BORG Innsbruck.

Kurt Pruner ist seit 1975 im Schuldienst. Er unterrichtet am BRG Innsbruck Adolf-Pichler-Platz Mathematik, Physik und Informatik.

Werner Schweinitzhaupt unterrichtet seit 1975 Mathematik, Physik und Informatik, derzeit am BG und BRG Innsbruck Sillgasse.

Es kommt nicht von ungefähr, daß sich unsere Gruppe das Thema "Verbildet die Mathematik den Menschen?" zur Untersuchung gewählt hat. Wir kennen uns seit Jahren und haben bereits lange Zeit bei der Erarbeitung der kürzlich im Pädagogischen Institut Tirol erschienenen Broschüre "Was hat das mit Mathematik zu tun? - Arbeitsformen im Mathematikunterricht" eng zusammengearbeitet. Für den Herbst 1986 meldeten wir einen Arbeitskreis "Mathematik - Anspruch und Wirklichkeit" beim Pädagogischen Institut an. Da sich außer uns keine weiteren Interessenten für dieses Thema fanden, beschlossen wir, auf privater Basis daran weiterzuarbeiten. Zunächst erstellten wir Fragebögen, um die Meinung der Lehrer und der Schüler aller Altersstufen von 10 bis 18 zu erkunden. Daraus ergab sich ein reiches Datenmaterial, das in diesen Artikel einfloß. Aufgrund der Umfrageergebnisse beschlossen wir, das Thema unserer Untersuchung weiter zu präzesieren: "Verbildet die Mathematik den Menschen?" wurde zum neuen Arbeitstitel. Parallel zu der Auswertung der Fragebögen begann vor allem *Peter Awecker* auch damit, Interviews mit Schülern und Lehrern durchzuführen, die ebenfalls eine Fülle von Meinungen zu Tage brachten.

Da uns angeboten wurde, unsere Ergebnisse in diesem Buch zu veröffentlichen, standen wir vor der Frage, in welcher Form dies geschehen sollte. Nach längerer Diskussion erschien uns die Wiedergabe von statistischen Fakten als zu trocken. Statt dessen kam uns die Idee, innerhalb des Autorenteams eine Diskussion über das Thema durchzuführen, in die unsere bisherigen Erkenntnisse einfließen sollten. Diese Diskussion wurde von uns aufgenommen, ins Reine geschrieben und dann stilistisch etwas aufpoliert. In dieser redigierten Fassung liegt sie in diesem Buch vor.

In der Zwischenzeit hat *Werner Schweinitzhaupt* ein mathematisches Märchen geschrieben, das vom "feuerspeienden Drachen". Dabei geht es ihm darum, den Stellenwert der Mathematik in der Schule und der Gesellschaft von heute aufzuzeigen - zur Abwechslung in literarischer Form. Die anderen Autoren fanden, daß man das Märchen gut als Vorspann oder Einstimmung zur eigentlichen Diskussion verwenden könnte.

Nach diesem historischen Exkurs über das Entstehen unseres Beitrags wünschen wir viel Spaß beim Lesen, hoffen aber auch, daß die eine oder andere Passage nachdenklich stimmt.

Das Märchen vom feuerspeienden Drachen

In einem fernen Land nicht weit von hier ist es Sitte, daß jede Familie, die etwas auf sich hält, ihren Kindern eine profunde höhere Ausbildung zukommen läßt. Die höheren Lehranstalten vermitteln neben den auch sonst allerorts üblichen Lehrstoffen wie Deutsch, Fremdsprachen, Religion, Geographie, Biologie, Philosophie u.s.w. auch die hohe Kunst des Drachentötens. Ja, diesem Fachgebiet wird eine geradezu herausragende Bedeutung beigemessen. Während der gesamten Schulzeit sind drei bis fünf Wochenstunden dieser edlen Kunst gewidmet. Bis zu sechs theoretische Abhandlungen muß jeder Schüler jährlich zu diesem Thema verfassen, ganz zu schweigen von den vielen kleineren Prüfungen, in denen die erworbenen Fertigkeiten unter Beweis gestellt werden müssen.

Es mag den Leser merkwürdig anmuten, warum gerade das Drachentöten einen so zentralen Stellenwert in den Bildungsinhalten dieses Landes einnimmt - und dies, obwohl der letzte Drache dort nachweislich vor 1208 Jahren an einem kalten Novembermorgen erlegt wurde. Jedenfalls wird das Drachentöten seit urdenklichen Zeiten als jene Kunst verehrt, die dem lateinischen Sprichwort "non scholae sed vitae discimus" am ehesten gerecht wird, die quasi erst eine Lebensbewältigung ermöglicht. Von klein auf werden die Kinder darin unterwiesen, sich allerlei Drachen verschiedenen Aussehens und verschiedener Größe vorzustellen, gegen die es dann anzukämpfen gilt. Nicht selten geschieht es, daß Kinder in der Nacht schweißgebadet erwachen, gezeichnet von ihren heroischen Kämpfen mit dem Ungeheuer. Durch das frühe Training ist es den Schülern bei ihrem Eintritt in die höheren Schulen jederzeit möglich, sich die wichtigsten Grunddrachenarten in das Gedächtnis zu rufen. Auf diesem Wissensschatz aufbauend, werden nun detaillierte Kenntnisse der Drachenanatomie gelehrt, die Befeuerungsanlage und die wichtigsten Methoden der Bekämpfung besprochen, gestützt auf alte Tatsachenberichte aus der umfangreichen Literatur, aber auch auf neuere Forschungsergebnisse, die unter Zuhilfenahme von Computersimulationen zustande kommen. Um die Lehrplanforderungen nach Lebensnähe und Altersgemäßheit zu erfüllen, werden unermüdlich Übungsdrachen aus Ton oder Papiermaché angefertigt, an denen dann die theoretischen Kenntnisse praktisch erprobt werden. Neuerdings kommt es auch zur Durchführung von Projektunterricht - natürlich fächerübergreifend: der Biologe behandelt spezielle anatomische Fragen, der Psychologe die Konditionierung von Jungdrachen in der postnatalen Phase, der Deutsch- bzw. die Fremdsprachenlehrer schwelgen in den alten Sagen und Überlieferungen. Ethische Probleme des Drachentötens werden vom Religionslehrer angeschnitten und der Geograph orakelt über die mutmaßlichen Rückzugsgebiete des Ungeheuers.

Trotz des massiven Einsatzes von audiovisuellen Medien und des persönlichen Engagements der Fachlehrer kommt es immer wieder zu ernsten Problemen bei der Wissensvermittlung. Manchen besonders schlechten Schülern muß sogar aufgrund eines "Nichtgenügends" im Drachentöten der Aufstieg in die nächste Schulstufe verwehrt werden, da die Gesellschaft des Landes der Meinung ist, daß mangelnde Fertigkeiten in der genannten Sparte auf eine gewisse Lebensunfähigkeit hindeuten. Ein ganzes Heer von geeichten Drachentötern erteilt daher Nachhilfe unterricht, die Methodiker beratschlagen immer neue Tötungsformen und jährlich erscheinen Drachenbücher in immer neuer Aufmachung, geschrieben von rheumatischen Alt-Drachentötern oder forschen jungen Heißspornen, die neue Methoden entdeckt zu haben glauben.

Natürlich ist Drachentöten nicht nur ein Handwerk wie andere auch! Nein, vielmehr ist es erforderlich, eine ganze Reihe magischer Sprüche zu erlernen, deren Anwendung den praktischen Erfolg erst sicherstellt. Manchmal scheint sogar das Lernen der Zauberformeln und das rituelle Rezitieren derselben den Unterricht zu beherrschen. Dabei geht dann oft ein Leuchten über die finsteren Gesichter der alten Haudegen, die sich das Weiterüberliefern der edlen Kunst zur Lebensaufgabe gemacht haben. Mit erheblichem Geschick versuchen sie ihren Schülern zu verschweigen, daß die Drachen (zumindest in dieser Form) eigentlich schon lange Zeit ausgestorben sind, wenn man von einigen wenigen Exemplaren auf den fernen Kerguelеninseln absieht. Die meisten Eltern und Schüler glauben deshalb nach wie vor an die Existenz der Untiere im Verborgenen - unsichtbar und doch stets auf Opfer lauernd. Manche Bewohner behaupten auch, der Freund des Wahlonkels ihres Stiefzwillings habe in einer milden Neumondnacht mit eigenen Augen einen solchen Drachen gesichtet, wenn auch nur kurzzeitig und schmenhaft! Der berühmte Naturforscher Meinhold Ressner sei soeben dabei, eine wissenschaftliche Expedition zusammenzustellen, die fotografisches Beweismate-

rial sammeln soll. Kurz und gut, das ganze Land ist für den Fall der Fälle bestens gerüstet.

Zurück zu den Schülern. Nach achtjährigen harten Scheingefechten werden die meisten von ihnen für "reif" erklärt und in die rauhe Wirklichkeit entlassen. Da stehen sie dann und warten auf eine passende Gelegenheit zum Drachenkampf. Das Untier jedoch läßt auf sich warten ...

Manche der jungen Recken nützen die Zeit und besuchen die höhere Drachenakademie. Ihr Diplom berechtigt sie, selbst junge Leute in die hehre Kunst einzuführen (man kann ja nie wissen!). Andere wiederum bekommen Kinder und erzählen ihnen von den feuerspeienden Drachen ihrer Jugendzeit. In esoterischen Zirkeln feilt man weiterhin an neuen, kraftvollen Zauberformeln. Somit ist das Überleben der uralten Kunst gewährleistet.

Und die Pferde, Kühe, Hunde und Ziegen fragen sich, warum man um sie soviel weniger Aufhebens macht.

Diskussion

P: Unser Diskussionsthema ist "Verbildet die Mathematik den Menschen?" Dazu möchte ich euch mit einigen Thesen konfrontieren. Beginnen möchte ich mit einer Arbeit, welche die Studienvertretung von Mathematik und Physik der Universität Wien 1980 erstellt hat. Die Studenten haben den Mathematikprofessoren der Universität Wien unter anderem die Frage gestellt: "Wie würden Sie die Mathematik definieren?" Viele haben sich geweigert, die Definition zu geben oder sie haben Witze erzählt oder sie haben zur Zigarette gegriffen. Dieses Verhalten untermauert meine These, daß sich Mathematiker schwer tun, ihre eigene Wissenschaft zu definieren. Sie haben es selten nötig, ihre eigene Tätigkeit zu verteidigen, zu rechtfertigen. Die Sinnfrage wird oft aus ihren Arbeiten ausgeklammert.

Go: Ich glaube, daß Mathematiker hauptsächlich zu der Gruppe Menschen gehören, die an der Mathematik einfach Spaß haben. Es hat mir immer Vergnügen bereitet, Rätsel zu lösen. Ähnliches Vergnügen hatte ich dann mit der Mathematik, ohne länger darüber nachzudenken, was das soll, wozu man's braucht. Auf der Uni wußte ich's dann: Ich wollte Mathematik lernen, um Mathematik lehren zu können. Einen tieferen Sinn habe ich damals nicht gesucht. Als Mathematiklehrer an der Schule haben wir es aber auch mit Menschen zu tun, die *nicht* gerne Rätsel lösen, denen Mathematik *kein* Vergnügen bereitet. Ich habe mir, seit ich Lehrer bin, die Sinnfrage gestellt und habe auch immer wieder mit meinen Schülern darüber gesprochen. Auf der Uni hatte ich nie das Gefühl, daß sich einer meiner Professoren mit diesem Problem beschäftigt hat.

A: Ja, ich denke da besonders an die Mathematikassistenten und Mathematikprofessoren an der Universität, als ich noch studiert habe. Für mich war damals nicht erkennbar, welchen Sinn oder Stellenwert die Mathematik für sie hatte. Es nahm sich keiner von ihnen die Mühe, mit uns, den Studenten, darüber zu reden. Meine Distanz zu ihnen war zu groß, um sie darüber persönlich zu befragen. Ich glaube heute fast, solche Fragen zu stellen wäre tabu gewesen.
Für mich weiß ich jetzt langsam, welche Aufgaben die Mathematik erfüllen soll. Ich weiß aber noch nicht, wie ich das Ganze in der Schule realisieren kann. Ich denke, die Mathematik soll zuerst die Grundrechnungsarten vermitteln, sodaß jeder ins Geschäft einkaufen gehen kann, daß jeder zählen kann, daß jeder seine Zinsen abschätzen kann, daß jeder mit Hilfe einfacher Schlüsse Probleme des Alltags lösen kann, usw. Außerdem sollen wir in der Mathematik lernen, Modelle zu erstellen, die uns befähigen, auch etwas kompliziertere Probleme zu lösen. Mathematik auf diese letztgenannte Weise zu betreiben, stößt jedoch in der Schule auf Schwierigkeiten. Der Lehrplan listet so viele Lerninhalte nebeneinander auf, sodaß es äußerst schwer ist, an komplexeren Problemstellungen ganzheitlich zu arbeiten.

Go: Ich war Schüler der Handelsakademie und habe dort unter anderem zwei getrennte mathematische Fächer gehabt. Das eine hieß "Kaufmännisches Rechnen", das andere "Mathematik". Im "Kaufmännischen Rechnen" habe ich alles das gelernt, was man im Berufsleben braucht. In "Mathematik" habe ich alles das gelernt, was ich bis heute sicher schon vergessen hätte, wenn ich nicht Mathematik studiert hätte.

P: Ich möchte jetzt nachfragen: Glaubt ihr also, daß es einen Unterschied gibt zwischen jenen, die an der Uni Mathematik lehren und jenen, die an der Schule Mathematik unterrichten? Glaubt ihr, daß die Lehrer an den allgemeinbildenden Schulen schon sagen können, was Mathematik ist und welche Bedeutung sie hat?

W: Ich sehe an und für sich keinen Unterschied zwischen den Mathematiklehrern an der Uni beziehungsweise an den Schulen. Die Mathematik ist ja dazu erfunden worden, daß sich die Menschen besser verständigen können. Ich denke da an die Zahlen, mit denen man Sachverhalte aus der Wirklichkeit für jeden verständlich beschreiben kann - z.B. Preise, Entfernungen oder die Zahl der auf der Jagd erlegten Tiere. Auch das Erstellen von mathematischen Modellen gehört dazu. Mit ihnen kann man in gewissem Sinn die Zukunft voraussagen und gewinnt dadurch an Sicherheit. Als Beispiel könnte man hier die Fallgesetze erwähnen. Ich glaube aber, daß sich die Mathematik, wie sie an der Uni und in der Schule gelehrt wird, viel zu sehr von diesen ursprünglichen Zielsetzungen entfernt hat und zu theorielastig geworden ist. Das zeigt sich auch bei Schülerumfragen ganz deutlich. Sie schreiben der Mathematik höchstens bei Preisvergleichen und der Überprüfung des Lohnzettels eine gewisse Bedeutung zu, sonst wissen sie aber eigentlich nicht konkret, was man mit bestimmten Kapiteln des Stofflehrplans im Leben als Normalverbraucher anfangen könnte. Uns Lehrern geht es oft auch nicht viel besser, und durch die Schülerantworten wird unser flaues Gefühl bestätigt.

A: Die Schüler bestätigen einem doch oft einen Sinn, den man selbst nicht erkennt. Ich wundere mich darüber nur.

Ge Der Großteil der Mathematiklehrer sieht die Aufgabe seines Unterrichtsfaches als notwendigen Baustein innerhalb eines starren Ausbildungssystems, hinterfragt aber nicht das System selbst. Er wird gewissermaßen selbst Teil deses Systems und verteidigt es mit allen seinen Unzulänglichkeiten. Angesichts der Tatsache, daß die Ergebnisse von Meinungsumfragen und die Aussagen von Pädagogen die Ansicht widerspiegeln, wonach die Gesellschaft die Förderung von Selbstvertrauen, Initiative, Kreativität und Einfallsreichtum als gleich wichtig einschätzt wie die Vermittlung von Grundkenntnissen, erhebt sich die Frage: Wird Mathematikunterricht dieser Forderung gerecht?
Zunächst wird es notwendig sein, die Aufgabe von Mathematik in umfassenderem Rahmen neu zu definieren, dabei den Menschen in den Mittelpunkt einer neuen Bildung zu stellen und dem Lehrer wie dem Schüler ein stärkeres Selbstbewußtsein gegenüber der erstarrten Einstellung eines veralteten Bildungssystems zu vermitteln. So ist es an der Zeit, ein lebensnahes Angebot *vor* Pflichterfüllung, spielerischen Umgang *vor* angstbesetzte Auseinandersetzung mit Mathematik zu stellen.

Go: *Anbieten* finde ich da wichtig, weil es immer Schüler geben wird, die absolut keine Freude an mathematischen Spielereien haben. Vor allem nach Beendigung der Schulpflicht - also in der Oberstufe - sollte ein Schüler aus einem größeren Angebot von Lehrinhalten wählen können.

K: Was mir auffällt an der Fragestellung, das ist die Fiktion, die dahinter steht, als gäbe es sozusagen keine benennbaren Ursachen, daß Mathematik Unterrichtsfach ist. Oder anders ausgedrückt: Sollte man nicht eher die Frage stellen, welche Funktion erfüllt die Mathematik als Unterrichtsfach? Und dazu fallen mir spontan einige Aspekte ein: Der eine etwa, daß durch Mathematik eine starke Reduktion von komplexen Zusammenhängen passiert; weiters eine starke Abstraktion. Durch Mathematik beziehungsweise mathematische Mo- delle entsteht leicht der Eindruck der unbegrenzten Machbarkeit und Be-Rechenbarkeit von allem.

P: Damit verbunden ist meine zweite These. In der vorhin zitierten Arbeit sagt ein Unversitätsprofessor: "Wenn jemand mit Herz und Liebe bei der Sache ist, ist ihm letzten Endes die gesellschaftliche Relevanz egal." Ich behaupte nun, daß sich Mathematiker kaum darum kümmern, was mit ihrem Produkt gemacht wird.

A: Zum Ausspruch dieses Universitätsprofessors: Ich selbst möchte solche "Produkte" nicht erfinden, die so völlig abgehoben davon sind, ob man sie braucht oder nicht. *Mein* Herz und *meine* Liebe wären da nicht dabei. Sobald der Bezug zum Menschen fehlt, ist für mich die Sache nicht so wichtig - und sehr vieles in der Mathematik kommt mir eben wirklich losgelöst vom Menschen vor. Aber all das kann ich nur für mich selber sagen.

Ge: Da stellt sich für mich nun die Frage, ob unsere Schulmathematik für den Menschen wirklich so wesentlich ist. Ich bin durchaus für ein klug ausgewähltes mathematisches Rüstzeug, für Abstraktionsvermögen, gleichzeitig aber für neue Unterrichtsfächer wie Ökologie, Metapolitik und Metaphysik. Die Welt ist eine lebendige Ganzheit und wir alle sind Teil dieser Welt, nicht geboren, um uns in Teile zerstückeln zu lassen. Mathematik verbildet, wo sie nicht Ganzheit schafft.

W: Ich glaube, daß noch etwas dazukommt. Wenn wir nicht wissen, wozu wir etwas unterrichten, reden wir uns zu schnell auf die "Allgemeinbildung" hinaus. Aber was dazu gezählt wird, hat ja irgendwann "die Gesellschaft" festgeschrieben. Warum muß man im Gymnasium gerade Latein lernen, warum steht im Fachlehrplan, daß wir in der 7. Klasse die komplexen Zahlen zu besprechen haben usw.? Die Verantwortlichen wissen doch selbst ganz genau, daß das alles für die meisten Schüler von keinerlei Relevanz ist. Das Ganze muß also eine völlig andere Funktion haben als die Vermittlung eines Stoffgebietes.

Ich habe gerade eine Maturaklasse. Meine Schülerinnen strebern ziemlich besessen Latein und Mathematik in sich hinein, aber eigentlich nicht, um es zu verstehen und dann möglichst lange zu beherrschen, sondern wegen eines Stücks Papier mit dem Aufdruck "reif". Die Stoffinhalte sind praktisch von der Gesellschaft als Eintrittspreis festgesetzt worden für "höhere Positionen". Man nimmt das als Schüler einfach in Kauf. Die Eltern messen diesen Lehrinhalten z.T. eine Bedeutung bei, die sie einfach nicht besitzen, und diejenigen unter ihnen, die den Durchblick haben, zucken die Schultern und sagen ihrem Sprößling, daß er durchhalten soll und daß bei ihnen selbst alles viel strenger zugegangen sei.
In gewissem Sinn ist die Mathematik eine Geheimwissenschaft. Man lernt eine Menge Zaubersprüche, und wer diese zumindest unreflektiert nachbeten kann, der bekommt Zugang zu bestimmten Privilegien, die die Gesellschaft zu vergeben hat.

P: Vielleicht geht es weniger um die Inhalte und die Geheimsprache, sondern einfach um die Anpassung. Wenn jemand bereit ist *das* zu lernen, dann hat er die Eintrittskarte. Er hat damit ja bewiesen, daß er sich anpassen kann. Es ist im Prinzip egal, *was* er lernt.

Go: Aber es bleibt dann schon noch die Frage, warum ausgerechnet Mathematik. Mir ist jetzt gerade "Gullivers Reisen" eingefallen. Im Lande Lilliput ist es Brauch, durch Seiltanzen hohe Ämter und durch Stockspringen und Kriechen Orden und Ehrenzeichen zu erringen. Man muß also völlig sinnlos scheinende Sachen machen, um in eine gesellschaftlich höhere Stellung zu kommen. Ich muß also Mathematik lernen, um ein Zeugnis zu bekommen, das mich dann weiter bringt. Ich lerne nicht etwas, das ich einmal brauche, ich lerne um ein Zeugnis zu bekommen.
Wie sagt *Garfield*, der schlaue Kater so treffend: "Nicht für die Schule lernt ihr, sondern für die Katz."

K: Für mich besteht ein großer Unterschied zwischen der Schulmathematik und der Mathematik auf der Uni. Auf der Uni hat die Mathematik zumindest noch spielerische oder kreative Aspekte. In der Schule stehen hingegen eher Anpassung und Disziplinierung im Vordergrund. Es gibt wohl kaum ein anderes Schulfach, wo man so enge Grenzen stecken kann wie in der Mathematik. Wo man scheinbar eindeutig sagen kann, das ist richtig und jenes ist falsch. Diese klare Unterscheidung gibt es ja sonst nicht.

P: Und diese zweistellige Logik, dieses Wahr-Falsch-Denken, spiegelt sich auch in der Einstellung zur Mathematik wider. Sie erzeugt Ehrfurcht und Desinteresse, Verachtung und Neugier, Angst und Bewunderung. Sie wird voll angenommen oder vollständig abgelehnt. So extrem ist diese bipolare Einstellung bei keinem anderen Wissensgebiet.

K: Es wäre z.B. interessant, wie Mathematik bei Chinesen oder Japanern aussieht - auch die Schulmathematik. Weil das Wahr-Falsch-Den- ken ist ja ein abendländisches Denkmuster.

Ge: Ja, speziell wir Mathematiklehrer haben gelernt, dieses Wahr-Falsch-Denken weiterzutradieren. Hans Müller-Bek drückt das in einem seiner Texte sehr plastisch aus: "Der Lehrer ist wie ein Hirte, der seine Kühe einen schmalen Steinpfad hinauftreibt, links und rechts saftiges Gras und schattige Bäume. Wenn eine nebenhinaus nascht, wird mit der Geisel geknallt." Schüler sind lernfähig und sind rasch bereit, den Trimm-Dich-Pfad als vorgegeben zu betrachten. Was auf dem Pfad zu lernen bleibt, ist, den Pfad nicht zu verlassen.

Go: Sonst kommen wir nie auf die Alm!

A: Dazu paßt auch die Meinung eines Schülers, den es sehr stört, daß im Mathematikunterricht wie auch in vielen anderen Unterrichtsgegenständen jegliches kreative Vorgehen, also Entdeckung von neuen Lösungswegen etc., ziemlich kurz gehalten wird. Mit den ständig gleichen Antworten wie: "Das ist richtig, aber bleiben wir doch bei 'unserem' Lösungsweg", werden seiner Meinung nach jegliche Bestrebungen in Richtung Kreativität zunichte gemacht. Meiner Meinung nach ist das zwar ein Stempel, den ein Mathematikunterricht haben kann, aber bei einem anderen Lehrer oder einer anderen Lehrerin überhaupt nicht hat.

W: Ja, aber der Lehrer, der alle Abweichungen und alternativen Wege zuläßt, hat es natürlich viel schwerer Mathematik zu unterrichten als der, der die Kühe geradeaus hinauftreibt.

A: Ja, aber das ist auch Mathematikunterricht.

W: Ich glaube, in vielen Fällen kann der Schüler ja vom Stoff her gar nicht wissen, wie er weitermachen soll. Also bleibt ihm nichts anderes übrig, als sich dem Fachmann bedingungslos und gläubig auszuliefern - sich also anzupassen - um auf die Alm zu kommen. In vielen anderen Fächern ist das nicht so kraß. In Philosophie, Religion oder Deutsch kann man viel leichter eine divergierende Meinung vertreten.

P: Zum pythagoräischen Lehrsatz gibt es keine Privatmeinung. In einer Untersuchung von Jörg Bürmann "Der typische Naturwissenschaftler - ein intelligenter Versager?" wird behauptet, daß die Mathematiker stark fach- und leistungsorientiert sind, andererseits aber sehr gehemmt, kontaktarm und emotional blockiert. Dazu paßt die Antwort einer 17-jährigen Schülerin auf die Frage: "Verbildet die Mathematik den Menschen?" "Ja, wenn ich unsere Mathematiklehrer anschaue, dann irgendwie schon, weil die sind alle irgendwie emotionell völlig armselig." Ich behaupte nun, daß die Arbeit mit der Mathematik auf den ganzen Menschen abfärbt. Für mathematische Aussagen gilt, daß das Gegenteil von "wahr" "falsch" ist, für das Leben aber gilt nach Niels Bohr: "Das Gegenteil einer tiefen Wahrheit kann eine andere tiefe Wahrheit sein." Der ständige Umgang mit der Mathematik, wo man versucht Widersprüche auszuschließen, hinterläßt seine Spuren.

A: Ich kann da schwer über mich selbst als Mathematikerin reden. Das können dann besser andere beurteilen, z.B. die Schülerinnen und Schüler, ob ich gehemmt, kontaktarm und emotional blockiert bin. Wenn ich an mein Studium zurückdenke, so erinnere ich mich, daß ich zu keinem meiner Studienkollegen Kontakt hatte. Meine Freundinnen und Freunde studierten andere Fächer.

Go: Ich bin mit dieser Verallgemeinerung: "Mathematiker sind gehemmt, kontaktarm und emotional blockiert" nicht einverstanden. Bürmann hat vielleicht ein paar pathologische Fälle untersucht und daraus Schlüsse gezogen. Ich kenne einige kontaktfreudige Mathematiker und Mathematikerinnen und ich kenne einige kontaktarme Nicht-Mathematiker. Ich glaube, daß dieses Richtig-Falsch-Denken eher eine spezifische Eigenschaft von Lehrern - und nicht nur von Mathematikerlehrern - ist.

P: Ja, aber die haben ja sehr viel Mathematikunterricht gehabt.

A: Das, was du von den anderen Lehrern gesagt hast, Gogo, das gilt für mich eigentlich für viele Menschen, beinahe für unsere ganze Gesellschaft. Meiner Ansicht nach ist das Ja-Nein-Denken oder das Gut-Schlecht-Denken in unserem ganzen Gesellschaftssystem verbreitet. Es bestimmt unsere Gespräche und unseren Umgang mit Menschen. Möglicherweise kommt dieses Denken aber doch von den Naturwissenschaften und der Mathematik. Ich habe dieses bipolare Denken am eigenen Leib gespürt. Ich bin so erzogen worden. Daß das Gegenteil einer tiefen Wahrheit wieder eine tiefe Wahrheit ist, habe ich erst spät in mir gespürt und zugelassen. Ich war damals schon Lehrerin. Mit *dem* Denken, nämlich daß viele Wege zum Ziel führen können oder daß viele Sachen gut sind, auch wenn sie voneinander ganz verschieden sind - mit diesem Denken habe ich auch große Schwierigkeiten mit anderen Menschen erlebt und zwar ganz unabhängig davon, ob ich Mathematikerin war oder nicht.

Go: Ich glaube der Satz ist von Elias Canetti: "Die Feinde meiner Feinde sind noch lange nicht meine Freunde." Ich glaube nicht, daß er sich mit dieser Feind-Freund-Problematik beschäftigt hat, weil er einmal Mathematik in der Schule gehabt hat. Das ist einfach ein menschliches Phänomen.

W: Nein, ich halte das nicht für ein allgemein menschliches Phänomen, sondern für eines, das besonders für unsere westliche Zivilisation typisch ist. Immer wieder sperren wir Menschen in bestimmte Schubladen, z.B. in politischer Hinsicht. Paßt er nicht in die 'schwarze Schublade', macht man automatisch einen 'Roten' aus ihm. Einordnen scheint eine große Leidenschaft der Menschen des Westens zu sein! Ich erinnere mich an ein Pietschmann-Seminar. Da hat es geheißen, daß sich die Natur- bzw. die Geisteswissenschaften etwa zur Zeit des Galilei offiziell getrennt haben. In gewisser Hinsicht war die Trennung vorteilhaft, weil die Kirche keine Leute mehr einsperren konnte, die die Meinung vertraten, daß die Erde um die Sonne kreist. Die Naturwissenschaften haben immer mehr Zusammenhänge aus der Realität formelmäßig beschreiben können. Deshalb bringen die Menschen ja üblicherweise der Naturwissenschaft viel mehr blinden Glauben entgegen als den Geisteswissenschaften. Die Naturwissenschaft hat immer mit den Begriffen "wahr" - "falsch" operiert. Diese sind uns offenbar im Lauf der Jahrunderte in Fleisch und Blut übergegangen. Da braucht es dann gar keinen Mathematikunterricht mehr, um auch im täglichen Leben nach dem Wahr-Falsch-Muster zu reagieren. In diesem Zusammenhang erinnere ich mich an einen Spruch aus der Bibel: "Wer nicht für mich ist, ist gegen mich!"

A: Mir ist jetzt eben aufgefallen, daß der Mensch offensichtlich eine unheimlich große Sehnsucht danach hat, eindeutig sagen zu können, "ja, das stimmt" oder "nein, das stimmt nicht". Das muß auf jeden Fall immer eine große Erleichterung für viele Menschen sein.
Es wundert mich schon lange, daß die Mathematik so unumstritten ist. Ich habe z.B. Schüler der fünften Klasse AHS danach gefragt, welche Teilgebiete der Mathematik für sie jetzt wichtig sind. Sie nannten vor allem die Grundrechnungsarten, die Zinsrechnung und

die Prozentrechnung. Für fast alles übrige wissen sie derzeit keine Verwendung. Am liebsten sagen sie, daß sie die übrigen Lehrstoffinhalte einmal später im Beruf brauchen werden. Der Großteil der Schülerinnen und Schüler weiß aber noch gar nicht, welchen Beruf er einmal ergreifen wird. Sie vertrösten sich also auf später und mit dieser Hoffnung auf eine spätere Verwendungsmöglichkeit brauchen sie eigentlich gar nicht gegen die Mathematik anzukämpfen.

Ge: Günther Ossimitz hat in einer seiner Veröffentlichungen eine eindeutige Parallele gezogen zwischen autoritärer Machtstruktur und mathematischem Denken. Beiden Systemen ist ähnlich, daß ein kleiner Expertenkreis Denk- und Verhaltensmuster für eine große Zahl von Menschen entwickelt. Nur wenige wissen um das Funktionieren des Systems, die Masse - ohnmächtig oder nicht imstande, die Abhängigkeit einzusehen - läßt sich in eine Hierarchie einbauen und benützen. Ich meine, daß beherrschende Interessensgruppen ganz stark daran interessiert sind, Abhängigkeit zu schaffen, statt selbstkritische, selbstbewußte Menschen heranzubilden, Richtig-Falsch-Den- ken weiter zu betreiben, statt nach möglichen Wegen zu fragen. Wer oben sitzt, weiß, was dem kleinen Mann, der keinen Frau ganz unten gut bekommt. Läßt sich mit einem solchen Denken nicht ausgezeichnet Herrschaft ausüben?! Ein paar wenige Befugte werden in die Geheimwissenschaften eingeführt. Ein möglicher Weg führt über die Matura.

K: Du meinst Mathematik als neues Herrschaftswissen, wie früher alte Sprachen?

W: Im Prinzip ist es kein Herrschaftswissen, weil jene, die die Einweihungsprüfung bestehen, ja von den Inhalten kurze Zeit später fast nichts mehr wissen. Es gibt Untersuchungen, daß der Durchschnittsmaturant bereits zwei Jahre nach seiner Sternstunde schon 95% des Fachwissens vergessen hat. Das heißt, er hat sich zwar die Eintrittskarte zu einer gesellschaftlichen Position erworgen, die vermittelten Inhalte sind jedoch offenbar nebensächlich. Es geht also nicht um die Vermittlung von Herrschaftswissen, sondern um den Erwerb einer Berechtigung.

P: Wobei die Arbeitshaltung in der Mathematik, also *wie* man in der Mathematik arbeitet, sicher resistenter ist als die Kenntnis der Inhalte.

K: Ich assoziiere damit auch stark Elemente von Entfremdung. Das heißt, es wird im Mathematikunterricht nicht gefragt, wofür man bestimmte mathematische Methoden im Leben brauchen kann, wozu sie nützlich sind usw., sondern es geht letztlich um Noten bzw. Berechtigungen, also nicht um die Sache selbst. Und das hat doch entfremdete Arbeit so an sich. Also Mathematik als Einüben in entfremdetes Arbeiten.

W: Ein Drittklassler hat mich gefragt, warum wir uns eigentlich mit dem Herausheben von Termen befassen. "Hier hebt man etwas heraus, und dort wird wieder ausmultipliziert. Könnte man sich das ganze Theater dann nicht gleich ersparen?" Man beginnt als Lehrer zu grübeln und gelangt zu folgender Antwort: "In der 4. Klasse werden wir mit Bruchtermen arbeiten. Manche davon lassen sich durch Herausheben vereinfachen." Das ist auch nicht sehr motivierend. Man verweist auf später, aber im Prinzip ist das keine befriedigende Antwort.

Ge: Es ist erstaunlich, wie rasch sich Schülerinnen und Schüler daran gewöhnen, daß es in Mathematik nicht viel zu fragen gibt. Wenn Fragen gestellt werden, stellt sie in den meisten Fällen der Lehrer, Schüler geben im allgemeinen stereotype Antworten, die dem Lehrer in den Kram passen; Antworten und Fragen, die den Redefluß des Lehrers hemmen oder seinen Unmut hervorrufen, werden weggelassen. Ich selber stelle fest, daß im Fach Mathematik meine innere Zensur am stärksten wirkt. Ich bin in Informatik und in Physik offener für Fragen und bereit, aktuelle Probleme mit in den Unterricht einzubeziehen. Mathematik bleibt eher trocken, fantasielos und nüchtern.

P: Ich möchte noch einmal auf Günther Ossimitz zurückkommen und aus seiner Arbeit "Mathematik als Metamathematik" zitieren: "Die Mathematik vermittelt andauernd den Eindruck absoluter, schlafwandlerischer Sicherheit." Ich glaube, daß diese Sicherheit ihren Preis hat und zwar begibt man sich in ein Abhängigkeitsverhältnis; man kann den "Pfad" kaum mehr verlassen.
Dazu schreibt R. Fischer in "Unterricht als Prozeß der Befreiung vom Gegenstand - Visionen eines neuen Mathematikunterrichtes": "Wesentliches Ziel des Mathematikunterrichtes muß es sein, zur Befreiung von der Herrschaft der Mathematik über den Menschen beizutragen, indem ein neues Verhältnis zwischen Mensch und Mathematik aufgebaut wird, das von einem stärkeren Selbstbewußtsein des Menschen gegenüber dem Wissen gekennzeichnet ist."

Ge: Wie macht man einen Menschen selbstbewußt?

P: Ja, z.B. indem man Widersprüche zuläßt, indem man den Schülern beziehungweise den Studenten die Möglichkeit einräumt, Fehler zu machen, indem man die spezielle Stellung der Mathematik innerhalb der Wissenschaft auch zum Unterrichtsthema macht, indem man *über* Mathematik spricht. Das ermöglicht es unter anderem den Schülern beziehungsweise den Studenten, selbstbewußter gegenüber dem *Fach* Mathematik aufzutreten.

A: Im Zusammenhang mit Fehlern ist mir Folgendes aufgefallen. Wenn ich in einer für mich neuen Klasse zu unterrichten beginne und die Schüler darauf hinweise, daß die Lösungen in den sogenannten Lösungsheften ab und zu falsch sind, so merke ich die große Verunsicherung bei den Schülern darüber. Manche sind sogar schockiert, daß sich selbst Mathematiker irren oder verrechnen können.

P: Ich möchte noch eine Behauptung aufstellen und zwar: die Mathematik verführt dazu, alles im Leben für logisch begründbar und berechenbar zuhalten. Dazu ein Zitat einer Mathematikstudentin über die Mathematik: "Im Leben ist fast nichts so logisch begründbar und berechenbar wie bei ihr. Wenn man aber hauptsächlich nur ein solches Denken gewohnt ist, droht man den Bezug zur Realität zu verlieren. Ich glaube, ich hatte mir eben sehr stark aufgrund des mathematischen Denkens eine Art Scheinwelt aufgebaut. Wenn man nun aus einer solchen herausgerissen wird, ist das umso schmerzlicher."

Go: Ich habe hier einige Schülerantworten auf die Frage: "Welche wesentlichen Aufgaben hat deiner Meinung nach die Mathematik?" Die Schüler erwarten sich: "Förderung des logischen Denkens und des Kombinationsvermögens, Schärfung des Verstandes, Zusammenhänge erkennen lernen, für alltägliche Probleme mathematische Lösungswege finden und ähnliches. Mathematiklehrer geben auf die gleiche Frage im allgemeinen die gleichen Antworten; z.B.: "Schulung des logischen und abstrakten Denkens, Genauigkeit, Erfassen von Zusammenhängen, ..."

P: Ich glaube zu dieser Einstellung verführen auch die Beispiele in den Schulbüchern, wo man den Eindruck bekommt, man könne die angerissenen Probleme wirklich einfach durch Rechnen lösen.

Ge: Der Machbarkeitsgedanke fasziniert den Menschen schon seit dem Turmbau zu Babel.

W: Ja, vor allem glaubt man sich in Sicherheit wiegen zu können. Nicht nur das Wissen, daß man praktisch alle Probleme lösen kann, sondern auch das Wissen, daß man viele Ereignisse vorausberechnen kann, gibt einem Scheinsicherheit. Ich kann mir ausrechnen, wie lange ich ungefähr nach Linz unterwegs sein werde, ob ich mir in diesem Monat noch einen Computer leisten kann und wie lange ein Stein vom Balkon bis zum Boden fallen wird. Das ist doch etwas, was sich jeder von uns insgeheim wünscht: zu wissen, was in der Zukunft wahrscheinlich geschehen wird.

P: Wobei diese Sicherheit auf wackligem Fundament steht. Wenn du nach 10 km einen Unfall hast, dann stimmt die Zeitberechnung nicht und wenn du eine überraschende, notwendige Auslage hast, dann stimmt die Kalkulation nicht mehr und beim Stein, da interessiert mich mehr, ob er meinen Kopf trifft und weniger, wie lange er fällt.

W: Ja, aber der Mythos der Vorausberechenbarkeit färbt natürlich trotzdem ab. Man versucht dann eben, alle Eventualitäten in Betracht zu ziehen. Wenn ich nach Indien fahre, denke ich nach, was mir alles zustoßen und wie ich mich dagegen absichern könnte mit Bargeld, Schecks, Impfungen und Versicherungen. Man versucht alle Zufälligkeiten rechnerisch und mit Logik auszutricksen und gewinnt da- durch scheinbar an Sicherheit. Und die Mathematik ist eben eine Wissenschaft, aus der ein Großteil der westlichen Menschen mehr Sicherheit zu ziehen glaubt, als z.B. aus der Religion.

Ge: Die große Illusion besteht darin, daß durch Mathematik Sicherheit vorgetäuscht, daß Machbarkeit vorgegaukelt wird. Kinder lassen sich davon - und ich werte es als starkes Lebenszeichen - nicht so leicht täuschen. Ein Beispiel soll das erläutern: In einer 4. Klasse, beim Berechnen der Zu- und Abflußzeit für einen Stausee und anschließender Klassendiskussion haben Schülerinnen und Schüler bemerkt, daß sie an diesem Thema ganz andere Fragen interessieren. Es ist die Umweltproblematik, es ist die Energieproblematik, es interessiert sie, wie weit unser Ökosystem überhaupt noch belastbar ist. Fragen, für die unsere derzeitigen Modelle und Machbarkeitsideen keine Lösungen anzubieten haben.

A: Peter, ich möchte noch einmal zurück zu deiner These kommen, näm- lich zum Einfluß der Mathematik auf unser Leben. Ich bilde mir ein - soweit ich das selbst überhaupt durchblicken kann, daß die Mathematik, die ich unterrichte, besonders aber die Mathematik, die ich damals auf der Uni gelernt habe, für mein Leben keine große Wichtigkeit hat. Über eine solche Mathematik bin ich auch unzufrieden. Ich möchte eine Mathematik unterrichten, die mehr Bezug zum Leben hat. Das Richtig-Falsch-Denken steckt sicher noch stark in mir, weniger jedoch durch die Mathematik als durch meine Erziehung durch die Eltern, die Schule usw. hervorgerufen.

K: Ich hänge immer noch an einer viel früheren These, nämlich an der von R. Fischer, Mathematik müsse in der Schule unterrichtet werden, um so die Mathematikhörigkeit oder Abhängigkeit von der Mathematik zu überwinden. Ich kann ihm unrecht tun, aber mir kommt vor, das ist auch ein Abschieben von Verantwortung. Ich kann mir näm- lich nicht vorstellen, daß die Schule der Rahmen ist, wo man sozusagen ein Weltbild oder eine Kultur überwinden kann. Schule tradiert Kultur und überwindet sie nicht, das ist meine These. Ich glaube, das ist eher Ausdruck eines schlechten Gewissens von Mathematikern, die kritisch über ihre Tätigkeit oder ihre Wissenschaft reflektieren.

W: Kurt, da bin ich nicht einer Meinung mit dir, weil ich glaube, daß in der Schule beides passiert: einerseits die Überlieferung der alten Werte, andererseits der Versuch, neue Gedanken einfließen zu lassen und dadurch Veränderungen zu bewirken. Ich finde diesen Zustand ganz gut, etwas vergleichbar mit "Yin und Yang". Das Alte und das Neue zerren aneinander und letzten Endes vermischen sich beide, auch wenn es lange dauern kann.

K: Das bestreite ich absolut, wenn es um so einen Brocken geht, wie ein naturwissenschaftliches, ein mathematisches Weltbild. An dem können irgendwelche ausgeflippten Lehrer ankratzen, mehr aber nicht.

P: Zur Mathematik gehört, wie kaum in einer anderen Wissenschaft, die Grundhaltung des Eingrenzens. Man beschränkt sich auf bestimmte Bedingungen und arbeitet dann in dieser Einschränkung. Fast nicht zum Tragen kommt in dieser Wissenschaft die Grundhaltung der Offenheit. Ossimitz gibt dazu Beispiele an: Für die eingegrenzte Auffassung den Spruch aus der Bibel: "Wer nicht für mich ist, der ist gegen mich." die offene Auffassung dazu wäre: "Welche Art der Zusammenarbeit kannst du dir mit mir vorstellen?" eingegrenzt: "Was ist politische Bildung?" offen: "Worin kann politische Bildung bestehen?" eingegrenzt: "Liebst du mich, oder liebst du mich nicht?" offen: "Was sind deine Gefühle mir gegenüber?" eingegrenzt: "Die leere Menge enthält keine Elemente und ist eindeutig bestimmt." offen: "Welche Vorstellungen kannst du mit dem Begriff 'leere Menge' verbinden?" Ja, das geht also wieder in die Richtung, daß eine Geisteshaltung, die man bei der Arbeit ständig einsetzen muß, nämlich die des Eingrenzens, auch auf den Privatbereich abfärbt. Man kann nicht in seiner Arbeit ständig eingrenzen und in seinem Privatleben ständig offen sein.

Ge Lotte Ingrisch schreibt in ihrem Buch "Die Schmetterlingsschule" eine passende Bemerkung dazu: "Viel später erst, als ich die großen Mathematiker jenseits der Schulweisheit studierte, entdeckte ich, daß zwei mal zwei sehr wohl fünf sein kann. Zu spät." Sie bemerkt damit, daß es ihr erst viel später gelingt, aus dem Kanal des Eingegrenztseins auszusteigen und sich einer weiteren Sichtweise zu öffnen. Unsere Gedanken bestimmen in ganz starkem Maße unsere Realität. Wenn unser Denken eng und eingegrenzt ist, werden wir auch unsere Welt eng und beschränkt erleben! Wer nur eine Möglichkeit zuläßt, verhindert mit, daß sich andere Möglichkeiten auf der Erde realisieren.

A: Mir fällt dazu auch die mögliche Umkehrung des Ganzen ein, die ich z.B. in meinem Leben erfahren habe. Früher, als ich etwa 16 Jahre alt war, habe ich mir neben vielen anderen Dingen sehr eingleisig z.B. folgendes gedacht: Mit etwa 20 oder 21 Jahren lerne ich den "Mann meines Lebens" kennen, den heirate ich dann und wir bekommen zwei bis drei Kinder usw. In mir waren unheimlich fixe Gedanken und Vorstellungen. Je offener ich mit der Zeit selbst geworden bin - nicht durch die Beschäftigung mit Mathematik, sondern durch das Lesen von Büchern und besonders durch den Umgang mit vielen Menschen - desto offener wurde auch mein Mathematikunterricht, das heißt desto offener konnte ich in der Mathematik Fragen stellen und auf verschiedenartige Antworten eingehen. Mir kommt einfach vor, ich kann jetzt einiges in meinen Mathematikunterricht hineintragen, z.B. offene Werthaltungen, mehr Toleranz, Kreativität, mehr Komplexität, usw. - besonders etwa durch den sogenannten Projektunterricht - und die Mathematik, die ich unterrichte, ist lange nicht mehr so abgeschlossen und eingeengt.

Go: Die Grundhaltung der offenen oder der eingegrenzten Fragestellung ist sicher kein Spezifikum der Mathematik an sich, sondern eine Eigenschaft des Mathematiklehrers beziehungsweise des Lehrers überhaupt. Jede Unterrichtseinheit präsentiert sich im Lehrplan - im Lehrbuch - wie ein geschlossenes System und das färbt eben auf den Lehrer ab. In einem solchen System kann die Antwort auf eine Prüfungsfrage nur wahr oder falsch sein. Seit Gödel wissen wir aber, daß es keine abgeschlossenen Systeme gibt und so wird es für uns Lehrer höchste Zeit, daß wir uns mit offenen Systemen beziehungsweise mit offenen Fragestellungen auseinandersetzen. Offenheit als erlernbare Eigenschaft.

W: Ich finde an Vereinfachungen nichts Schlechtes, solange sie nicht ständig passieren. Ich möchte dazu ein Beispiel aus der Fotografie bringen: Wenn ich eine Landschaft durch ein Weitwinkelobjektiv betrachte, bekomme ich eine gute Übersicht, aber die feinen Details gehen mir verloren. Fotografiere ich durch ein Teleobjektiv, beschränke ich mich auf einen Ausschnitt und weiß nicht, was außerhalb davon gerade passiert. Ich kann aber nicht einfach behaupten, Detailaufnahmen seien sinnlos, weil die großen Zusammenhänge verloren gehen. Beide Ansichten haben ihre Vor- und Nachteile, deshalb sollte man ein Zusammenspiel beider anstreben. Bezogen auf den Mathematikunterricht heißt das für mich, daß man um Vereinfachungen und Einschränkungen nicht herum kommt, andererseits aber immer auf eine Zusammenschau achten muß, das heißt, den Schülern die Komplexität der Vorgänge in der Wirklichkeit bewußt macht. Ich kann ja vom Schüler nicht verlangen, daß er etwa einen Überholvorgang berechnet, der alle Faktoren vom Gegenwind über die Unebenheit der Straße bis zu den Luftwirbeln an der Antenne berücksichtigt. Mit gewissen Einschränkungen läßt sich aber von demselben Schüler eine einigermaßen realistische Näherungslösung errechnen. Er muß nur wissen, daß das Ergebnis beschränkt tauglich ist, daß jede Simplifizierung eben ihren Preis hat. Ich glaube, man muß nur aufpassen, daß der Blick nicht an den Details hängenbleibt. Beobachten wir doch einmal den Sehvorgang des Menschen: Es ist ein ständiger Wechsel zwischen der Orientierung an einem Gesamteindruck und dem Blick auf einzelne Objekte. Vielleicht haben wir uns in der Mathematik zuviel an den Details festgekrallt und sollten unseren Blick zur Abwechslung wieder mehr aus dem Fenster schweifen lassen.

P: Damit kommen wir zur eigentlichen Diskussionsfrage: Verbildet die Mathematik den Menschen? Also ich glaube, daß die Antwort ja oder nein lauten kann, je nachdem *wie* Mathematik betrieben wird. Ich glaube, wenn alle Vorbehalte und Schwierigkeiten, die wir in unserer Diskussion besprochen haben, in die Mathematik und in das Studium der Mathematik einfließen, also wenn all diese Problematik sozusagen beim Lernen von Mathematik und beim Studium der Mathematik mitgedacht wird, dann muß sie nicht verbilden. Wenn man aber alle diese Probleme ausklammert und sich eben wirklich nur auf die Wahr-Falsch-Logik und auf das Eingrenzen einläßt, dann verbildet sie meiner Meinung nach sehr wohl.

A: Ich denke, wenn sich die Mathematiker dann auch mit allen möglichen Widersprüchen, mit gesellschaftlicher Relevanz ihres Tuns, mit Offenheit und Begrenzung usw. auseinandersetzen müssen, haben sie nicht mehr so viel Zeit, sich mit unnützen und auch gefährlichen Dingen zu beschäftigen. Dazu zähle ich die Berechnungen in bezug auf Rüstungs- und Kriegsvorbereitungen. Beinahe makaber mutet es mich an, wenn Mathematiker ausrechnen, wie oft man mit den vorhandenen atomaren Waffenarsenalen die Erde bereits zerstören kann, obwohl es sie nur einmal gibt. Meinetwegen muß der Mensch auch nicht auf den Mond fliegen, was dank der komplexen Rechenmodelle der Mathematik möglich ist. Es gibt noch viele ähnlich extravagante und für mich unnotwendige Dinge, die ich hier aufzählen könnte.

P: Das ist mir jetzt ein zu pessimistisches Ende.

Ge: Die Frage "Verbildet die Mathematik den Menschen?" ist für mich falsch gestellt. Sie kann heißen: "Läßt sich der Mensch durch die Mathematik verbilden?" Das heißt, die Mathematik an sich tut gar nichts, wir lassen etwas mit uns geschehen. Es ist also eine Frage von Verantwortung, für jeden Schüler, für jeden Lehrer.

Literaturverzeichnis

BÜRMANN, J.: Der "typische Wissenschaftler". In: Die Deutsche Schule (1979) 5, S. 273-284.

FISCHER, R.: Unterricht als Prozeß der Befreiung vom Gegenstand - Visionen eines neuen Mathematikunterrichts. Unveröffentlichtes Manuskript, Universität Klagenfurt: 1983.

INGRISCH, L.: Schmetterlingsschule oder Die Veränderung der Welt im Kopf. Wien: Österreichische Staatsdruckerei, 1986.

MÜLLER-BEK, H.: Das Berufsmilieu des Volksschullehrers. In: KOESTER, U./C. BÜTTNER (Hg.): Liebe und Haß im Unterricht. Weinheim: Beltz 1981, S. 35-46.

OSSIMITZ, G.: Mathematik als Metathematik. Diplomarbeit am Institut für Mathematik der UBW Klagenfurt. Klagenfurt 1984.

SRVen Mathematik und Physik an der Uni Wien: Mathematik und Gesellschaft 1. Teil/2. Teil. Wien 1980.

Thomas Leithäuser

Probleme des interdisziplinären Technikdialogs

I.

Bedarf es eines interdisziplinären Technikdialogs in einer Welt, deren Probleme durch ihre Verkleinerung und Handhabbarmachung in einem Prozeß fortschreitender Arbeitsteilung gelöst zu werden scheinen? Immer neue Spezialisierung von Spezialisten ist die Regel, - die Technik - nach der man verfährt, wenn sich Probleme, zumal technische Probleme aufwerfen. Experten werden gebraucht und deren intensive Ausbildung ist angesagt, damit die Probleme einer immer komplexer werdenden Welt erkannt und praktisch angegangen werden können. Was sollen Experten lange miteinander reden und gar interdisziplinäre Dialoge führen, wenn es darum geht, Techniken zu entwickeln? Widersprechen nicht die Anforderungen der Expertenrolle geradezu den Anforderungen, die ein interdisziplinärer Dialog stellt? Experten sind Leute, die fachsimpeln und weniger diskutieren; kann man das in verschiedenen Disziplinen zugleich, die immer spezialistischer werden? So gesehen ist ein interdisziplinärer Dialog eher unnötige Zeitverschwendung; noch dazu werden dabei Experten zu Dilettanten und verkaufen ihre Kompetenz unter ihrem Wert.

Gehen wir von einer anderen Richtung des Fragens aus. Könnte es nicht sein, daß die Bildung und Ausbildung zum Expertenwissen wichtige Fragen des Lebens und Zusammenlebens der Menschen gar nicht aufkommen läßt? Indem Experten je auf ihrem Gebiet Fragen stellen, Antworten geben, Probleme lösen, verdecken sie zugleich andere Fragen, Antworten und Probleme, lassen deren Artikulation erst gar nicht aufkommen. Danach wäre Expertenwissen neben der Bereitstellung von Problemlösungen und der dazu nötigen Methoden und Techniken auch eine Problemunterdrückung.

Versteht man Lebenswelt weniger wie Edmund Husserl philosophisch als eine von allen Idealen und begrifflichen Bezügen durch Wissenschaft entkleidete Grenzwelt, sondern - Lebenswelt in einer sozialpsychologischen Perspektive - als einen unvermeidlichen quasi natürlichen, selbstverständlichen Zusammenhang alltäglichen Lebens, der nicht wissenschaftlichen Regeln und Gesetzmäßigkeiten folgt, so ist diese Lebenswelt einschneidend von den Einschränkungen und Problemunterdrückungen des Expertenwissens betroffen. Sie wird ins Abseits, ins Verborgene gedrängt, ist von dort aus aber um nichts weniger wirksam und für Experten beunruhigend, weil ihre Strategien des reduktionistischen Denkens, des "Fachsimpelns" lebensweltliche Problematiken nicht zureichend erfassen können. Hier deutet sich eine besondere Dialektik an: je weniger man sich diese lebensweltlichen Dimensionen erfahrbar und erlebbar machen kann, um so mehr wird man, durch die Verblendungen des Expertenwissens gebannt, von ihr gefangen genommen. Solche Gefangenschaften werden wir noch genauer kennenlernen.

Technik ist nun keineswegs allein der theoretisch und praktisch zu entwickelnde Gegenstand der Ingenieurswissenschaften. Die verschiedensten Naturwissenschaften, Sozialwissenschaften und Geisteswissenschaften haben eine eigene Betrachtungs- und Zugangsweise zur Technik im allgemeinen. Auch das gilt wiederum theoretisch und praktisch. Gerade solche Differenzen im Technikverständnis sind die Voraussetzung für einen interdisziplinären Dialog. Wäre man sich von vornherein einig über den Gegenstand Technik, die Sichtweise, in der er aufgefaßt wird, und die Methode seiner Erkenntnis, so bedürfte es keines Dialogs, sondern in der Tat nur der Fachsimpelei. Aber dem ist nicht so. Andererseits drängt, bedingt durch die Entwicklungen der Informations- und Kommunikationstechnologie, ein einheitlich systematischer Technikbegriff in die heterogensten Wissens-, Arbeits- und Lebensbereiche vor. Auch diese Vereinheitlichung der Technikerfahrung, eine Erfahrung, die die meisten Menschen über kurz oder lang teilen, besonders vorangetrieben durch die Einführung des Personalcomputers, ist wie die durch Arbeitsteilung bedingte Differenzerfahrung als eine günstige Voraussetzung für einen interdisziplinären Dialog aufzufassen. Man kann auf gemeinsame Erfahrungen rekurieren. Ein interdisziplinärer Technikdialog ist also möglich: gleichwohl gestaltet er sich schwierig.

Verlegen wir uns wiederum auf das Fragen. Ist denn dieser gleichwohl mögliche und dennoch schwierige Dialog notwendig? Könnten die an Entwicklung und Umsetzung der Technik Beteiligten wissenschaftlichen Fachdisziplinen nicht so kooperieren, wie es sich bisher quasi naturwüchsig ergeben hat? Ingenieure entwickeln die Technik in strikten, für sie vorgegebenen technischen Rahmenbedingungen, Ökonomen und Soziologen denken über ihren ökonomischen und betrieblich bedingten Einsatz nach, Ergonomen, Arbeitsmediziner und Psychologen untersuchen, wie die Menschen nach Human- und Effizienzkriterien auf vorteilhafteste und gesunderhaltende Weise mit der Technik arbeiten können. Solches Nebeneinander und Nacheinander ordnete bisher die Kooperation der mit Technik befaßten Wissenschaften. Der mechanische Ablauf solcher Kooperation erfordert keinen institutionalisierten Dialog und keine besonderen Gespräche. So lag bisher auch kein Grund vor, überhaupt eine

Untersuchung über Bedingungen und Möglichkeiten eines interdisziplinären Technikdialogs anzustellen.

Die systematische Technologie fordert dagegen eine neue Koordination von Technikentwicklung, Arbeitsplatzeinrichtung, Arbeitsorganisation, Arbeitssituation und der Anwendung von Humankriterien. Der Ort und Zeitpunkt dieser Koordination ist nicht länger mehr die Implementierung einer Technik in einem Industrieunternehmen, sondern die Frühphase der Technikentwicklung: also nicht erst nach der Fertigstellung einer Maschine (hardware und software). Sollen die Chancen, die die neuen Technologien für die Ergonomie, die Arbeitsorganisation und die Arbeitssituation den einzelnen Menschen an ihrem Arbeitsplatz bieten, optimal genutzt werden, so bedarf es neuer Formen der Kooperation von Ingenieuren, Ergonomen, Betriebswissenschaftlern, Betriebssoziologen, Arbeitsmedizinern, Arbeitspsychologen und nicht zuletzt jener, die zukünftig auf den neuen Arbeitsplätzen arbeiten werden, und ihre betrieblichen und gewerkschaftlichen Vertreter. Diese Aufzählung impliziert keine Rangfolge, Hierarchie und Weisungsstruktur. Sie nennt lediglich jene, die an einem frühzeitig einzuführenden interdisziplinären Technikdialog beteiligt werden sollten. Eine wesentliche Aufgabe besteht darin, die Grenzen, die durch die Arbeitsteilung gerade auch in den Wissenschaften entstanden sind und die sich heute eher hemmend auswirken, durchschaubarer und überschreitbar zu machen. Das ist leichter gesagt als getan. Für einen interdisziplinären Technikdialog gibt es bisher kaum ein Vorbild, wenig Ideen und kein fertiges Konzept. Das hat allerdings den Vorteil für neuartige Entwürfe für einen solchen Dialog.

II.

Um für solche Entwürfe den Weg zu bahnen, möchte ich einige sozialpsychologische Probleme analysieren, deren Beobachtung und Lösung zum Aufbau eines interdisziplinären Technikdialogs wichtig sind. Sie zeigen im übrigen, in welcher Weise lebensweltliche Selbstverständlichkeiten in den Diskurs der Wissenschaften eindringen und sich seiner bemächtigen. Wir hatten bereits die Rolle des Experten angesprochen, in die jeder Wissenschaftler, ob er will oder nicht, hineingerät, sei er nun Naturwissenschaftler, Ingenieurwissenschaftler, Sozialwissenschaftler oder Geisteswissenschaftler. Als einem Experten für seinen Bereich, kann einem keiner aus anderen Bereichen so leicht etwas vormachen. Als Experte muß man respektiert werden. Die Expertenrolle schützt die soziale Position und unterstützt das Sicherheitsgefühl der Person. Als Experten gelten wir etwas, unseren Worten und Argumenten wird besondere Achtung und

Aufmerksamkeit geschenkt. Als Experten können wir uns gegen Widerspruch und Einspruch besonders leicht durchsetzen; wir genießen die Privilegien der Autorität. Behaglich können wir uns auch jederzeit in dieses privilegierte Reich bei Fragen zurückziehen, die nicht in den Sektor unserer Expertenzuständigkeit fallen und uns mit der Zierde der Bescheidenheit schmücken. Wo man nichts zu sagen hat, soll man schweigen. Darf man aber schweigen, darf man so mir nichts, dir nichts, seine Fähigkeiten zu denken, zu prüfen, zu urteilen ruhig stellen, mit anderen Worten, sein Licht unter den Scheffel stellen?

Die Vorteile der Expertenrolle impliziert auch Nachteile. Sie macht zum interdisziplinären Dialog weitgehend unfähig. Überschreiten z.B. Ingenieurwissenschaftler und Sozialwissenschaftler ihre jeweiligen Expertenreviere, so sind sie nicht länger Experten sondern Laien und ihrer Privilegien und Vorteile beraubt. Als Laien fühlen sie sich eher unsicher, hilflos, vielleicht sogar ohnmächtig. Wenn sich Ingenieurwissenschaftler und Sozialwissenschaftler einander gegenüber so fühlen, wird ein Dialog zwischen ihnen schwierig, wenn nicht gar ausgeschlossen. Wenn sie gleichwohl zu einem Dialog kommen wollen und in Anbetracht der Sachlage der neuen Technikentwicklung kommen müssen, was sollen sie dann tun? Sie könnten sich doch wechselseitig unterstützen, aus der Unsicherheit und Hilflosigkeit herauszufinden, indem sie ihre Reviere öffnen, den jeweiligen Partner ermuntern, Fragen zu stellen, sich seines ja speziell trainierten Verstandes in einem für ihn zunächst unübersichtlichen und undurchsichtigen Feld zu bedienen. Das ist schwierig, aber gewiß produktiver als sich hinter die Mauern des eigenen Reviers zurückzuziehen und sich hinter dem Panzer der Expertenrolle zu verschanzen.

Auch dies scheinbar so naheliegende und selbstverständliche Verhalten ist leicht charakterisiert, aber schwer in die Tat umgesetzt. Psychologisch gesehen haben wir es ja mit einer Identifikation mit der Expertenrolle zu tun, und die ist nicht leicht aufzulösen. Denn solche Identifikationen sind meist fest in unseren Handlungsroutinen verankert und haben zugleich eine von uns selten leicht erkennbare unbewußte Dimension. Unser Ich muß auf die Entlastungen verzichten, die die Identifikation mit der Expertenrolle mit sich bringt. Und nicht nur das; neue Belastungen kommen hinzu. Im Dialog müssen wir um die Anerkennung unserer Argumente ringen - wir dürfen ihre Anerkennung nicht einfach voraussetzen. Wir treten ohne Rüstung, gewissermaßen nackt und bloß in den Ring der Diskussion und müssen vor Schaulustigen immer aufs neue den Kampf um Anerkennung bestehen. Das ist mühevoll und anstrengend auf die Dauer (vgl. Parin 1978, 96).

Es sieht daher so aus, als hätten wir - sozialpsychologisch gesehen - recht ungünstige Chancen für einen interdisziplinären Technikdialog, für den es, wie wir zu Beginn zu zeigen suchten, doch gute Gründe gibt. Wie können wir also mit der hier aufgeworfenen sozialpsychologischen Schwierigkeit fertig werden? Jeder Experte weiß, daß ihm seine Rolle nicht einfach zufiel, sondern daß er viel für sie lernen mußte. Das gilt nicht nur für die Aneignung des entsprechenden Fachwissens, sondern auch für die Formen der Selbstdarstellung als Experte. Und hierbei lernt man, ohne es vielleicht deutlich zu wissen, eine ganze Menge praktischer Psychologie. Die Expertenrolle ist also das Resultat eines nicht nur Wissen aneignenden Lernprozesses. Ähnliches gilt für das, was man den Laien nennt. Auch die Übernahme der Rolle des Laien ist ein nicht weniger komplexer Lernprozeß. Auch hier geht es um auf Wissen, Erkenntnisse und Erfahrungen orientierte und psychologische Sicherheit gewinnende Bildung. Wenn man so will, ist die Laienrolle eine besondere Art von Expertenrolle. Als Laie muß man z.B. lernen, seine besonderen Fragen zu stellen, die den Experten nötigen, nachzudenken. Gelingt dies, so läßt sich der Verlust an Selbstwertgefühl, den die Aufgabe der Expertenrolle häufig zur Folge hat, relativ leicht kompensieren. Die Laienrolle erweist sich als eine neue Expertenrolle. Für den interdisziplinären Dialog hat das den Vorteil, daß der jeweilige Experte häufig genug mit Fragen konfrontiert wird, die er nicht einfach routinemäßig beantworten kann und zu neuem Nachdenken veranlassen. Das führt nicht selten zu neuen Problemlösungen. Man muß lernen, sich im interdisziplinären Dialog wechselseitig das latente und aktuelle Wissen (Erfahrung, Einsichten, Erkenntnisse) abzuverlangen. In diesem Sinne wird die Laienrolle zu einer Expertenrolle und ihre Ausübung zu einer besonderen Kunst, die den Laien einen nicht unbeträchtlichen Gewinn auf sein psychologisches Konto verbuchen läßt.

Es mag sein, daß ich Expertenrolle und Laienrolle in einen zu krassen Gegensatz gesetzt habe. Man arbeitet und lebt sich ja nie nur in einer Rolle aus; insofern sind solche Rollencharakterisierungen, wie ich sie hier etwas leger vornehme, immer nur idealtypische Konstruktionen. Andererseits zeigen sie Verhaltenstendenzen an, die Wissenschaftler mehr oder weniger stark in ihre alltägliche Routine integriert haben. Vereinfachend läßt sich unser Problem auch so ausdrücken: Gerade Wissenschaftler sollten sich immer wieder von den methodologischen Verordnungen ihres Tuns distanzieren können und aufs neue lernen, unbefangen Fragen zu stellen und das nicht zuletzt in jenen Bereichen, für die sie sich zunächst nicht zuständig fühlen. Dies ist ein wichtiger psychologischer Schritt , um in einem interdisziplinären Dialog dialogfähig zu werden.

Es gehört zu den gesicherten Befunden der Sozialpsychologie, daß man konfliktreichen Gruppen gemeinsame Aufgaben und Ziele stellt, um eine produktive Kooperation zu ermöglichen. Eine Gruppe von Wissenschaftlern verschiedener Fachdisziplinen, die einen interdisziplinären Technikdialog wagen will, ist gewiß eine schwierige und konfliktreiche Gruppe, schon aufgrund der heterogenen Rollenanforderungen an jeden einzelnen, die wir oben ja charakterisiert haben. Welche Aufgaben und Ziele könnte man einer solchen Gruppe vorgeben, daß es ihr leichter wird, einen interdisziplinären Dialog einzuüben?

Birgit Volmerg, Eva Senghaas-Knobloch und ich haben in einer Studie, bei der es u.a. um die psychologischen Schwierigkeiten der Verständigung verschiedener Gruppen eines Großbetriebes über die Probleme der Humanisierung der Arbeit ging, Aufgaben und Ziele für diese Gruppe formuliert.

Ich will einige davon für die Gruppe der Ingenieure zitieren. Wir werden sehen, daß diese Ziele auch für Sozialwissenschaftler in einem interdisziplinären Technikdialog geeignet sein können:

- "den Versuch unternehmen, die Frage nach der Qualität der Arbeit aus der Perspektive der in der Produktion Arbeitenden zu stellen;
- nachvolllziehen, in welchem Maße das eigene Menschenbild, besonders das Bild von 'den Ungelernten' und Frauen technische Phantasie und Problemlösungen steuert;
- bedenken, daß das Bestreben die Qualität der Arbeit zu einer nicht nachvollziehbaren, sehr persönlichen Einschätzungsfrage zu machen, dem Zweck dienen kann, sich selbst in einer Entwicklungs- und Konstruktionstätigkeit von moralischer Verantwortung zu entlasten;
- sich bewußt machen, daß eine konkurrenzorientierte Haltung Einfühlung in die Bedürfnisse derer, die von der Arbeit des Technikers und Ingenieurs betroffen sind, hemmt;
- erkennen, daß Humanisierung, aufgefaßt als bloße Arbeitserleichterung, den in Humanisierung auch enthaltenen Sinnanspruch an Arbeit verfehlt;
- sich darüber verständigen, in welcher Weise eigene Sinnansprüche an die Arbeit - Autonomie, Vielseitigkeit und Kreativität - Bestandteile einer allgemein geteilten Sinnhaftigkeit der Arbeit sind;
- lernen, die eigene Erfahrung mit Rationalisierungsmaßnahmen (Unterforderung der kreativen Kompetenzen, zunehmende Routinisierung und Kontrolle der Tätigkeiten) zur Quelle von Gestaltungsperspektiven für Technik zu nutzen." (Volmerg, Senghaas-Knobloch, Leithäuser 1985, 86)

Diese "Verständigungsziele" sind für eine Bildungsarbeit mit Techniker- und Ingenieursgruppen gedacht. Es liegt aus den oben genannten Erwägungen nahe, den interdisziplinären Technikdialog auch als eine gemeinsame Bildungsarbeit zu verstehen, für die die aufgeführten und ähnlich noch zu entwickelnden "Verständigungsziele" ein gutes Medium abgeben könnten.

III.

Eine weitere Schwierigkeit für einen interdisziplinären Technikdialog, die man aber ebenfalls, wenn man sie sich nur genügend bewußt macht, bewältigen kann, sehe ich in den verschiedenen wissenschaftlichen (intellektuellen) Arbeitsstilen der einzelnen Fachdisziplinen. Um diese Problematik genauer unter die Lupe nehmen zu können, ziehe ich den aufschlußreichen Aufsatz "Struktur, Kultur und intellektueller Stil" des norwegischen Friedens- und Konfliktforschers Johann Galtung zu Rate. Galtung (1983) unterscheidet in diesem leicht ironisch geschriebenen Aufsatz zwischen sachsonischer, teutonischer, gallischer und nipponischer Wissenschaft und bezieht diese Unterscheidungen auf den Stil der Erkenntnisbildung in den Wissenschaften. Ich möchte mich in meiner Aufnahme von Galtungs Argumenten im wesentlichen auf seine Unterscheidung des "sachsonischen" und "teutonischen" Stils wissenschaftlicher Arbeiten beziehen. Der teutonische Stil ist, wie leicht zu erkennen sein wird, an den deutschsprachigen Universitäten der bei weitem vorherrschende.

Die folgenden Charakterisierungen sind idealtypisch gemeint. Der "sachsonische" Stil einer wissenschaftlichen Diskussion ist mehr geprägt durch eine Art Teamwork der an ihr Beteiligten. Man achtet darauf, daß die Gruppe der Diskutierenden auch bei starken Differenzen zusammen bleiben kann. Der Pluralismus verschiedener begründeter Meinungen wird als wichtiger angesehen als das Obsiegen einer einzigen Meinung, der dann auch eher der Charakter eines Glaubenssystems zukäme. Der Diskussionsleiter hält sich dieser Tradition entsprechend zurück, und die Diskutanten beziehen sich zunächst einmal mit Hochschätzung auf den Beitrag des Vorredners, um dann aber meist mit einem "aber" fortzufahren. "Die mit 'aber' beginnende Einschränkung wird dann möglicherweise sehr lang werden und viele bohrende Spitzen und beißende Bemerkungen enthalten, aber höchstwahrscheinlich wird doch am Ende eine schmeichelhafte beifällige Äußerung stehen" (Galtung 1983, 309). Auch in einem schlechten Redebeitrag wird man nach einem "Körnchen Gold" suchen und es finden, über das es sich lohnt zu diskutieren. Auch einen schlechten Redner und Diskutanten wird man nie ganz im Regen stehen lassen, sondern sich bemühen, ihn ein wenig zu integrieren. Das hat den Vorteil, daß alle zum Diskussionsthema und untereinander Distanz gewinnen und halten können. Das hat den Nachteil, daß zuweilen zu schnell harmonisiert und die anstehenden Streitpunkte zu wenig gründlich behandelt und zu rasch geglättet werden, so daß man zu wenig zum Wesen einer Sache vordringt.

Da ich mich vom "teutonischen" Stil nicht frei weiß, möchte ich mich an dieser Stelle um "sachsonische" Zurückhaltung bemühen, nicht lange dreinreden und Johann Galtung in einer längeren Beschreibung zu Wort kommen lassen: In der "teutonischen" Diskussion wird "der schwächste Punkt" eines Vortrages "aus dem Meer von Worten herausgefischt, ins hellste Rampenlicht gestellt, damit auch ja keine Zweifel aufkommen, und dann mit dem Seziermesser auseinandergenommen, was mit beachtlicher Wendigkeit und Verständigkeit geschieht. Vermutlich wird sich die Debatte weitgehend derartigen Aspekten widmen, und wenn überhaupt, so wird es am Ende nur wenige besänftigende Worte geben, um den Angeklagten als menschliches Wesen wieder aufzurichten; kein Versuch wird unternommen, das Blut aufzuwischen und das verletzte Ego wieder zusammenzufügen. Entgegen der sachsonischen Sitte, sich bei solchen Gelegenheiten in Humor und Schulterklopfen zu üben, ist hier der Blick eher kühl, die Miene starr und in den Augenwinkeln ist womöglich eine Spur von Hohn und Spott zu erkennen. Der vortragende Angeklagte erlebt die Situation als Opfer. Da er das aber schon vorher weiß, wird er wohl, um sich nicht unterkriegen zu lassen, auf der Hut sein und lieber auf Nummer sicher gehen, von Anfang an nicht von der vorgeschriebenen Bahn abweichen, einige einleitende Bemerkungen machen, die feindliche Aufmerksamkeit ablenken, in dem er die gehörigen magischen Worte ausspricht, den Autoritäten Gehorsam zollt und sich weiterer Kunstgriffe bedient. Das Endergebnis braucht nicht unbedingt intellektuell trivial zu sein, weist aber ein Element der Unterwürfigkeit auf." (Galtung 1983, 309)

Dieser Diskussionsstil erschwert einen interdisziplinären Dialog entscheidend. Er behindert die dazu nötige Offenheit und das sich aufeinander einlassen können. Man muß sich geradezu hüten als ein Laie zu reden und Fragen zu stellen, wird man als solcher bestenfalls in der Rolle eines naseweisen Studenten akzeptiert, aber nicht als gleichwertiger und ernstzunehmender Gesprächspartner anerkannt. Eine streng hierarchisch gegliederte Struktur des Forschens, Lehrens und Lernens - eine Pyramide, - an deren Spitze der Professor steht, sich der in höhere und niedere Positionen aufgliedernde Mittelbau anschließt, um endlich ganz unten bei der breiten Masse der Studentinnen und Studenten anzulangen, untermauert festgefügt den teutonischen Wissenschaftsdiskurs. In den vergangenen Jahren war diese Pyramide durch eine liberalisierende Hochschulreform ein Stück weit aufgelockert, die aber zunächst schrittweise und in diesem Jahr endgültig zurückgenommen wird. Dabei braucht man kaum auf Widerstand zu rechnen, denn die demokratischeren Strukturen hatten sich kaum in egalitärere Diskussionsstile umgesetzt. Hierarchie und Teutonismus bestanden und bestehen informell fort und institutionalisieren sich gegenwärtig wiederum in den aufgefrischten alten rigiden Meister-Jünger-Verhältnissen mit ihrem schlechten Gemisch von ökonomischen, politischen und persönlichen Abhängigkeitsverhältnissen, die sich zu einer neuen und zugleich althergebrachten Lebenswelt verdichten, auf der die wissenschaftliche Produktion gewissermaßen auflagert. Bleibt wissenschaftliche Erkenntnis davon unbeeinflußt? Wohl kaum.

Auch der interdisziplinäre Dialog in den Wissenschaften wird wieder schwieriger. Die Fachwissenschaftler richten sich in ihren angestammten Revieren behaglich ein. Es herrscht die unbekümmerte Expertokratie; diese verwaltet die Verkehrswege der Erkenntnis. Der interdisziplinäre Dialog in den Wissenschaften schafft sich dagegen seine Nischen, Plätze der Besinnung im ehrgeizigen Getriebe. Vielleicht läßt sich hier etwas von dem sachsonischen Stil kultivieren, lassen sich in Forschungsverbünden gemeinsame interdisziplinäre Projekte entwickeln und in Teams forschen und lehren. Es geht nicht darum, einen andern durch den Nachweis eines schwachen Arguments zu besiegen und niederzuwerfen, ihn vielleicht sogar persönlich zu verletzen. Es geht darum - nicht zuletzt die Entwicklung der neuen Technologien nötigt dazu - interdisziplinäre Dialoge zwischen Natur-, Ingenieur-, Sozial- und Geisteswissenschaften zu entwickeln, um dem Problemlösungsbedarf angemessen begegnen zu können. Arbeitsteilung sollte nicht länger als Revieraufteilung mißverstanden werden. Erkenntnisse gewinnt man durch den interdisziplinären Dialog in teamartiger Kooperation.

IV.

Doch stößt man dabei auf ein weiteres Problem, das ebenfalls lösbar wird, wenn man genügend darüber nachdenkt. Ich will dieses Problem hier nur kurz kennzeichnen. Ingenieurwissenschaften und Sozialwissenschaften z.B. haben sehr verschiedene Wissenschaftssprachen. Sie folgen verschiedenen Sprachspielen. Die Sozialwissenschaften sind sehr viel stärker an die Umgangssprache gebunden und arbeiten ihre Erkenntnisse in deren diskursiven Symbolik aus. So kommt es zu ausführlichen Begründungen, Erörterungen und Kommentaren. Es häufen sich die Folianten und das Wissen springt aus den Fugen. Ingenieurwissenschaften dagegen bedienen sich mehr einer präsentativen Symbolik und der Formelsprache der Mathematik. Die Darlegungen und Darstellungen, die Konstruktionen sind entsprechend knapp und kurz.

Staunen und Sprachlosigkeit befällt so manchen Ingenieur, wenn er den Ausführungen eines Sozialwissenschaftlers lauscht oder die auffallende Masse an zu lesenden Seiten zur Vorbereitung für eine Diskussion durcharbeitet. Und umgekehrt stellt sich beim Sozialwissenschaftler Unzufriedenheit ein ob so mancher Kurzfassungen des Ingeniuers. Zur Fremdheit des Stoffes, die schon erhebliche Verständnisschwierigkeiten für den jeweiligen Laien bewirkt, tritt die Schwierigkeit angemessener sprachlicher Präsentation der Probleme. Verschiedene wissenschaftliche Sprachspiele erzeugen nicht nur einfache Übersetzungsaufgaben. An solche Sprachspiele sind Sozialisations-, Lern- und Denkstile gebunden. So muß man sich neue Orientierungen und Sichtweisen zu eigen machen. Das geht nicht ohne Mißverständnisse ab; sie sind geradezu nötig, um an ihnen das fremde Sprachspiel zu lernen, d.h. seinen Regeln zu folgen.

Die wechselseitige Übersetzungsarbeit ist also schwierig, und man muß sich dazu bewußt etwas einfallen lassen. Sozialwissenschaftler können z.B. versuchen, ihre Diskurse probehalber in eine präsentative Symbolik zu übersetzen, die einen raschen, gewiß vorläufigen Überblick der Thematik erlauben. Dabei kann man seine graphische Phantasie großzügig spielen lassen. An Schematisierungen und graphischen Darstellungen lassen sich die Probleme mündlich trefflich erläutern. Die präsentative Symbolik dient dabei als Brücke; hierzu kann auch die Technik eines Personalcomputers sinnvoll genutzt werden. Andererseits können sich Ingenieurwissenschaftler ihrerseits um die Übersetzung ihrer Kürzel in die Umgangssprache bemühen und sie dem Sozialwissenschaftler bewußt erläutern. Beide müssen besser lernen, sich vorzustellen, welche Schwierigkeiten der andere mit den Darstellungen haben könnte; sie sollten sich möglichst gut in die Rolle des anderen versetzten und seine Sichtweise probehalber übernehmen. Das hat für beide Seiten zumeist eine intensivere Selbstreflexion zur Folge und führt zu neuen Einsichten.

V.

Birgit Volmerg, Eva Senghaas-Knobloch und ich sind in unserem Forschungsprojekt "Technischer Fortschritt und Verantwortungsbewußtsein", in dem viele Gruppen- und Einzelgespräche mit Ingenieuren geführt wurden, auf diese Schwierigkeiten aufmerksam geworden und haben versucht, diese in einer Interaktionsanalyse des interdisziplinären Dialogs in unserem Forschungsprojekt zu klären (Volmerg, Senghaas-

Knobloch, Leithäuser 1988). In welcher Weise wir dabei vorgegangen sind, möchte ich noch berichten.

Wir haben unsere Vorgangsweise am Vorbild von Supervisionsverfahren der Psychologie und Psychoanalyse orientiert. Wenige Tage nach einer Gesprächsrunde mit einer Gruppe von Ingenieuren setzten wir uns zusammen, um die von uns erlebten Interaktionsstörungen und Irritationen systematisch durchzusprechen und zu analysieren. Ein solcher Versuch der Abbildung der Interaktionen des originären Forschungsgesprächs in der Erinnerung macht sie objektivierbarer. In solcher Nachbesprechung wird es den an den Forschungsgesprächen unmittelbar beiteiligten Forscherinnen leichter, ihre Perspektive probeweise aufzugeben und ihrerseits bewußter die Perspektiven der Ingenieure in der Untersuchungsgruppe aufzunehmen.

In den ersten Gesprächsrunden zeigte sich bei den Ingenieuren nicht selten die Auffassung, daß die wissenschaftliche Vorgehensweise in Psychologie und Sozialwissenschaft im Vergleich zu den Naturwissenschaften und den technischen Wissenschaften nicht streng und systematisch genug sei. Es trat der Zweifel auf, ob man diese "weichen Wissenschaften" als "Wissenschaften" wirklich "ganz ernst" nehmen und anerkennen könne. Das Beschreiben und diskursive Erläutern von Problemen und Begriffen erzeugte bei den Ingenieuren ein gewisses Unbehagen. Man wünschte sich knappe, klare und einfache Definitionen, wie man sie aus der eigenen Wissenschaft gewohnt war. Die beiden Sozialpsychologinnen sahen wiederum das strenge Festhalten am Definieren als ein zu starres Vorgehen an, das dazu führen könnte, daß von wesentlichen Aspekten eines Problems abstrahiert und ein zu kleiner Ausschnitt davon bearbeitet würde, was nicht zu einer angemessenen Lösung des Problems, sondern zur Schaffung neuer Probleme führe. In diesem Lichte wurde die Sozialverträglichkeit der neuen Technologien gesehen. Die Ingenieure wehrten sich nicht selten damit, man wolle ihnen mit der Sozialverträglichkeit eine nicht-ingenieurwissenschaftliche Frage anhängen, die sie mit ihren Mitteln gar nicht lösen könnten. Die Sozialpsychologinnen hielten dagegen, daß man das Problem der Sozialverträglichkeit überhaupt erst schaffe, wenn man es nicht von vornherein bei den technischen Entwicklungen bedenke. Während die Ingenieure häufig auf Lösungen von Detailproblemen insistierten, machten sich die Sozialpsychologinnen zu Anwältinnen für Lösungen des Gesamtproblems.

Durch solche Versuche der Thematisierung, Definition und Beschreibung der Probleme entsteht eine Spannung, die zu produktiven Lösungen führen kann, wenn den Teilnehmern und Teilnehmerinnen die verschiedenen Sichtweisen deutlich werden. Das gelingt nur bei wechselseitiger

Anerkennung. Eine vollständige Anerkennung wurde den beiden Forscherinnen in den meisten Fällen erst in der zweiten Gesprächsrunde zuteil, nachdem sie durch die Auswertungen der ersten Gesprächsrunde darstellen konnten, welchen Erkenntnisgewinn die im Forschungsprojekt entwickelten sozialpsychologischen Perspektiven erbringen können. Während in der ersten Gesprächsrunde der "Kampf um Anerkennung" ein wesentlicher psychodynamischer Motor der inhaltlichen Problementwicklung war, war die Psychodynamik in der zweiten Gesprächsrunde durch gleichwertige Diskussionspartner und -partnerinnen geprägt.

Das hartnäckige Insistieren auf den verschiedenen methodischen Ansätzen und Denkweisen in Sozialpsychologie und Ingenieurwissenschaften und das unterschwellige latente Mißtrauen hatten sich weitgehend aufgelöst. Im Rückblick auf die erste Gesprächsrunde zeigte sich vielmehr, daß in der Herausstellung der methodischen Differenzen, der Frage und der Kontroverse, wie das Thema und die Probleme der Diskussion zu definieren seien, etwas psychologisch abgewehrt wurde, das noch genauer zu analysieren ist. Sicherlich drückte sich hierin die psychische Verarbeitung von Unsicherheitsgefühlen, auch von Angstgefühlen aus; davor, daß man doch nicht ganz so überzeugt von der Technik sein könnte, die man tagtäglich zu entwickeln hat.

Der interdisziplinäre Technikdialog ist in unserem Forschungsprojekt auch durch die Mann-Frau-Beziehung bestimmt; diese Beziehung ist ein wesentliches Strukturmoment im Dialog zwischen den Ingenieuren und den beiden Forscherinnen. Schon traditionsgemäß wird der Ingenieurberuf als eine Männersache angesehen, und es gibt vergleichsweise wenige Ingenieurinnen. An den Gesprächsrunden war nur eine Ingenieurin beteiligt. Im Psychologenberuf und der psychologischen Forschung haben Männer zwar auch das Sagen, aber das Verhältnis ist für die Frauen im Vergleich zum Ingenieurberuf günstiger.

In den Gesprächsrunden spielte diese geschlechtsspezifische Arbeitsteilung eine entsprechende Rolle. Es fiel den Ingenieuren leicht, die beiden Frauen als Vertreterinnen der Sozialverträglichkeit der Technik und als Vertreterinnen der sozialen Frage zu akzeptieren. Ihre Kompetenz für Sozialwissenschaft und Psychologie, den "weichen Wissenschaften", war unbestritten. Schwieriger hingegen war es für die Ingenieure zu erkennen, daß die beiden Forscherinnen auch über den für den Technikdialog notwendigen Sachverstand im technischen Sinne verfügten. Die Zuordnung: technische Zuständigkeit für die Männer und soziale Zuständigkeit für die Frauen hatte für die Ingenieure noch einen besonderen Vorteil. Sie nutzten diese Zuordnung zur weiteren Untermauerung ihrer These, technische Probleme seien strikt von den sozialen Problemen zu trennen. Andererseits war diese auffällige geschlechtsspezifische Verteilung auf die verschiedenen Problemlagen der Technikentwicklung eine gute Basis für die Forscherinnen, die an sie gestellten Rollenanforderungen zu akzeptieren und zugleich zu problematisieren.

Störungen und Verzerrungen der Interaktion im interdisziplinären Technikdialog haben den folgenden Vorteil für die Forschung: sie führen bei den Teilnehmerinnen und Teilnehmern immer wieder zu Nachfragen und zusätzlichen Erläuterungen, die in einem reinen Fachgespräch unterbleiben, weil dabei schon immer vorausgesetzt wird, der andere habe einen schon verstanden. In den Gesprächsrunden ging es den beiden Forscherinnen wie Ethnologinnen, die in einer ihr fremden Stammesgemeinschaft eine teilnehmende Beobachtung durchführen. Im interdisziplinären Technikdialog haben allerdings auch die Ingenieure die Möglichkeit, Wege zu erkunden, die gewöhnlich nicht in ihrer Fachkultur beschritten werden.

Erst wenn man im Verlauf der Diskussion das Fremde und Andersartige an der Haltung der Gesprächspartner zu akzeptieren gelernt hat, besteht die notwendige Offenheit für den interdisziplinären Dialog.

Literaturverzeichnis

GALTUNG, J.: Struktur, Kultur und intellektueller Stil. Leviathan, Zeitschrift für Sozialwissenschaft, (1983) 2, S. 309-310.

PARIN, P.: Der Widerspruch im Subjekt, Ethnopsycholanalytische Studien. Frankfurt/M., 1978, S. 96 ff.

VOLMERG, B., E. SENGHAAS-KNOBLOCH, Th. LEITHÄUSER: Erlebnisperspektiven und Humanisierungsbarrieren im Industriebetrieb, Empfehlungen und Anleitungen für die Praxis. Frankfurt/New York, 1985, S. 86.

VOLMERG, B., E. SENGHAAS-KNOBLOCH, Th. LEITHÄUSER: Betriebliche Lebenswelt, eine Sozialpsychologie industrieller Arbeitsverhältnisse. Opladen, 1986.

VOLMERG, B., E. SENGHAAS-KNOBLOCH, Th. LEITHÄUSER: Technischer Fortschritt und Verantwortungsbewußtsein, Forschungsbericht, Herbst 1988.

Michael Schratz

Bildungsforschung im Spiegel gesellschaftlicher Veränderungen: Die Lebenswelt im Spannungsfeld von Erziehung, Ausbildung und Wissenschaft

Wer seine Pflicht im Lernen thut,
Dem schmeckt auch Spiel und Essen gut..
Was du sollst, das lern,
Und der Lehrer hat dich gern,
Lerne schön das A B C,
Daß es später gut dir geh.
Wer nichts lernt, kann nichts,
Wer nichts kann, kriegt nichts.
Die Wege zur Lumperei
führen neben der Schule vorbei.

(aus: Bastian der Faulpelz)

Was Hänschen nicht lernt ... Oder: Auf den Spuren der Bildungsgeschichte

Obwohl ein hilfloser Säugling am Weg seiner ersten Entwicklungsjahre zum anpassungsfähigen Schulkind, eigenverantwortlichen Jugendlichen und schließlich zum voll mündigen Erwachsenen innerhalb seiner Reifungsprozesse entscheidende - wenn nicht die entscheidendsten - Erfahrungen in seiner Vergesellschaftung macht, fängt man gewöhnlich erst dann von Bildung zu sprechen an, wenn der Staat über seine delegierten 'Bildner', die Lehrerinnen und Lehrer in eigens dafür vorgesehenen Anstalten (Schulen) Einfluß auf die weitere Entwicklung nimmt. Dabei ist in der wissenschaftlichen Diskussion unbestritten, wie bedeutsam die ersten Jahre in der Entwicklung des individuellen und sozialen Verhaltens, der kognitiven und affektiven sowie sprachlichen Entwicklung im Menschenleben sind. Daher spricht man zunächst auch von der (Kleinkind-)*Erziehung*, später dann von der Schul-, Universitäts-, Volks-, Weiter-, Erwachsenen-, Senioren-, etc. *-bildung.*

Demgemäß sind auf staatlicher Ebene auch zunächst das Familienministerium, dann das Unterrichts(bzw. Kultus-)ministerium und schlußendlich das Wissenschaftsministerium zuständig, wenn es um die institutionelle Regelung von Bildungsprozessen geht. Diese Institutionalisierung führt nicht zuletzt dazu, daß nicht sosehr die ablaufenden (Bildungs-)*Pro-*

zesse im Mittelpunkt des gesellschaftlichen Interesses stehen, sondern die entsprechenden *Produkte:* (Bildungs-)Abschlüsse. Damit kommt es nicht nur dazu, daß die erreichten, in ihrem Urteil über Noten differenzierten Abschlüsse konsequenzenreiche Qualifikations- und Selektionsentscheidungen meritokratischer Art produzieren, sondern auch immer den Abschluß einer (Lehr-, Schul- oder Universitäts-)Ausbildung signalisieren.

Durch das (sprachliche) Ausblenden von Bildung aus den ersten Entwicklungsjahren und die staatliche Fixierung von Bildung auf bestimmte (Ausbildungs-)Typen mit unterschiedlich gewichteten Abschlußprofilen verliert der Bildungsbegriff seine Dynamik und seine politische Kraft der ständigen Veränderung. Er wird über die genannte Ausblendung einerseits und die (institutionelle) Vereinnahmung andererseits zum unerreichbaren (Bildungs-)Ideal, unverbindlichen (Bildungs-)Ziel und permanenten (Bildungs-)Anspruch hochstilisiert, was 'Bildungsarbeiter' ständig überfordert und dadurch aufgreifbare curriculare und andere konkrete Vorgaben zurückwirft. Aufgrund dieser 'Erosion' von (Lehrplan-)Vorgaben von 'oben' nach 'unten' (vgl. Posch/Thonhauser 1982) werden Bildungsinstitutionen auch selten ihrem (Bildungs-)Anspruch gerecht, was ihnen nicht nur Eltern vorwerfen, die zunehmend ihre Erziehungsaufgaben dorthin delegieren, sondern auch Wirtschaftstreibende, die diesbezüglich immer wieder Qualifikationsdefizite konstatieren.

Da Bildung nicht vom gesellschaftlichen Kontext zu trennen ist, innerhalb dessen Bildungsarbeit erfolgt, zeichnet sich derzeit - nicht zuletzt aufgrund der gegenwärtigen Phase der ökonomischen (Krisen-)Situation - im Bildungsbereich eine Polarisierung erzieherischer Einflußnahme (im weitesten Sinn) durch staatliche und wirtschaftliche Bildungsmaßnahmen ab. Dabei subsumiere ich - zugegebenermaßen vereinfachend - andere gesellschaftliche Sozialisationsinstanzen (Massenmedien, Kirchen, Vereine, Gewerkschaften, Interessensverbände, Familien ...) unter diese Machtträger. Unter den sogenannten "staatlichen Bildungsmaßnahmen" verstehe ich dabei vor allem solche, welche sich persönlichkeits- bzw. allgemeinbildenden Inhalten zurechnen lassen. Die "wirtschaftlichen Maßnahmen" unterstützen nach diesem Verständnis vorwiegend produktions- und profitmaximierende Zielvorstellungen im ökonomischen Bereich. Durch die in Krisenzeiten auftretende Verknappung der widmungsmäßig verfügbaren Geldmittel für die Bildung wird eine Konkurrenzierung zwischen diesen allgemeinbildenden und wirtschaftsorientierten Bildungsmaßnahmen nicht ausbleiben, die sich latent vollzieht, aber z. T. bereits manifestiert, nämlich

- in der zunehmenden Bevorzugung berufsbildender Schulzweige gegenüber allgemeinbildender;
- in den vermehrten betrieblichen Anstrengungen, ihren Nachwuchs mit möglichst geringer "schulischer Schädigung" eigenen Aus- bzw. Weiterbildungsprogrammen einzugliedern (und das von der Produktions- bis zur Management-Etage), was sich nicht zuletzt in den Ausgaben der Privatwirtschaft für den Etat "(Weiter-)Bildung" widerspiegelt (wogegen sich Angebote in der Beamtenfortbildung oder jener für Mitarbeiter in der sogenannten freien Erwachsenenbildung geradezu bescheiden, wenn nicht lächerlich ausnehmen);
- im Versuch, schulische Einflüsse zumindest nicht stärker werden zu lassen (Diskussion im Rahmen der dualen Ausbildung);
- im Ausdürren allgemein- und persönlichkeitsbildender Angebote an den Erwachsenenbildungsinstitutionen zugunsten berufsbildender bzw. lebenspraktischer (v.a. in den Forderungen nach relativ hohen Teilnehmerzahlen am Kursbeginn);
- in den Bemühungen, staatsunabhängige Universitäten zur effizienteren Ausnutzung von Forschungskapazitäten für wirtschaftlichen Fortschritt zu nutzen (BRD) oder Elite-Universitäten in eine Wechselwirkung mit gewinnträchtigen Abnehmerzweigen zu setzen (vgl. die Computerentwicklung in "Silicon Valley", USA, und ähnliche Bestrebungen in Europa).

Diese Tendenzen kommen nicht von ungefähr: Staatliche Bildungsinstitutionen tragen nicht genügend der gesellschaftlichen (und damit wirtschaftlich eingeleiteten) Mobilität Rechnung, womit Eigeninitiative, reelles Denken und (betriebliche) Verläßlichkeit zu leiden hätten, was von Wirtschaftsfachleuten moniert wird. Ähnlich, allerdings aus anderer Richtung, liegen m. E. auch die Ansätze von Schulkritikern, für die in der Staatsschule rationell, kollektiv, kopflastig und systematisch verfahren werde - und so sei eben das Leben nicht (vgl. dazu etwa das Gutachten im Präzedenzfall für freie Schulen bei Hentig 1985 und die Beiträge in Dermutz/Gstettner/Seidl 1986). Da treffen sich recht eigentümlich - wenn auch aus divergierenden Motiven - radikale Schulkritiker und konservative Wirtschaftsverbände, wenn sie die heutige Schule in der Krise wähnen:

"Diese Krise drückt sich in einer Verunsicherung der Reformer aus, die sich fragen, ob die Schulreform sinnvoll war, ob und wem sie genutzt hat, ja ob sie überhaupt stattgefunden habe. Selbst diejenigen, die die Bemühungen um die Reform der Schulen über Jahre getragen haben, bezweifeln, ob es Maßnahmen gegeben habe, die sie ganz und gar befürworten könnten; kaum eine Maßnahme erscheint ihnen wirklich geglückt. Auch nach jahrelangem Ringen um die Veränderung der Schulen beschreiben Schulpraktiker und -theoretiker schulisches Lernen als lebensfern, handlungsarm, entsinnlicht, einseitig rationalistisch, öd und abstrakt; sie erleben Schule als eine fremdbestimmte, bürokratisch durchorganisierte und ritualisierte staatliche Anstalt; sie geißeln das Elend der Zensurengebung und etikettieren die Schule als Lernknast, als Sortiermaschine oder auch als totale Institution; die Radikalsten unter ihnen stellen öffentlich die Frage, ob die Schule überhaupt noch zu retten sei. Während sich antiautoritäre Pädagogen der späten sechziger und frühen siebziger Jahre - lediglich, muß man aus heutiger Sicht sagen - gegen eine überholte, auf Gehorsam und Unterordnung ausgerichtete Erziehung wendeten, verstehen sich heute etliche Lehrer, viele Referendare und ein beträchtlicher Teil der Lehrerstudenten als weitaus radikalere Schulkritiker: Sinnvolles Lernen, so formulieren sie, sei in der Institution Schule prinzipiell nicht möglich, jeder Versuch zur Reform des Schulwesens sei deshalb vom Ansatz her unsinnig." (Klemm u.a. 1986, 11)

Beiden in der Beurteilung von 'Schulung' angeführten 'Parteien' geht es um einen veränderten Unterricht: Eben darum, wie man den kontraproduktiven Elementen einer staatlich verordneten Regelschule entgegenwirken könne. Und wiederum führen sie solche Diskussionen um eine neue Qualität von Lehren und Lernen aus unterschiedlichen Gründen. Sie treffen sich im Resultat einer solchen Verschulung, nicht aber in ihren Interessen, welche auf der Hand liegen: Gesellschaftsveränderung versus Produktionssteigerung bzw. Profitmaximierung auf allen Ebenen. Diese Interessensstandpunkte werden zwar der traditionellen Schule aus verschiedenen Ecken weitere Impulse zur Reform verleihen, zumal sie ja auch aus unterschiedlichen politischen Lagern stammen und dadurch in Entscheidungsgremien 'paritätisch' aufeinandertreffen, aber kaum zur 'Lösung' dahinterliegender Probleme beitragen.

Ich stelle diese Probleme hier nur grob dar, was klobig anmuten mag, aber für unsere Fragestellung genügen soll. Die 'Meritokratisierung' unseres Bildungssystems hat (schulische) Bildung immer mehr zum Tauschwert am Arbeitsmarkt erhoben, was die Laufbahn des Jugendlichen zusehends zur Wettkampfstätte um Bildungschancen hat werden lassen. Die Wett-Leistungen wurden zunehmend nach einem standardisierten Maßstab einer Notenskala bewertet, um die Meriten über vergleichbare Ergebnisse nach einem einheitlichen Verfahren zu berechnen. Wenn Abschlüsse - wie in der BRD - inzwischen einem rigorosen Numerus Clausus für den Hochschulzugang unterworfen werden, zeigt dies nur die in Kommastellen verdeutlichte Quantifizierungsideologie eines solchen Bildungsdenkens und -wesens. Daß die damit erreichte Auslese trotz aller Bemühungen um Chancengleichheit nach dem System einer sozialen Zuordnung 'passiert', ist nicht mehr neu.

Mir geht es hier aber um die Probleme, welche sich hinter solchen gesellschaftsinhärenten Mechanismen und kognitiv determinierten Kulturtraditionen verbergen. Denn die aufgezeigten Interessen werden sich im 'demokratischen' Kräftespiel kaum verändern, weshalb Laufbahnen weiter ähnlich verlaufen und die Verteilung von Berechtigungen weiter so erfolgen werden. Ob sich die Universität als Glied eines solchen Meritokratisierungssystems überhaupt selbst am eigenen Schopf aus dem Sumpf ziehen kann, ist hier auch die Frage. Immerhin ist sie als eine der wenigen Institutionen (noch?) nicht so abhängig vom Druck 'von oben' wie andere Bereiche des Bildungssystems. Daher gilt es besonders für sie, sich Gedanken um die anstehenden bildungspolitischen und gesellschaftsrelevanten Probleme zu machen.

Dazu gehört nicht zuletzt das Ausleuchten der eigenen Strukturen und Studiengänge im Hinblick auf ihre gesellschaftliche Relevanz. Im Einklang mit der sozialtechnologischen Entwicklung und dem wirtschaftlichen Fortschritt sind sie zusehends in den Sog quantitativer Produktionsbestimmungen geraten, als ob die Absolventengeneration des "homo social technocratius" alle anstehenden Probleme zu lösen imstande sei. Aus dieser Entwicklung ist nicht zuletzt der ungeheure Größenwachstum unserer Strukturen entstanden, der heute auch und gerade die entwickelten Industriegesellschaften in die aktuelle Bedrohung geführt hat. "Der Weg des Wissenserwerbs, bei dem wir über immer weniger immer mehr lernen, bis wir am Ende das Ganze über ein Nichts und nichts mehr vom Ganzen wissen, - dieser Weg ist der eigentliche Irrtumspfad." (Guggenberger 1987, 73)

Dem dieser Entwicklung zugrundeliegenden, menschenmögliche Irrtümer ausschließenden Quantifizierungsdenken sind vor allem jene qualitativen Züge ganzmenschlicher Entwicklung (Sozialkompetenz, Identität ...) zum Opfer gefallen, welche der Lebenswelt und Biographie des einzelnen noch gerecht werden. Dazu gehören das im sozialen Umfeld erworbene Alltagswissen genauso wie die individuellen Lerngeschichten sozialisationsbedingter Prägung. Ihre Vernachlässigung führt nicht selten zum persönlichen Leidensdruck, welcher allerdings der Optik eines solcherart funktionierenden Bildungsdenkens entgleitet und auch in den dahinterliegenden wissenschaftstheoretischen Paradigmen ausgeklammert bleibt.

In dieser Situation gibt es für die bildungspolitische Entwicklung drei Möglichkeiten:

- *Die erste Möglichkeit:* Bildung orientiert sich weiterhin am tradierten Bildungskanon im Bemühen, die bisherigen Vermittlungsformen instrumentell zu effektivieren. Neue Bildungsinhalte werden dabei zum Unterrichtsprinzip ernannt (Beispiel Umwelterziehung) oder als neue Unterrichtsfächer der Stundentafel zugeschlagen (Beispiel Informatikunterricht). Geht die gesellschaftliche Entwicklung in diese Richtung, kann Bildung leicht zum Erfüllungsgehilfen einer politischen Befriedung anstatt zum emanzipatorischen Prozeß werden.
- *Die zweite Möglichkeit:* Die individuelle Aushöhlung des Lebens- und Berufsalltags durch zunehmende Belastungen wie Streß einerseits und zunehmende ökonomische Verarmung sowie seelische Vereinsamung andererseits führt zum Entstehen einer Therapie-Gesellschaft. Das neue Bildungsideal, das sich bereits im herrschenden Psychoboom abzeichnet, läge in der umfassenden therapeutischen Betreuung des einzelnen oder von Gruppen, die sich über neue Heilslehren den Lebenssinn weltanschaulich bevormunden lassen. Eine derartige Entwicklung in Form eines Psycho-Kults könnte die Gesellschaft nicht nur in eine bildungspolitische Verarmung führen, sondern auch zur Flucht vor den eigentlichen gesellschaftlichen Problemen verführen.
- *Die dritte Möglichkeit:* Bildung entwickelt sich aus einem eher statischen Verständnis heraus zu jenen Formen gesellschaftlichen Lernens, die als kritische Bildungsarbeit zur Wiedergewinnung jener Wirklichkeit beitragen, die sich an einem natur-begreifenden, humanen Leben orientiert. Ein derartiges Lernen versucht an den 'Brüchen' im Vergesellschaftungsprozeß anzusetzen, um sich in Form von Initiativen und alternativen Bildungsformen - sozusagen von unten - dem Sog der Außensteuerung zu entziehen.

Es liegt nahe, Bildungsansätze für die Zukunft im dritten Entwicklungsansatz anzulegen, wollen sie nicht in kurzer Zeit durch jene institutionellen Vorkehrungen und didaktischen Arrangements vereinnahmt werden, die sich in der gegenwärtigen Schulbildung als wenig handlungsrelevant und in der Erwachsenenbildung oft als Reparaturmaßnahmen gesellschaftlicher Versäumnisse herausstellen. In einer Bildung 'vor Ort' liegt die Chance, authentische Erfahrungen - sozusagen Lernen am persönlichen und beruflichen Leben - zu schaffen. Im Gegensatz zu den künstlichen Welten einer 'von oben' inszenierten Lernsituation, in der andere für einen die Bedürfnisse bestimmen, setzen selbstgesteuerte Bildungsansätze voraus, daß Menschen zusammenkommen und miteinander überlegen, wie sie sich mit ihnen wichtig erscheinenden Anliegen befassen können. Dadurch ließe sich am ehesten jene Entfremdung abbauen, mit der Erziehung und Bildung oft assoziiert werden.

"Bildung, die den Widerspruch zwischen Lehrer und Schüler zu überwinden vermag, vollzieht sich in einer Situation, in der beide ihren Erkenntnisakt dem Objekt zuwenden, durch das sie vermittelt sind. ... Echte Bildungsarbeit wird nicht von A für B oder von A über B vollzogen, sondern vielmehr von A mit B, vermittelt durch die Welt - eine Welt, die beide Seiten beeindruckt und herausfordert und Ansichten oder Meinungen darüber hervorruft. Diese Ansichten, von Ängsten, Zweifeln, Hoffnungen oder Hoffnungslosigkeit durchsetzt, implizieren beachtliche Themen, auf deren Grundlage der Programminhalt des Bildungsvorgangs aufgebaut werden kann." (Freire 1981, 76-77)

"Bildung als Praxis der Freiheit" untertitelt P. Freire programmatisch seine "Pädagogik der Unterdrückten", aus der diese Zeilen stammen. In gewisser Weise treffen auch für uns jene Erfahrungen zu, die im Rahmen seiner Alphabetisierungsbemühungen gemacht wurden. Da heißt es weiter (auf S. 49): "'Warum,' fragte ein Landarbeiter, der in einem Kulturzirkel mitmachte, 'erklärst du nicht die Bilder zuerst? So ginge es viel schneller, und wir würden uns nicht den Kopf zerbrechen.'" Frappierend ähnlich klingen oft Äußerungen in meiner Bildungsarbeit. Das Ernstnehmen solcher Äußerungen setzt auch tatsächlich die ersten Schritte in Richtung einer Reflexion über die Grenzen und Möglichkeiten von Entwicklungsprozessen in der jeweiligen Situation in Gang.

Für die konkrete Umsetzung derartiger Bildungsbemühungen bedeutet dies, daß Veranstaltungen offen sein müssen, um überhaupt mit den Problemen und Bedürfnissen im Alltag in Beziehung treten zu können. Lernangebote sollten dort stattfinden, wo sich für die Betroffenen der größte Leidensdruck stellt, der nicht zuletzt auch meist gesellschaftlich verursacht wurde. Für die Durchführung von Bildungsansätzen müssen demnach neue Kooperationsformen gefunden werden, in denen über gegebene Anlässe und mittels vielfältiger Methoden kollektive Lernprozesse inganggesetzt werden, welche die Geschichte(n) der Betroffenen zum Ausgangspunkt nehmen. Denn das gemeinsame Auseinandersetzen mit Wünschen, Hoffnungen, Ideen, Vorschlägen und Phantasien - vielleicht auch Utopien - trägt am ehesten dazu bei, daß Bildung nicht nur auf gewisse gesellschaftliche beziehungsweise politische Strömungen reagiert, sondern selbst aktiv wird.

Tell me and I forget,
teach me and I remember,
involve me and I learn.

(Benjamin Franklin)

Von der Didaktik zum gesellschaftlichen Lernen Oder: Die Bedeutung der persönlichen Lerngeschichte

Wenn ich im ersten Teil versucht habe, den Bildungsbegriff näher zu analysieren und für eine 'offene' Bildungsarbeit zu plädieren, lassen sich einschlägige Forderungen relativ leicht aufstellen. Demgegenüber ist es bedeutend schwieriger, konkrete Maßnahmen für die dazu notwendigen Schritte in der aktuellen Lehr- bzw. Lernsituation zu setzen. Ich versuche sie im Zusammenhang mit meiner eigenen Entwicklung als Ausbildner an der Universität aufzuzeigen. Beim Nachdenken darüber wird mir deutlich, daß ich sie einerseits nicht an irgendwelchen Fixpunkten einer Verlaufslinie festmachen kann, daß sich andererseits meine persönliche Entwicklung nicht ohne weiteres von meiner beruflichen trennen läßt. Leichter fällt mir die Zuordnung für meine 'institutionalisierte' Rolle als Universitätslehrer, die durch meinen ersten Lehrauftrag (im Bereich der Fachdidaktik) an der Universität in K. markiert wurde.

Ich kann mich noch gut an diese ersten Lehrveranstaltungen erinnern. Mit vollgepackten Koffern fuhr ich damals zu den einzelnen Blockterminen und versorgte meine Studierenden mit all den vervielfältigten Materialien, die ich für sie und ihre spätere Unterrichtstätigkeit wichtig fand. So verliefen die einzelnen Veranstaltungstermine auch nach einem sehr elaborierten Ablaufschema, in dem alle notwendigen Kapitel des damals herrschenden Kanons (im Zielkatalog des Studienplans) zumindest irgendwo ihren Platz hatten. Ganz stolz konnte ich abschließend dem Institutsvorstand einen lückenlosen Rechenschaftsbericht abliefern, was mir als jungem Lehrbeauftragten auch wichtig erschien. Wahrscheinlich wußte der Vorstand zum damaligen Zeitpunkt mehr über meine fachlichen und didaktischen Anliegen Bescheid (falls er meinen Unterlagen überhaupt die erhoffte Aufmerksamkeit zugewandt hatte) als die Studierenden ... Ganz anders laufen meine Lehrveranstaltungen heute ab - mit dem Effekt, daß die Studierenden erleben, worum es mir in der fachdidaktischen Vermittlung geht, und der Vorstand gar nicht mehr weiß, was dort wirklich passiert; er könnte wohl auch nicht viel damit anfangen!

Was hat sich in diesen beinahe zehn Jahren beruflicher und persönlicher Entwicklung bei mir geändert? Ich habe gelernt, als Lehrender - in der Schule wie an der Universität - mehr in den Hintergrund zu treten, um den Lernenden mehr Platz (im weitesten Sinn) zu lassen. Dadurch erfahre ich auch mehr über sie und ihre Anliegen, wodurch ich auch meine Kenntnisse und Fähigkeiten gewinnbringender einsetzen kann, was umgekehrt natürlich auch für die Lernenden gilt. Diese Lehr-/Lernsituation ist einerseits verstärkt durch Kommunikation und Interaktion geprägt, als auch der Alltagsbezug eine größere Rolle spielt. Allerdings ist es mir erst unter Einbezug entsprechender Reflexionsphasen gelungen, den Studierenden die Bedeutung ihrer Lernerfahrung aus der jeweiligen Situation der Lehrveranstaltung bewußt werden zu lassen. Diese Reflexion der Lernerfahrung habe ich anderorts (Schratz 1985, 113) in ihren Zusammenhängen grafisch darzustellen versucht:

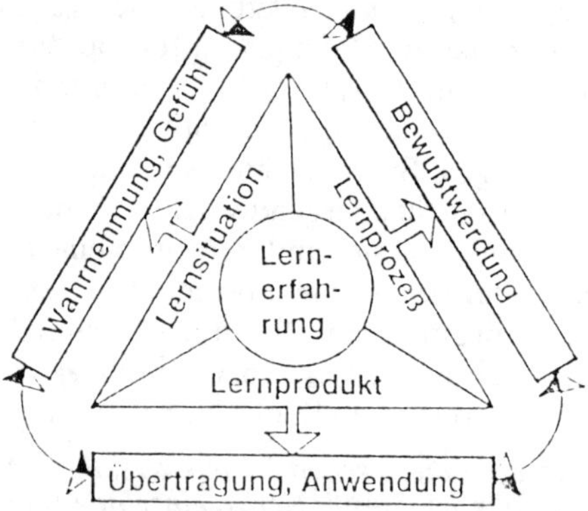

Viel lebendiger, da unverdorben von der analytischen Abstraktion, weisen sich die Rückmeldungen der Studierenden aus, von denen ich eine besonders eindrucksvolle zitieren möchte.

"*Als Pädagogikstudentin, die am Anfang ihres Studiums steht, noch über keinerlei praktische Bezüge verfügt und vom überwiegend schulischen Lernen geprägt ist, kam ich in diese Lehrveranstaltung. Meine Vorstellungen über die Veranstaltung selbst waren - aufgrund meiner bisherigen Erfahrungen - völlig konträr zu dem hier Angebotenen. Sehr stark empfand ich anfangs das Abweichen vom üblichen Schema; unerwartet war auch das Verhalten der Teilnehmer: sie zeigten keineswegs Überraschung, im Gegenteil. Am meisten jedoch erstaunte mich das Nichteinhalten von jener als selbstverständlich hingenommenen 'wissenschaftlichen Diskussion', in der zwar eigene Meinungen, niemals aber Gefühle und Spontaneität zum Ausdruck kamen. Zugunsten von Rationalität, des objektiven Denkens, fiel also ein Teil der Person weg. In dieser Lehrveranstaltung aber wurden diese Grenzen überschritten; man lernte sogar bewußt seine Ansichten und Gefühle der Gruppe mitzuteilen, was schließlich dazu beitrug, daß so mancher seine Unwilligkeit bzw. seine Unfähigkeit, die eigene Person preiszugeben, überwand.*

Diese für mich neue Situation bedeutete gleichzeitig einen tiefen Einschnitt in meine bisherigen Erkenntnisse, einer Revolution gleich, und mir kam bewußt zur Einsicht, worüber ich schon früher Vermutungen angestellt habe. Nämlich gibt es in meiner Umwelt immer wieder Menschen, die ihr Erwachsensein einem fixen Status gleichsetzen, und sich somit von dem in der Entwicklung stehenden Jugendlichen abgrenzen, ja sich - aufgrund dieser vermeintlichen Tatsache - über ihn erheben. Diese Lehrveranstaltung hat mir zu Bewußtsein geführt, wie sehr der Mensch dem Lauf der Entwicklung unterlegen ist. Neue und ergreifende Erlebnisse, die die Gesamtstruktur des bisherigen Denkens durchbrechen, kommen zwar einer Erschütterung, ja einem Bruch gleich, sind aber die einzigen echten Lernfaktoren, die schließlich den wirklichen Fortschritt unserer Person bewirken. Der Mensch erlebt und integriert dies auf seine Weise in sein Gesamtbild von Wirklichkeit. Sein für richtig geglaubtes Weltbild gerät nur dann ins Wanken, wenn neue, nicht berücksichtigte Kombinationen von Erlebnisinhalten auf ihn einwirken und ihn zwingen, von absoluten Werten abzusehen und sich selbst als ein sich entwickelndes Wesen zu begreifen.

- *Die fortlaufende Entwicklung verhält sich dialektisch, d.h. nur Kontrasterlebnisse bewirken einen Wettlauf mit sich selbst.*
- *Ein echter Lernprozeß erfolgt unter Miteinbeziehung der gesamten Person und bewirkt einen inneren Kampf, der schließlich zum Fortschritt führt.*

Die Sitzungen mit allen Übungen, Diskussionen, Analysen, Rollenspielen und Erfahrungsberichten strebten meines Erachtens danach, Erlebnisse für den einzelnen zu schaffen, die eine Änderung seiner Person bewirken. Für die Zukunft soll dies dazu führen, daß man sich neuen, wenn auch einschneidenden Erfahrungen nicht verschließt, sondern sie im Sinne einer Bereicherung begreift.

Ein weiterer Aspekt dieser Lehrveranstaltung ist die zurückgestellte Ausrichtung nach dem Leistungsprinzip. In der heutigen, leistungsorientierten Gesellschaft zu leben, bedeutet, ständig darauf bedacht sein, den Rollenerwartungen zu entsprechen, d.h. sich die Anerkennung 'verdienen' zu müssen. Gefühle, Erfahrungen und Bemühungen geraten ins Hintertreffen, da Wissen und Macht, also die offen ersichtliche Leistung, überbewertet werden. Diese Lehrveranstaltung führte meiner Meinung nach dazu, die Einheit der Person zu wahren, d.h. den Menschen als Ganzes zu erfahren."

Rückmeldungen dieser Art haben mich immer wieder auf einen Zusammenhang aufmerksam gemacht, der zwischen dem besteht, was inhaltlich gelernt werden soll, und dem (oft Unbekannten), was in den beteiligten Menschen vor sich geht. Selbst in der Mathematik, wo durch die scheinbare Fixierung und Formalisierung der wissenschaftlichen Inhalte eine (zumindest äußerlich sichtbare) Ordnung das (Vermittlungs-)System erhält, rückt das Verhältnis Mensch - Mathematik als gemeinsamer Lerngegenstand ins Zentrum didaktischer Bemühungen, wie das die einschlägigen Beiträge in diesem Band überzeugend nahelegen (vgl. auch Fischer/Malle 1985). Diese Erkenntnisse haben dazu geführt, daß der Begriff des Lernens und der Didaktik(en) analog zu dem der Bildung im vorigen Kapitel in Bewegung geraten ist.

Aufgrund meiner eigenen Entwicklung (der beschriebenen Abkehr von der einseitigen Betonung rein instrumentellen [Stoff-]Wissens) gelangte ich - wiederum analog zur Entwicklung im vorigen Abschnitt - in meiner Suchbewegung auf die Probleme der Vermittlung im Bereich der Ökologie. Was nützt es beispielsweise, wenn der Biologielehrer den Schülern beibringen möchte, daß Wald und Boden in 10 Jahren so weit zerstört sein dürften, daß sie nicht mehr zu retten sind? Ihn hat das Curriculum des Alltags schon längst überholt, ehe das notwendige Wissen der Schüler lebensrelevant wird. Das Erreichen globaler Ziele setzt daher nicht nur in der Ökologie das lokale Handeln voraus. Auch die Didaktik ist darauf angewiesen, was sich im griechischen oikos, woraus sich der Begriff 'Ökologie' ableitet, ausdrückt, was soviel wie eigener Haushalt bedeutet. Denn vermag es der Lehrende nicht im Hier-und-Jetzt der Lernsituation anzusetzen, geht sein (heimliches) Curriculum (vgl. Zinnecker 1975) an der Lebenswelt der Lernenden vorbei. Und auch die Revision eines solchen wird nie den Quantensprung schaffen (vgl. Schratz 1986), um mit der gesellschaftlichen Realität und Erfahrungswelt 'auf gleich' zu kommen. Diese Dynamik drückt folgende Studentenaussage sehr passend aus.

"*Der Bedeutungsinhalt von Ökologie veränderte sich für mich im Verlauf der Zeit immer wieder, d.h. auch in Zukunft wird er nicht gleich bleiben, denn durch die Auseinandersetzung wird immer wieder Neues hinzukommen. Etwas, glaube ich, habe ich schon gelernt, Ökologie bzw. ökologisches Lernen als Neudefinition unserer Beziehungen zu begreifen, was für mich wiederum bedeutet, vieles immer wieder neu zu überdenken, um einen Schritt zu einer Neu-Gestaltung näherzukommen. Für diesen Weg möchte ich offen sein und in diesem Sinne möchte ich ökologisch lernen. Ökologie: Wie fühle ich, wie lebe ich, wie denke ich, wie lerne ich, wie möchte ich sein, wie sehe ich andere ...*"

In dieser persönlichen Erfahrung eines Studenten spiegelt sich der Weg von einer (abgehobenen) Didaktik zum 'ökologischen Lernen', das sich analog auf viele Lehrbereiche des schulischen oder wissenschaftlichen Fächerkanons ausweiten läßt. In dieser Hinsicht ist ökologisches Lernen für mich in Anlehnung an Dauber (1985, 39) "die politische Gestaltung der eigenen Umwelt (geworden), die Macht zu haben, mich in meiner Umwelt zu verstehen und diese Umwelt gestalten zu können, die eigenen Angelegenheiten in die eigenen Hände zu nehmen. In diesem Sinne ist ökologisches Lernen das Gegenteil von modernisierter Armut. Im modernen Sinn arm ist jemand, der alles hat, aber nichts mehr gestalten kann;

der vollkommen abhängig ist von fremder Versorgung; auch das Gegenteil von dem, was modernisierte Entfremdung genannt wird. Entfremdet ist jemand, der keine Möglichkeit hat, sich selbst zu verstehen und sein Leben zu begreifen, in die eigenen Hände zu nehmen."

Ganzheitliches Lernen, das immer mit dem Ich, der Persönlichkeit von einzelnen zu tun hat, erfordert aber auch einen Raum des angstfreien Umgangs miteinander, um sich selbst aus der fremden Versorgung emanzipieren zu können. Sich auf das Wagnis ganzheitlicher Lernerfahrungen einzulassen, heißt daher immer auch Masken fallen zu lassen, die sich aus zahlreichen Rollenzuschreibungen (vornehmlich vom institutionellen Status und von den bisherigen Lernerfahrungen her) herausgeformt haben. Im zunehmenden Erkennen der Bedeutung seiner eigenen ungeschminkten Persönlichkeit lassen sich auch neue Interaktionsformen für das eigene (inhaltliche) Vermittlungsbemühen finden. In einen solchen Prozeß sind aber sowohl Lehrende wie Lernende einbezogen, denn alle Beteiligten müssen in dieser Hinsicht ungeeignete Lernerfahrungen, die dem Vermittlungsprozeß hinderlich sind, abschminken und förderliche Haltungen, Verhaltensweisen, Fähigkeiten und Fertigkeiten aufbauen.

Dazu besitzen wir alle ein großes Potential an Möglichkeiten, die allerdings oft gar nicht wirksam werden können oder z. T. schon im Laufe der bisherigen eigenen Lernerfahrungen eingeschränkt oder verschüttet worden sind. Daher ist auch ein gewisses Vertrauen notwendig, um die oft tiefsitzenden Erinnerungsprägungen zu überwinden. Meine diesbezüglichen Erfahrungen haben mich immer wieder gelehrt, daß der Motor für selbstgesteuertes Lernen am ehesten in einer angstfreien Situation stattfindet, in der die Lernenden ihre eigenen Bedürfnisse, Wünsche und Interessen auszusprechen imstande sind, ohne daß sie immer gleich auch der Sanktionierung von oben ausgesetzt sind. (Dies wird beispielsweise auch in der zitierten Studentenäußerung deutlich.)

Man lernt die Wirksamkeit von didaktischen Erkenntnissen aber nur dadurch kennen und erwirbt zugleich auch die Fähigkeit, ihren Geltungsanspruch zu beurteilen, wenn man sich im *learning by doing* mit ihnen auseinandersetzt. Denn im handelnden Lernen fließen die kognitiven und affektiven Dimensionen der prozeßhaften Auseinandersetzung im gegenständlichen Erfahrungszusammenhang des einzelnen zusammen. Und dieser ist immer von subjektiven, biografisch bedingten Situationsdeutungen bestimmt, die im Lebens- und Unterrichtskontext entstanden sind, sich zugleich aber im Spannungsfeld von Politik, Wissenschaft und Lebenswelt bewegen.

Wenn ich dieser Suchbewegung auf dem Weg zur Vermittlung sozialwissenschaftlicher Kompetenz in meiner einschlägigen Forschung nachgehe, war es für mich anfangs noch leicht, auf der Suche nach Schüleins 'Selbstbetroffenheit' (vgl. Schülein 1977) für eine 'subversive' Hochschuldidaktik zu plädieren. Das war der Titel einer meiner ersten hochschuldidaktischen Veröffentlichungen (vgl. Schratz 1982). Wenn ich diese einschlägige Publikationslinie weiterverfolge, stoße ich später auf 'Grenzerfahrungen', die sich als Lernerfahrungen zwischen Fromms 'Haben oder Sein' ansiedeln lassen (vgl. Schratz 1985). In meinem letzten Sammelband rückten meine Überlegungen schließlich ins 'Spannungsfeld von Politik, Wissenschaft und Lebenswelt' (vgl. Schratz 1986a). Dort wende ich mein Augenmerk auf jene Steine am Weg nach neuen Vermittlungsversuchen angesichts der erwähnten gesellschaftlichen Krisen, über die ich gestolpert bin (vgl. Schratz 1986b). Denn wenn wir, wie Dewey meint, durch das lernen, was wir tun, müssen wir nach Möglichkeiten suchen, die das verfolgte Anliegen bewußt machen. Ansonsten werden wir es kaum schaffen, unseren (Bildungs-)Haushalt zu begreifen, geschweige denn die anstehenden gesellschaftlichen Probleme.

Einen Ausweg könnte einzig Denken finden, und zwar eines, dem nicht vorgeschrieben wird, was herauskommen soll...

(Adorno)

Bildung durch Aufklärung Oder: Wissenschaft als Lebenshilfe?

Wissenschaft ist - wen wundert das in einer kapitalorientierten Welt heute noch? - zum Kauf- und Tauschobjekt geworden. Das beginnt beim Einkauf von Veröffentlichkeitsmöglichkeiten durch den Forscher, um im Kampf des *publish or perish* bestehen zu können, und endet beim Politiker, der sich für (seine Politik) entsprechende Gutachten wohlgesinnter Wissenschaftler 'engagiert'. Durch die vermehrte öffentliche Inanspruchnahme von Wissenschaft in Hearings, Politikberatung und medialer Präsenz zu aktuellen Fragestellungen ist die Wissenschaft vermehrt ins Gespräch gekommen, hat zugleich aber auch an Glaubwürdigkeit verloren. "Wissenschaft wird hier, gewissermaßen auf dem Markte, als Expertenwissen gehandelt und damit gleichzeitig als ein Wissen, das sich spektakulär widerspricht. Da trumpft jede Partei, jede Gruppierung mit ihrem wissenschaftlichen Experten auf. Jede beliebige Meinung, so muß es dem verdutzten Zeitgenossen erscheinen, läßt sich wissenschaftlich begründen ... Die Grenze zwischen seriöser angewandter Wissenschaft und vordergründiger Politikberatung ist oft kaum noch erkennbar. Und in dieser Situation gibt es dann nur noch Verlierer: die Wissenschaft, die als ein weiteres, unzuverlässiges Moment im politischen Streit erscheint; die Öffentlichkeit, die sich einer von ihr bisher als verläßlich eingeschätzten Orientierungsinstanz beraubt sieht." (Mittelstraß 1986, 37)

Eine solche Situation macht nachdenklich. Einerseits ist die gesellschaftliche Institution Universität dadurch unter starken Legitimationsdruck geraten, weshalb sie - im Sinne einer stärkeren Transparenz - zeigen muß, was sie kann, d.h. mittels öffentlicher Mittel 'produziert'. Eine durchaus begrüßenswerte Öffnung, ein Schritt in Richtung Machtabbau und Demokratisierung. Allerdings erfüllt sich Feyerabends Vorstellung, daß dem reifen Bürger einer Demokratie im Hinblick auf Entscheidungen zur Anwendung von Wissenschaft das letzte Wort zu geben wäre, nicht, wenn er meint: "In allgemeinen Fragen ist die Autorität demokratischer Beschlüsse immer höher anzusetzen als die Autorität des besten Fachmanns und der glänzendsten Versammlung von Wissenschaftlern" (Feyerabend 1976, 20). Denn aufgrund der drastischen Krisenerscheinungen ökonomischer und ökologischer Natur vermag der "kluge und lernwillige Laie" die "Neue Unübersichtlichkeit" (Habermas 1985) nicht mehr so zu durchblicken und entlarven, wenn er meint "die natürliche Schläue des Menschengeschlechts ist der Wissenschaft durchaus gewachsen" (Feyerabend 1976, 20). Der Mensch kann sich nach den letzten Umweltkrisen nicht einmal mehr auf seine Sinne verlassen, wodurch ihm auch das "Menschenrecht auf Irrtum" (Guggenberger 1987) genommen wird. Darüberhinaus lassen neuere Studien zur Problematik der repräsentativen und der nicht-repräsentativen Demokratie Feyerabends hohe Einschätzung des repräsentierten Volkswillens in der postulierten Form nicht mehr halten (vgl. Baumann 1987).

Zum anderen führt das Messen wissenschaftlicher Leistungen rasch zu Einseitigkeiten, denn jede Messung ist so gut, wie es ihre Meßkriterien sind. In diesem Zusammenhang tauchen auch gleich Fragen auf wie: Kann die Quantität der Veröffentlichungen, die u.U. 'eingekauft' sind, etwa gewährleisten, ob das Relevanzkriterium erfüllt ist? Ist die Anwendbarkeit des Erforschten ein brauchbares Kalkül? Schleicht sich dann nicht rasch ein Zweck-Nutzen-Denken im Regelsystem eines marktwirtschaftlichen Ablaufs ein, in dem die naturwissenschaftlich-technischen Ansprüche den Großteil von Forschungsmitteln abziehen, der dazu noch direkt oder indirekt militärischen Zwecken zugeleitet wird? Die Verknappung der

Ressourcen läßt eine solche Entwicklung heute bereits in mehreren Fällen erkennen - und das in den meisten Industriestaaten.

Während die sozialwissenschaftlichen Fachbereiche in einzelnen Hochschulen der BRD personell immer weiter ausgedürrt und - womöglich - sogar geschlossen werden, vermehren sich in den Modestudien wie beispielsweise in der Informatik - die Kapazitäten noch immer sprunghaft. "Wissenschaft wird Wirtschaft", las ich neulich in einer aufwendig produzierten Informationsbroschüre. Dieses Kürzel wirft auch Licht auf das derzeit erfolgreich gehandelte Wissenschaftsverständnis, das sich einer ökonomisch ausgerichteten Wertordnung verschreibt. Demgemäß verwundert auch nicht weiter, daß unter dem genannten Titel eine junge blonde Frau fungiert, die eine dem Flugsimulator ähnliche Maschine bedient. "Technologiepark" nennt sich das, was sich dem Begleittext entnehmen läßt. Ich möchte dieses Bild hier anführen, um auch von dieser aktuellen Seite her zu verdeutlichen, woher bzw. wohin der Wind der Wissenschaft derzeit weht, wenn es um den 'Verkauf' wissenschaftlicher Erkenntnisse geht. Das nur als Beispiel für die Ökonomisierung von Wissenschaft.

Ähnliches läßt sich auch im Bereich der Ökologie feststellen, wo terrestrische, limnologische, humanökologische und sonstige wissenschaftliche Erkenntnisse zum Umweltschutz zwar neue Informationen schaffen, allerdings noch nicht zu einer Veränderung des Status quo beitragen. Damit könnte es sehr schnell dazu kommen, daß zwar das Überleben der Menschheit mit immer raffinierteren Methoden zu sichern versucht wird, nicht aber ein anderer Umgang mit der Natur an sich eingeleitet wird. Dazu wiederum ein Beispiel, an dem ich diese problemhafte Entwicklung aufzeigen möchte, das mir der Erfolgsautor Steinbuch liefert. Nachdem der Autor seine Einschätzung der bisherigen Bemühungen (vor allem aus der sogenannten 'alternativen Bewegung') mit "der Irrationalität einer Teufels-Austreibung" gleichsetzt und sie als "Brecheisen zur Systemzerstörung" bezeichnet (Steinbuch 1985, 43), legt er seine notwendigen Maßnahmen vor: "Einer bürgerlichen Haltung entspräche es, den Umweltschutz als ein naturwissenschaftlich-technisches Problem zu verstehen, dessen Lösung viel Sachverstand, Nüchternheit und Rechtsstaatlichkeit braucht - und auch viel Zeit, bis sich die Erfolge der Anstrengungen zeigen" (Steinbuch 1985, 44-45).

Ich glaube, daß gerade das im zweiten Abschnitt genannte Unterrichtsbeispiel über die Zerstörung der Umwelt nahelegt, daß wir, die mit gesellschaftlichem Auftrag einschlägiges Wissen produzieren, uns auch über dessen raschestmögliche Verbreitung machen müssen. Wir können sie weder dem Lehrer noch dem Volksvertreter überlassen. Den ersteren hat das Curriculum des Alltags meist längst schon überholt, und die Politiker haben längst gelernt, wie sie die Wissenschaft(ler) für ihre Zwecke nutzbar machen können, wenn es um Fragen der Umwelt(politik) geht. Vor dem Hintergrund der gesellschaftlichen, ökonomischen, ökologischen und technischen Veränderungen stellt sich für die Universität die Frage, ob sie sich gleichsam am Schopf aus dem (Umwelt-)Sumpf ziehen kann: Sie hat einerseits über den wissenschaftlichen Fortschritt stark zu den gegenwärtigen Krisenerscheinungen beigetragen. Sie soll andererseits jetzt den Weg heraus weisen.

Eine Suche nach den Möglichkeiten zu einem veränderten Umgang mit der Natur in Wissenschaft und Politik setzt daher auch eine ökologische Wende der Wissenschaft voraus. Ansonsten werden wir mit unseren Vorstellungen die Alltagswelt erst dann erreichen, wenn es schon zu spät ist. Das Erreichen globaler Ziele setzt immer das lokale Handeln voraus, das wiederum auf die Verständigung zwischen Individuen angewiesen ist. Diese Verständigung ist nicht nur unsere mühsamste Aufgabe, sondern auch das individuell am schwierigsten zu lernende Ziel. Daß eine solche Verständigung mehr beinhalten muß als die Vermittlung wichtiger (Wissenschafts-)Inhalte, liegt auf der Hand. Das griechische oikos deutet, wie schon erwähnt, auf die Notwendigkeit des Ansetzens im Hier-und-Jetzt hin.

Gegenüber einer zunehmenden Wirkungslosigkeit wissenschaftlicher Orientierungen erinnert Mittelstraß vor allem an zwei Aufgaben:"(1) an eine aufgeklärte *Selbstreflexion der Wissenschaften,* die wie alle Formen menschlicher Arbeit unter historischen Bedingungen ihrer Abweichung von der Idee einer vernünftigen Praxis stehen, (2) an eine Theorie der Universität, die stets etwas mit der Durchsetzung *wissenschaftlicher Universalität* gegenüber gesellschaftlichen Partikularitäten zu tun hatte" (Mittelstraß 1982, 7). Das Ernstnehmen dieser beiden Aufgaben setzt hohe Ansprüche an alle mit wissenschaftlicher Forschung Befaßten voraus, die ich gerade unter den derzeit herrschenden gesellschaftlichen Bedingungen als erstrebenswerte, forschungspraktisch aber als utopische Zielsetzungen ansehen muß.

Am Universitätsorganisationsgesetz in Österreich hat sich beispielsweise in den inzwischen verflossenen 10 Jahren seines Bestehens gezeigt, daß eine Wissenschaftsreform nicht lediglich über eine Universtätsreform erreicht werden kann, wenn man von dem im ersten Kapitel formulierten Bildungsbegriff ausgeht: "Universitäten sind Stätten der *Bildung,* und zwar der Bildung durch *Wissenschaft.*" (Mittelstraß, 1982, 119). Daneben lassen die (finanziellen) Forschungsanreize für militärische Forschungsinteressen (vgl. Ahrweiler 1987, 34) alles andere als das zu, daß die Universitäten zu "Brennpunkten der Reflexion werden" (Mayer-Abich 1986, 39). Dies legen zumindest die bekannt gewordenen Vorgangsweisen von *classified research* im Rahmen des amerikanischen *Star war*-Programms nahe, in dem Forschungsvorhaben immer mehr dem öffentlichen Zugriff entzogen werden.

Demgegenüber ist die einschlägige Forschung in den Sozialwissenschaften nach der sogenannten 'qualitativen Wende' in Form von Studien zur biographischen Methode, Aktionsforschung, empirischen Hermeneutik, reflexiven Sozialtechnologie u.a.m. zu einem momentanen Stillstand gekommen (vgl. Fuchs 1984, Heinze 1987, Zedler/Moser 1983). Darüberhinaus sind in letzter Zeit auch Fragen nach dem Erkenntnisgewinn von bereits vorliegenden qualitativen Untersuchungen aufgetaucht, wie jüngst etwa in Fromms (1987) Anmerkungen zur Selbsttäuschung und Täuschung als Methodenprobleme pädagogischer Forschung.

In dem Maße, wie "die 'Verwissenschaftlichung der Erfahrung' voranschreitet und die 'Entzauberung' der Gesellschaft durch die Wissenschaft in einen Prozeß der 'Entzauberung des Entzauberers' übergeht" (Bonß 1982, 225) gilt es nach jenen Möglichkeiten und Wegen zu suchen, welche die Gültigkeit fachlicher Wirklichkeitswahrnehmungen in der Familie, Schule und anderen pädagogischen Feldern und deren Interpretationen neu akzentuiert. Diesbezügliche "Ansätze gilt es in einer forschungspraktischen Orientierung weiterzutreiben, denn eine Sozialforschung jenseits des Tatsachenblicks kann sich aufgrund ihrer immanenten Prinzipien nur in dem Maße entwickeln, wie sie experimentell umgesetzt und diskursiv ausprobiert wird" (Bonß 1982, 225).

Bisher gibt es nur wenige Forschungsansätze, die einer aufgeklärten Selbstreflexion der Wissenschaften verbunden sind. Noch weniger lassen die tatsächliche Umsetzung ihres Veränderungsanspruchs in die Wissenschaftspraxis erkennen, wie sie etwa im Ansatz der Motivforschung anklingt (vgl. Heintel 1985 und 1986). Einen 'von unten' ansetzenden Versuch habe ich anderorts als 'Projektgeschichte' beschrieben, in der wissenschaftliche Erfahrungen im Sinne einer Reflexion des Forschungsprozesses sozialkommunikativ überprüft werden können (vgl. Schratz 1988). Wieweit damit eine permanente Aufklärung der Wissenschaft über sich selbst eingeleitet werden kann, läßt sich jedoch nur im Hier-und-Jetzt des jeweiligen Forschungsanliegens klären. Dann läßt sich auch am ehesten der Blick für die Ausweitung fachlicher Enge im Hinblick auf die gesellschaftliche Entwicklung schulen.

Literaturverzeichnis

AHRWEILER, G.: Der Forschungshaushalt 1987 - Fakten und Vergleiche. In: Forum Wissenschaft (1987)1, S. 34-37.

BAUMANN, T.: Volkswille oder Interessenpluralismus? Zur Problematik der repräsentativen und der nichtrepräsentativen Demokratie. Innsbruck: unver. Dissertation, 1987.

BONSS, W.: Die Einübung des Tatsachenblicks. Zur Stuktur und Veränderung empirischer Sozialforschung. Frankfurt/M.: Suhrkamp, 1982.

DAUBER, H.: Neue Reichweiten einer ökologischen Lernbewegung? In: ökopäd (1985) 2, S. 36-44.

DERMUTZ, S./P. GSTETTNER/P. SEIDL (Hg.): Schulreform: Die Kritik geht weiter. Wien: Verlag für Gesellschaftskritik, 1986.

FEYERABEND, P. K.: Wider den Methodenzwang. Skizze einer anarchistischen Erkenntnistheorie. Frankfurt/M.: Suhrkamp, 1976.

FISCHER, R./G. MALLE: Mensch und Mathematik. Eine Einführung in didaktisches Denken und Handeln. Mannheim: Bibliographisches Institut - Wissenschaftsverlag, 1985.

FREIRE, P.: Pädagogik der Unterdrückten. Reinbek: Rowohlt, 1981.

FROMM, M.: Selbsttäuschung und Täuschung als Methodenprobleme pädagogischer Forschung. In: Bildung und Erziehung 40 (1987) 2, S. 227-238.

FUCHS, W.: Biographische Forschung. Opladen: Westdeutscher Verlag, 1984.

GUGGENBERGER, B.: Das Menschenrecht auf Irrtum. Anleitung zur Unvollkommenheit. München: Hanser, 1987.

HABERMAS, J.: Die neue Unübersichtlichkeit. Frankfurt/M.: Suhrkamp, 1985.

HEINTEL, P.: Motivforschung und Forschungsorganisation - ein neuer integrativer Forschungsansatz. In: H. Fischer (Hg.): Forschungspolitik für die 90er Jahre. Wien: Springer, 1985.

HEINTEL, P.: Zur gegenwärtigen Situation von Wissenschaft. In A. BAMMÉ/W.BERGER/E. KOTZMANN (Hg.): Anything Goes - Science Everywhere? Konturen von Wissenschaft heute. München: Profil, 1986, S. 27-55.

HEINZE, T.: Qualitative Sozialforschung: Erfahrungen, Probleme und Perspektiven. Opladen: Westdeutscher Verlag, 1987.

HENTIG, H.v.: Wie frei sind freie Schulen? Gutachten für ein Verwaltungsgericht. Stuttgart: Klett-Cotta, 1985.

KLEMM, K./H.G. ROLFF/K.-J. TILLMANN: Bildung für das Jahr 2000. Bilanz der Reform, Zukunft der Schule. Reinbek: Rowohlt, 1986.

MEYER-ABICH, K.: Was wir können und was wir dürfen. Die Universitäten müssen zu Brennpunkten der Reflexion werden. In: Die Zeit, 8. August 1986, S. 39.

MITTELSTRASS, J.: Wissenschaft als Lebensform, Reden über philosophische Orientierungen in Wissenschaft und Universität. Frankfurt/M.: Suhrkamp, 1982.

MITTELSTRASS, J.: Ruinöses Rollenspiel. Forschung wird auf dem Meinungsmarkt häufig mißhandelt. In: Die Zeit, 18. Juli 1986, S. 37.

POSCH, P./J. THONHAUSER: Lehrplanbedingte Erosion affektiver Ziele. In: Unterrichtswissenschaft 10 (1982) 3, S. 212-224.

SCHRATZ, M.: Der Betroffenheit auf der Spur: Plädoyer für eine "subversive" Hochschuldidaktik. In. N. MURAUER (Hg.): Hochschullehrerfortbildung. Zeitschrift für Hochschuldidaktik 6 (1982) 4, S 393-415.

SCHRATZ, M.: Betreuung als Reflexionsinstanz: Probleme erfahrungsorientierter Studienangebote. In: W. BERGER (Hg.): Beiträge zur Wissenschaftsdidaktik. Wien: Hölder-Pichler-Tempsky, 1985, S. 105-118.

SCHRATZ, M. (Hg.): Ökologisches Lernen an der Universität: Didaktik im Spannungsfeld von Politik, Wissenschaft und Lebenswelt. Zeitschrift für Hochschuldidaktik 10 (1986a) 2-3.

SCHRATZ, M.: Und es bewegt sich doch was ... ökologische Stolpersteine auf der Suche nach einem neuen Lernen. In :SCHRATZ 1986a, S. 293-316.

SCHRATZ, M.: In der Hochschuldidaktik gibt es keine Quantensprünge - Oder: Warum man bei steigenden Studentenzahlen nicht nur quantitativ argumentieren darf. In: B. RATHMAYR/M. SCHRATZ (Hg.): Lernen en gros. Hochschuldidaktik an der Massenuniversität. (Band 5 der Impulse für Erwachsenenbildung und Hochschuldidaktik.) Innsbruck: Institut für Erziehungswissenschaften, 1986, S. 103-117.

SCHRATZ, M.: Sozialkommunikative Erfahrungen am Prüfstand: Die 'Projektgeschichte' als Erinnerungsmethode biografischer Forschung. In: G. DIEM-WILLE/H. PECHAR (Hg.): Qualitative Forschungsmethoden in den Sozialwissenschaften. Wien : Österreichische Gesellschaft für Hochschuldidaktik, 1988, S. 214-244. .

SCHÜLEIN, J.A.: Selbstbetroffenheit. Über Aneignung und Vermittlung sozialwissenschaftlicher Kompetenz. Frankfurt/M.: Syndikat, 1977.

STEINBUCH, K.: Unsere manipulierte Demokratie. Stuttgart: Seewald, 1985.

ZEDLER, P./H. MOSER (Hg.): Aspekte qualitativer Sozialforschung. Opladen: Leske, 1983.

ZINNECKER, J.: Der heimliche Lehrplan. Weinheim: Beltz, 1975.

Albrecht Feurstein, Stephan Laske, Peter Swozilek

Getrennte Welten - oder: Der lange Marsch durch die Wüste Gobi

1. Das BWL-Studium - eine subjektive Bestandsaufnahme

Universitäre Ausbildung ist häufig durch Formen der Lehr-/Lernorganisation und inhaltlichen Schwerpunktsetzungen gekennzeichnet, die Lernen eher behindern als fördern. Es führt hier sicher zu weit, den Ursachen im einzelnen nachzugehen (sie dürften u.a. in den Biographien der Lehrenden, der Lernenden und der Lerninstitution selbst, in dem herrschenden Wissenschaftsverständnis der jeweiligen Disziplinen und in den strukturellen Rahmenbedingungen zu suchen sein, unter denen universitäre Lehre derzeit abläuft). Sie allein auf die Bedingungen der Massenuniversität zurückzuführen wie dies durch Universitätslehrer als Selbstentlastung nur allzu gerne geschieht, hieße, sich vorschnell eines Teils der eigenen Mitverantwortung zu entledigen: Das Etikett "Massenuniversität" vermag nur teilweise als Schutzschild zu dienen.

Betrachten wir das Lehren und Lernen in der BWL-Ausbildung näher, so glauben wir, ohne große Überpointierung folgende Leiden orten zu können:

Die universitäre Lehraufgabe wird oftmals als lästige Pflicht angesehen; die dafür aufgewendete Zeit ergibt sich als Restgröße dessen, was nach Erledigung von Forschungs-, Beratungs-, Kommissionstätigkeit, nach Fakultäts- und Hochschulpolitik, nach Freizeit und bestenfalls vor Erledigung der Verwaltungsaufgaben noch übrig bleibt. Dementsprechend degeneriert sie häufig zur dogmatischen Fortschreibung routinisierter, oft veralteter Lehrinhalte, die den Studierenden in antididaktischer Form im Wege der Einwegkommunikation zum Konsum präsentiert werden (der größte Teil der Ausbildung erfolgt - studienordnungsgemäß - in Vorlesungen, die, nur mäßig besucht, als Frontalvorträge abgehalten werden). Das dahinter stehende Lehrkonzept wird von fachwissenschaftlichen Strukturen und kognitiven Lehrzielen beherrscht, die sich noch dazu oft auf der untersten Ebene der Lehrzielhierarchie bewegen: Aufzählen können, Definitionen lernen ...! Zur Sicherstellung des Veranstaltungsbesuchs erfolgt deren Verknüpfung mit Prüfungen: "Gesichtspflege" und das Auswendiglernen von Büchern, Skripten und Fragenkatalogen der Prüfer wird zur Überlebensstrategie der Prüflinge: Non universitatis discimus ...?

Tatsächlich gibt es für pragmatisierte Universitätslehrer auch nur wenig Anlässe für hochschuldidaktische und inhaltliche Weiterbildung: Wettbewerb auf dem Gebiet der Lehre findet kaum statt; Lehre ist meist individualisierte Arbeit, die hinter verschlossenen Hörsaaltüren abläuft; die beschränkte Öffentlichkeit steht in einem Abhängigkeitsverhältnis zum Lehrenden; Ansätze zu Lehrveranstaltungsevaluationen auf breiter Ebe- ne scheitern an dem Problem der Vergleichbarkeit verschiedener Disziplinen, an z.T. ungenügenden Instrumenten und nicht zuletzt an der fehlenden Nachhaltigkeit eines entsprechenden Interesses. Schließlich gilt öffentliche Kritik als "unschicklich". Der Grundsatz der "Freiheit von Forschung und Lehre" wird nicht selten als Grundsatz der "Freiheit zur Nichtentwicklung" mißverstanden.

Die Folgen eines derartigen Lehrmodells für die Lernhaltung der Studierenden sind als Symptome allenthalben bekannt, wenn auch teils verdrängt, teils bagatellisiert: Lernen als individualisiertes Ereignis, als passive Rezeption vermeintlicher Wahrheiten, deren unterstellte Gültigkeit Sicherheit vermittelt und von daher nicht in Frage gestellt werden darf; Lernen als Jagd nach schriftlichen Unterlagen, die die kommunikative Auseinandersetzung verhindert; als problem-loses, diszipliniertes Aneignen von Detailwissen, bei dem Gesamtzusammenhänge und Anwendungsziele auf der Strecke bleiben; Lernen als Prozeß, bei welchem der eigenen lebenspraktischen Erfahrung und dem konkreten Handeln keine Bedeutung zuzukommen scheint. Das Ergattern von Übungs- und Seminarscheinen, d.h. die Maximierung des prüfungsbezogenen Tauschwerts wird mangels nicht erkennbaren oder vorhandenen Gebrauchswertes zum Leitziel einer übergroßen Mehrheit der Studierenden der Betriebswirtschaftslehre. Non universitatis discimus ...?

Ein Horrorszenario? Ja, wenn man es mit den Erwartungen vergleicht, die an ein betriebswirtschaftliches Hochschulstudium von den verschiedenen Interessensgruppen herangetragen werden. Nein, wenn damit gemeint ist, daß sich dieses Szenario nicht in der Ausbildungsrealität wiederfinden läßt.

Zynisch könnte man unser Szenario auch als "Karma-Modell" bezeichnen: Es scheint nämlich davon auszugehen, daß die Folgen der Ausbildung für die Absolventen erst in einem "nächsten Leben" eintreten. Das Vertrauen auf die Reinkarnation der Absolventen als handlungs- und damit berufsfähige Mitarbeiter von Wirtschaftsorganisationen entlastet von der Verantwortung der Ausbildenden. Die Reduzierung der Ausbildungsaufgabe auf die Vermittlung theoretischen Wissens ignoriert jedoch - wie wir meinen: unzulässig - die langfristigen Wirkungen universitärer Sozialisation und verfehlt den gesellschaftlichen Auftrag universitärer Bildung.

Eines der zentralen Defizite in der betriebswirtschaftlichen Ausbildung scheint uns die Distanz zwischen Lehrenden und Lernenden einerseits und der betriebswirtschaftlichen Praxis andererseits zu sein: Wirtschaftsfakultäten und Praxis stehen sich vielfach als "geschlossene Anstalten" gegenüber; zumindest erscheint es schwierig, zwischen "Theorie" und "Praxis" dauerhafte, tragfähige und sachbezogene Beziehungen aufzubauen. Woran könnte das liegen? An wechselseitigen Berührungsängsten und Sprachlosigkeiten? An der beiderseitigen Trägheit, die Trampelpfade des Alltagsgeschäfts zu verlassen? An der Überheblichkeit der Wissenschaftler, die ihre Disziplin von vornherein als angewandte Wissenschaft begreifen, deren Anwendbarkeit nicht auf die Probe gestellt zu werden braucht? An der Unfähigkeit der Betriebe, den längerfristigen Nutzen einer Kooperation zwischen betriebswirtschaftlichen Instituten und der Wirtschaftspraxis zu erkennen? An dem Egoismus mancher Universitätslehrer, die ihre Praxisbeziehungen als Privatbesitz und als Quelle von Zusatzeinkommen betrachten? Oder an der Phantasielosigkeit, mit der betriebswirtschaftliche Ausbildung nicht selten betrieben wird? Die *eine* Ursache gibt es sicher nicht.

Im folgenden sei kurz ein Versuch beschrieben, der sich zum Ziel gesetzt hat, die Kluft zwischen den "getrennten Welten" etwas zu verkleinern bzw. kleine Stege zu deren Überwindung zu bauen.

2. Das Patenschaftsmodell - Idee und Aufbau

Seit dem Frühjahr 1986 wird von zwei Instituten der Sozial- und Wirtschaftswissenschaftlichen Fakultät der Universität Innsbruck ein Konzept realisiert, dessen Ausgangsidee es ist, systematische und regelmäßige Kontakte zwischen Universität und Praxis aufzubauen und auf diese Weise die Studenten der Betriebswirtschaftslehre mit ihrer späteren beruflichen Lebenswelt in Verbindung zu bringen. Zentrales Element dieses Konzepts ist ein Patenschaftsverhältnis: Unternehmen unterschiedlicher Größe, Branchen und Standorte übernehmen für einen/eine (oder mehrere) Studenten/Studentin(nen) des 2. Studienabschnitts über einen festgelegten Zeitraum eine Art Patenfunktion.

Ausgestaltung und Intensität der Patenschaft sind von den Beteiligten festzulegen, wobei die inhaltlich-fachliche und die soziale Förderung im Vordergrund stehen sollten. Kernpunkt der Patenschaftsbeziehung sind praktische Projekte, die von der Patenunternehmung vorgeschlagen und von interessierten Studenten bearbeitet werden. Die Dauer solcher Projekte beträgt zwischen zwei und sechs Monaten. Der (Die) Studierende hat - wie ein Mitarbeiter - offenen Zugang zum Patenunternehmen und die für die Projektarbeit notwendigen Informationen. Von seiten der Institute steht ein Projektbetreuer als "Schützenhilfe" zur Verfügung. Wo immer es thematisch möglich ist, werden die Projekte in Vorlesungen, Übungen und Seminare der Projektbetreuer einbezogen. Ist das zu bearbeitende Projekt ausreichend komplex, kann es als Grundlage einer Diplomarbeit, in manchen Fällen sogar als illustratives Fallbeispiel im Rah- men einer Dissertation Verwendung finden.

Als Ergänzung zur unmittelbaren Projektarbeit sind auf individueller bzw. auf Gruppenebene noch weitere Ausgestaltungsformen vorgesehen:

- Erfahrungsgruppen, in denen die Lernerfahrungen an der Universität den Erfahrungen und Fragestellungen der Praxis gegenübergestellt werden
- Praktika während der vorlesungsfreien Zeit (z.B. zur Vorbereitung auf die Durchführung von Einzelprojekten)
- Teilnahme an Weiterbildungsveranstaltungen des Patenunternehmens
- Lehraufträge an Praktiker ("Gespräche mit einem Unternehmer")
- theoretisch und methodisch vorbereitete "Unternehmensanalysen mit Exkursionen"
- Rhetorik- und Verhaltenstraining
- Lehrveranstaltungen zum Projektmanagement usw.

Dominierendes Ziel ist es, die praktische Handlungsfähigkeit des Studierenden durch erfahrungsgestützes Lernen zu fördern; erlebbar zu machen, daß Unternehmen keine Gebilde sind, welche sich so einfach in rechtwinkeligen Kästchen von Organigrammen abbilden lassen; daß auf dem Weg von einem "wirklichen Unternehmen" zum Lehrbuch sehr viel von dem verlorengeht, was den Arbeitsalltag im Betrieb entscheidend prägt. Hinzu kommt das Ziel, die Verhaltenskompetenz der Studierenden zu fördern und ihnen Gelegenheit zum Aufbau professioneller Identität zu geben. Sollten sich auf diese Weise auch bessere Berufschancen für die Absolventen ergeben, so wäre dies angesichts des zunehmenden Konkurrenzdrucks am Arbeitsmarkt ein durchaus wünschenswerter Begleiteffekt.

Der in diesem Lernmodell enthaltenen Gefahr einer "bewußtlosen" Annäherung an die Unternehmenspraxis, welche den dort stattfindenden Sozialisationsprozeß in die Universität verlagert, kann und muß durch die Einbeziehung der gewonnenen Praxiserfahrungen in die universitäre Lehre begegnet werden: reflektierte Erfahrungsgewinnung als Instrument des Aufbaus von Qualifikation und Kompetenz. Dies gilt in ähnlicher Weise für die sich aus dem bisherigen Projektverlauf abzeichnende Tendenz, nun kurzschlüssig Praxiserfahrungen absolut in den Vordergrund zu stellen und einem Pragmatismus zu huldigen, der für die theoretische Durchdringung der gestellten Probleme und die Reflexion keinen Raum mehr läßt. Den Patenstudenten muß darüber hinaus bewußt gemacht werden, daß ihre Begegnung mit der Praxis allemal ausschnitthaft und selektiv bleiben muß, daß ihre singulären Erfahrungen nicht "die" Praxis abzudecken in der Lage sind.

Wie stellen sich nun diese Ziele des Patenschaftsmodells aus der Sicht derjenigen dar, die als Hauptbeteiligte auch mit den Schwierigkeiten der praktischen Umsetzung zu kämpfen haben?

3. Erfahrungen eines Patenschaftsstudenten

Als ich von Herrn Laske die Möglichkeit erhielt, im Rahmen des Patenschaftsmodells ein Diplomarbeitsthema zu bearbeiten, hatte ich gerade zwei gescheiterte Versuche hinter mir, eine "normale " Diplomarbeit zu schreiben.

Verhinderten beim ersten Versuch ein gewisses Mißtrauen gegenüber der ausgewählten Literatur ("Was ist, wenn das nicht stimmt?"), sich ständig gegenseitig widersprechende Autoren und somit für mich die Frage nach dem Sinn so einer Wiederkauarbeit, die Fertigstellung der Arbeit, so holten mich diese Faktoren beim zweiten Versuch in traumatischer Art und Weise ein und standen wiederum im Konflikt mit dem von mir an das Studium der Betriebswirtschaftslehre gestellten Wirklichkeitsanspruch der Ausbildung.
Die erwähnte, dritte Dipomarbeit sollte nun auf empirische Vorgangsweise in einem Unternehmen, sprich "Betrieb", von mir angefertigt werden.

Die Ziele, die ich mit meiner Arbeit verfolgte, waren folgende:
Erstens: endlich einmal eines dieser schönen Konzepte anzuwenden und zu sehen, ob das überhaupt funktioniert!
Zweitens: das Kennenlernen und Beschreiben der Rahmenbedingungen, unter denen die Anwendung eines solchen Konzepts erfolgt. In methodischer Hinsicht sollte dies gleichzeitig von zwei Seiten her geschehen und zwar in der Form, daß ich mich, neben der Dokumentation der Erstellung einer Werbestrategie, mit dem Unternehmer über die Faktoren der Arbeit (zeitverschoben) "unterhalten" sollte (Computerdateien fungierten hierbei als Kommunikationsmedien). Ein frevelhaftes Vorgehen im Sinne der üblichen wissenschaftlichen Form einer Diplomarbeit, aber nützlich, bestimmte Vorgänge zu beschreiben (und zwar nicht nur durch Beschreibung, sondern über den Umweg des "Mit-Erlebens"). Dies sollte auch gleichzeitig der Hauptschwerpunkt der Arbeit sein, nämlich, die "erlebte" Arbeitssituation quasi von innen heraus zu beleuchten, um die emotionale Situation eines Arbeitenden, d.h. die Eindrücke, die während der Arbeit auftreten (Qualität des Erlebens), sowie die Prinzipien des Miteinander-Arbeitens von Menschen transparent zu machen.
Da ich der Meinung war (und bin), daß auf der Universität viele Dinge nicht gelehrt werden (können?), erwartete ich mir drittens von einer sol-

chen praktischen Diplomarbeit, daß ich durch sie neben Fachkompetenz auch Fähigkeiten erwerben bzw. Erkenntnisse gewinnen könne, die mir später bei der Umsetzung des theoretischen Wissens behilflich sein könnten.
Viertens schließlich erwartete ich mir, Erfahrungen machen zu können, die mir in ganz persönlicher Hinsicht (soziale Kompetenz) zugute kommen sollten.

Der einzige Anspruch, den ich dabei hegte, war der, von beiden Seiten, also sowohl vom Unternehmer als auch vom Professor als Mensch ernst genommen zu werden.

Der Schwerpunkt meiner Diplomarbeit lag, wie gesagt, in der subjektiven Beschreibung meiner erlebten Arbeitssituation und darüber war leider keine Literatur zu erhalten! Und obwohl ich "der Theorie" eher reserviert gegenüberstehe, vermißte ich sie in diesem Fall als Leitfaden und Strukturhilfe. Jedesmal wenn ich auf die Uni ging und meine Kollegen über Gliederungsprinzipien oder das korrekte Zitieren diskutieren hörte, sah ich meine Diplomarbeit davonschwimmen. Im Laufe der Zeit besserte sich dieser "akademische Komplex" zusehends. Mitgeholfen hat mir dabei der Rückhalt, den ich von Herrn Laske und Herrn Feurstein erhielt, die Notwendigkeit, mich der Angestelltenrolle völlig hinzugeben, um damit die bestmöglichen Voraussetzungen zu schaffen, diese Rolle überhaupt beschreiben zu können, sowie die Einsicht, daß es Wichtigeres gibt als besagte Zitierregeln.

Ein Ergebnis der Erfahrungen, die ich während meiner Diplomarbeit machen durfte, ist das nun bessere Verständnis der betriebswirtschaftlichen Lehre. Es wird zwar versucht, durch Gastvorträge von Praktikern die Praxis in die Universität zu holen, eigene Erfahrung wird dadurch jedoch nicht ersetzt. Ein Praktiker sagt, was er getan hat und begründet dies auch, in der Regel beschreibt er aber nicht, was er dabei gefühlt hat bzw. welche inneren, geistig-psychischen Verhältnisse es ihm ermöglicht haben, zu tun, was er tat. Konnte ich früher manche betriebswirtschaftlichen Fachbereiche und Termini nur auf Grund rationaler Überlegung verstehen, nicht aber "fühlen", geschieht es mir jetzt, daß ich bei der Lek- türe von betriebswirtschaftlichen Sachbüchern meine Erfahrungen betreffende Assoziationen habe. Es ist mir möglich, diese Assoziationen gleichsam gedanklich zu extrapolieren, d.h. vom gelesenen Begriff beschriebenen Sachverhalt auf den beobachteten zu schließen. Davon ausgehend kann ich dann auch vom kleinen Unternehmen auf das in der betriebswirtschaftlichen Lehre in abstrakter Form vorhandene Großunternehmen und die darin stattfindenden Vorgänge schließen. Das rein intellektuelle Verstehen wird durch ein auf Erfahrung beruhendes "Begreifen" abgelöst.

Weiters habe ich gelernt, daß die betriebswirtschaftliche Theorie natürlich als Entlastung für sonst intuitiv zu fällende Entscheidungen dienen kann, nicht aber als Ersatz für sich ergebende aktuelle und zukünftige Notwendigkeiten: Sie muß sich den Anforderungen der Wirklichkeit anpassen und nicht umgekehrt. Konzepte können nicht einfach übergestülpt werden (was sicher manche Betriebswirtschaftsstudenten und Absolventen glauben - bis sie dann später eines Besseren belehrt werden!). Um aber jene Notwendigkeiten überhaupt erkennen zu könnnen, muß allerdings, wenn nicht vorhanden, ein "Gespür" entwickelt werden, etwas, was auf der Uni nicht gelehrt werden kann, dessen Notwendigkeit aber auch nicht erwähnt wird.

Dagegen weiß ich jetzt aber auch, wieviel an Leerläufen, Vorstößen in die falsche Richtung etc. eine entsprechende Basis an theoretischem Wissen ersparen hilft (und auch, welche Fehlerquellen in falsch angewandtem Theoriewissen liegen können).

Hat man nun genug Theorien mitbekommen und später als Absolvent zufällig (oder auch bewußt) das einzig richtige, passende Konzept bei der Hand, so hat man dieses noch lange nicht mit Erfolg angewendet. Jene "unsichtbaren" Dinge wie z.B. die tägliche Wühlarbeit, die "Subversion im Alltäglichen", mangelnde Konfliktfähigkeit etc., könnten dies zu verhindern wissen! Ich möchte nicht behaupten, daß ich wegen einer im Rahmen des Patenschaftsmodells angefertigten Diplomarbeit nun z.B. die absolute Konfliktkompetenz besitze, ich weiß jetzt aber wenigstens (weil ich es "gefühlt" habe), welche Bedeutung Konflikte für eine Belegschaft haben, welche Kosten, aber auch Möglichkeiten darin liegen können.

Da ich aufgrund der speziellen Eigenart meiner Diplomarbeit in die Lage kam, zugleich Subjekt als auch Objekt zu sein, mich also gleichzeitig in der Rolle des Beobachters als auch des Beobachteten wiederzufinden, wurden meine Erwartungen dahingehend bestätigt, daß ich durch ständige Reflexion sehr viel, vor allem in ganz persönlicher Hinsicht profitieren, an sozialer Kompetenz dazugewinnen konnte. Studienkollegen, die genau wie ich ein Praxisprojekt bearbeitet hatten, berichteten mir von ganz ähnlichen Erfahrungen. Dahingehend verstehe ich das Patenschaftsmodell vor allem als Möglichkeit für interessierte Studenten, unnötige wie auch unumgängliche Defizite der universitären Ausbildung durch Aufarbeitung in der Praxis wettmachen zu können.

4. Erfahrungen eines Patenschafts-Unternehmers

Im Frühjahr 1986 machte ich erstmals Bekanntschaft mit einem Projekt zweier Institute an der Universität Innsbruck, das helfen sollte, die schon lange evidente und oft beklagte Kluft zwischen Theorie und Praxis zu schließen. Folgendermaßen wollte man vorgehen: Es sollten Betriebe gesucht werden, die bereit seien, für Studenten, die kurz vor dem Abschluß stehen, eine Art Patenschaft zu übernehmen. In enger Zusammenarbeit zwischen dem Unternehmen, dem betreffenden Studenten und dem Betreuer wollte man darangehen, Probleme oder Fragen, die im Betrieb anstehen, zu lösen zu versuchen.

Die Idee begeisterte mich. Der Nutzen für alle Seiten schien mir auf der Hand zu liegen: Dem Betrieb käme das theoretische Know-how, das der Student ja nach Jahren des Studiums haben mußte, zugute; eventuell käme man auf diese Weise sogar gratis zu einer Studie, die, müßte man sie bezahlen, wahrscheinlich nie in Auftrag gegeben würde. Der Student hätte ein Diplomarbeits- bzw. Dissertationsthema, das sicher für viele Studierende interessanter, praxisrelevanter und lebendiger zu sein versprach als irgendwelche theoretische Themen, und für die beteiligten Institute war es ein großer Schritt zur Lösung des altbekannten Theorie-Praxis-Problems.

Schon einige Wochen nach diesem ersten Kontakt mit dem Patenschaftsmodell meldete sich ein Student in unserem Betrieb: wir hatten einen Patenstudenten.
Unser neuer "Mitarbeiter" war vom ersten Tag an, wie jeder von uns, während der üblichen Bürozeiten im Betrieb. Wir hatten uns darauf geeinigt, daß in der ersten Zeit wir uns, er den Betrieb, wir ihn kennenlernen wollten; eine genaue Aufgabenstellung würde dann quasi von selbst entstehen. Ich glaube heute, daß es einer der ersten Schritte sein müßte, daß jeder der Beteiligten sich über seine Erwartungen, Wünsche und Ziele klarzuwerden versucht und diese auch den anderen mitteilt. Zusammenarbeit heißt eben auch Arbeit und jeder muß seinen Teil dieser Arbeit leisten.

Schon nach einigen Wochen war eine ziemliche Unzufriedenheit zu spüren, es entstand nämlich nichts von selbst. Von meiner Seite her war ein Grund für diese Unzufriedenheit auch eine gewisse Hilflosigkeit: Ich wußte nicht, was ich machen sollte, ich wußte nur, daß es so nicht weitergehen konnte. Mir fehlten konkrete Ergebnisse, ich wußte aber auch nicht, welche konkreten Ergebnisse das sein könnten. Ich hatte das permanente Gefühl von Leerlauf. Nach etwa zwei Monaten erst kam es zu einer - zum Teil recht harten - Aussprache zwischen Peter und mir. Davor hatte ich mich an einem Wochenende hingesetzt und das gemacht, was schon zu Beginn unserer Zusammenarbeit fällig gewesen wäre: Ich hatte meine Wünsche, meine Anforderungen und Ziele zu Papier gebracht und mir auch über eine akzeptable Form der Zusammenarbeit Gedanken gemacht. Dieses Papier bildete in der Folge eine Grundlage für konstruktive Auseinandersetzungen. Wir hatten uns darauf geeinigt, daß Peter ein

Werbekonzept erstellen und, soweit möglich, auch durchziehen sollte. Nach kurzer Zeit lief schon die erste Kampagne an - ein sichtbarer Erfolg.

Wir hatten gemeinsam einen Zeitplan erstellt, und es gelang Peter, seine Arbeit genau zum vorgesehenen Termin abzuschließen. Als er uns verließ, hinterließ er in unserem kleinen Team ein Loch, er fehlte uns.

Peter blieb nicht der einzige Patenschaftsstudent in unserer Firma. Wir halten inzwischen bei Nummer vier. Anscheinend haben wir uns mit diesem Patenschaftsmodell angefreundet. Für mich persönlich als "Pate" hat sich allerdings einiges geändert.

- Meine Erwartungen dem Studenten gegenüber sind konkreter geworden, ich habe auch gelernt, sie von Anfang an zu formulieren.
- Die Beziehung zwischen Peter und unserer Firma war sehr symbiotisch. Ich hielt es damals für nötig, daß er in der Firma arbeitete wie jeder unserer Mitarbeiter, daß er Teil des Tagesgeschehens war. Die Arbeit, die ein Student leisten kann und soll, ist aber in den meisten Fällen nicht Tagesgeschehen. Der Student bzw. die Universität hat Zugriff zur Theorie, im Betriebsalltag fehlt sie oft. Den für einen Betrieb relevanten Teil dieser Theorie in den Betrieb hineinzutragen, das soll der Part des Studenten sein, den Einblick in die Praxis zu geben und damit die Möglichkeit, diese Theorie zu überprüfen, das ist unser Part. Wenn wir es dann gemeinsam schaffen, aus beiden Teilen etwas Funktionierendes entstehen zu lassen, dann haben beide gewonnen.

Ein Wunsch, der hoffentlich nicht nur Wunsch bleibt: Engere Zusammenarbeit zwischen universitärem Betreuer und Unternehmer. Einerseits als Kontrollinstanz, andererseits auch zum Gedankenaustausch und als Anregung. Nicht zuletzt auch als Mittel, über die anfangs beschriebene Unsicherheit und den Leerlauf hinwegzukommen.

Ich bin mir dessen bewußt, daß dieser Wunsch nach engerer Zusammenarbeit mit dem Betreuer Probleme aufwirft. Die Idee des Patenschaftsprojektes hat inzwischen schon so viele Freunde gefunden, daß allein die administrative Bewältigung, ganz zu schweigen von der intensiven Betreuung aller Projekte mit den vorhandenen Zeit- und Personalressourcen, beträchtliche Schwierigkeiten aufwirft. Ich habe mir dieses Problem beschreiben lassen und ich habe mir auch vorrechnen lassen, daß die Institute restlos überfordert wären, wollten mehr als 10 % der Studenten von dem Angebot des Patenschaftsmodells Gebrauch machen. Vielleicht eine Anregung: Schreibt im Rahmen des Patenschaftsmodells das Projekt aus, zu untersuchen, wie der theoretische Wunsch nach Praxisbezug für alle (auch die Lehrenden der Universität) praktisch zu verwirklichen ist.

Herbert Maschat

"Streben Bildung, Ausbildung und Wissenschaft wirklich nach Wahrheit?"

Ein Beitrag zu Ingeborg Bachmanns Rede: Die Wahrheit ist dem Menschen zumutbar*

Zum Problem der Verdeckung:
Die Art, wie Phänomene verdeckt sein können, ist verschieden. Einmal kann ein Phänomen verdeckt sein in dem Sinne, daß es

- überhaupt noch unentdeckt ist, Über seinen Bestand gibt es weder Kenntnis oder Unkenntnis.
- verschüttet ist, d.h. es war einmal bekannt, verfiel aber wieder der Verdeckung.
- eine Verdeckung als Verstellung ist. Sie ist die häufigste und gefährlichste, weil die Möglichkeit der Täuschung und Mißleitung besonders hartnäckig (Heidegger 1979, 36).

Es ist bemerkenswert, daß der Gedanke an die Unerträglichkeit der Wahrheit bislang von keiner Wissenschaft und keinem Wahrheitssucher eingeholt wurde. Friedrich Nietzsche hat sich in seiner Frühschrift "Die Geburt der Tragödie aus dem Geist der Musik" ausführlich mit diesem Problem beschäftigt und kommt zum Ergebnis, daß Wahrheit letztlich nur als Unerträglichkeit gedacht werden kann.

Wenn Ingeborg Bachmann nun und insbesondere vor Kriegsblinden die Aufforderung ausspricht: "Die Wahrheit ist dem Menschen zumutbar", so verleitet sie damit den einzelnen Menschen zur Suche nach einer Wahrheit, die unerträgliches Leben erträglich machen soll. Weil aber die Wahrheit "jeder sogenannten Suche nach ihr vorausliegt" (Sloterdijk 1986, 82), bedeutet das Suchen nach Wahrheit das Eintreten in das Stadium der aktiven Enttäuschung. Stück um Stück verfallen dabei Wertsystem, Glaube und Hoffnung. Ingeborg Bachmann irrt, wenn sie meint, "daß man enttäuscht", nun "ohne Täuschung zu leben vermag". Ohne Täuschung zu leben bedeutet nämlich:

"*Es ist der Krieg, aber der Krieg ohne Pulver und Dampf, ohne kriegerische Attitüden, ohne Pathos und verrenkte Gliedmaassen - dies Alles selbst wäre noch Idealismus. Ein Irrthum nach dem anderen wird aufs Eis gelegt, das Ideal wird nicht widerlegt - es erfriert ... Hier zum Beispiel erfriert das Genie; eine Ecke weiter erfriert der Heilige; unter einem dicken Eiszapfen erfriert der Held; am Schluß erfriert der Glaube, die sogenannte Überzeugung, auch das*

* Bachmann 1978, 275.

Mitleiden kühlt sich bedeutend ab; fast überall erfriert das Ding an sich ..." (Nietzsche 1964)

Wie also kann die Wahrheit dem Menschen zugemutet werden, wenn schon die alleinige Suche nach ihr ihn in die Aporie treibt, "zwischen dem Unerträglichen und dem Unmöglichen wählen zu müssen"? (Sloterdijk 1986) Wie also kann die Wahrheit dem Menschen zugemutet werden, wenn in der Natur der Wahrheit - dieser schrecklichen Identität - der Zwang zur Lüge begründet liegt. Weil eben die fürchterliche Wahrheit den meisten Menschen nicht zugemutet werden kann, besteht sozusagen die existentielle Notwendigkeit zur Flucht in provisorische Erträglichkeiten wie: Lüge, Traum, Kunst, Religion, Wissenschaft, Tröstungen, Utopien, Sicherheiten, Erbauungen und Überwelten. Wir suchen nicht die Wahrheit, sondern wir wollen sie vermeiden. Dies zeigt sich deutlich darin, daß wir nicht enttäuscht werden wollen. Die meisten Menschen benötigen die Täuschung - ohne darin enttäuscht zu werden - um überhaupt erträglich leben zu können.

Als erste, von der Natur freigelassene Wesen, sind wir Menschen zum Lügen verdammt, um nicht wieder in die Einheit mit Natur zurückzufallen. Die Menschen sind vom Einfluß der Natur teilweise losgekommen, weil sie diese mit dem Mittel der Lüge überlisteten. Ingenieur kommt ja von "ingenium" und bedeutet Überlistung. Was ist denn Naturwissenschaft und Technik anderes, als Naturüberlistung unter Anwendung der Lüge. Naturwissenschaftlich vorgehen heißt, die sinnliche Wahrnehmung, die stets ein Einzelnes und Endliches ist, in einem widerspruchsfreien, autorisierten und allgemein verbindlichen Sprachgefüge aufzubewahren. Methodisch wird dabei nach dem System der Über- und Unterordnung vorgegangen, was im Laufe der Jahrhunderte zu einer Rangordnung innerhalb des Sozialgefüges führte. So steht daher in der gegenwärtigen wissenschaftlichen Hierarchie die Theorie ganz oben und glänzt im Lichte der Aufmerksamkeit und Bewunderung. Die Materie dagegen, als das Gegenständliche und Gewichtige und all den Dingen letztlich zu Grunde liegende, befindet sich unten, als ein bloßer Abglanz, als ein schwerer Schatten der Theorie. Die Naturwissenschaft erfuhr ihre schärfste und konsequenteste methodische Ausformung durch Galileo Galilei, durch seine Aufforderung: "Alles, was meßbar ist, messen und alles, was nicht meßbar ist, meßbar machen." Der wissenschaftliche Prozeß verläuft dabei in immer gleichbleibender Weise: Die Natur wird in den Hinterhalt des Experimentes gelockt, von den Randbedingungen gefangengenommen und vor das Tribunal der Theorie geschleppt, wo sie - völlig reduziert und eingeschüchtert - nur mehr das äußern darf, was die Wissenschaftler von ihr hören wollen. Wissenschaft bedeutet ja Wissen schaffen, bzw. dem geschöpften Wissen eine allgemein zugängliche Erscheinungsform geben. In allgemeinster Form kann man daher die Wissenschaft als einen Prozeß zunehmender Abstraktion bezeichnen, als ein Abheben von der Materie - der Muttersubstanz - hin zur Theorie, zu einem Ordnung konstituierenden semantischen Ideal.

Von der Wissenschaft Abstand nehmen und die Welt wieder auf Wahrheit einrichten hieße doch, ein neues axiomatisches System im Mit- und Zueinander aufstellen und hätte nicht überblickbare Konsequenzen auf den Gebieten der Religion, Naturwissenschaft, Politik, Diplomatie, Ökonomie etc. Die Welt ausschließlich auf Wahrheit einrichten käme einer Situation gleich, die eintreten würde, wenn wir etwa das System der Geldwirtschaft wieder auf Naturalwirtschaft umstellen müßten. Wir würden jene Direktheit wiedererleben, welche unsere Vorfahren in der unmittelbaren Auseinandersetzung mit der Natur erfahren haben.

Je abstrakter nämlich die Systeme werden, desto mehr muß verstellt, d.h. gelogen, manipuliert oder motiviert werden. Wir können uns die Wahrheit nicht mehr leisten, weil unser Umgang mit Natur viel zu merkmalentleert und komplex geworden ist. Die Welt auf Wahrheit umstellen hieße, den Menschen die Hoffnung nehmen und das Schicksal durch das Machsal ersetzen, d.h. der vollständigen Determiniertheit der Welt die Zustimmung erteilen. Dies würde einer großen Enttäuschung gleichkommen.

Mit ihrer Forderung: "Die Wahrheit ist dem Menschen zumutbar", beansprucht Ingeborg Bachmann die überwiegende Mehrheit der Menschen wohl über ihre Kräfte. Sie negiert damit sowohl die Realität ihrer Gegenwart, als auch die deutlichen Warnungen in der philosophischen und literarischen Tradition. Dazu einige Beispiele: Im 18. Kapitel von "Il Principe" schreibt Niccolo Machiavelli: "Man muß nur verstehen, der Fuchsnatur ein gutes Ansehen zu geben und ein Meister sein in Heuchelei und Verstellung: denn die Menschen sind so einfältig und gehorchen so leicht dem Zwang des Augenblicks, daß ein Betrüger stets einen finden wird, der sich betrügen läßt." (Machiavelli 1981, 105) Dostojewskij läßt seinen Großinquisitor sagen: "Und wenn Dir um des himmlischen Brotes willen Tausende und Abertausende nachfolgen werden, was wird aus den Millionen und Abermillionen jener Wesen werden, die nicht die Kraft haben werden, das irdische Brot um des himmlischen willen gering zu schätzen? ... Nein, uns sind auch die Schwachen teuer ... Wir werden sie wieder täuschen; denn Dich werden wir nicht mehr zu uns lassen. In dieser Täuschung wird aber auch unser Leiden liegen; denn wir werden genötigt sein zu lügen." (Dostojewskij 1959, 20-21)

Um sich ihr Recht auf Freiheit und Wandelbarkeit zu erretten, flüchten Pirandellos Figuren in die Phantasie oder in den Traum. Hier können sie sich von den Mühen, Qualen und Lügen ihrer Tagesrollen, die sie für eine feindliche Gesellschaft zu spielen gezwungen sind, erholen. Robert Musil meint in seiner Dissertation "Beitrag zur Beurteilung der Lehren Machs": "Es gibt überhaupt keine Wahrheit im eigentlichen Sinne, sondern nur eine praktische, erhaltungsförderliche Konvention." (Musil 1980, 24) Das bedeutet, die Geschehnisse dürfen nur so weit entblößt werden, als es nötig erscheint, einen Zweck hinreichend zu erfüllen und dazu ist eben Konvention bzw. allgemeine Verbindlichkeit erforderlich.

In ihrer Rede sagt Ingeborg Bachmann: "Denn wir wollen alle sehend werden. Und jener geheime Schmerz macht uns erst für die Erfahrung empfindlich und insbesondere für die der Wahrheit." Wenn aber Wahrheit für die im Krieg so schrecklich und unbegreiflich Ausgezeichneten Schmerz bedeutet, dann heißt das, daß die Wahrheit für die so grausam Hervorgehobenen die Unerträglichkeit zu bedeuten hat. Sie können die Wahrheit gar nicht erkennen wollen - und sofern sie überhaupt etwas von ihr, in ihrer Schrecklichkeit ahnen, "dann nur des Umstandes wegen, daß der Schleier aus Verstellungen" und Tröstungen, der die Wahrheit üblicherweise verdeckt, "sich wie durch ein Unglück gelegentlich gelüftet hat" - sodaß sie, "versengt vom Schmerz, plötzlich mehr begreifen," (Sloterdijk 1986, 81) als für sie zu begreifen gut ist. Das bedeutet aber, die bekannten Methoden der Wahrheitssuche, insbesondere jene der Priester, Philosophen, Künstler, Schriftsteller, Naturwissenschaftler und Politiker "sind in Wirklichkeit nur respektabel gewordene organisierte Lügen, institutationalisierte Fluchtversuche", die sich hinter der Maske des Helfenwollens geschickt verborgen haben. Ihr Weg zur Wahrheit war in Wirklichkeit nur eine Entfernung von ihr. Ihre Hilfe war letztlich nicht viel mehr "als eine ontologische Weißwäscherei" (Sloterdijk 1986, 81). Ihre Wahrheitstreue war ein billiger Verrat "an der unerträglichen Wahrheit zugunsten des metaphysischen Optimismus, oder der ins Jenseits blickenden Erlösungsphantasien." (Sloterdijk 1986)

"Wie soll dann der Trost aussehen?" fragt Ingeborg Bachmann "und was soll er uns überhaupt", wenn es "unangemessen" ist, "ihn durch Worte herstellen zu wollen".

Wenn aber Wahrheit nicht etwas durch Worte, Sätze, Schlußfolgerungen, Experimente und Gleichungen Einzufangendes ist, was soll dann das konventionelle Suchen nach ihr? Indem wir nach Wahrheit suchen, geben wir ja indirekt zu, daß sie - zumindest im Zeitpunkt des Suchens - verstellt war und daß es hinter der Erscheinung noch etwas geben muß, das von dieser Erscheinung unterschieden ist. Indem wir nach Wahrheit suchen, gestehen wir indirekt, daß uns etwas abgeht, daß wir Mangel haben und mit dem bestehenden Zustand unzufrieden sind. Wenn uns Menschen - wie Ingeborg Bachmann meint - die Wahrheit zugemutet werden kann, so setzt dies Meinen voraus, daß zwischen der Wahrheit, die wir nicht kennen und dem Mut, den wir nicht haben, eine Art Allianz, eine Form von Verträglichkeit herstellbar wäre. Alles, was wir von der Wahrheit wissen, ist, daß wir zu ihr in Distanz stehen. Woher sie kommt und wohin sie geht, bleibt uns verborgen. Da wir aber weder über Wahrheit noch über Mut ausreichend verfügen, wäre das Ergebnis einer Gegenüberstellung dieser beiden Einflußgrößen dem bloßen Zufall überlassen und daher sehr ungewiß. Das Risiko, schwer gezeichnete Menschen durch ein Stre- ben nach Wahrheit noch tiefer zu verletzen, darf nicht leichtfertig eingegangen werden. Wenn daher die Frage beanwortet werden soll, ob es besser wäre, solche Menschen in ihrer Illusion zu belassen oder ihnen die Wahrheit erschließen zu helfen, so glaube ich: sie in ihrer Illusion zu belassen, dürfte weit sicherer sein.

Wenn unser Wollen immer nur das gerade noch Erträgliche will, so zwingt uns dieses allzu menschliche Bedürfnis zur Abgrenzung dessen, was wir an Wahrheit zulassen dürfen, um gerade noch überleben zu können. In vielen Fällen wäre die volle Wahrheit unser sicherer Verlust an Frohsinn und Lebensfreude. (Vgl. Schillers Ballade "Das verschleierte Bild zu Sais.")

Wir müssen daher in bezug auf die Wahrheit von der eingeübten Position des Nichts oder Alles Abschied nehmen. Ebenso müssen wir das alte Postulat von der Wahrheit als der einen als unmenschlich fallen lassen und dem "pars pro toto" unsere Zuneigung schenken, denn dieses und nur dieses scheint uns, als Ergebnis von Bildung und Ausbildung, zumutbar. Die Wahrheit ist dem Menschen zumutbar, bedeutet: Wir müssen das Spiel, die Inszenierung, deren Mutter die Wahrheit ist, aufgeben. Wir müssen die Bühne im Namen von Ingeborg Bachmann schließen, weil sie es ist, die zur Distanzlosigkeit gegenüber der Wahrheit aufruft. Nach Nietzsche haben wir ja gerade "die Kunst, damit wir an der Wahrheit nicht zugrunde gehen." Es steht uns also nicht frei, dieses Lügentheater zugunsten der Wahrheit zu schließen. Die Wahrheit ist dem Menschen zumutbar, heißt dann auch: er muß von nun an auf die Kunst verzichten.

Wir müssen uns zur Wahrheit, dieser ältesten und raffiniertesten Lüge, in lebenserhaltender Distanz bewegen. Mit der Wahrheit Erfahrung machen, bedeutet: das Leben aufs Spiel setzen und die Seele traurig machen. Nicht auf die Wahrheit müssen wir achten, sondern auf den Abstand zu ihr. Theorie ist das Zauberwort, das Niemandsland, welches uns von der Wahrheit trennt. Mit Hilfe von Theorie flüchten wir aus der Welt des Substantiellen, des natürlichen Widerstandes, in das schützende Refugium der Semantik. Wir wollen nicht die Wahrheit, sondern das Zeichen, das man für sie gefunden hat: den Ton, den Vers, die Metapher, das Bild, die Skulptur, die Anordnung, die Vorstellbarkeit, die Rhythmen, Metriken, Perspektiven, etc.

Wir wollen nicht sehend werden, wir bevorzugen die geschützte Perspektive, das Guckloch zur Hölle. Wir wollen nicht das Kreuz auf uns nehmen, wie Christus es vormachte und daran starb. Wir wollen in Distanz zum Kreuz über das Kreuz reden, wie es der Papst und viele Bischöfe tun.

Welchen letzten Zweck beinhalten daher Bildung und Ausbildung, die wir mit Hilfe von Wissenschaft auf sicherem Weg und in ökonomischer Weise zu erreichen trachten? Es geht um die Einübung zur Erreichung der richtigen und folglich sicheren Distanz zur Wahrheit, damit wir möglichst lange, möglichst gesund und unbeschwert unser Leben genießen dürfen. Der allzu Neugierige und der allzu Gleichgültige sind in diesem Leben extrem gefährdete Figuren. Der Neugierige deshalb, weil er in der ständigen Bedrohung lebt, der Wahrheit zu nahe zu kommen und in weiterer Folge von ihr versengt oder vernichtet werden kann. Der Gleichgültige darum, weil er auf wachsame Reflexion verzichtet und sich dadurch selbst von den Vorzügen, welche die Wahrheit auch bieten kann, abkoppelt.

Wie lebt es sich also mit der Wahrheit am angemessensten? Ich glaube, im Bündnis mit Geduld und Gelassenheit. Indem wir die Geduld aufbringen, die Wahrheit in respektabler Distanz zu erwarten und gleichzeitig über die Gelassenheit verfügen, ihr nicht - von verderblichem Ehrgeiz getrieben - nachzulaufen.

Ob Wahrheit oder Unwahrheit, beides scheint uns mit gleicher Sorge zu erfüllen. Beides verletzt unsere Ruhe gleichermaßen. Warum streben wir aber gerade nach Wahrheit und nicht nach ihrem Gegenteil, nach Unwahrheit? Wir haben uns eben für die Wahrheit entschieden und müssen dieser Entscheidung im Wort bleiben, soll unser politisch-ökonomisches Überleben nicht ernsthaft gefährdet werden. Hätten wir uns für die Unwahrheit als allgemeingültiges System entschieden, so wären wir gezwungen, ihr die Treue zu halten. Was sind die Motive einer solchen, nach Dogmatik riechenden Vorgangsweise? Das Problem, von dem die moderne (Natur-)Wissenschaft ihren Schatten empfängt, "besteht nun gerade darin, das Maß nur willkürlich anwenden zu können, d.h. um es paradox zu formulieren: kein Maß für das Messen selbst zu besitzen." (Heintel/Macho 1981, 176) Wohl kann sich ein Maß aus den Resultaten, die den Folgen einer willkürlichen Annahme entspringen, ergeben. Doch die Set- zung eines Maßes kann die Willkürlichkeit seiner Herkunft - nämlich aus dem Maßlosen - nie abstreifen. So aber streben wir bewußtlos nach Wahrheit und jagen unbarmherzig alles, was nach Unwahrheit aussieht. Damit diese Jagd auch erfolgreich verläuft, wurden viele Institutionen geschaffen und zahllose Personen berufen. Gelehrte, Richter, Anwälte und Leh- rer sind im Prinzip geschulte Kämpfer auf der Seite der Wahrheit. Daß viele von ihnen im Laufe eines langen Lebens zu Überläufern werden, soll der Vollständigkeit halber nur erwähnt, in ihren Gründen aber nicht weiter verfolgt werden.

Die zweiwertige Logik bildet den Boden, auf dem Wahrheit und Unwahrheit nach rationalen Grundsätzen bearbeitet werden. Hier erweist sich, daß sowohl Wahrheit als auch Unwahrheit eine nützliche Vereinbarung sein können. Aus pragmatischen Gründen soll man sich jedoch für eine der beiden Möglichkeiten entscheiden und diese Entscheidung dann konsequent durchhalten. Zusammen soll man beide nicht wirksam werden lassen. Diese Botschaft läßt sich wohl leicht verkünden, doch wer sorgt für ihre strenge Einhaltung, wenn ewige Seligkeit, Reichtum, Macht und öffentliches Ansehen mit im Spiele sind.

Wer die Wahrheit verletzt, öffnet der Unwahrheit den Zugang. Wer das Streben nach Wahrheit unterbindet, stört die Herbeiführung allgemeiner Verbindlichkeit und damit die Möglichkeit leicht kontrollierbarer Sozietät. Er stört damit aber auch die mit der Wahrheit zusammenhängende persönliche Sicherheit der Menschen und muß schon aus diesem Grund mit Sanktionen rechnen, deren radikalste Form die Todesstrafe ist. Verletzte Wahrheit mit dem Tode bestrafen bedeutet doch: das Individuum soll zur Strafe mit der absoluten Wahrheit konfrontiert werden. Weil es die kleine Wahrheit nicht respektierte, soll es an der großen Wahrheit zugrunde gehen.

Weil eben Wahrheit so entscheidend mit unserem persönlichen Wehe und Wohlergehen zu tun hat, scheint es nicht gleichgültig, wie weit wir uns an sie heranwagen. Bei all dem, was wir über die Wahrheit aussagen, müssen wir uns auch immer bewußt sein, "ob die Wahrheit uns nicht ruiniert? ob das Leben nur gedeiht unter Illusionen? ob das Mögliche nur erreicht wird, wenn der Tätige das Unmögliche als möglich glaubt? ob Täuschung über Tatbestände und Möglichkeiten nicht Bedingung des Fortlebens ist?" (Jaspers 1947, 597)

Warum wir lügen, d.h. ein Verhalten an den Tag legen, welches Täuschung zur Absicht hat, liegt zweifelsfrei im Wesen der Wahrheit selbst angesiedelt. Was ist aber das Wesen der Wahrheit? Es kann wohl nichts anderes als Unerträglichkeit sein, als ein Zustand, den auszuhalten wir kaum imstande sind. Unsere letzte Wahrheit dürfte wohl der Tod sein, den wir durch Bildung, Ausbildung und Wissenschaft, kurzum durch Le ben, lebenslänglich zu meiden suchen. Leben heißt somit zum Tod, zu unserer letzten und schrecklichen Wahrheit einen lebenserhaltenden Ab- stand einnehmen, wohl im Bewußtsein, daß dieser Abstand jeden Tag, jede Stunde, Minute und Sekunde geringer wird.

Bildung, Ausbildung und Wissenschaft können somit gar nicht die Wahrheit wollen, weil wir mehrheitlich dazu neigen, dem Tod aus dem Wege zu gehen. Um die Umvermeidbarkeit des Todes zu mildern, hoffen wir auf ein späteres Leben. Ob diese Hoffnung Erfüllung findet, diese Frage müssen wir, in Berufung auf die Wissenschaft und ihre Ungewißheit in vielen Bereichen, wohl offen lassen. Wir befinden uns auf dem Weg zur Wahrheit, wie Karl Jaspers meint. Dieser Weg erweist sich letzten Endes als ein Umweg über das Leben. Im Hinblick auf die Erreichbarkeit der Wahrheit wäre es das Beste, nicht geboren zu werden und das Zweitbeste, sofern man die erste Chance bereits verspielt hat, möglichst bald zu sterben. (Nietzsche 1972, 31)

Li teraturverzeichnis

BACHMANN, I.: Werke 4. München/Zürich: Piper, 1978.
DOSTOJEWSKIJ,F.: Der Großinquisitor. Stuttgart: Reclam , 1959.
HEIDEGGER, M.: Sein und Zeit. Tübingen: Niemeyer , 1979.
HEINTEL, P./T. MACHO: Zur Voraussetzungsproblematik des Systems der Grundsätze des reinen Verstandes und ihre Bedeutung für einen neuzeitlichen Wissenschaftsbegriff. In: HEIDEMANN, I./RITZEL, W. (Hrsg.): Beiträge zur Kritik der reinen Vernunft 1781 * 1981. Berlin/New York: Walter de Gruyter, 1981.
JASPERS, K.: Von der Wahrheit. München: Piper, 1947.
MACHIAVELLI, N.: Der Fürst. Stuttgart: Reclam, 1981.
MUSIL, R.: Beitrag zur Beurteilung der Lehren Machs und Studien zur Technik und Psychotechnik. Reinbek: Rowohlt, 1980.
NIETSCHE, F.: Sämtliche Werke in zwölf Bänden. Stuttgart: Kröner, 1964.
NIETZSCHE, F.: Die Geburt der Tragödie aus dem Geiste der Musik. Berlin/New York: Walter de Gruyter, 1972.
SLOTERDIJK, P.: Der Denker auf der Bühne., Frankfurt/M.: Suhrkamp, 1986.

Heinrich Dauber

Denn wo viel Weisheit ist,
da ist viel Grämens;
und wer viel lernt,
der muß viel leiden.
(Prediger 1,18)

Angst: Versuch über den Zusammenhang von äußerer Bedrohung und innerem Zusammenbruch

Vor ein paar Monaten besuchte ich jemanden, der mir sehr nahe steht, in der akut-psychiatrischen Abteilung eines großen Krankenhauses in Berlin. Wenige Tage vorher war ich mitten in der Nacht eben von dieser Person angerufen worden und aufs dringlichste beschworen worden, sofort das Fernsehen einzuschalten, da die Russen mit Panzern die Mauer überrannt hätten, außerdem ein Atomkraftwerk durchgebrannt sei und sie selbst von Hausmitbewohnern als Aidskranke beschimpft worden sei. Im Telefonat kam dann heraus, daß diese junge Frau gerade dabei war, ihre Wohnung und sich selbst anzuzünden und sich außerdem die Pulsadern aufgeschnitten hatte.

Ich war konfrontiert mit 'äußerer Bedrohung und innerem Zusammenbruch'. Meine eigene - erste - Reaktion war auch voller Angst: Ich wollte nicht wahrnehmen, was passierte; ich konnte - zunächst - meinem eigenen Erschrecken keinen Ausdruck verleihen; es gab - scheinbar - nichts, was ich tun konnte, um die Situation zu verändern, anders zu gestalten.

Tage später besuchte ich diese Frau in der Psychiatrie. Trotz schwerer medikamentöser Dämpfung waren die Wahnvorstellungen noch nahezu ungebrochen. Ich erlebte mich im Schock über die Bedingungen, die auf dieser geschlossenen psychiatrischen Abteilung herrschten:

Die Besuchszeit ist um, ich werde entlassen, d.h. ein Pfleger schließt mir die Tür auf, ich verlasse das Krankenhaus, steige in mein Auto, schalte das Radio an und höre: "Der Direktor des astrophysikalischen Instituts der Universität ..., Prof. Dr. ..., erklärte heute abend, daß der außer Kontrolle geratene sowjetische Satellit vermutlich im Laufe der nächsten 48 Stunden in Mitteleuropa abstürzen werde. Da es sich um einen vermutlich mit atomarer Energie gespeisten Sattellten handelt, ist eine größere atomare Verseuchung nicht ausgeschlossen."[1] Ich weiß, daß ich minutenlang im Auto saß und versuchte, mich zu orientieren, mir Gewißheit zu verschaffen.
Wer oder was ist hier 'verrückt'?
Wer oder was hat mich 'irre' gemacht?
Wer oder was hat mir mehr Angst eingeflößt, mich mehr schockiert?
Die 'inneren' Wahnvorstellungen eines Menschen, den ich gut kenne; die in-

stitutionellen Bedingungen einer vergleichsweise 'normalen' Psychiatrie; oder: die 'objektive' wissenschaftliche Prognose einer atomaren Katastrophe in Berlin, Kassel, Dresden, Den Haag oder Reims?

Darüber nachdenkend frage ich mich: Wie ist die Beziehung zwischen äußerer Angst (Bedrohung), d.h. daß wir wirklich Zeugen eines galoppierenden Ökozids sind, und innerer Angst (Zusammenbruch), d.h. daß wir alle inneren Gewißheiten verloren haben, um unserem Da-Sein tragenden Sinn zu verleihen?

Und: Ist dieses Verhältnis von 'äußerer Bedrohung und innerem Zusammenbruch' auch umgekehrt gültig? Wie sieht es aus zwischen 'äußerem Zusammenbruch und innerer Bedrohung'? Ist dies vielleicht nicht die viel angemessenere Formulierung?

Vielleicht sind diese beiden Fragerichtungen notwendig aufeinander angewiesen: 'subjektives' Empfinden und 'objektive' Realität sind keine Gegen-Sätze, sondern Pole in unserem Bewußtsein, die nicht alternativ gegeneinander ausgespielt werden sollten. Ist eine - dialektische? - Auflösung dieser Gegensätze denkbar?

Wie habe ich 'Angst' erlebt?

Stufen der Abwehr - biographisch

Die Ängste meiner *Kindheit* reichen - in meiner Erinnerung - zurück ins erste Lebensjahr. Ich will hier nur von einer Angst sprechen, der *vor ohrenbetäubendem Lärm*, vor explodierenden Bomben, vor dem Geräusch rollender Panzer. (Auch heute noch höre ich bei Nacht auf große Entfernungen vorbeifahrende Panzer und wache regelmäßig davon auf.) Diese Angst hat ihre biographische Wurzel in zwölf schrecklichen Stunden in einer Zisterne in einem Pfarrhausgarten, während die Amerikaner die Stadt besetzten und von verführten Hitlerjungen zu ebenso sinnlosen wie mörderischen 'Angriffen' gezwungen wurden. Die damals erlebten Ängste sind immer noch präsent. Sie überfluten mich körperlich regelmäßig, wenn ich das Heulen tieffliegender Düsenjäger höre und mich dann immer wundere, daß sie vorbeidonnern und der große Knall ausbleibt.

Die Ängste meiner späteren Kindheit waren *Verlassenheitsängste*. Sie hingen damit zusammen, daß ich lange Zeit (aus Platzmangel im Elternhaus) außerhalb schlafen mußte, in einem 'fremden' Haus mit fremden Geräuschen. Jahre später, als dies wieder anders war, bin ich dann (noch mit zwölf Jahren) zu meiner Großmutter ins Bett geflüchtet. (Daran habe ich sehr friedliche Erinnerungen von Geborgenheit.) Zur *Abwehr* dieser Ängste verfügte ich schon früh über einen reichen Schatz von Gebeten, Liedversen und Psalmen. Da wäre vieles zu zitieren, vom 23. Psalm angefangen. Was mir beim Niederschreiben dieser Erinnerungen als erstes einfiel, war: "Breit aus die Flügel beide, oh Jesu meine Freude, und nimm dein Küchlein ein. Will Satan mich verschlingen, so laß' die Englein singen: Dies Kind soll unverletzt sein." Meine Angst war im 'Satan' personifiziert; vor dem konnte mich ein magischer 'Zauber' schützen.

Die Ängste meiner *Jugend* waren fast immer mit *religiösen* und/oder *sexuellen Schuldgefühlen* verbunden; - nun kamen sie nicht mehr als Bedrohung von außen, sondern als Verurteilung von innen. Eine meiner stärksten Erinnerungen an diese Zeit so um die Konfirmation herum (13-15 Jahre), hängen mit ein paar Ferientagen zusammen, die ich mit meinem Vater (allein - trotz fünf Geschwistern!) in der Osterwoche im Schwarzwald verbrachte. Er ging am Karfreitagabend in die Kirche, ich sperrte mich (innerlich) und blieb allein im Gasthaus zurück. Da lag ich im Dunkeln im Bett und hörte leise, dann laut und immer lauter, wie der Tod mit dröhnendem Herzschlag näherkam, mich als Strafe für meine sündige Halsstarrigkeit zu holen. Er hat mich nicht geholt, aber die Angst saß so tief, daß ich auch nicht darüber sprechen konnte. Später, erinnere ich mich, erfand ich allerlei bizarre Rituale der Selbstkasteiung, um meine ersten sexuellen Träumereien zu sühnen. Mit diesen Ritualen und vielen 'guten', moralisch wertvollen Vorsätzen, z.B. später einmal Medizin zu studieren und Missionsarzt zu werden (wie Albert Schweitzer), versuchte ich meine Ängste abzuwehren, sie zu bannen.

Noch später kamen dann die typischen, uns allen bekannten Ängste im Sinne von *Erfolgs-* und *Mißerfolgserwartungen*, fast täglich reaktiviert durch Klassenarbeiten und Schulnoten. Jahrelang, das letzte Mal zehn Jahre nach der Doktorprüfung, wurde ich von einem Alptraum verfolgt, ich müsse das mündliche Latein-Abitur aufgrund eines Formfehlers noch einmal wiederholen, andernfalls mir alle später abgelegten Prüfungen (Lehrerexamen, Promotion etc.) aberkannt würden.

Die Ängste meiner Jugend waren weniger Bedrohungs- als *Versagensängste*, moralisch oder leistungsmäßig. Abgewehrt werden konnten sie nur im gleichen Muster: der moralischen Selbst-Verpflichtung oder dem guten Vorsatz, sich mehr anzustrengen. Die Ängste des *Erwachsenen* sind, grob vereinfacht über einen Leisten geschlagen, Ängste vor Situationen, in denen ich die Kontrolle verliere und körperlich oder geistig gelähmt bin. (Typisch männliche Ängste? Ich bezweifle etwas die allzu glatte Etikettierung.) An diese Art von Ängsten erinnere ich mich gut im Zusammenhang mit bestimmten Phasen der sog. 'Nachrüstung': Gefühle verzweifelter Ohnmacht, weder mich noch unsere Kinder in irgendeiner Weise schützen zu können. Diese Ängste tauchten wieder auf im Zusammenhang mit Tschernobyl; die Unfähigkeit, die 'reale' Gefahr auch nur 'realistisch' einschätzen zu können, als kognitiv verarbeiten zu können, verbunden mit dem Gefühl, nichts tun zu können. (Ich kenne solche Äng- ste auch aus Situationen in Selbsterfahrungsgruppen. Dann träume ich meist von Gefängnissen.)

Diese Ängste des Erwachsenen sind oft dadurch ausgelöst, daß ich mich nicht distanzieren kann, 'etwas' mit mir geschieht, was ich nicht will und nicht kontrollieren kann. (Das kann auch eine 'rein' körperliche Erfahrung sein wie ein hartnäckiger Hexenschuß.) Die Abwehr des Erwachsenen, die eben nicht immer funktioniert, weil die Angst auf die Realität bezogen ist und nicht durch magische Rituale gebannt werden kann, besteht darin, sich verstandesgemäß zu orientieren, um den Spielraum der eigenen Auto-nomie (des 'eigenen Gesetzes') neu zu bestimmen. Langsam lerne ich zu akzeptieren, daß manche Ängste nicht 'beherrscht', sondern angenommen werden wollen.

Jörg Bopp hat darauf aufmerksam gemacht, daß die (weitverbreitete) Art von Endzeitängsten in den sog. Neuen Sozialen Bewegungen, der Friedens-, Dritte Welt- und Ökobewegung, auch ein unbewußter, kollektiver Versuch sein kann, "durch Angst und Schrecken stellvertretend für die Taten der Älteren (gemeint: unserer Eltern und Großeltern im Nationalsozialismus, Einfügung H.D.) zu büßen" (Bopp 1987, 1157). Ich halte dies für sehr bedenkenswert, vielleicht in einem noch umfassenderen Sinne: daß wir als Kinder des scheinbar grenzenlosen wissenschaftlich-technischen Fortschritts unbewußt Strafängste entwickeln angesichts der unbegrenzten Sicherheitsversprechungen, die uns alltäglich angeboten werden. Aus der umgekehrten Perspektive tut sich hier das auf, was Günther Anders das 'prometheische Gefälle' genannt hat; die 'Griffweiten' unseres technologischen und gefühlsmäßigen Vermögens befinden sich nicht in Kongruenz.

"*Ermorden können wir Tausende; uns vorstellen vielleicht zehn Tote; beweinen und bereuen aber höchstens Einen. Und was vom Beweinen oder Bereuen gilt, gilt von den Emotionen überhaupt, also auch von der Angst. Sie ist den Leistungen der anderen Vermögen nicht gewachsen.*" *(Anders 1980, 267)*

Wenn ich die Ängste meiner Kindheit, meiner Jugend, meines Erwachsenenlebens betrachte, so finde ich primäre, instinktive Ängste, die wir Menschen vermutlich mit den Tieren teilen; gelernte kulturell anerzogene Ängste (eines pietistischen Pfarrhauses); kognitiv gesteuerte Ängste von Erfolg und Versagen und kollektive, zeitgeschichtliche Ängste. Vor allem die letzteren vereinigen in sich alle drei Abhängigkeiten des Ich, wie Freud (1933) sie beschrieben hat:

- von der Außenwelt (Realangst),
- vom Es (neurotische Angst),
- vom Über-Ich (Gewissensangst).

Aber - und dies ist mit Freud festzuhalten: Jede neurotische Angst, also z.B. jede allgemeine, scheinbar 'grundlose' Angst hat einen 'realen' Kern, einen ersten Ursprung. Wo dieser 'reale' Kern liegt, in welchem biographischen Erleben er grundgelegt wurde und mit welchem sozialen oder gesellschaftlichen Kontext er verbunden ist, dies jeweils zu unterscheiden, macht es so schwierig, mit eigener und fremder Angst umzugehen. Therapien, die versprechen, alle Ängste mittels einer bestimmten 'Technik' aufzulösen - womöglich durch eine einmalige Anwendung -, können nur als Scharlatanerie bezeichnet werden. Zu warnen ist sicher auch vor dem (modischen) Rückfall in geschlossene Glaubenssysteme (Okkultismus) oder dem Rückzug in esoterische Geheimkulte.

Schutzwälle vor der Angst[2] (I): *Wissenschaft*

In den Humanwissenschaften, die versuchen, den Menschen wissenschaftlich zu erforschen, kommt es ständig unausweichlich zu einer Überschneidung von Subjekt und Objekt, von Beobachter und Beobachtetem. Sich dies bewußt zu machen, löst Angst aus. (Vgl. Devereux 1967)

Machen wir uns dies bewußt, müssen wir der Tatsache ins Auge sehen, daß unsere (alltägliche) Verständigung unvollständig bleibt, und versuchen, diesen Mangel zu kompensieren. Ein solcher Versuch ist die Illusion, sich auf einer unbewußten Ebene vollständig zu verstehen. (Wir tendieren dann häufig dazu, den Anderen gar nicht mehr ausreden zu lassen, weil wir sicher sind, schon vorab begriffen zu haben, was er/sie sagen will.) In der Sprache der Psychoanalyse wird dies als *Gegenübertragungsreaktion* bezeichnet. Gegenübertragungen sind Reaktionen auf *Übertragungsreaktionen*. Beide sind untrennbar miteinander verbunden und laufen auf einer kognitiven, gefühlsmäßigen und körpersprachlichen Ebene ab. (Vgl. Mindell 1967) Von Übertragungsreaktionen spricht man - vereinfacht ausgedrückt - dann, wenn eine Person Reaktionsmuster aus früheren Beziehungen auf andere Personen überträgt.

Studenten reagieren auf Hochschullehrer häufig mit Übertragungen aus früheren (pädagogisch gefärbten) Beziehungen, sei es, daß sie, je nach Generationsabstand, im Hochschullehrer den Vater wieder 'finden', ei- nen früheren Lehrer wieder'entdecken' o.ä. Wiederfinden, Wiederentdecken bedeutet hier nichts anderes als alte Beziehungsmuster zu reaktivieren: Anhänglichkeit, Widerspurch, Trotz.

Beispiel:

Nach einem Wochenendseminar, auf dem zum Teil sehr persönliche Probleme im Umgang von Lehrern und Schülern bearbeitet wurden (Vorbereitung eines Schulpraktikums), kommt ein Student zu mir in die Sprechstunde und fragt mich, ob ich von ihm gekränkt worden sei, ob er meine persönlichen Grenzen überschritten habe ... Dann erzählt er, daß er sich 'früher' mit seinen Lehrern oft auf einer zynisch-abwertenden Ebene auseinandergesetzt habe, bis hin zu persönlichen Beleidigungen. "Ich habe Angst, Sie auch durch zynische Bemerkungen zu verletzen, aber das möchte ich gerade bei Ihnen nicht. Wenn Sie so etwas bemerken sollten, hauen Sie mir bitte gleich auf die Fresse." In diesem Fall konnte ich versichern, daß ich nicht verletzt war, mich auch nicht unfair angegriffen fühlte und gegf. ihm auch nicht 'auf die Fresse hauen würde', sondern fragen werde: "R., was läuft jetzt gerade zwischen uns?" Darüber ist der Student sehr erleichtert. (Ich auch.)

Eine meiner Erfahrung nach relativ häufige Übertragung von heutigen Lehrerstudenten lautet: 'Sie sagen (doch) nicht alles, was Sie denken' ... 'Jetzt scheinen Sie uns nicht zu bewerten, aber hinterher werden Sie uns doch beurteilen.' Beides verweist auf *die* grundlegende (moderne) Schulerfahrung: in einem äußerlich relativ angstfreien Klima verdeckt manipuliert und permanent beurteilt worden zu sein.

Als *Gegenübertragungen* bezeichnet man die Summe all der Verzerrungen, die im Wahrnehmungsbild dessen auftreten, auf den übertragen wird[3].

Beispiel:

In einem Seminar über 'Lernen und Erziehung in verschiedenen Kulturen' sitzt mir ein persischer Kollege (als Teilnehmer) gegenüber. Im Laufe der ersten eineinhalb Tage verfinstert sich sein Gesicht zusehends, dann steht er plötzlich auf, schimpft (auf mich als Seminarleiter), auf die Vorgehensweise, bezweifelt meine Kompetenz, versichert seine Kollegen seiner Hochachtung, greift mich erneut als 'autoritär' an und verläßt schließlich den Raum. Ich reagiere innerlich sehr ärgerlich und 'erkläre' mir sein Verhalten etwa so: ein schiitischer Fundamentalist, typisch diese Gewalttätigkeit ... Stunden später - am Kachelofen zu Hause - wird mir meine Gegenübertragung deutlich. Sicherlich fühlte sich dieser Kollege durch die behandelten Themen wie die Vorgehensweise außerordentlich verunsichert und bedroht. Dabei spielten seine Vorerfahrungen mit persischen Lehrern - und vor allem mit deutschen Professoren! - gewiß eine große Rolle. Nun drückte er (endlich?) den lange aufgestauten Zorn aus und wurde (wieder?) abgewertet. Ich konnte nur die 'Aggression', nicht die Angst wahrnehmen. Zu spät? - Wochen danach ergab sich ein Gespräch, in dem Vieles aufgeklärt werden konnte.

Um die mit unvermeidlichen Übertragungen und Gegenübertragungen verbundene Angst auszuschalten, wird in den Sozialwissenschaften und in der Pädagogik in der Regel ein methodologisches Instrumentarium eingesetzt, das 'subjektive' Einflüsse dieser Art nach Möglichkeiten ausschalten soll. Dabei kann es sich um Forschungsregeln oder um didaktische Verfahren handeln.[4]

Devereux (1967) schlägt für verhaltenswissenschaftliche Forschung, und dies gilt in weiterem Sinn auch für pädagogische Praxis im allgemeinen, deshalb vor, nicht nur das Verhalten des (beobachteten) Objekts zu entschlüsseln, sondern darüber hinaus auch auf die 'Störungen' zu achten, "die durch die Existenz und die Tätigkeit des Beobachters hervorgerufen werden", vor allem aber zu untersuchen, welche Ängste und Abwehrmanöver beim Beobachter auftreten, insbesondere wie er seine Beobachtungen *deutet* ('typisch aggressiver persischer Schiit').

Wissenschaft (oder pädagogische Praxis), die versucht, die unvermeidlich mit Übertragung und Gegenübertragung verbundenen Äng- ste auszuschalten, verzichtet gerade auf die Beachtung *der fundamentalsten Daten,* die solchen beobachtenden, teilnehmenden, erzieherischen Interaktionen zugrunde liegen.

"*Wenn man sich weigert, diese Schwierigkeiten schöpferisch auszuwerten, so kann man es nur zu einer Sammlung von immer bedeutungsloseren, zunehmend segmentären, peripheren und sogar trivialen Daten bringen, die das, was am Organismus lebendig oder am Menschen menschlich ist, fast gänzlich unbeleuchtet lassen. Der Wissenschaftler sollte deshalb aufhören, ausschließlich seine Manipulation am Objekt zu betonen, und stattdessen gleichzeitig - und bisweilen ausschließlich - sich selbst qua Beobachter zu verstehen suchen.*" *(Devereux 1967, 19f.)*

Ich kenne Kollegen aus der Biologie, die seit Jahren mit NATO-Geldern lebenden Fröschen Elektroden ins Gehirn pflanzen, und ich frage mich - im Sinne von Devereux - ob diese Forschung nicht mehr über die menschlichen Forscher als über die erforschten Frösche aussagt.

Schutzwälle vor der Angst (II)
Monopolisierende Fürsorger[5]

In fast allen Lebensbereichen, die mit Angst verbunden sind und in denen deshalb Sicherheit großgeschrieben wird (Bedrohung durch Krieg, Krankheiten, Arbeitslosigkeit, Alter und Tod), sind wir von monopolistischen Fürsorgern umgeben: Institutionen und professionellen Experten, die das Monopol darüber an sich gezogen haben, *wovor* wir Angst haben müssen und *wie* wir uns gegen diese Ängste '*versichern*' lassen können. Was sie uns als Abwehrmuster *anbieten*, wird als öffentlicher *Bedarf* propagiert und mit menschlichen (Grund-)*Bedürfnissen* begründet. Die Verfügungsmacht, 'Probleme' definieren zu können *und* darüber bestimmen zu können, mit welchen Mitteln sie zu lösen seien, stellt ein radikales Monopol dar. Den entmündigten, zum Verbrauch dieser Angebote gezwungenen oder verführten Konsumenten bleibt nur erzwungene Gleichgültigkeit oder süchtige Nachfrage.

Wo die Schule und die Universität den Zugang zu Wissen an vorher zu erwerbende Berechtigungen bindet, wo Wissensinhalte zerstückelt, aus dem (Lebens-)Zusammenhang gerissen und portionsweise verabreicht werden, wo Lernen in unseren 'Bildungsinstitutionen' fast immer mit sozialer Unterwerfung verbunden ist, da breitet sich *erzwungene Gleichgültigkeit* aus.

Wo der Zugang zu persönlichkeitserweiternden Erfahrungen auf dem Markt moderner Therapieangebote jedermann/frau offensteht, wenn er/sie nur zahlt, wo vorab garantiert wird, ein neuer, ganzer, heiler Mensch werden zu können, wo dann im Schmusen des Rudels anderer Therapiewütiger alle Beschränkungen des Alltags von einem abfallen, wo die Identifikation mit dem 'Meister' es leicht macht, das alte, abendländisch aufgeklärte kritische Ich hinter sich zu lassen, da breitet sich *süchtige Nachfrage* aus.

Monopolisierende Fürsorger erzeugen erzwungene Gleichgültigkeit oder süchtige Nachfrage. Beides sind Formen von Angstabwehr. In bei- den Fällen wird die Angst abgewehrt, die unvermeidlich ist, wenn man lernt, selbständig eigene Schritte zu tun. Wirkliches Lernen beginnt jedoch immer damit, eingefahrene, scheinbar sichere Gewohnheiten aufzugeben. Es ist verbunden mit starken Affekten, gesteigerter sensorischer Aufmerksamkeit, motorischer Spannung. Es ist die Lust, sich etwas Neues anzueignen, sich etwas einzuverleiben. Wo diese Lust unterdrückt oder vorschnell kanalisiert wird, findet keine Veränderung, kein Lernen statt. Es bleibt bei der alten Reaktion auf bekannte Signale, oder es kommt zu einem mehr oder weniger lähmenden Zustand allgemeiner Ängstlichkeit. Solche Ängstlichkeit erzeugt neue Ängstlichkeiten und neue Bedürfnisse nach beschützenden Fürsorgern.

An die Stelle des hungrigen, appetitgeschwängerten Herangehens an neues Wissen, Hineingehens in neue Erfahrungen tritt eine Form objektivierenden Subjektivismus, in deren Mittelpunkt immer zuerst, vor allem und häufig ausschließlich, die *eigene Befindlichkeit reflektiert* wird - nicht jedoch die *eigene Erregung gespürt* wird. Die Erfahrung, in den eigenen Wünschen jahrelang manipuliert worden zu sein, von den eigenen Sehnsüchten stets mit schnellen Ersatzobjekten abgelenkt worden zu sein, macht es für die heutige Studentengeneration außerordentlich schwierig, eigene Interessen zu entwickeln und auf Veränderung drängende Unzufriedenheit über längere Zeit durchzuhalten. Eine Gesellschaft, in der es vor allem darum geht, zu lernen, wie man andere und sich selbst erfolgreich *manipuliert*, manipuliert auch die Vorstellungswelten ihrer Mitglieder.

Bei Studenten kommt dies zum Ausdruck in weitverbreiteten Äußerungen wie z.B.:

"Ich kann da sowieso nichts dafür. Ich bin eben so programmiert ... Ich weiß nicht, wer und wo ich bin ... Ich weiß nur, das geht alles am Thema vorbei, und in meinem Kopf dreht es sich, schneller und schneller ... Ich halte das nicht aus, ich löse mich auf, da bleibt nichts übrig ..."

Und dann zuweilen und überrascht nehme ich zur Kenntnis, daß eine Aussage unwidersprochen bleibt oder stillschweigende Zustimmung findet wie diese: *"Es geht nämlich um Gottsuche. Alles andere ist unwichtig."*

"Es geht" in der Tat um ein Überschreiten dieses sich selbst als *Programm objektivierenden Subjektivismus* - nur '*es* geht' nicht. Dazu gehört das Sich-Aussetzen, das Sich-Einlassen auf ein Fremdes, einen größeren Zusammenhang, in dem die eigene Programmierung (im doppelten Wortsinne) 'auf-gehoben' ist.

Eine solche Aufhebung formaler Manipulation, eine Überwindung des 'seelenlosen Mystizismus' kommt schrittweise in Gang, wo die leibhaftige Basis unseres Bewußtseins wiederentdeckt wird, in der Erfahrung der eigenen Körperlichkeit, in Kontaktnahme zum Leib, unserem beseelten Körper und seiner sinnlich kor-respondierenden Beziehungen zur Mit- und Umwelt.
(Darum gehe ich persönlich auch zunehmend dazu über, Seminare mit einfachen Bewegungs- oder Atemübungen zu beginnen, um Gelegenheit zu geben, wirklich anzukommen, voll *praesent,* ganz im Hier und Jetzt anwesend zu sein.)

Schutzwälle vor der Angst (III)
Dualistische Weltbilder

Der zu trauriger Berühmtheit gelangte ehemalige Ministerpräsident von Schleswig-Holstein, Barschel, nahm - laut Staatsanwaltschaft Lübeck - jahrelang ein Medikament namens "Tavor" (nicht: Timor!) ein, über das es in dem der Staatsanwaltschaft vorliegenden Gutachten heißt: "Bei gezielter mißbräuchlicher Einnahme kann der angstlösende Effekt dazu benutzt werden, sich über Bedenken hinsichtlich ... rechtswidriger oder moralisch bedenklicher Handlungen hinwegzusetzen."[6] Herr Barschel und seine Manipulationen sind nicht unser Thema, wiewohl gerade in diesem Fall die Verbindung von Angst und Manipulation im politischen Bereich besonders deutlich geworden ist. Worauf ich hier hinweisen möchte, ist etwas anderes. Angstabwehr kann nicht nur zum Ausdruck kommen in distanzierenden Verfahren wissenschaftlicher Objektivität und muß sich nicht beschränken auf monopolisierende Fürsorger: Angstabwehr kann eine ganze Weltanschauung bestimmen. Angst ist am Werk, wo die *Welt dualistisch aufgespalten* wird in ein Reich des Guten und ein Reich des Bösen, in richtige und falsche Politik, in glückliche und unglückliche Verhältnisse. Dabei werden stets die eigenen, nicht integrierten (individuellen und kollektiven) Anteile auf den Anderen projiziert und dort verfolgt. (Das Prinzip ist hinlänglich bekannt und wird - nach dem Brauch der alten Israeliten, einen mit den Sünden des Volkes beladenen Ziegenbock in die Wüste zu jagen, - 'Sündenbockstrategie' genannt.)

In menschlichen, sozialen und politischen Beziehungen kehren sich solche Projektionen zumeist gegen ihren Urheber. Je mehr man die 'negativen Seiten' im Gegner, in seinem Feind bekämpft, desto ähnlicher wird man ihm, desto mehr agiert man die gerade abgelehnten Anteile unbewußt selbst aus. Eine Politik, die den politischen Gegner als besonders bedrohlich an die Wand malt (projiziert), nimmt selbst drohende Züge an. Auf diese Weise wird man allzuleicht Opfer der eigenen Projektionen. Je geringer der Kontakt zum Anderen wird, desto stärker glaubt man, sich durch eine Position eigener Stärke absichern zu müssen vor der eigenen Angst. Angst vor Kontakt mit der eigenen Angst wird erlebt als Angst vor dem Anderen, um dort um den Preis bekämpft zu werden, selbst noch mehr Angst zu bekommen.

Thea Bauriedl hat diese Mechanismen in großer Klarheit beschrieben. Ihre Grundthese in diesem Zusammenhang lautet: *Betroffenheit* macht *nötig*, daß ich etwas ändere; das Erleben der eigenen *Beteiligung* macht *möglich*, daß ich zur Veränderung des Ganzen beitrage (vgl. Bauriedl 1986, 205).

"*Eine echte Notwendigkeit, aber auch eine echte Möglichkeit zur Veränderung ergibt sich erst, wenn zur Erkenntnis der eigenen Betroffenheit auch die der eigenen Beteiligung hinzukommt. Ich meine damit nicht die Erkenntnis von Schuld oder Mitschuld im moralischen Sinn, sondern ein Erkennen der eigenen Position im Gesamtsystem. Es ist ein großer Unterschied, ob ich mich außerhalb eines zu bekämpfenden oder zu verändernden Systems erlebe oder ob ich mich als Teil dieses Systems erkenne. Phantasiere ich mich außerhalb, dem System gegenüberstehend, dann stellt sich zwangsläufig die Frage, ob ich allmächtig oder ohnmächtig bin. Dann meine ich, daß ich entweder das System durch übermenschliche Kräfte verändern müßte und könnte oder daß ich garnichts ausrichten kann. Das Gefühl der Aussichtslosigkeit hängt damit zusammen, daß wir uns außerhalb von unserer Umgebung phantasieren. Die abendländische Phantasie, der Natur gegenüber zu stehen, brachte die Möglichkeit, sich die Erde untertan zu machen, im Bild des Zauberlehrlings: den Besen zum Diener zu machen. Der Grund, weshalb wir den Besen nicht mehr anhalten können, liegt in derselben Phantasie: solange wir uns außerhalb der Natur phantasieren, diese und unsere Mitmenschen als manipulierbare Objekte betrachtend, können wir den Besen nicht in den Schrank zrückbefördern. Er wird uns beherrschen und mit seiner Wasserflut ertränken, wenn wir die Ursache seiner Verselbständigung nicht erkennen und verändern. Die Alternative zur Ohnmacht ist nicht die Allmacht. Diese beiden gehören zusammen. Die Alternative zu beiden ist die Erkenntnis, ein ganz bestimmter Teil des Ganzen zu sein, der an seiner ganz spezifischen Stelle leidet und an eben dieser Stelle Veränderungen in Gang setzen kann, die zunächst nur diese seine Stelle betreffen. Die Veränderung des Ganzen, die so eintritt, hat eine völlig andere Qualität als eine Veränderung nach dem alten Muster der Manipulation von außen. Sie verwendet 'menschliche Kräfte' und kann deswegen nichts zerstören, was zum Leben nötig wäre." (Bauriedl 1986, 241)*

Angst - phänomenologisch-physiologisch: leiblich

Was hat Angst mit dem beseelten Körper, dem Leib zu tun? 'Natürlich' empfinden wir alle Angst auch körperlich, aber (nur?) als kreatürliche Angst, die es gilt, durch aufklärende Vernunft hinter sich zu lassen!? Nietzsche läßt Zarathustra folgendermaßen sprechen:

"Den Verächtern des Leibes will ich mein Wort sagen. Nicht umlernen und umlehren sollen sie mir, sondern nur ihrem eigenen Leibe Lebewohl sagen - und also stumm werden.
'Leib bin ich und Seele' - so redet das Kind. Und warum sollte man nicht wie die Kinder reden?
Aber der Erwachte, der Wissende sagt: Leib bin ich ganz und gar, und nichts außerdem; und Seele ist nur ein Wort für ein Etwas am Leibe.
Der Leib ist eine große Vernunft, eine Vielheit mit einem Sinne, ein Krieg und ein Frieden, eine Herde und ein Hirt.
Werkzeug deines Leibes ist auch deine kleine Vernunft, mein Bruder, die du 'Geist' nennst, ein kleines Werk- und Spielzeug deiner großen Vernunft.
'Ich' sagst du und bist stolz auf dies Wort. Aber das Größere ist - woran du nicht glauben willst - dein Leib und seine große Vernunft: die sagt nicht Ich, aber tut Ich." (Nietzsche o.J., 236)

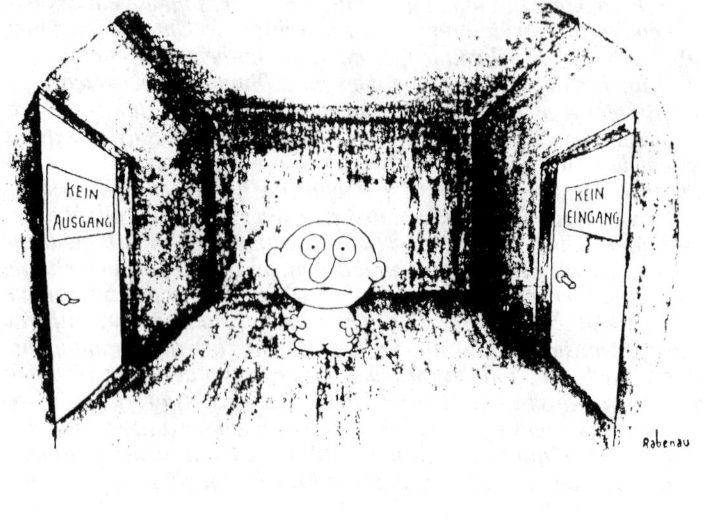

Erregung, die nicht umschlägt in Lernen, sondern Angst bewirkt, wird blockiert und führt statt zu erhöhter Aufmerksamkeit zu *eingeschränkter Wahrnehmungsfähigkeit*. Wer Angst hat, verliert den Überblick, sieht sich allzu leicht aussichtslosen Alternativen gegenübergestellt.

Die mit Angst verbundene Blockierung der Wahrnehmung, sich in immer engeren Tunneln von Realitätswahrnehmung zu bewegen, kann auch als Angstabwehr eingesetzt werden. Bestimmte Formen militärischer Grundausbildung, wie sie verschiedentlich von amerikanischen 'Elite'-Einheiten bezeugt sind, dienen genau diesem Zweck, den Körper als Kampfmaschine zu trainieren, die ohne Angst funktioniert.

Als Körperempfindung ist Angst uns allen vertraut. *Physiologisch* ist Angst ein überwiegend vom Sympathikus gesteuerter Zustand: das Herz schlägt rascher, der Blutdruck steigt; da die äußeren Blutgefäße sich zusammenziehen, wird die Haut blaß; kalter Schweiß tritt auf; Augen und Mund werden trocken; die Einatmung wird angeregt, das Zwerchfell drückt auf den Unterbauch; die periphere Muskulatur verkrampft sich tendenziell; die Verdauung wird gehemmt, ebenso die Blutzufuhr in den Sexualorganen. (Vg. Boadella 1985, 107 f.)

Schon Freud hat auf den Zusammenhang von ängstlicher Erwartung und 'Libidohaushalt im Sexualleben' hingewiesen.

"Die gewöhnlichste Ursache der Angstneurose ist die frustrane Erregung. Es wird eine libidinöse Erregung hervorgerufen, aber nicht befriedigt, nicht verwendet; an Stelle dieser von ihrer Verwendung abgelenkten Libido tritt dann die Ängstlichkeit auf ... Das, wovor man sich fürchtet, ist offenbar die eigene Libido. Der Unterschied von der Situation der Realangst liegt in zwei Punkten, daß die Gefahr eine innerliche ist anstatt einer äußeren und daß sie nicht bewußt erkannt wird." (Freud 1933, 89/91)

Freud vermag noch deutlich zu trennen zwischen äußerer Bedrohung ('Realangst') und innerem Zusammenbruch ('neurotischer Angst'). Wilhelm Reich hat in der Weiterführung Freudscher Ansätze gezeigt, wie Angst stets auch zu köperlich blockiertem Ausdruck führt und sich dabei psychische und gesellschaftliche (Sexual-)Unterdrückung gegenseitig verstärken. Noch deutlicher wurde dieser Zusammenhang später von Paul Goodman herausgearbeitet (vgl. Perls u.a. 1981, 134 ff.). Der Alltag in einer 'manipulierten Gesellschaft', in der ständig libidinöse Bedürfnisse geweckt, aber niemals befriedigt werden, führt zu einer dauernden kleinen Anpassung in der ständigen Verschiebung auf spätere Befriedigung, ohne daß das entlastende Handeln folgt. Dies erzeugt Frustration, Minderwertigkeitsgefühl, Selbsthaß und aufgestaute Wut. Die Wut wird dann in die Ferne projiziert, auf scheinbar große Ursachen, die nur durch große Katastrophen zu beseitigen sind.

In diesem Sinn verweist die eingangs erzählte Geschichte aus der psychiatrischen Klinik in Berlin auch auf einen sehr realen, *materialistisch-gesellschaftlichen Kontext:*

Wer keine Arbeit und kein Einkommen hat, von Arbeitslosen- oder Sozialhilfe lebt und keine Perspektive hat, daß sich dies in Zukunft ändert, gerät leicht in einen Teufelskreis von materieller und psychischer Verelendung, aus dem der Ausstieg in den Wahn die vergleichsweise erträglichere Lösung darstellen kann.

'Angst' kommt sprachlich von 'angustiae' (lat. Enge); zu Grimms Zeiten kannte die deutsche Sprache außer dem intransitiven 'sich ängstigen' noch das transitive Verbum 'ängsten'. 'Ängsten' hieß: Angst machen, Gestaltung blockieren. Wenn wir also Angst überwinden wollen, brauchen wir ebenso *Freiheit zum Ausdruck unserer* (leiblich) blockierten *Gefühle* wie *Freiheit* zur *Gestaltung* unserer *gesellschaftlichen Verhältnisse.*

Aber geht es darum, Angst zu *überwinden*? Vielleicht sollten wir zum Schluß doch noch einmal differenzieren.

Ängste, die in *objektiven äußeren Gefahren* begründet sind, etwa die Angst vor einer schleichenden Vergiftung unserer Umwelt, sollten wir versuchen, in begründete Furcht zu überführen, um etwas gegen diese Gefahren unternehmen zu könnnen.

Ängste, die aus *sozialer und gesellschaftlicher Unterdrückung* und Entfremdung resultieren, etwa die Angst, keinen Job zu finden und damit persönlich wie gesellschaftlich nichts wert zu sein, sollten wir als überindividuelle gesellschaftliche Muster erkennen und mit politischen Mitteln zu verändern suchen.

Ängste, die aus unserer *individuellen Lebensgeschichte* stammen, oder besser gesagt: die unseren eigenen Anteil an objektiven Gefahren und sozialer Unterdrückung betreffen, sollten wir nicht verdrängen, sondern Kontakt mit ihnen aufnehmen, ohne uns damit (im magischen Sinne) zu identifizieren. Die tiefste, *existentielle Angst* ist die Angst vor dem Allein-Sein, dem Abgetrennt-Sein, der Verlassenheit in der Stunde des Todes. Diese Angst kann nicht 'überwunden' werden; durch sie hindurch zu gehen ist wohl nur dem möglich, der die Selbstverwirklichungsansprüche des 'autonomen Subjekts' hinter sich gelassen oder wenigstens relativiert hat und sich in Verbindung weiß zu einer größeren, personübergreifenden (transpersonalen) Einheit.

Im Alltag tun wir gut daran, unsere Ängste nicht zu überspringen, sondern sie (auch!) als schützende *Abwehrstrukturen vor Überforderung* wahrzunehmen und Raum zu geben für weiteres Wachstum. Dazu gehört das Akzeptieren der eigenen Gefühle; das Wissen um die eigene Geschichte, die zu einem selbst gehört, deren Opfer man aber nicht ist; das Freimachen von Ansprüchen, die man erst erfüllen muß, um sich liebenswert und sein Leben lebenswert zu finden; das wirkliche, geistige-seelisch-leibliche Gegründetsein im Hier-und-Jetzt; das Finden der eigenen Mitte, die sich nicht erschöpft in alten pädagogisch-moralischen Programmierungen, sondern sich immer neu bildet in der bedingungslosen Hingabe an das, was der Augenblick von einem fordert; kurz: wieder zu sein wie die Kinder.

Anmerkungen

1 Nach der Erinnerung zitiert.
2 Die Formulierung ist entlehnt bei Reiner Täeni: Das Angst-Tabu und die Befreiung. Reinbek: Rowohlt, 1981.
3 Zum theoretischen Verständnis von und praktischen Umgang mit Übertragungen/Gegenübertragungen insbes. in der Gestalttherapie vgl.. genauer Petzold 1980.
4 Horst Brück hat solche Verfahren in Anlehnung an methodische Konzepte seines Lehrers Fürstenau in eigenartiger Weise auf die Spitze getrieben: Um die institutionelle Rigidität der Schule als Institution für Studenten in einem schulvorbereitenden Praktikum erfahrbar zu machen, wählte er sehr bewußt äußerst rigide Seminarformen. Die dadurch ausgelösten Ängste und Aggressionen sollten von den Teilnehmern als unvermeidlich zu Schule gehörend erfahren werden. (Vgl. Brück 1978)
5 Vgl. zum Folgenden ausführlicher: Täeni 1981, 217 ff.
6 Laut Bericht der Hessischen Niedersächsischen Allgemeinen vom 9.12.1987.

Literaturverzeichnis

ANDERS, G.: Die Antiquiertheit des Menschen. München: Beck, 1980.
BAURIEDL, T.: Die Wiederkehr des Verdrängten. Psycholanalyse, Politik und der Einzelne. München: Piper, 1986.
BOADELLA, D.: Wilhelm Reich. Frankfurt/M.: Fischer, 1985.
BOPP, J.: Angst vor der Endzeit. In: Universitas (1987) 11, S. 1150-1157.
BRÜCK, H.: Die Angst des Lehrers vor dem Schüler. Reinbek: Rowohlt, 1978.
DEVEREUX, G.: Angst und Methode in den Verhaltenswissenschaften. München: Hanser, 1967.
FREUD, S.: Neue Folge der Vorlesungen zur Einführung in die Psychoanalyse, XXXII Vorlesung (Angst und Triebleben), Ges. Werke, Bd. 15. London: Imago Publishing, 1933.
MINDELL, A.: Der Leib und die Träume. Paderborn: Junfermann, 1987.
NIETZSCHE, F.: Also sprach Zarathustra. Zitiert nach: Werke in zwei Bänden. Stuttgart: Deutscher Bücherbund, o.J.
PERLS, F.S., R.F. HEFFERLINE, P. GOODMAN: Gestalt-Therapie, Lebensfreude und Persönlichkeitsentfaltung.Stuttgart: Klett, 1981^2.
PETZOLD, H.: Die Rolle des Therapeuten und die therapeutische Beziehung in der Integrativen Therapie. In: Ders. (Hg.): Die Rolle des Therapeuten und die therapeutische Beziehung. Paderborn: Junfermann, 1980.
TÄENI, R.: Das Angst-Tabu und die Befreiung. Reinbek: Rowohlt ,1981.

Helmwart Hierdeis

Wie professionell sollen Erzieher* sein?

Unter dem Titel "Wias kimmp, so weard's. Frauen in der bergbäuerlichen Lebenswelt. Alltagserfahrungen von Bäuerinnen eines südtiroler Bergdorfes im Mühlwaldtal." legte Frau Müllner 1986 ihre Dissertation am Innsbrucker Institut für Erziehungswissenschaften vor. Die Arbeit befaßte sich, wie der Untertitel ausweist, mit der Art und Weise, wie alte Bäuerinnen in einer entlegenen Region ihre Lebensgeschichte und ihre gegenwärtige Lebenssituation deuten. Die Annahme der Dissertation - weil sie aus einem Projekt des Instituts hervorgegangen war, fanden Entstehung und Abschluß mehr als die übliche Aufmerksamkeit - führte unter den Lehrenden des Instituts zu einer Diskussion darüber, ob es sich hier noch um eine erziehungswissenschaftlich einschlägige Untersuchung handelte. Als Betreuer und Begutachter vertrat ich seinerzeit die Auffassung, daß es mir wenig sinnvoll erschiene, angesichts der immer deutlicher wahrnehmbaren gegenseitigen Grenzüberschreitungen in den Sozialwissenschaften das Prädikat "erziehungswissenschaftlich" allzu eng zu fassen und daß ich, wenn ich schon bei der fachlichen Zuordnung einer Arbeit solche Einteilungen berücksichtigen müsse, die Zuständigkeit der Erziehungswissenschaft dann als gegeben ansähe, wenn die in der Abhandlung beschriebene Realität als erzieherisch relevant beurteilt werden könnte. Und das war für mich bei einer Untersuchung, in der die angesprochenen Frauen als lebendige Zeugnisse weiblicher Sozialisation in einer dörflichen Monokultur plastisch hervortraten, ohne jeden Zweifel der Fall.

Das Problem tauchte nicht zufällig auf, aber es war und ist nur oberflächlich gesehen ausschließlich wissenschaftstheoretischer oder wissenschaftssystematischer Art. Verweilte man auf dieser Ebene, so fühlten sich nur jene angesprochen, die ihr eigenes wissenschaftliches Gewicht und ihre Identität als Wissenschaftler proportional zur "Autonomie" oder zur exakten Abgrenzbarkeit ihrer Disziplin von anderen Sparten wachsen sehen oder die die Ordnung eines wissenschaftlichenc Systems mit dessen Fruchtbarkeit verwechseln. Die Frage produziert vielmehr einen ganzen "Wurf" weiterer praktischer Fragen: Wofür hat sich Frau Müllner mit ihrer Arbeit eigentlich qualifiziert? Hat sie etwas gelernt, was sie für einen bestimmten pädagogischen Beruf braucht? Ist sie vielseitig oder - da zu speziell oder zu hochprofessionalisiert - gar nicht verwendbar? Woran soll der Abnehmer ihre Qualilfikation erkennen? usw.

* Um Mißverständnissen entgegenzuwirken: Mit "Erziehern" sind "Erzieherinnen" immer mitgedacht.

Daß solche Fragen gerade bei der Ausbildung künftiger Pädagogen virulent werden, hat mit strukturellen Besonderheiten ihrer Aufgaben zu tun. Darum geht es im ersten Abschnitt. Der zweite entwickelt Basisqualifikationen für professionelles pädagogisches Handeln. Auch wenn der erste scheinbar einen Umweg macht, sollte der zweite nicht zuerst gelesen werden.

I.

Die Denkpsychologie unterscheidet gut und schlecht definierte Probleme. Bei ersterem lassen sich die Ausgangssituation und das Ziel der Problemlösung einigermaßen genau beschreiben, so daß das "Material", d.h. die vorhandene Menge an Informationen nur begrenzt oft variiert werden muß, damit eine Lösung in Sicht kommt. Das bedeutet zugleich, daß auch die Zahl der möglichen Lösungen beschränkt ist. Bei letzteren hingegen sind Ausgangs- und Endsituation nur unscharf zu erkennen, und den zur Verfügung stehenden Informationen ist nicht ohne weiteres anzusehen, ob und in welchem Umfang sie zur Problemlösung beitragen. Zudem läßt sich die Menge der denkbaren Lösungen nur schwer abschätzen (vgl. Bergius 1972, 251).

Die Frage, was "erfolgreiche", "richtige", "gute", "gelungene" usw. Erziehung ist, gehört zweifellos zur Klasse der schlecht definierten Probleme (vgl. H ierdeis 1975, 11), oder, wie Luhmann und Schorr (1979, 361) sich ausdrücken: Erziehung hat nicht die "Prämissen einer gut strukturierten Aufgabe" ; denn als "vollständig definiert" kann eine Aufgabe nur angesehen werden, wenn sie "(1) alle Kategorien von *Inputs* vollständig bezeichnet; (2) diese *Inputs* wechselseitig exklusiv definiert; (3) für jede *Input*-Kategorie oder für jede bestimmte Kombination von *Inputs* eine und nur eine Strategie angibt; und (4) sämtliche dazu nötigen Sinnesbestimmungen so objektiviert, daß sie für jeden Bearbeiter denselben Sinn ergeben".

Es ist leicht einzusehen, daß dies alles bei der Erziehung, charakterisiert man sie als Problem oder Aufgabe, nicht der Fall ist. Dafür lassen sich als wichtigste Belege angeben

- die potentiell unbegrenzte Vielfalt der genetischen Vorgaben,
- die Variabilität der historischen, sozialkulturellen und ökonomischen Bedingungen,
- die Unberechenbarkeit biographischer und situativer Besonderheiten,
- die Breite der Bewertungsmöglichkeiten im Hinblick darauf, was eigentlich als Lösung des Erziehungsproblems anzusehen ist,
- die Fülle der subjektiven Erfahrungsdeutungen und
- die Wechselwirkung aller dieser Faktoren.

Nun herrscht, was das Ziel der Erziehung (die Lösung des Erziehungsproblems bzw. der Erziehungsaufgabe) und was die "Strategien" angeht, mit deren Hilfe es (sie) erreicht werden soll, keine völlige Beliebigkeit. Jede Gesellschaft hat ein Interesse daran, daß die Erziehung ihres Nachwuchses in einer Weise erfolgt, die das Zusammenleben sichert und die gesellschaftliche Weiterentwicklung in eine ideal gedachte Richtung wahrscheinlich macht. Daher arbeitet sie im Laufe der Geschichte immer aufs neue Zielvorstellungen von hoher Verbindlichkeit aus, die gewährleisten sollen, daß die Erziehung ihre Sicherungs- und Lenkungsfunktion erfüllt. So sehen sich alle, die in Erziehungsprozessen interagieren, Regulativen unterworfen, die auf verschiedenen Ebenen angesiedelt sind: auf jener der Grundrechte, jener spezieller Gesetze für alle Erziehungsbereiche, jener der allgemeinen Lernziele für die Unterrichtsfächer, jener der Schulordnungen und nicht zuletzt jener der ungeschriebenen Konventionen, die ihrerseits einen Gradmesser dafür bilden, in welchem Ausmaß die formellen Zielsetzungen der Gesellschaft bereits verinnerlicht worden sind. Der § 2 des österreichischen Schulorganisationsgesetzes ist ein anschaulicher Beleg für die genannten Kodifizierungen. Dort heißt es:

"*Die österreichische Schule hat die Aufgabe, an der Entwicklung der Anlagen der Jugend nach den sittlichen, religiösen und sozialen Werten, sowie nach den Werten des Wahren, Guten und Schönen durch einen ihrer Entwicklungsstufe und ihrem Bildungsweg entsprechenden Unterricht mitzuwirken. Sie hat die Jugend mit dem für das Leben und den zukünftigen Beruf erforderlichen Wissen und Können auszustatten und zum selbsttätigen Bildungserwerb zu erziehen.*
Die jungen Menschen sollen zu gesunden, arbeitstüchtigen, pflichttreuen und verantwortungsbewußten Gliedern der Gesellschaft und Bürgern der demokratischen und bundesstaatlichen Republik Österreich herangebildet werden. Sie sollen zu selbständigem Urteil und sozialem Verständnis geführt, dem politischen und weltanschaulichen Denken anderer aufgeschlossen, sowie befähigt werden, am Wirtschafts- und Kulturleben Österreichs, Europas und der Welt Anteil zu nehmen und in Freiheits- und Friedensliebe an den gemeinsamen Aufgaben der Menschheit mitzuwirken."

Die Vorgabe von solchen Zielen (für alle anderen Erziehungsinstitutionen sind sie bei weitem nicht so differenziert und verbindlich formuliert wie für die Schule) scheint die Frage, worin die Erziehungsaufgabe bestehe und wie sie zu lösen sei, auf die Frage nach den geeigneten Mitteln zur Erreichung vorgegebener Ziele zu reduzieren.

In der Tat ist das Zweck-Mittel-Denken verbreiteter als das Nachdenken über die Zwecke (Ziele) selbst. Es macht den Handlungsdruck sichtbar, dem alle Erzieher ausgeliefert sind, weil sie ihre "Erfolge" in begrenzten Zeiträumen und unter den wachsamen Augen ihrer Mitmenschen erbringen müssen. Berufserzieher unterliegen zudem den spezifischen Maßstäben ihrer Institution für erfolgreiches Handeln. So darf die allseitige lebhafte Nachfrage nach Rezepten nicht verwundern. Auch die Erziehungswissenschaft hat einige Anstrengungen unternommen, Erziehungsprobleme als "technische" Probleme auszulegen und entsprechende Lösungsvorschläge zu unterbreiten (vgl. z.B. Rössner 1977; Brezinka 1978; 1984, 8 ff.). So lebensnah und sinnvoll das Zweck-Mittel-Denken sein kann, als ausschließlich technologisches Denken geht es an der Komplexität der Erziehungssituationen vorbei, an der Vorläufigkeit und Ungesichertheit auch des nomologischen Erziehungswissens, an der eingeschränkten Generalisierbarkeit der meisten sozialwissenschaftlichen Gesetzesaussagen und an der Tatsache, daß alle, die bei der Erziehung zusammenspielen, nicht einfach nach dem Reiz-Reaktions-Schema agieren und reagieren, sondern immer auch eigenen (subjektiven) Theorien folgen (vgl. Liedtke 1984, 95; König 1984, 58 ff.). Nicht zuletzt vereinfachen die gesellschaftlich-kulturell gesetzten Ziele die Erziehungsaufgabe nur scheinbar, weil sie weder für sich selber geklärt sind, noch ihre Relation zu den jeweils anderen Zielen festliegt, noch eindeutig ausgesagt wird, welches Verhalten ihnen konkret entspricht.

Erziehung ist und bleibt also ein schlecht definiertes Problem oder eine unzureichend strukturierte Aufgabe, die nicht nach technologischen Prinzipien, d.h. nicht durch "'Anwendung' eines Kausalgesetzes", gelöst wer den kann (Luhmann und Schorr 1979, 361). Vielmehr zwingt der symbolische Gehalt der Erziehungssituation (wie des Lebens überhaupt), der sich in den subjektiven Theorien niederschlägt, zur Verständigung und - wenn damit ernst gemacht werden soll, daß es im Grunde nur Subjekte der Erziehung gibt - zu fortwährenden Einigungen.

Der Symbolische Interaktionismus zeigt, daß Erziehungsformen dieser Art "normal", wenngleich nicht "der Normalfall" sind (vgl. Krappmann 1973, 20 f.). Wo jedoch bestimmte Aufgaben an besondere Institutionen (z.B. Schule, Kinderheime, Jugendstrafanstalten, Heime für Behinderte) delegiert werden und ihre Lösung zugleich durch Organisation rationalisiert und kontrolliert wird, erhöht sich die Wahrscheinlichkeit, daß Erziehung als technisches Handeln die gemeinsame Verständigung verdrängt. Letzere soll - das ist nicht nur präskriptiv gesagt, sondern auch so gemeint - das Fundament der Erziehung abgeben. Darauf können dann, in Kenntnis überprüfter oder plausibler Zusammenhänge und Handlungsalternativen, "Strategien" entwickelt werden, die den Erfolg in einer von allen Beteiligten gewünschten Richtung herbeizuführen versprechen. Das soll zumindest die Regel sein.

II.

Der Erzieherberuf in seinen verschiedenen Sparten ist das relativ späte Produkt sozialer, kultureller und ökonomischer Entwicklungen. In ihrem Verlauf konnten einerseits die für das individuelle und kollektive Überleben notwendigen Kenntnisse und Fertigkeiten nicht mehr im alltäglichen Lebenszusammenhang weitergegeben werden, so daß für deren Vermittlung Spezialisten und besondere Institutionen erforderlich wurden. Andererseits produzierte die Gesellschaft zunehmend Anpassungsprobleme für die nachwachsende Generation; ihre Korrektur wurde wiederum eigenen Personen und Einrichtungen übertragen. Schließlich schuf auch die wachsende Einsicht in die Möglichkeiten der Erziehung bei bisher nicht für lernfähig gehaltenen Menschen neue pädagogische Zuständigkeiten. Dabei führte der Weg stets von der relativ unspezialisierten zur spezialisierten, von der gelegentlichen zur dauerhaften, von der neben- zur hauptberuflichen, von der privat entlohnten zur vertraglich besoldeten, von der rechtlich ungesicherten zur rechtlich gesicherten Erziehertätigkeit (vgl. Döring 1973, 147). Dieser Prozeß hat sich vor allem im 19. Jahrhundert verdichtet und beschleunigt, in einer Zeit also, in der die Großbürokratien und Dienstleistungsbereiche in enger Verflechtung miteinander entstanden. Die Folgen sind heute noch in der Verrechtlichung und Überorganisation der pädagogischen Berufe zu spüren. Das Resultat der Entwicklung ist demnach als ambivalent anzusehen.

Gleichsam mit bloßem Auge läßt sich erkennen, daß sich die pädagogischen Berufe im Hinblick auf finanzielle Absicherung, Spezialisiertheit und soziale Anerkennung voneinander unterscheiden, so daß die Frage nach dem notwendigen oder erwünschten Grad ihrer Professionalität entweder für jeden Beruf einzeln beantwortet werden muß oder nur sehr allgemein behandelt werden kann. In diesem Zusammenhang ist nur letzteres möglich.

Das Problem läßt sich von zwei Seiten her angehen: Man kann danach fragen, wie es mit dem Professionalisierungsgrad der pädagogischen Berufe im Vergleich zu anderen Berufen steht. Die Antwort darauf ist dann wichtig, wenn es um das öffentliche Ansehen der Berufsgruppe geht. Man kann aber auch danach fragen, welche Art von Professionalität in welchem Ausmaß für die Lösung der verschiedenen Erziehungsaufgaben erforderlich oder gar zuträglich ist. Es könnte ja sein, daß bestimmte Ausprägungen der Professionalität sich auf das erzieherische Interagieren und Handeln negativ auswirken.

Zur ersten Frage: Bei Untersuchungen, was das Ansehen (die Autorität) bestimmter Berufe ausmacht, hat Liebermann schon in den 50er Jahren u.a. folgende Kriterien herausgefunden: langdauernde Spezialausbildung, abgegrenztes Tätigkeitsfeld, Handlungs- und Entscheidungsfreiheit auf der Basis von Kompetenz und moralischer Integrität, Berufsethos, verstanden als hohes Verantwortungsbewußtsein gegenüber der Gesellschaft, weitgehende Selbstverwaltung der Berufgruppe und Ausrichtung des Verhaltens an einem durch die Berufsgruppe selbst entwickelten Normenkodex (Liebermann, zit. bei Krüger 1973, 129).

Daß die pädagogischen Berufe, nimmt man diese Merkmale zum Maßstab, generell schlecht abschneiden, ist hinlänglich bekannt. Zu uneinheitlich sind, was die Dauer und den Spezialisierungsgrad der Studien angeht, die Qualifikationen. Zu sehr ist die Erziehung Erfahrung und Aufgabe von jedermann, als daß die Arbeitsbereiche von Beruferziehern vor der Kritik und den Interventionen Sachverständiger aller Provenienz verschont blieben. Zu stark ist die bürokratische Durchstrukturierung mit ihren Kontrollen, als daß die grundsätzlich zugesprochene Entscheidungs- und Handlungsfreiheit selbstverantwortlich voll ausgeschöpft werden könnte. Zu sehr war die Gesellschaft, seit sie sich Berufserzieher hält, darauf bedacht, sie auf funktionale Verhaltenserwartungen zu verpflichten, als daß es die Pädagogen in dem Maße wie andere Berufsgruppen nötig gehabt hätten, einen eigenen pädagogischen Normenkodex zu entwickeln. Wer grob gegen die pädagogischen Intentionen seiner Institution verstößt, wird auch heute noch viel eher auf äußeren Druck als aufgrund von Selbstreinigungswünschen seiner Berufsgruppe ausgeschieden - wenn überhaupt.

Johannes Hickel: Sanfter Schrecken. Blätter aus dem pädagogischen Alltag. Heidelberg: Quelle & Meyer, 1980.

Die Aussagen sind pauschal und treffen nicht auf alle pädagogischen Berufe in gleicher Weise zu. Sie geben jedoch Richtungen an, in denen nach Ursachen dafür gesucht werden kann, daß die pädagogischen Berufe auch in der Gegenwart noch weniger Prestige genießen als etwa die der Ärzte, Richter, Steuerberater, Priester und Ingenieure. Nur: Öffentliches Ansehen ist kein Selbstzweck. Im Falle von Berufsgruppen wird es wirksam, wenn deren Mitglieder private Interessen verfolgen oder sich für die (privaten) Interessen anderer einsetzen ("Beziehungen haben" oder "Beziehungen spielen lassen"), wenn die Gruppen für sich selbst bessere Konditionen reklamieren (z.B. rechtliche, finanzielle) oder wenn die Öffentlichkeit dafür gewonnen werden soll, mehr Ressourcen für eine qualifizierte Bewältigung der beruflichen Aufgaben (im Gesundheitswesen, in der Rechtspflege, im Ausbildungsbereich) zur Verfügung zu stellen. Auf der anderen Seite wäre es verfehlt, anzunehmen, die Durchsetzungsfähigkeit einer Berufsgruppe steige proportional mit ihrem Prestige und dies wieder hänge ausschließlich davon ab, daß die angeführten Professionalisierungsbedingungen auf sie möglichst vollständig zuträfen.

Am Beispiel der Geschichte der Lehrerverbände ließe sich exemplarisch belegen, wie es einer zwar für notwenig gehaltenen, aber gleichwohl unterprivilegierten Berufsgruppe gelingen konnte, durch Organisation, Fortbildungswillen und die Fähigkeit, sich unter Verweis auf die große Mitgliederzahl und deren politisch bedeutsamen Multiplikationseffekt öffentliche Geltung zu verschaffen, soziale, rechtliche, ökonomische, berufshygienische und die berufliche Qualifikation betreffende Verbesserungen durchzusetzen - ein Prozeß, der letztlich auch zu einer besseren Lösung der pädagogischen Aufgaben beitrug. In diesem Ergebnis liegt gleichsam die wichtigste "Umwegrentabilität" des Berufsprestiges.

Natürlich sind diese Professionalisierungsmerkmale auch unabhängig davon für die Berufspraxis von Bedeutung. Bei der Spezialausbildung ist das evident. Daß Entscheidungsfreiheit und Selbstverantwortung (unter Einschluß von Möglichkeiten autonomer Effektivitätskontrolle) mit hoher Wahrscheinlichkeit das Verantwortungsbewußtsein, die Identifikation mit dem Beruf und die Berufszufriedenheit verstärken, scheint zumindest plausibel. Sie sind auch die Voraussetzung dafür, daß ein handlungsleitender Normenkodex von innen heraus entwickelt werden kann.

Zur zweiten Frage: Wer sich über die Art der Professionalisierung und ihren Umfang äußern möchte, gerät zwangsläufig in Verlegenheit, weil ihm kaum empirische Informationen darüber zur Verfügung stehen, welches Handlungsrepertoire für die Bewältigung der Aufgaben in den verschiedenen Tätigkeitsfeldern nötig ist (vgl. Olk 1986, 184). Aber vielleicht kann die Reflexion eigener Erfahrung und die Auseinandersetzung mit den Erfahrungen und theoretischen Bemühungen anderer das Defizit wenn schon nicht ausgleichen, so doch erträglicher machen.

Es ist davon auszugehen, daß professionelles Erziehungshandeln eine Variante des bekannten "pragmatischen Axioms" von Watzlawick, Beavan und Jackson darstellt, demzufolge jede Kommunikation einen Inhalts- und einen Beziehungsaspekt besitzt, wobei letzterer ersteren bestimmt (vgl. Rosenbusch/Schenk 1986, 331). Das bedeutet: Was auch immer wir als inhaltsbezogenes pädagogisches Handeln ansehen, sei es Unterrichten, Informieren, Beraten, Diagnostizieren, Animieren, Arrangieren, Organisieren oder Therapieren (vgl. Hierdeis, Knoll, Krejci 1977; Giesecke 1987), es wird durch den Charakter der Beziehung beeinflußt. An einem schlichten Beispiel erläutert: Wer Kindern, Schülern, Klienten usw. Angst einflößt, erschwert damit ihre Aufnahmefähigkeit, Lernwilligkeit, Offenheit und andere Formen der Mitarbeit an der jeweiligen Aufgabe.

Die Wichtigkeit der Beziehung im Rahmen des beruflichen Erzieherhandelns ist schon früher, besonders im ersten Drittel dieses Jahrhunderts, gesehen worden. Die zahlreichen, aus geisteswissenschaftlicher und personalistischer Sicht stammenden Spekulationen zeugen davon (vgl. Hierdeis 1983, 64). Es war zugleich die Zeit der Mystifizierung des Erzieherbildes (Kupffer 1972).

Mindestens dreierlei führte zu einer realistischeren Sichtweise:
1. Die pädagogische Autoritätskritik der Nachkriegszeit.
2. Die ernüchternde Einsicht, daß mit "begnadeten", "charismatischen", "geborenen", "berufenen" Erziehern allein das Erziehungs- und Ausbildungswesen nicht zu erhalten und auszubauen war und daß die pädagogischen Berufe daher in immer größerem Umfang für Aspiranten geöffnet werden mußten, die sich vielleicht nicht "berufen" fühlten, die ihre Sache aber dennoch so gut wie möglich machen wollten und nach Vorbereitungshilfen riefen.
3. Die Erkenntnis, daß die massenhafte Ausbildung angehender Berufserzieher nicht über Verklärungen des Erzieherbildes und des "pädagogischen Bezuges" erfolgen konnte, weil ihnen keine Informationen über konkretes Verhalten unter angebbaren Bedingungen zu entnehmen waren (vgl. Hierdeis 1983, 64 f.).

Wenn wir davon ausgehen müssen, daß professionelle Erzieher in der Regel keine Persönlichkeiten sind, die ihre Schüler oder Klienten durch die "imponderable Macht" ihres "Wesens" in Bann schlagen (vgl. Kerschensteiner 1926, 401), so daß von daher auf Begleitumstände dieses Bannungsvorgangs gar nicht mehr geachtet werden muß, dann wird es, damit etwas über die erforderlichen Qualifikationen ausgesagt werden kann, sinnvoll sein, sich einige Strukturmerkmale professioneller pädagogischer Beziehungen vor Augen zu halten:

1. Professionelle pädagogische Beziehungen sind *zielgerichtet*. Sie finden statt, weil bestimmte Aufgaben (z.B. Qualifikationen, familienergänzende Sozialisation, Resozialisierung, Therapie ...) gelöst werden müssen - durch Lernhilfen einerseits, durch Lernen andererseits.
2. Professionelle pädagogische Beziehungen sind in der Regel zeitlich begrenzt. Sie sind formell beendet, wenn das Ziel erreicht ist oder wenn seine Erreichung aussichtslos erscheint.
3. Professionelle pädagogische Beziehungen finden im Rahmen *organisierter Institutionen* statt, zu denen der Berufserzieher in einem Vertragsverhältnis steht. Die öffentlichen oder privaten Träger legen weitgehend fest, worin die Bedürfnisse der Klienten bestehen und mit welchen Mitteln sie zu befriedigen sind (vgl. Olk 1986). Die Beziehungen erhalten durch die Institution rechtliche Verfaßtheit. Sie haben ferner Teil an der Autoritätsstruktur der Institution, in welcher der Berufserzieher einen eher niederen Rang einnimmt und die den Konflikt zwischen den Erwartungen von seiten der Institution und dem, was er für pädagogisch sinnvoll hält, für ihn zum Normalfall macht.
4. Professionelle pädagogische Beziehungen finden nur in Ausnahmefällen zwischen zwei Einzelpersonen statt. Meist handelt es sich um *Beziehungen eines Erziehers zu einer Gruppe* bzw. *zu einer umfangreicheren Klientel.*
5. Professionelle pädagogische Beziehungen sind im Einzelfall keine Beziehungen aus freier Wahl und spontaner Zuneigung. Das gilt für beide Seiten. Die Verpflichtung auf die zu lösende Aufgabe erlaubt keinen Rückzug wegen fehlender Sympathie. An die Stelle der "Liebe" rücken Verantwortungsbewußtsein gegenüber der Gesellschaft oder individualistisch-humanitäre Motive. Auch die Tatsache, daß die Beziehung als Arbeit entlohnt wird, kann altruistische Beweggründe verdrängen.
6. Professionelle pädagogische Beziehungen sind *öffentlich* und daher auch *öffentlich kontrolliert*. Im Grad der öffentlichen Aufmerksamkeit spiegelt sich die Bedeutung der Erziehung im Bewußtsein der Gesellschaft wider. Die Öffentlichkeit kann als Korrektiv für pädagogische Fehlleistungen fungieren, wenn die Kontrollfunktionen der Berufsgruppe und der Institution versagen. Häufiger jedoch irritiert sie den Berufserzieher mit ihren diffusen, zwischen den Extremen "Experte" versus "Persönlichkeit" oder "Gesellschaftsstabilisator" versus "Gesellschaftsveränderer" angesiedelten Erwartungen beim Aufbau eines eindeutigen Selbstbildes.
7. Professionelle pädagogische Beziehungen sind in der Regel *nicht auf die ganze Person* des Gegenübers gerichtet, sondern auf Persönlichkeits*aspekte*, die der Förderung bedürfen.

   Höchstwahrscheinlich läuft für die "Edukanden" der wichtigere oder als wichtiger empfundene Teil ihrer Lebensgeschichte neben den Beziehungen her, die sie zu professionellen Erziehern unterhalten (vgl. Gieseke 1987, 39). Umgekehrt gilt das nicht in vergleichbarer Weise. Dafür nimmt der Erzieherberuf zuviel Lebenszeit und -energie in Anspruch und beeinflussen die beruflichen Erfahrungen und Sichtweisen allzuleicht die Lebensdeutung insgesamt.

Beziehungen dieser Art ein Berufsleben lang immer aufs neue aufzubauen, durchzuhalten und wieder aufzulösen, setzt zahlreiche Einzelqualifikationen voraus, z.B. die Fähigkeit,

- Frustrationen zu ertragen, besonders wenn der Einsatz nicht "belohnt" wird,
- gegenüber Einzelpersonen und Gruppen aufmerksam und empathisch zu sein,
- Kompromisse gemeinsam zu entwickeln,
- zur gleichen Zeit auf verschiedene Bedürfnisse einzugehen,
- mehrdeutige Situationen und Erwartungen auszuhalten,
- Entwicklungen abwarten zu können,
- optimistische, d.h. auf die Lösung der Aufgabe bezogene Perspektiven zu entwickeln,
- auch in professionellen Beziehungen authentisch zu bleiben, d.h. die eigenen Gedanken, Gefühle und Interessen wahrnehmbar zu machen.

Die Befähigung hierzu kann weder allgemein vorausgesetzt, noch "durch Gebet und Fasten" (Allen/Ryan), wohl aber durch Lernen erworben werden.

Lernen, in dem Kompetenzen für professionelle pädagogische Beziehungen angeeignet werden, wird die *Verarbeitung der eigenen Erziehungsgeschichte* beinhalten müssen, damit der angehende Berufserzieher erworbene Verhaltenskonzepte nicht unbewußt weitergibt und Projektionen vermeidet; ferner die *Verarbeitung der aktuellen Beziehungsmuster* in gruppendynamischen Prozessen, damit er seine Wirkung auf andere erfährt; schließlich die *Aufarbeitung von Beziehungsproblemen mit künftigen "Klienten"* in simulierten Situationen oder aufgrund von Erfahrungen im Ernstfall. Das Lernen erfolgt nicht theoriefrei, sondern in einer Verschränkung von Theorie und Praxis, die eine Revision bisheriger (subjektiver) Theorien, bisherigen Wissens und bisheriger Beziehungsformen ermöglicht.

Die *Beziehungskompetenz* wird notwendig ergänzt durch eine *kognitive Kompetenz*. Hier geht es 1. um *Wissen*, das *weitergegeben wird*, 2. um *Wissen, aus dem heraus gehandelt wird.* In der Ausbildung der Lehrer sind die beiden Bereiche deutlich voneinander getrennt in Fachwissen einerseits, d.h. in den "Wissenspool" für den in den Unterrichtsfächern zu behandelnden Stoff, und in pädagogisch-didaktisch-methodisches Wis- sen andererseits. Bei anderen pädagogischen Professionen vermischen sie sich eher. So gibt z.B. der Erziehungsberater sein Wissen über die jeweilige Problemsituation und ihre Bedingungen nicht einfach als blanke Information wei ter, sondern er nährt daraus seine eigenen Interventionen. Was die fachwissenschaftliche Qualifikation betrifft, so meint sie weniger den Überblick über das Fach als die Fähigkeit, Strukturen zu erkennen und mit ihrer Hilfe Wissen rekonstruieren und neu erwerben zu können. Daneben ge hört zur Qualifikation auch das Vermögen, die anthropologischen, gesellschaftlichen und weltanschaulichen Konsequenzen dieser Informationen einzuschätzen (vgl. Liedtke 1985, 7-8).

Auch das Wissen, aus dem heraus der Berufserzieher handelt, kann hier nur angedeutet werden. Es hat zu enthalten:

a) die Theorie des "Klienten" (des Vorschulkindes, des Schülers, des "Behinderten", des Erwachsenen, der weiterlernen möchte usw.),
b) die Theorie des Berufserziehers (des Lehrers, Familienberaters, Streetworkers usw.),
c) die Theorie der Institution bzw. des Feldes (Kindergarten, Schule, Beratungsstelle, Jugendverbände, Altersheim, die "Straße" usw.),
d) die Theorie der speziellen Handlungsformen (Unterrichten, Beraten, Diagnostizieren, Animieren usw.).

Auch hier gilt, was soeben über die fachwissenschaftliche Qualifikation gesagt wurde: Als im professionellen Sinne kompetent ist nur anzusehen, wer das Wissen, aus dem heraus er handelt, in gesellschaftspolitischer und anthropologischer Hinsicht bewerten kann. Hinzu kommt die Einbeziehung der historischen Dimension. Die Geschichte vermittelt nicht nur das notwendige Bewußtsein von der zumindest langfristigen Veränderbarkeit der Erziehungssituation, sie bietet auch ein nicht auszuschöpfendes Reservoir an Erfahrungen des Gelingens und Scheiterns, das auch ohne platte Übertragung auf die Gegenwart, die Ökonomie und Rationalität des Handelns verbessern kann. Und schließlich: Wenn bei der Nutzung zurückliegender Erfahrungen aus guten Gründen auf ungesichertes, nicht in nomologischen Sätzen aufgehobenes Wissen zurückgegriffen wird, so gilt ein solcher Rückgriff auch für die heutige Zeit. Orientierung an Theorien heißt nicht, daß das professionelle Erzieherhandeln sich ausschließlich durch wissenschaftlich überprüfte Erfahrungen leiten lassen dürfte. Vielmehr gilt es, auch das "alltagspraktisch vorhandene Problemlösungswissen" ernsthaft ins Kalkül zu ziehen (Olk 1986, 237).

Beziehungskompetenz und *kognitive Kompetenz* werden notwendig ergänzt durch *pragmatische Kompetenzen*. Im Hinblick darauf, daß der Erzieherberuf im zielgerichteten Handeln mit anderen besteht, ist diese Aussage banal. Berater, die zwar alle erforderlichen Informationen im Kopf haben, aber kein Beratungsgespräch führen können, kommen zwar in der Realität ebenso vor wie empathische, wissenschaftlich gebildete

Lehrer, die ihre Schüler verwirren, aber sie entsprechen nicht den Kriterien der Professionalität. Nicht banal ist der Hinweis, daß pragmatische Kompetenzen nicht nachträglich irgendwie hinzukommen, sondern, wenigstens ansatzweise - bereits im Prozeß der Theorieaneignung erworben werden. Wie könnten sonst jene subjektiven Theorien entstehen, die mit den vorhandenen Aussagen in eine fruchtbare Konkurrenz treten. Das Niveau der pragmatischen Kompetenz läßt sich nicht abstrakt normieren. Letzen Endes entscheidet erst der Erfolg (oder Mißerfolg), ob die Veranschaulichung im Unterricht, der gewählte Einstiegsimpuls beim Abendseminar, die völlige Zurückhaltung beim ersten Zusammentreffen mit den ratsuchenden Eltern, das Gruppenarrangement bei der Selbsterfahrungsrunde, das Planspiel anläßlich der friedenspädagogischen Tagung, die Organisation des Ferienlagers usw. angemessen waren oder nicht. Im übrigen gibt es keine Erfolgsgarantie - auch nicht bei einer Perfektionierung der Kompetenzen. Dafür ist die Aufgabe, wie eingangs gesagt, zu uneindeutig und sind die Variabeln zu wenig begrenzbar.

So lohnten sich Anstrengungen zur Verbesserung der Professionalität nicht, wenn sie nur mit Blick auf das Prestige anderer Berufsgruppen unternommen werden. Der Konkurrenzkampf ist für einen Beruf, der offenkundig nur mäßige Erfolge aufzuweisen hat, dessen Handeln relativ banal und daher nicht leicht zu mystifizieren ist und von dem das eigene Lebensschicksal nicht so unmittelbar abzuhängen scheint wie von Heilenden oder Recht-Schaffenden, von jeher verloren.

Als entscheidendes Professionalisierungsmotiv bleibt demnach nur übrig, die Verbesserung der Berufsfähigkeit auf sich zu nehmen, orientiert an den Bedürfnissen der "Klienten", offen für ihre Problemlösungen und bereit, sich zu ihrem Nutzen zu engagieren. Das klingt nach Altruismus. Aber vielleicht ist es diese anthropologische Qualität, die den Beruf des Erziehers immer noch anziehend macht.

Literaturverzeichnis

BERGIUS, R.: Analyse der "Begabung". Die Bedingungen des intelligenten Verhaltens. In: H. ROTH (Hrsg.): Begabung und Lernen. Ergebnisse und Folgerungen neuer Forschungen. Stuttgart: Klett, 8. Aufl., 1972 (= Deutscher Bildungsrat. Gutachten und Studien der Bildungskommission Bd. 4)

BREZINKA, W.: Metatheorie der Erziehung. Eine Einführung in die Grundlagen der Erziehungswissenschaft, der Philosophie der Erziehung und der Praktischen Pädagogik. München-Basel: Reinhardt, 4. Aufl., 1978.

BREZINKA, W.: Über den Gegenstandsbereich der Erziehungswissenschaft und die technologischen Aufgaben der erziehungswissenschaftlichen Forschung. In: F.-J. HOLTKEMPER (Hrsg.): a.a.o., S. 8 ff.

COMBE, A.: Kritik der Lehrerrolle. Gesellschaftliche Voraussetzungen und soziale Folgen des Lehrerbewußtseins. München: List, 3. Aufl., 1973.
DÖRING, K.W.: Professionalisierung erzieherischer Berufe. In: G. WEHLE (Hrsg.): Pädagogik aktuell, Bd. 1. München: Kösel 1973.
FRIEDRICH, H.: Wenn ein Wissen reif ist. Vom Nutzen und Nachteil der Universität für das Leben. In: Frankfurter Allgemeine Zeitung Nr. 276 vom 27. 11.87.
HASTENTEUFEL, P.: Professionalisierung pädagogischer Berufe. In: H. HIERDEIS (Hrsg.): Taschenbuch der Pädagogik, Bd. 2. Baltmannsweiler: Schneider 2. Aufl. 1986, S. 455.
HIERDEIS, H.: Die Situation des professionellen Erziehers in unserer Gesellschaft. In: Informationsdienst für Internatserzieher (1975) 3, S. 11-18.
HIERDEIS, H.: Professionalisierung: Zum Erlernen eines berufsmäßigen Erzieherverhaltens. In: H. HIERDEIS/ J. KNOLL/M. KREJCI: Basiswissen Pädagogik. Eine praxisbezogene Einführung. Bd. 2: Erzieherisches Handeln. München: Moderne Verlagsgesellschaft, 1977, S. 163 ff.
HIERDEIS, H.: Anmerkungen zum sog. "Pädagogischen Bezug" zwischen Lehrern und Schülern. In: W. KRÖMER/O. MENGHIN (Hrsg.): Die Geisteswissenschaften stellen sich vor. Innsbuck 1983, S. 59 ff. (= Veröffentlichungen der Universität Innsbruck Bd. 137).
HOLTKEMPER, F.-J. (Hrsg.): Symposium zur technologischen Funktion der Erziehungwissenschaft (Seminarleitung: H. HIERDEIS), Schloß Hofen, Lochau, 1984 (= Berichte und Dokumente Nr. 7).
KERSCHENSTEINER, G.: Theorie der Bildung. München, 1926.
KÖNIG, E.: Technologische Probleme der Erziehungswissenschaft. Am Beispiel der Beratung. In: F.-J. HOLTKEMPER (Hrsg.) a.a.O. S. 54 ff.
KRAPPMANN, L.: Soziologische Dimensionen der Identität. Strukturelle Bedingungen für die Teilnahme an Interaktionsprozessen. Stuttgart: Klett, 3. Aufl., 1973.
KRÜGER, H.: Professionalisierung und Innovation in pädagogischen Berufen. In: H. LÜDTKE (Hrsg.): Erzieher ohne Status? Beiträge zur strukturellen Unsicherheit in Erzieherberufen. Heidelberg: Quelle und Meyer, 1973.
LIEDTKE, M.: Evolutive Daten als Anweisungen für die Erziehung. Notwendigkeit, Reichweite, Ambivalenz. Beispiel: die Emotionalität des Menschen. In: F.-J HOLTKEMPER (Hrsg.), a.a.o. S. 93 ff.
LIEDTKE, M.: Was Lehrer bildet. Von der Zeitgebundenheit eines Qualifikationsproblems. Vortrag vor dem Aktionskreis Wirtschaft-Politik-Wissenschaft e.V. München, 1985.
OLK, Th.: Abschied vom Experten. Sozialarbeit auf dem Weg zu einer alternativen Professionalität. Weinheim und München: Juventa, 1986.
Österreichisches Schulorganisationsgesetz. In: KÖVESI, L./JONAK, F. (Hrsg.): Das österreichische Schulrecht. Wien: Österreichischer Bundesverlag, 1976, S. 143. ff.
ROSENBUSCH, H.S./SCHENK, H.: Kommunikation. In: Hierdeis, H. (Hrsg.): Taschenbuch der Pädagogik, Bd. 1. Baltmannsweiler: Schneider , 1986,S. 330 ff.
RÖSSNER, L.: Erziehungs- und Sozialarbeitswissenschaft. Eine einführende Systemskizze. München - Basel: Reinhardt,6 1977 (UTB 661)
TERHART, E.: Vermutungen über das Lehrerethos. In: Zeitschrift für Pädagogik (1987) 6, S. 787 ff.

Horst Siebert

Geht die Erwachsenenbildung an der Lebenswelt vorbei?

Diese Frage erweckt den Eindruck einer Suggestivfrage: Dem Leser wird eine bejahende Antwort nahegelegt, denn andernfalls wäre die Frage nicht zum Thema einer Veröffentlichung gemacht worden. Die Frage enthält aber auch einen normativen Akzent: Sie unterstellt, daß die Lebenswelt in jedem Fall zum Thema der Erwachsenenbildung gemacht werden sollte. Gerade weil ich grundsätzlich für eine Lebensweltorientierung der Erwachsenenbildung plädiere (vgl. Michelsen/Siebert 1985, 58 ff.), will ich im folgenden gleichsam kontrafaktisch vor einem vorschnellen Einverständnis warnen.

Lebensweltorientierung ist - ähnlich wie Emanzipation, Ganzheitlichkeit, Teilnehmerorientierung - eine positiv besetzte Leitidee, die sich bei Pädagogen hoher Wertschätzung und Akzeptanz erfreut, die gleichzeitig ein hohes Anspruchsniveau signalisiert und die meist programmatisch und abstrakt propagiert wird. Ich kenne keinen Pädagogen, der nicht eine Lebensweltorientierung für die eigene Bildungsarbeit in Anspruch nehmen würde - gleichgültig, ob es sich dabei um einen "Schlank und fit-Kurs", einen Spanischlehrgang oder einen Hauptschulabschlußkurs für arbeitslose Jugendliche handelt. Die Frage, wie dieser Anspruch didaktisch-methodisch eingelöst wird und ob die Teilnehmer dasselbe unter Lebensweltorientierung verstehen wie die Pädagogen(-innen), ist dagegen völlig offen. Empirisch wissen wir sehr wenig darüber, ob und wie in der alltäglichen Bildungsarbeit lebensweltbezogen gelehrt und gelernt wird. Aus der Motivationsforschung wissen wir allerdings, daß die meisten Erwachsenen aus konkreten, pragmatischen Interessen und im Blick auf lebenspraktische Verwendungssituationen Veranstaltungen der Erwachsenenbildung besuchen, so daß eine Lebensweltorientierung des Bildungsangebots lernpsychologisch begründet ist.

Ein Blick in die Geschichte

Die Geschichte der neuzeitlichen Erwachsenenbildung zeigt, daß organisierte Bildungsarbeit meist nicht "von oben" verordnet und reglementiert wurde, sondern sich aus der Lebenswelt der Beteiligten heraus entwickelt hat und vielfach "selbstinitiiert" war. Hierzu einige Beispiele: Zigarrenarbeiter in Bünde (Westfalen) haben zu Beginn des vorigen Jahrhunderts einen Kollegen zum "Vorleser" gewählt, der ihnen während der Arbeit etwas vorgelesen hat und für den sie mitgearbeitet haben. Die meisten Arbeiterbildungsvereine entstanden seit 1930 auf Initiative von Handwerksmeistern und Gesellen, die ihre beruflichen, z. T. ausländischen Erfahrungen austauschten, gemeinsam Zeitungen lasen und über die politischen Verhältnisse diskutierten. In der Weimarer Republik bemühten sich Volksbildner der "neuen Richtung", die den Ideen der Reformpädagogik nahestanden, um eine Überwindung der Wissenschaftspopularisierung, der "Buchschule" (Grundvig 1983, 225 ff.) und der "extensiven" Bildungsarbeit, R.V. Erdberg (1960, 55) setzte der Bildungsarbeit "vom Staat aus" eine "Bildung vom Menschen aus" entgegen, E.Rosenstock (1960, 73) wollte die lebensferne akademische und geistliche Bildung durch eine "Arbeitsgemeinschaft von Kopf- und Handarbeitern" überwinden, W. Flitner entwarf eine Didaktik alltagsorientierter "Laienbildung" (1982, 29), E. Husserl begründete eine neues Paradigma einer lebensweltorientierten Wissenschaft. Insgesamt engagierten sich viele Volksbildner der Weimarer Zeit für eine Lebensreformbewegung - meist aus der Kritik an der Zivilisation der modernen Großstadt und an der technisierten Industriegesellschaft. Diese zivilisationskritische Intention ist auch für die heutige Renaissance des Lebensweltbegriffs charakteristisch. Ein weiteres Merkmal der "volkstümlichen Bildung" der 20er (und auch der 30er) Jahre ist ihre Wissenschaftsdistanz. Ein Dokumentenband von H.Tietgens (1969) mit Texten aus der damaligen Zeit trägt den Titel "Erwachsenenbildung zwischen Romantik und Aufklärung". In derTat dominierten romantische Elemente einer volkstümlichen, naturverbundenen, gefühlsbetonten Bildung gegenüber den wissenschaftlich-rationalen, kritischen Ideen der Aufklärung - eine Gefahr, die auch in der gegenwärtigen Diskussion zu bedenken ist.

Auch nach 1945 ist die Lebenswelt ein Bezugspunkt der Erwachsenenbildung: Die Volkshochschulen wollten vor allem "Lebenshilfe" leisten, die "geistige Not" lindern und keine Berufsschule werden (Grimme 1968, 17 ff.). Sogar die vielgescholtene Curriculumtheorie versuchte, das Lernen enger mit dem Leben zu verbinden: Es sollte kein Kanon lebensferner Wissensinhalte vermittelt werden, sondern die Lernenden sollten zur Bewältigung alltäglicher "Lebenssituationen" befähigt werden (Robinson 1972, 45). Die seit Anfang der 70er Jahre propagierte Zielgruppen- und Stadtteilarbeit orientierte sich ebenfalls an den Interesssen, Bedürfnissen und Erfahrungen der Teilnehmer (Schäffter 1981). Die Aufwertung des "Alltagswissens (Runkel 1976)" und des Alltags als Lernfeld (Werder 1980) verstärkten diesen Trend. Theoretisch wurde diese Entwicklung durch den Erfahrungs- und Deutungsmusteransatz (Thomssen 1980), durch den symbolischen Interaktionismus (Tietgens 1986) und die Ethnomethodologie sowie durch die These Habermas' (1981) von der "Kolonialisierung der Lebenswelt durch das System" unterstützt. Neben Konzepten der "verstehenden Soziologie" und der Erwachsenensozialisation (Griese 1979) fanden auch Biographieforschungen (Alheit 1984) und Untersuchungen zu "kritischen Lebensereignissen" (Filipp 1980) verstärkte Beachtung in der Erwachsenenbildung.

Thesen und Antithesen

Die Lebensweltorientierung ist also keineswegs eine neue Forderung oder eine neumodische Erscheinung, sondern eine zentrale didaktische Maxime in der Geschichte der Erwachsenenbildung. Wo also steckt das Problem? Zunächst in der doppelbödigen, widersprüchlichen gesellschaftlichen Funktion der Erwachsenenbildung: Erwachsenenbildung ist zum großen Teil aus sozialen Bewegungen - der Arbeiter-, Jugend-, Frauen-, Lebensreformbewegung - hervorgegangen, sie hat sich aus den Lebenswelten heraus entwickelt und hat die Reflexion des Lebenszusammenhangs und kompetentes, verantwortliches Handeln in der Lebenswelt zum Ziel. Gleichgzeitig ist Erwachsenenbildung Bestandteil des Systems - des politischen und ökonomischen Systems, aber auch des Gesundheitssystems, der Kirche, der Gewerkschaften usw. Das System als "Veranstalter" von Bildungsmaßnahmen hat ein Interesse an den funktionalen Qualifikationen, der Loyalität und "Akzeptanz" der Erwachsenenbildung zur Bürokratisierung, Reglementierung und Verschulung der Bildungsarbeit. "Systemische" und "lebensweltliche" Bildungsziele müssen sich nicht unbedingt ausschließen, aber sie divergieren doch häufig. Und dies besonders in der gegenwärtigen krisenhaften gesellschaftlichen Situation, in der Erwachsenenbildung in verstärktem Maße für politische und ökonomische Zwecke instrumentalisiert wird: Das ganzheitliche, anthropologisch begründete Bildungskonzept ist zur Zeit in Gefahr, zu einer funktionalistischen "Qualifizierungsoffensive" verkürzt zu werden (vgl. Glaser u.a. 1986). Gefordert werden derzeit vor allem betrieblich verwertbare Qualifizierungsmaßnahmen für Führungskräfte sowie sozialtherapeutische Veranstaltungen zur "Pazifizierung" und Integration von "Problemgruppen", z.B. von Arbeitslosen. Allenfalls werden noch kompensatorische freizeitpädagogische Angebote als "Ausgleich" zur farblosen, ungemütlichen Arbeitswelt unterstützt. So gesehen ist die Forderung nach einer lebensweltorientierten Bildungsarbeit, die die Bildungsidee der Aufklärung wieder ernstnimmt (vgl. Siebert 1987, 78 ff.), berechtigter denn je.

Über die didaktischen Kriterien und Merkmale einer lebensweltorientierten Bildungsarbeit herrscht jedoch noch weitgehend Unklarheit. Der Lebensweltbegriff wird häufig als "Kampfbegriff" verwendet, der sich gegen Fremdbestimmung, Verschulung, "Verkopfung", technische Zweckrationalität, analytische Wissenschaft, Institutionalisierung usw. richtet. Ich verzichte hier auf eine Darstellung and Analyse der verschiedenen philosophischen und soziologischen Varianten des Lebensweltbegriffs von Husserl über Schütz/Luckmann bis Habermas und greife lediglich einige pädagogische Postulate auf, die mir berechtigt und fragwürdig zugleich zu sein scheinen:

1. These:

Lebensweltorientierte Bildungsarbeit kann nur außerhalb der Institutionen im alltäglichen Lebenszusammenhang selbst stattfinden. Dem ist entgegenzuhalten, daß viele Menschen einen Raum und eine Zeit in der Bildungseinrichtung suchen, in die sie sich aus der Hektik und den Handlungszwängen des Alltags zurückziehen können, in der sie sich auf sich selbst besinnen können, zur Ruhe kommen, neue Anregungen erhalten, sich mit Gleichgesinnten oder auch Andersdenkenden verständigen können, neue Erfahrungen machen können. Organisierte Erwachsenenbildung ermöglicht gleichsam ein "Moratorium", eine Denkpause.

2. These:

Lebensweltorientierte Bildungsarbeit erfordert den Laienpädagogen, nicht aber den Experten und den professionellen Pädagogen. Zu bedenken ist jedoch, daß unsere Lebenswelt so kompliziert und verwissenschaftlicht ist, daß wir sie allein mit dem gesunden Menschenverstand nicht mehr begreifen und bewältigen können. Wir können nicht alle Erkenntnisse aus uns selbst heraus entdecken, sondern sind auf das Gespräch mit Experten und auf die didaktische Kompetenz eines Pädagogen angewiesen.

3. These:

Lebensweltorientiertes Lernen ist unvereinbar mit "geschlossenen Curricula", Prüfungsrichtlinien und Zertifikaten. Aber zementieren wir nicht dadurch die Benachteiligung der Benachteiligten und ignorieren deren legitime Interessen? In der Regel wollen Arbeitslose in der Erwachsenenbildung weder nur ihre Arbeitslosigkeit diskutieren noch nur kreativ beschäftigt werden, sondern z.B. einen Hauptschul- oder Berufsabschluß erwerben.

4. These:

Lebensweltliche Bildung orientiert sich an den Bedürfnissen der Teilnehmer. Das ist richtig, denn andernfalls würde eine freiwillige Erwachsenenbildung gar nicht zustande kommen. Allerdings sind die menschlichen Bedürfnisse nicht unbedingt identisch mit den geäußerten, oft von äußeren Einflüssen abhängigen, manifesten Interessen. Vordergründig nennen Erwachsene vor allem lebenspraktische, pragmatische und konkrete Interessen. So interessierten sich Kleingärtner, die wir interviewt haben, kaum für die Ursachen und langfristigen Folgen des "sauren Regens", sondern lediglich für chemische Mittel zum Schutz ihrer Kirschbäume. Dennoch haben fast alle Menschen ein latentes Bedürfnis nach Weltverständnis, Identitätsfindung und sinnvollem Tun; dieses latente Bildungsbedürfnis muß in der Erwachsenenbildung oft erst didaktisch aktualisiert werden.

5. These:

Lebensweltorientierte Bildungsarbeit vermittelt kein wissenschaftliches Wissen, sondern thematisiert vorhandenes Alltagswissen. So wichtig es ist, das Alltagswissen zur Sprache zu bringen, so problematisch ist eine Überschätzung dieses Routinewissens. Je komplexer und abstrakter unsere Wirklichkeit wird, desto notwendiger ist theoretisches, systematisiertes, reflexives Wissen für ein Weltverständnis und eine Handlungskompetenz. Dies gilt für die Gentechnologie ebenso wie für die Dritte-Welt-Problematik, für Gesundheit wie für die "neuen Technologien".

6. These:

Lebensweltorientierte Bildung erfordert Zielgruppenarbeit. In der Tat "pluralisieren" sich die Lebenswelten der verschiedenen Zielgruppen immer mehr, so daß eine Bildungsarbeit mit homogenen Gruppen vorteilhaft ist. Allerdings enthält diese Zielgruppenarbeit immer auch Gefahren der Isolation und "Selbstgenügsamkeit". Es ist ebenso wichtig, daß Arbeitslose mit Beschäftigten, Ältere mit Jüngeren, Ausländer mit Einheimischen ins Gespräch kommen und daß eine Verschränkung der verschiedenen Lebensweltperspektiven stattfindet. Vor allem ältere Menschen sind gerade an solchen intergenerativen Kontakten interessiert.

7. These:

Lebensweltliche Bildung orientiert sich an den Biographien der Teilnehmer. Zweifellos haben Lebenswelten eine biographische, lebensgeschichtliche Dimension. Der Pädagoge sollte sich dieser biographischen Verankerung von Deutungen, Interessen und auch Vermeidungsreaktionen bewußt sein. Das heißt aber nicht, daß alle Teilnehmer ihre Lebensgeschichten in der Gruppe offenlegen müssen, viele Teilnehmer wollen in der Erwachsenenbildung ein gewisses Maß an Anonymität und Distanz gewahrt wissen, und der Pädagoge darf nicht zu aufdringlich werden.

Didaktische Perspektiven

Bisher haben wir gängige Postulate zwar nicht widerlegt, aber doch relativiert. Was läßt sich nun positiv zur lebensweltorientierten Didaktik sagen?

Der Lebensweltbegriff beinhaltet a) eine subjektiv-psychologische Komponente und b) eine raum-zeitliche Dimension

a) "Subjektiv" heißt - in Anlehnung an Schütz/Luckmann (1979, 62 ff.): Lebenswelt ist die von uns wahrgenommene, gedeutete Wirklichkeit. Lebenswelt sind unsere Welt-Bilder, unser Wissen, unsere Deutungsmuster, unsere handlungsleitenden Interessen. In der Bildungsarbeit kommen diese Deutungen zur Sprache, werden "hinterfragt", mit anderen Deutungen verglichen, in Beziehung zu wissenschaftlichen Erkenntnissen gesetzt. Die aktuellen gesellschaftlichen Problemlagen werden von Älteren anders gedeutet als von Jüngeren, von Arbeitsplatzinhabern anders als von Arbeitslosen, von Frauen anders als von Männern. Der Pädagoge muß diese soziobiographisch geprägten Deutungen der Teilnehmer erkennen, verstehen, vorsichtig zur Sprache bringen, er muß "stellvertretende Deutungen" anbieten (vgl. Schmitz 1984, 118 ff.), eine kommunikative Verständigung in der Gruppe fördern (vgl. Schlutz 1984), aber auch die Deutungen durch neues Wissen anreichern.

Lebensweltliche Bildung beinhaltet somit Thematisierung, Reflexion, Differenzierung und Erweiterung von Deutungen zum Selbst- und Weltverständnis. In diesen reflexiven Prozeß muß sich der Pädagoge selbst einbeziehen: auch er muß seine Deutungen überprüfen, infragestellen und ergänzen,auch er muß lernen und nicht belehren wollen. Prinzipiell liegt dem Lebensweltansatz kein Defizitmodell, sondern ein Kompetenzmodell zugrunde (vgl. Gronemeyer 1976, 40). Es sollen weder Vorurteile abgebaut, noch soll Alltagswissen durch wissenschaftliches Wissen ersetzt werden. Jeder Erwachsene verfügt über lebensweltliche Kompetenzen, die es zu verstärken und ergänzen gilt. So ist es wünschenswert, die spezifischen Fähigkeiten von Hausfrauen und Müttern in der Erwachsenenbildung zu aktualisieren und zu nutzen, z.B. die Fähigkeiten der Empathie, der Konfliktlösung, der Organisation des Haushalts. Die meisten Teilnehmer verfügen über eine praktische Intelligenz, die bisher in Bildungsveranstaltungen kaum genutzt worden ist.

b) Unsere Lebenswelt ist zeitlich und räumlich begrenzt, unser lebensweltliches Wissen bezieht sich vor allem auf das "Hier-und-Jetzt", auf unseren Alltag, unseren "Nahbereich". Lebensweltliche Bildungsarbeit knüpft an diesen alltäglichen Erfahrungen und Problemlagen an. Allerdings kann sich Erwachsenenbildung nicht auf die Vermittlung lebenspraktischen Wissens beschränken. Die Konzentration auf "subjektnahe Themen", auf das, was uns unmittelbar betrifft, kann einen Verlust an inhaltlichen Interessen zur Folge haben (vgl. Ziehe 1980, 33 ff.). Wenn wir uns nur für unseren eigenen Kirschbaum und unsere eigene Befindlichkeit interessieren, entziehen wir uns unserer Verantwortung für das "Gemeinwohl", für die Natur und für die Zukunft. Deshalb erfordert eine lebensweltorientierte Bildung immer auch eine Horizonterweiterung und eine Ausweitung unseres "Nahbereichs". Wir können uns z.B. unserer Verantwortung für den Hunger in der Dritten Welt nicht entziehen, auch wenn wir uns nicht unmittelbar davon betroffen fühlen. Didaktisch kann es durchaus sinnvoll sein, indirekte Zugänge zu unserer sozialen Wirklichkeit zu wählen. Ein Beispiel dafür ist eine informelle Lerngruppe von Krankenschwestern und Ärzten, die über ihr Verhältnis zum Tod und zu sterbenden Patienten diskutieren und sich in diesem Zusammenhang mit der Todeslyrik des Barock beschäftigen (vgl. Tübinger Mittwochsgruppe 1983). Lebensweltliche Bildung darf nicht zur psychologischen Nabelschau und zur Schrebergartenperspektive verkürzt werden, sondern muß die Zusammenhänge von Vergangenheit, Gegenwart und Zukunft sowie von Nahbereich und Fernbereich aufhellen. "Global denken - lokal handeln" ist eine Maxime auch für ein Lernen im Lebenszusammenhang.

Lebensweltliche Bildung ist in der Regel situationsbezogen. Im Vordergrund steht die Lösung alltäglicher lebenspraktischer Aufgaben und Probleme. Erwachsenenbildung aber muß darüber hinaus allgemeine, situationsunabhängige Fähigkeiten vermitteln, die die Bewältigung künftiger, noch nicht vorhersehbarer Situationen ermöglichen. Solche situationsunabhängigen Schlüsselqualifikationen sind z.B. analytisches, logisches, dialektisches Denken, Beschaffung und Verarbeitung von Informationen, Kommunikation und Verständigung. Die konkreten Situationen der Teilnehmer müssen als exemplarische Fälle didaktisiert werden, an denen allgemeine Strukturen und extrafunktionale Fähigkeiten erlernt werden (vgl. Negt 1966).

Die Erwachsenenbildung geht an der Lebenswelt vorbei - so kann man überspitzt formulieren - wenn sie auf ein ganzheitliches Bildungskonzept verzichtet und isoliert eine technokratische "Qualifizierungsoffensive", eine reine Sozialtherapie oder eine kompensatorische Freizeitbeschäftigung anbietet. Lebensweltorientierte Bildungsarbeit darf aber auch nicht situativ und konkretistisch verkürzt werden.

In neueren Programmen der Erwachsenenbildung sind in zunehmendem Maße gelungene Beispiele für eine lebensweltorientierte politische Bildung zu finden. Die traditionellen struktur- und systemorientierten Themen - "Die Macht der Massenmedien", "Freie Marktwirtschaft oder Planwirtschaft", "Kernenergie pro und contra" u.ä. - finden kaum noch Anklang und werden kaum noch angeboten. Politisches Denken findet heute eher aus einer lebensweltlichen Perspektive statt, z.B. in Seminaren "Wie gehen wir mit der Energie um?", in Frauengesprächskreisen, in Projekten zur Stadtteilgeschichte, in Sokratischen Gesprächen über Themen wie Zukunft, Hoffnung, Fortschritt, in "Schreibwerkstätten", in theaterpädagogischen Arbeitskreisen ... Das Themenspektrum ist vielfältiger und die Veranstaltungsformen sind "bunter" und kreativer geworden (vgl. Siebert/Weinberg 1987).

Literaturverzeichnis

ALHEIT, P.: Biographieforschung in der Erwachsenenbildung. In: H. Siebert/ J. Weinberg (Hrsg.): Literatur- und Forschungsreport Weiterbildung. Münster, Nr. 13/1984, S. 40 ff. und Nr. 14/1984, S. 31 ff.

ERDBERG, R. v.: Betrachtungen zur alten und neuen Richtung. In: J. HENNINGSEN (Hrsg.): Die Neue Richtung der Weimarer Zeit. Stuttgart 1960.

FLITNER, W.: Laienbildung. In: W. FILTNER: Erwachsenenbildung. Paderborn: Schöningh, 1982.

FILIPP, S. H.: Kritische Lebensereignisse. München 1980.

GLASER, H./ H. PREISS u.a.: Qualifizieren statt entlassen. Hamburg 1986.

GRIESE, H.: Erwachsenensozialisationsforschung. In: H. SIEBERT (Hrsg.): Taschenbuch der Weiterbildungsforschung. Baltmannsweiler: Schneider, 1979, 172-210.
GRIMME, A.: Die Volkshochschule als Stätte der Besinnung. In H. TIETGENS (Hrsg.): Bilanz und Pespektive. Braunschweig: Westermann, 1968.
GRONEMEYER, M.: Motivation und politisches Handeln. Hamburg 1976.
GRUNDTVIG N.F.S.: Tradition und Erneuerung. Kopenhagen 1983.
HABERMAS: Theorie des kommunikativen Handelns. Frankfurt/M.: Suhrkamp, 1981.
MICHELSEN G./ H. SIEBERT: Ökologie lernen. Frankfurt: Fischer 1985.
NEGT, O.: Soziologische Phantasie und exemplarisches Lernen. Frankfurt 1966.
ROBINSOHN, S. B.: Bildungsreform als Revision des Curriculum. Neuwied: Luchterhand, 1972.
ROSENSTOCK, E.: Das Dreigestirn der Bildung. In: J. HENNIGSEN, a.a.O., S. 73.
RUNKEL, W.: Alltagswissen und Erwachsenenbildung. Braunschweig: Westermann, 1976.
SCHÄFFTER, O.: Zielgruppenorientierung in der Erwachsenenbildung. Braunschweig: Westermann, 1981.
SCHMITZ, E.: Erwachsenenbildung als lebensweltbezogener Erkenntnisprozeß. In: E. SCHMITZ/H. TIETGENS (Hrsg.): Erwachsenenbildung, Bd. 11 der Enzyklopädie Erziehungswissenschaft. Stuttgart 1984, S. 118 ff.
SCHLUTZ, E.: Sprache, Bildung und Verständigung. Bad Heilbrunn: Klinkhardt, 1984.
SCHÜTZ, A./T. LUCKMANN: Strukturen der Lebenswelt. Frankfurt 1979.
SIEBERT, H.: Zur pädagogischen Identität der Erwachsenenbildung. In: Erwachsenenbildung (1987) 1, S. 78 ff.
SIEBERT, H./J. WEINBERG: Literatur- und Forschungsreport Weiterbildung, Band 20. Münster 1987. Themenheft Politische Erwachsenenbildung.
THOMSSEN, W.:Deutungsmuster In: A. WEYMANN (Hrsg.): Handbuch für die Soziologie der Weiterbildung. Neuwied: Luchterhand, 1980.
TIETGENS H. (Hrsg.): Erwachsenenbildung zwischen Romantik und Aufklärung. Göttingen 1969.
TIETGENS, H.: Erwachsenenbildung als Suchbewegung. Bad Heilbrunn: Klinkhardt, 1986.
TÜBINGER MITTWOCHSGRUPPE: Was das Lesen von Barockgedichten mit patientenorientierter Arbeit im Krankenhaus zu tun hat. In: R. HEGER/J. HEINEN-TENRICH/ T. SCHULZ (Hrsg.): Wiedergewinnung von Wirklichkeit. Freiburg: Dreisam, 1983, S. 201 ff.
WERDER, W. : Alltägliche Erwachsenenbildung. Weinheim: Beltz, 1980.
ZIEHE, T.: Warum das Lernen heute schwieriger geworden ist. In: päd. extra (1980) 1, S. 33 ff.

Herbert Altrichter

Wie kann Wissenschaft für Lehrer wichtig werden?

1. Vergessen als Übergangsstrategie zwischen Systemen der Theorie und Praxis

In den ersten Semestern meiner Studienzeit gab es einen Mitstudenten, einen Lehrer mit wohl schon mehr als zehn Jahren Berufserfahrung. Dieser pflegte viele der von den Vortragenden angebotenen Inhalte in beredter Weise zu kritisieren; er nannte sie "zu theoretisch und nicht praxisrelevant" und wußte sein Urteil üblicherweise durch gut gewählte Beispiele aus seiner eigenen praktischen Schultätigkeit zu stützen. Nachdem er sein Studium, obwohl er es nebenberuflich betrieben hatte, in wenig mehr als der vorgeschriebenen Mindeststudiendauer abgeschlossen hatte, erhielt er bald darauf eine Stelle als Lehrender an einer lehrerbildenden Institution. Als wir uns einige Jahre nach Beendigung unserer Studien einmal wiedertrafen, fragte ich nach seinen Lehrveranstaltungen und deren Inhalten. Zu meiner Überraschung nannte er als Pflichtlektüre einer Vorlesung über Didaktik unter anderem die zwei Bücher des Professors, die er während unserer Studienzeit besonders heftig als "nicht praxisorientiert" kritisiert hatte. Als ich ihn daraufhin ansprach, meinte er in einem sich von einer Erklärung zu einer Entschuldigung senkenden Tonfall: "Weißt Du, ein bißl Theorie müssen die Studenten auch lernen!"

Wie kann man diese Begebenheit interpretieren? Individuell Schuld zuzuschreiben, den Gesprächspartner wahlweise als zynisch oder naiv abzustempeln (wie es mein erster Impuls war), ist die einfachste Lösung. Der Grund allen Übels wird in einzelnen Individuen gesehen, man kann weiter hoffen, daß es bei anderen anders wäre und sich weitere Problematisierungen ersparen.

Ich neige hier einer anderen Interpretation zu und nehme die berichtete Anekdote als ein Beispiel für ein typisches Strukturproblem universitärer Lehre: Theorie und Praxis werden als in verschiedenen Welten residierend angenommen; ihre Unverbundenheit wird wohl gesehen und kritisiert, nicht aber werden Vermittlungsmöglichkeiten zwischen diesen beiden Welten wahrgenommen. Dies drückt sich in dem Unvermögen und Unwillen von Studenten, theoretische Kategorien zur Aufschlüsselung praktischer Situationen heranzuziehen, ebenso aus wie in dem Unvermögen und/oder Unwillen universitärer Lehre, eine Verbindung zwischen ihren theoretischen Gebilden und den von praktisch Tätigen verwendeten Kategorien herzustellen.

Wenn Theorie und Praxis als in verschiedenen Welten residierend angenommen werden, wenn das Sprechen und Handeln in diesen beiden Systemen als unverbunden und nicht vermittlungsfähig angenommen wird, dann muß sich der Übergang von einem dieser Systeme ins andere für Personen, die sich Gewandtheit in den Sprech- und Handlungsmodi des einen Systems erworben haben, schwierig gestalten. "Vergessen Sie zunächst einmal alles, was Sie an der Universität gelernt haben," lautet die bei universitären Lehrerbildnern berüchtigte Formel, mit der Studenten, die ihre ersten Schritte in der Schulpraxis machen sollen, gelegentlich in dieser Praxis empfangen werden. Dieser Spruch, üblicherweise als Beispiel für die Ignoranz mancher Praktiker gedeutet, kann - aus der Perspektive der vorhergehenden Überlegungen - auch als gar nicht so schlechter Rat zur Bewältigung der Übergangsprobleme zwischen zwei nicht vermittelten Denk- und Handlungssystemen verstanden werden.

Auf der anderen Seite muß gesehen werden, daß die Universität ihre Lernenden vielfach - vielleicht nicht so explizit, aber durch die Verankerung in organisatorischen Strukturen mindestens ebenso wirkungsvoll - in einem durchaus vergleichbaren Geiste empfängt. Gerade im Falle erfahrener Studierender, wie es Lehrer mit Berufserfahrung in nebenberuflich betriebenen Studien sind, wird deutlich, daß die implizite Botschaft vieler einführender Lehrveranstaltungen lautet: "Zuerst lernen Sie unsere Theorien. Später, vielleicht im 2. Studienabschnitt oder nach Studienabschluß, können Sie dann überlegen, ob Sie auf Ihre Praxis passen. Ihre Erfahrung und Ihre Praxis - Sie können natürlich schon einmal eine Anekdote erzählen, aber sie interessieren uns nicht systematisch, weil sie zu partikulär sind. Also: Wenn Sie erfolgreich den Übergang von der Praxis an die Universität schaffen wollen, vergessen Sie zunächst einmal alles, was Sie in der Praxis gelernt haben!"

2. Theorien, Praktiken und ihre Vermittlung

Wenn man den Anspruch nicht aufgibt, daß die Theorien des Wissenschaftssystems in irgendeiner Weise sinnvoll und anregend für das, was in pädagogischer Praxis geschieht, sein sollen, dann stellt sich die Frage, wie dieser sinnvolle und anregende Zusammenhang zwischen Theorie und Praxis zu denken sei. Und - so fügen wir hinzu - auch die Frage, wie diese Vorstellung von einem Theorie-Praxis-Zusammenhang handlungsmäßig konkretisiert werden könnte.[1] In der ungekürzten Version des vorliegenden Aufsatzes werden drei Vorstellungen des Verhältnisses von Theorie und Praxis ausführlicher analysiert, was hier nur in wenigen Worten mehr angedeutet als ausgeführt werden kann.

Die Logik der Vermittlung zwischen Theorie und Praxis, die in ähnlicher Weise sowohl dem *klassisch-griechischen Modell* als auch dem *neuzeitlichen Modell 'technischer Rationalität'* inhärent ist (vgl. Oelkers 1976; Schön 1983) läßt sich folgendermaßen zusammenfassen: Theorie wird im sozialen System der Wissenschaft produziert und leitet Handeln im Praxissystem an, wenn sie auf effektive Weise "vermittelt" wird - in einem Falle durch eine kommunikative Kunstfertigkeit, im anderen Falle durch technische Vorbereitung und Vorbestimmung praktischen Handelns. Beiden Konzeptionen ist es nicht gelungen zu einer Praxis beizutragen, der in befriedigender Weise Theorien vermittelt worden wären. Stehen uns alternative Möglichkeiten zur Verfügung, die Vermittlung von Theorie und Praxis zu konzipieren?

Erich Weniger hat in einem 1929 gehaltenen Vortrag pädagogische *Praktiker als Theoretiker* angesehen. Das in diesem Zuge entworfene Modell des Theorie-Praxis-Verhältnisses (vgl. Abb. 1) unterscheidet sich von früheren v.a. durch folgende Charakteristika:

- Für Weniger gibt es eigene Theorie im Praxissystem.
- Theorien des Wissenschaftssystems werden nicht als prinzipiell verschieden von jenen im Praxissystem angesehen. Durch andere Arbeitsbedingungen im Wissenschaftssystem ("Arbeitsteilung") sind sie jedoch graduell "besonnener" und sollen helfen die Praxis "bewußter und systematischer" zu machen.
- Dazu müssen sie - wenn sie ihr auch "zeitweilig" vorausschreiten können (vgl. a.a.O., 21) - im allgemeinen in pädagogischer Praxis "befangen" sein.
- "Theorie-Praxis-Vermittlung" besteht in diesem Modell aus zwei "Vermittlungszügen": In einem ersten muß die "stellvertretende Besinnung" des Wissenschaftssystem für die Theorien der Praxis nutzbar gemacht werden. In einem zweiten, praxissysteminternen Vermittlungsschritt müssen Theorien und Tat zu einem pädagogischen Akt 'zusammengesetzt' werden. Die Relation zwischen Wissenschaftssystem und Praxissystem wird mit Begriffen wie "stellvertretende Besinnung" und "Befangenheit" deutlich gebrochener und nicht so striktanleitend wie im Modell Technischer Rationalität gesehen. Wenn die Theorien der Praxis auch nicht direkt in die Theorien der Wissenschaft eingehen, so müssen sie doch - entsprechend der Befangenheitsforderung - 'irgendwie' berücksichtigt werden.

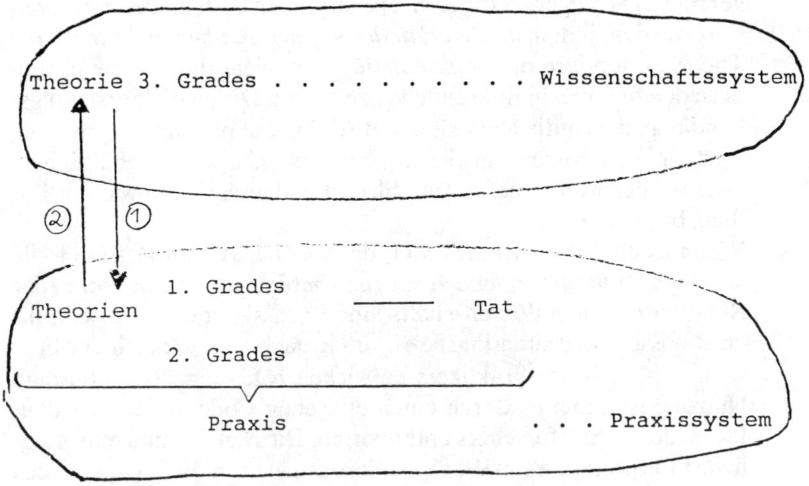

1 "stellvertretende Besinnung"
2 "Befangenheit in Praxis"

Abb. 1: Wenigers Modell derTheorie-Praxis-Vermittlung

Hinsichtlich der Frage, wie diese Vermittlung zwischen den Theorien der Wissenschaft und jenen der Praxis konkret angegangen werden kann, bleibt Wenigers Vortrag erstaunlich lapidar. Immerhin merkt er an, daß die Lehrerausbildung nicht nur einen "Überblick über die herrschenden Theorien" geben solle, sondern "in erster Linie den Nachwuchs lehren, Erfahrungen zu machen" (Weniger 1952, 22).

Wie die etwas paradox anmutende Vermittlungsstrategie "lehren, Erfahrungen zu machen" handlungsmäßig konkretisierbar wäre, könnte eine Konzeption zeigen, die unter anderen kulturellen und theoretischen Bedingungen entstanden ist: das Konzept der englischen "Lehrerforschung" ("Action Research"), das *Lehrer als "Forscher im Praxiskontext"* ansieht. Nach dieser Vorstellung entwickeln professionelle Lehrer durch Reflexion ihrer beruflichen Situation und durch Veränderungshandlungen in ihr die Qualität der Praxis und ihres eigenen professionellen Wissens weiter. Abschnitt 3 versucht durch die Darstellung eines Beispieles genauer zu zeigen, was Action Research sein kann (vgl. auch Elliott 1985). Zuvor sollen jedoch die für die Theorie-Praxis-Vermittlung bedeutsamen Aussagen des Konzepts zusammengefaßt werden (vgl. Abb.2):

- Wie bei Weniger wird das Wissen von Praktikern als nicht immer explizierte Theorie aufgefaßt, die auch Wertelemente enthält. Im Gegensatz zu Weniger ist die Konzeption jedoch entscheidend dynamisiert worden, indem *im Zentrum der Aufmerksamkeit* nicht mehr die Theorien, sondern die *Forschungstätigkeit*, nicht die Produkte, sondern der zu ihnen hinführende Prozeß steht. Durch die Forschungshandlung, durch die Reflexion und Aktion auf die eigene Situation, wird eigenes Wissen entwickelt, fremdes (z.B. wissenschaftliches) Wissen überprüft, eventuell modifiziert und integriert sowie Fortbildung betrieben.

- Wenn es um "Vermittlung" geht, dann ist bei Action Research die *praktische Handlung orientierendes und bestimmendes Element* in der Relation zwischen Wissenschafts- und Praxissystem. Wissenschaftliches Wissen wird situationsbezogen - je nachdem, wie sich der Forschungsprozeß des Praktikers entwickelt hat, - eingebracht: Seine Nutzung ist zudem - durch einen ethischen Code gesichert - dem Urteil des Lehrerforschers unterworfen. Dies hätte schon eine mögliche Interpretation von Wenigers Forderung nach "Befangenheit des Wissenschaftlers" sein können.
- Abb. 2 ist etwas unübersichtlich, was aber der Ausfluß der Vorstellung von Action Research ist, daß konkrete "Vermittlung" *vielfältiger Vermittlungselemente* bedarf. Im Zentrum der "Vermittlungs"konzeption von Action Research steht das Paar des (a) dynamischen wissens- und praxisentwickelnden Prozesses des Praktikers und (b) der sich darauf richtenden und dieser dienenden Beratungstätigkeit des Wissenschaftlers.
- Man kann nur fragen, was hier eigentlich "vermittelt" wird? Die Theorien und Methoden des Wissenschaftssystems werden dem Praxissystem erst in zweiter Linie vermittelt, mehr im Vordergrund steht dagegen die "Vermittlung" einer forschenden Einstellung der eigenen Praxis gegenüber, die zu zunehmend selbstgesteuerter Weiterentwicklung der praktische Situation und des Wissens darüber führen soll. Umgekehrt "vermittelt" das Praxissystem dem Wissenschaftssystem praktische Theorien für dessen Theorieentwicklung (siehe Relation (5) in Abb. 2) sowie durch das Angebot der Kooperation die Gelegenheit zur Theorieentwicklung über Beratungsprozesse (siehe Relation (4)).

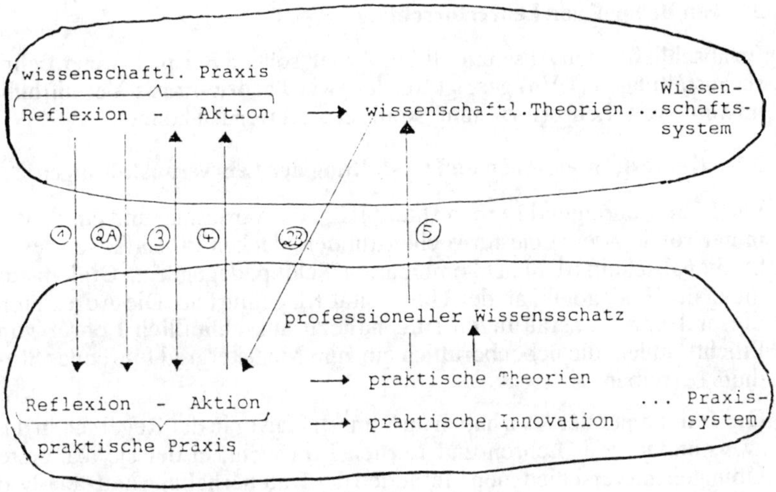

1 Organisation eines Forschungsrahmens
2 Beratung
2A forschungsmethodische Anregungen
2B Angebot wissenschaftlicher Theorien
3 Bindung an ethischen Code
4 second order action research
5 praktische Theorien gehen in wissenschaftliche Theorie ein

Abb. 2: Theorie-Praxis-Vermittlung von Action Research

Kann man hier noch von Theorie-Praxis-Vermittlung im ursprünglichen Sinn sprechen? Schon bei Wenigers Versuch hat sich angedeutet, daß realistische Konzeptionen der Theorie-Praxis-Vermittlung von dem alten "Anwendungs"-Gedanken, der wissenschaftliche Theorien möglichst ungebrochen auf Praxis übertragen wollte, Abschied nehmen muß. Auch Action Research nimmt diesen Weg, fordert darüber hinaus noch zu einer Neueinschätzung einiger anderer liebgewordener Topoi der erziehungswissenschaftlichen Folklore auf: So z.B.,

- daß Praxis trivial wäre,
- daß das für die Bewältigung von Praxis notwendige Handlungswissen trivial wäre,
- daß praktisches Handeln und Wissen - im Unterschied zu wissenschaftlichem - dogmatisch wäre und
- daß wissenschaftliche Theorien im allgemeinen generell wären und daß praktische Erfahrungen als lokale sich ihnen unterzuordnen hätten. [2]

3. Ein Beispiel von Lehrerforschung

Im abschließenden Abschnitt dieser Arbeit soll am Beispiel zweier Lehrveranstaltungen (LVn) gezeigt werden, wie Theorie-Praxis-Vermittlung im Sinne von "Lehrerforschung" konkretisiert werden könnte.

3.1 Kontext, Intentionen und Gestaltung der Lehrveranstaltungen

Die LVn "Lehren und Lernen II und III", eine Vorlesung und ein Proseminar von je zwei Semesterwochenstunden, decken Pflichtfächer des 1. Studienabschnitts der Fachkombination "Schulpädagogik" im Diplomstudiengang "Pädagogik" an der Universität Klagenfurt ab. Die Adressaten dieser Lehrveranstaltungen sind nahezu ausschließlich Lehrer von Pflichtschulen, die nebenberuflich ein zum Magistergrad führendes Studium betreiben.

Die Teilnehmer der LVn haben im Semester zuvor in der Regel schon die zweistündige LV "Lehren und Lernen I" besucht, in der sie u.a. erste Übungen mit verschiedenen Methoden der Datenerhebung und -ana-lyse durchführen. Die Idee der LVn "Lehren und Lernen II und III" ist es nun, daß diese Einzelforschungsfertigkeiten in einen längerdauernden Prozeß der Erforschung einer Fragestellung aus dem eigenen Unterricht eingebunden werden. Die Anforderung für ein Zeugnis wird durch die Erstellung einer Fallstudie über eigene Unterrichtsforschung erbracht. Die LVn sollen im Ganzen die Botschaft verkörpern, daß die Tätigkeit der Studierenden von Anfang an (nicht als "wissenschaftsrezipierend", sondern) als "wissenschaftliche", als "Forschung" angesehen wird; durch die Auseinandersetzung mit eigenen Erfahrungen und Theorien soll im weiteren ein tiefergehendes Interesse für fremder Leute Theorien, z.B. aus dem Fundus der Wissenschaft, erwachen.

	Vorlesung (2h)	Proseminar (2h)
(1) 10.3	- Diskussion der Intentionen und Anforderungen der LVn - eine Lehrerin stellt ihre Forschungsarbeit vor	- Diskussion mit dieser Lehrerin über ihre Forschung - Arbeitsvorschlag: ein Forschungstagebuch anlegen

(2) 13.3 & 14.3 Workshop (9h)

- Simulation eines "ganzen, aber kondensierten Forschungsprozesses"
- Reflexion des simulierten Forschungsprozesses
- Information: Forschungsbegriff und Phasen von Action Research
- Brainstorming: potentielle Ausgangspunkte für die eigene Forschung

(3) 17.3	- Vorlesung: Tagebücher in der Sozialforschung und reflexives Schreiben	- Übung in reflexivem Schreiben: "Ich als Lehrer
(4) 24.3	- Ausgangspunkte für Lehrerforschung - Kriterien für die Auswahl von Ausgangspunkten	- Übung: Analysegespräch hinsichtlich des potentiellen Ausgangspunktes einer Teilnehmerin
(5) 31.3	- Nähere Klärung von Ausgangspunkten - implizites Wissen und praktische Theorien - Klärungsmethoden: Analysegespräch, graph. Rekonstruktion, Hypothesenformulierung	- Vorstellung der gewählten Ausgangspunkte durch die Teilnehmer (kollegiale Beratung)
(6) 7.4	- Datenerhebung - Beobachtungsmethoden - Notizen und Ordnen von Daten	- wenn gewünscht: Einzelberatung mit LV-Leiter
(7) 7.4	- Datenanalyse - Häufigkeits-, Muster und Dilemmaanalyse	- Übung: Analyse eines Unterrichtstranskripts
(8) 5,5	- Entwicklung und Erprobung von Handlungsstrategien	- kollegiale Beratung hinsichtlich der laufenden Forschung
(9) 12.5	- Güterkriterien der Forschung und ethische Prinzipien	- Übung: Nominelle Gruppentechnik zur Entscheidung über Handlungsstrategien
(10) 19.5	- Entwicklung von Action Research - Lehrerfortbildung in England	- kollegiale Beratung hinsichtlich der laufenden Forschung
(11) 26.5	- Fallstudien und andere Formen des Berichtens	- Übung: Innovation in einer Schule
(12) 16.6	- Lehrerforscher und die Institution - Verbreitung von Lehrerwissen	- wenn gewünscht: Einzelberatung mit dem LV-Leiter
(13) 27.6		Workshop (5h) - Analyse der Fallstudien in Hinblick auf überlappende und wider sprechende Ergebnisse - Rückmeldung zur LV

Abb. 3: Arbeitsplan der LVn "Lehren und Lernen II und III"

Ich will im folgenden versuchen, die Lerntätigkeit in den LVn noch einen Schritt klarer zu machen, indem ich - orientiert an der Gesamtübersicht in Abb. 3 - den Ablauf einiger Sitzungen genauer beschreibe.

(1) In der ersten Sitzung berichtete eine Lehrerin, die diese LVn im Vorjahr besucht hatte, über ihre damalige Forschungsarbeit; ihre Fallstudie wurde dabei als schriftliche Arbeitsunterlage ausgeteilt. Die Teilnehmer hatten Gelegenheit, ihre Kollegin hinsichtlich Erfahrungen und Schwierigkeiten mit ihrer Forschung und im Hinblick auf die LVn zu befragen. Nach meiner Erfahrung ist es für Studenten häufig nicht ganz einfach, das Konzept "Action Research" zu verstehen, ohne durch große Begriffe, wie "Forschung", "Fallstudie" etc. und die sich daraus ergebende Befürchtung eines enormen Arbeitsaufwandes abgeschreckt zu werden. Da verbale Erklärungen dabei oft fehlgedeutet werden, soll die Einladung an eine "forschende Lehrerin" eine erfahrungsnahe Gelegenheit zum ersten Kontakt mit "Action Research" bieten.
Schon während der ersten Sitzung wurde den Teilnehmern vorgeschlagen, ein "Forschungstagebuch" anzulegen. Nach der Erfahrung der letzten Jahre stellen derartige Tagebücher ein besonders wichtiges Forschungsinstrument für viele forschende Lehrer dar: Tagebuchschreiben knüpft bei einer alltäglichen Fähigkeit an, fordert zur Sammlung vielfältiger Erfahrungen, Daten, Reflexionen und Ideen auf und wird zu einem relativ kontinuierlichen (im Vergleich zu anderen Forschungsmethoden) "Begleiter des Forschungsprozesses" (vgl. Altrichter/Posch in Vorb.)

(2) Der zweite Kontakt mit "Action Research" bestand aus einem eineinhalb Tage dauernden Workshop. In dessen Zentrum stand die Simulation eines "ganzen, aber kondensierten Forschungsprozesses". Ein kleines Stück Unterricht wurde von der Formulierung eines Forschungsausgangspunktes bis zum Schreiben eines Berichtes erforscht. Dadurch sollte den Studierenden ein erster Eindruck des ganzen Prozesses vermittelt werden, bevor einzelne Forschungsaktivitäten und ihre theoretische Fundierung besprochen wurden. Während dieses Wochenendes war auch ein gewisser Zeitraum für ein Brainstorming reserviert, durch das sich Studenten potentielle Ausgangspunkte für Forschung in ihrer Praxis bewußt machen konnten.

(3-12) Die weiteren Vorlesungsstunden boten nun methodische Anregungen und theoretische Begründungen für wichtige Phasen von Lehrerforschungsprozessen. Das Proseminar war als begleitende Unterstützung und Beratung der individuellen Forschungsprozesse der Teilnehmer gedacht; zu diesem Zweck wurden Übungen zu einzelnen Forschungstechniken und -problemen (vgl. Sitzungen 3,4,7,9 & 11), Aussprache und kollegiale Beratung in der Gruppe über die laufende Forschung der Teilnehmer (vgl. 5,8 & 10) sowie - fakultativ - Einzelberatung durch den Lehrveranstaltungsleiter angeboten.

(13) In einem weiteren Workshop am Ende des Semesters sollten die von den Teilnehmern erarbeiteten Fallstudien einer vergleichenden Analyse hinsichtlich übereinstimmender und widersprechender Ergebnisse unterzogen werden. Da die Fallstudien den Teilnehmern schon einige Tage vor dieser Veranstaltung in schriftlicher Form zur Verfügung standen, konnten sie individuell durchgearbeitet werden. Während der LV wurden die Analyseergebnisse verglichen, und es wurde versucht Aussagen zu formulieren, die über das forschende Individuum hinaus potentiell bedeutungsvoll wären. Diesem Schritt, von der Befangenheit im individuellen Fall zur Gruppe der Berufskollegen und weiter zur Profession, wird in Action Research großer Wert beigemessen.

3.2 "Second order action research" zur Entdeckung und Bearbeitung von Entwicklungsproblemen der Lehrveranstaltungen

Das Konzept "Action Research" fordert von externen Beratern, ihre Tätigkeit durch "second order action research" zu untersuchen. Diese ist als laufende Überprüfung der Einhaltung der ethisch-professionellen Grundorientierungen zu verstehen; sie bietet aber darüber hinaus dem LV-Leiter Gelegenheit, seine eigene Kompetenz und sein curriculares Konzept weiterzuentwickeln. Ich bringe im folgenden einige Ausschnitte aus meiner eigenen Fallstudie über die erste Realisierung der LV "Lehren und Lernen". Dadurch möchte ich einen Eindruck sowohl von den Entwicklungsproblemen eines derartigen Lehrveranstaltungstyps als auch von "second order action research" vermitteln.

Ich zitiere im folgenden einige Passagen aus der auf diesen Daten basierenden Fallstudie:

3.2.1 Vier Fälle

Vor dieser Lehrveranstaltung hatte ich nur als Berater einzelner "forschender Lehrer" gearbeitet. Ein besonderes Problem ergab sich für mich nun aus der Tatsache, daß ich mit einem Male mit einer, wenn auch kleinen, Gruppe kooperieren mußte, deren Mitglieder recht unterschiedliche Fragestellungen auf unterschiedliche Weise angingen. Ich möchte nun die Forschungsfragen und Chronologien ihrer Forschungsprozesse von vier Teilnehmerinnen skizzieren und auf dieser Basis hernach einige Entwicklungsprobleme der LV diskutieren.

Astrid will sich mit dem Fall eines Mädchens beschäftigen, das ihr nun schon im zweiten Schuljahr der Volksschule Sorgen bereitet. Nachdem ihr zunächst das "sonderbare Verhalten des Mädchens" aufgefallen war, versuchte sie sich verstärkt mit der Schülerin zu befassen, kommt aber bald zur Auffassung, daß das Kind "weder körperlich noch geistig reif" wäre. Diese pädagogische Diagnose wird jedoch von allen relevanten Be-

zugspersonen - vom Vater bis zum Direktor - außer dem Schulpsychologen abgelehnt:
"Ich wendete mich also an einige Personen, von denen ich Hilfe erhoffen konnte. Leider hatte ich mich sehr getäuscht, denn niemand wollte ein Problem sehen." (FS 1,12)
Astrid trägt ihr Problem mit großer Emotionalität und Lebhaftigkeit in den Gruppensitzungen ("Kollegiale Beratung") vor. Man merkt, daß sie davon tief betroffen ist. Ihre Erzählung scheint auch alle anderen Teilnehmerinnen zu interessieren, vielleicht weil allgemein relevante Aspekte des Lebens von Lehrern in der Institution angesprochen sind. Mir wird erst spät im Verlaufe der Lehrveranstaltung bewußt, daß sich die ursprüngliche Themenformulierung in "Wie kann ich meine pädagogische Diagnose in der Institution Schule durchsetzen?" verändert hat. Die Datenbasis ihrer Fallstudie sind Gedächtnisprotokolle von Situationen, die sie mit dem betreffenden Mädchen erlebt hat. Sie nehmen sieben der letztlich dreizehn Seiten der Fallstudie ein und sind zum Teil schon vor dem Beginn der Lehrveranstaltung geschrieben worden, als die Lehrerin aus eigenem Antrieb das sie bedrückende Problem dokumentierte. Etwa in der Mitte des Semesters sagt Astrid hinsichtlich ihres Problems: "*Für mi is des g'storbn*" (UB 3, 5). Meine Tagebuchnotizen über eine Einzelberatungssitzung mit ihr erläutern weiter:
"Seit sie sich - durch die Lehrveranstaltungen initiiert - wieder intensiver mit dem Problemkind X beschäftigt, seit sie 'alte Protokolle' herausgekramt hat, ist ihr 'wieder zu Bewußtsein gekommen, daß sie sich mit dem Kind schon 1 3/4 Jahre vergeblich Mühe gibt.' Wörtlich: 'Ich halt' das nicht aus; es hat mich noch mehr genervt als vorher.' Sie will jedenfalls nicht weiter daran arbeiten" (TB 17).
Wir einigen uns dann darauf, daß sie in ihrer Fallstudie das bereits gesammelte Material daraufhin analysiert, was die Charakteristika von Situationen sind, die sie besonders "nerven", und sich darüber hinaus Gedanken macht, welche Bedingungen für die Durchsetzung ihrer pädagogischen Diagnose förderlich wären. Die letztlich vorgelegte Arbeit erscheint mir in ihrem größeren Teil als eine "Dokumentation ihres Leidensweges", die sehr anschaulich und berührend ist, aber wenige neue analytische Elemente enthält, sieht man von einer Besprechung der Positionen der beteiligten Personen ab. Bei einem ähnlichen Fall würde sie "denselben Weg gehen, wie dieses Mal", dabei aber versuchen, "meine Ziele noch hartnäckiger zu verfolgen und durchzusetzen" (FS 1, 13).

Im abschließenden Interview sagt Astrid:
"Also bei meinem (gemeint: Problem) war der Aufwand im Verhältnis zur Lösung sicher sehr gering und die Lösung klein, aber das andere (gemeint: die Fallstudien der anderen Teilnehmerinnen) hat mich interessiert, aber meines am wenigsten."

"In bezug auf das Problem hat es mir gar nichts gebracht, außer daß ich es einmal formuliert habe und zusammengeschrieben habe. Meine Sichtweise hat es nicht geändert, weil für mich das schon lange erledigt war, nicht erst jetzt am Ende" (INT 10.1, 11f).
Auf die Frage, ob sie mit der Auswahl ihres Problems zufrieden gewesen war, sagt sie: *"Ich hätte nichts anderes"* (INT 10.1, 10).

Birgit ist eine Vorschulklassenlehrerin, die mit Astrid befreundet ist. Bei der ersten Vorstellung der Arbeitsvorhaben äußert sie den Wunsch, mit Astrid bezüglich deren Falles zu kooperieren. Astrid stimmt zu. Die beiden sprechen augenscheinlich über den Fall; da Astrid jedoch keine zusätzlichen Forschungsaktivitäten oder neuen Handlungsstrategien in Betracht zieht, für die Birgit von Hilfe sein könnte, zeigt Birgit keine Forschungsaktivitäten im Sinne der Lehrveranstaltung. In einer Einzelberatungssitzung bitte ich Birgit, sich versuchsweise unabhängig von Astrid zu sehen und nenne vier Anregungen für eine eigene Weiterarbeit:

"Birgit entscheidet sich blitzschnell für eine Literaturarbeit, weil sie 'ihr Problem', das sie noch interessiere, ohnehin nicht lösen könne. Nämlich: die Disziplin ihrer Vorschulklasse nervt sie; sie glaubt aber, von nicht-schulreifen Kindern nicht mehr verlangen zu können. Da ich sie doch dazu bringen will, an einem eigenen Problem zu arbeiten, bringe ich einen neuen Verfahrensvorschlag:
- Eine Woche lang Streßsituationen genau notieren. Welche Situationen stressen mich? Wie reagiere ich gewöhnlich? Gibt es Gemeinsamkeiten, verschiedene Streßfaktoren? Gibt es andere Möglichkeiten zu handeln?
Birgit lehnt sofort ab. Sie wüßte ohnehin, wie diese Situationen abliefen. (...) Im weiteren Gespräch ergibt sich noch ein Vorschlag: Interviews mit anderen Vorschulklassenlehrern zu ihrem 'Disziplin-Problem'. Sie zweifelt, ob sie gesprächsbereite Kollegen findet, scheint aber interessiert. Ich schlage ihr vor, sich Fragestellungen und einen möglichen Interviewverlauf zu überlegen und übernehme es selbst, Interviewpartner und zusätzliche Hinweise für sie zu organisieren" (TB 18f).

Während der nächsten Sitzung übergebe ich ihr drei Adressen von Vorschulklassenlehrerinnen, die zu einem Gespräch mit ihr bereit sind. In der übernächsten Sitzung läßt sie durch Astrid ausrichten, daß sie nicht mehr kommen werde. "Der Aufwand für ein neues Problem (z.B. der Vorschlag: Vorschullehrerinterviews zu organisieren) war ihr zu arbeitsintensiv" (UB 7,7).

Clara ist Lehrerin in einer vierten Volksschulklasse. Sie läßt diese Klasse gelegentlich in den Turnstunden selbst Spiele auswählen. Dabei wird immer wieder Völkerballspiel gewählt, bei dem dann oft Regeln verletzt werden, sodaß sich die Aggressivität aufschaukelt. Sie stellt dieses Problem in der dritten Sitzung vor und möchte es zum Fokus ihres For-

schungsprozesses machen, um es besser zu verstehen und neue Strategien zum produktiven Umgang damit zu entwickeln. Ich notiere:
"Ich bin zuerst spontan sehr ablehnend, weil mir das nicht als besonders tiefgehendes Problem vorkommt, doch sagen auch andere anwesende Volksschullehrerinnen, daß sie das gleiche Problem hätten" (TB 5).
In der nächsten Sitzung berichtet sie, daß sie einen Verfahrensvorschlag, den eine andere Teilnehmerin in der Sitzung zuvor aus ihrer eigenen Erfahrung genannt hatte, ausprobiert hätte. Dieser hatte tatsächlich in überraschender Weise eine Verbesserung der Situation gebracht. Sie betrachtet daher das Problem als gelöst und "ihre Arbeit nun als beendet. Der Lehrveranstaltungsleiter schlägt ihr jedoch vor, (ihre bisherigen Erfahrungen zu dokumentieren und; Erg. H.A) noch andere aggressive Situationen und ihre Reaktionen zu beobachten und zu versuchen, eine allgemeinere Perspektive daraus zu entwickeln. Die Teilnehmerin akzeptiert den Vorschlag und meint, sie werde sich das noch weiter überlegen" (UB 1,3).

Ihr Abschlußbericht umfaßt sieben Seiten und hält sich an den in der LV angebotenen Strukturierungsvorschlag, allerdings nur an seine erste Hälfte; deren zweite, die anregt, den eigenen Fall im Hinblick auf die allgemeinere Fragestellung "Belastung von Lehrern" zu untersuchen, läßt sie aus. Die Arbeit konzentriert sich vor allem auf eine Analyse der familiären und Wohnumwelt von vier besonders "aggressiven Schülern", mit denen Clara Gespräche geführt hatte. Beim Abschlußinterview antwortet sie auf die Frage, warum sie gerade dieses Problem gewählt hätte:
"Haben tu ich schon noch mehr Probleme, sie waren ja eigentlich alle gleich wichtig und so war es dann egal, welches ich nehme." (INT 10.3, 10)
Hinsichtlich des Lerngewinns durch die Lehrveranstaltung meint sie:
"Sie (gemeint: die LV) hat mir trotz allem schon etwas gebracht. Konkret habe ich gelernt, die Kinder individueller zu behandeln, Rückfragen zu stellen, Vorurteile abzubauen." (INT 10.3, 10).

Doris untersucht schließlich das "außergewöhnliche Verhalten" ihrer 4. Volksschulklasse: "Maßnahmen, die sich in den Jahren vorher als wirksam erwiesen haben, zeigen in dieser Klasse keine Wirkung" (FS 4, 2). Sie klagt zu keiner Zeit über Desorientierung hinsichtlich des Forschungsprozesses: "Mir war es von Anfang an klar, da ich schon eine ähnliche Lehrveranstaltung besucht habe. Bin diese Arbeit schon gewöhnt." (INT 4.4, 5). Sie setzt eine große Anzahl von Forschungsaktivitäten (Tagebuch, Fragebogen, Diskussionsrunde in der Klasse) und erprobt neue Handlungsstrategien. Sie nützt die Einzelberatungstermine, um über Erfahrungen mit ihrer Forschung zu berichten und Rückmeldungen vom Lehrveranstaltungsleiter zu bekommen. Sie fragt nach zusätzlichen Literaturhinweisen, weil sie während ihres Forschungsprozesses erste, überraschend positive Erfahrungen mit einer Beteiligung von Schülern an der Gestaltung von Unterricht gemacht hat und in diese Richtung weiterarbeiten will. Ihre Fallstudie umfaßt 17 Seiten und hält sich an den ausgeteilten Strukturierungsvorschlag (aus "Zeitgründen", weil sie sonst mit dem "Wust von Material" nicht bis zu Abgabetermin fertig geworden wäre - vgl. TB 35). Allerdings schließt sie ein zusätzliches Kapitel über ihre Erfahrung mit der für sie neuen Unterrichtsstrategie "Schüler gestalten Unterricht" an.

3.2.2 Ungleichzeitigkeit der Forschungsprozesse

Die Lehrveranstaltung war zeitlich nach den Phasen eines "idealen Action Research-Prozesses" geplant worden: Informationsphasen sollten jeweils bestimmte Forschungsschritte, die die Teilnehmer idealerweise gerade zum geplanten Zeitpunkt auch in ihrer eigenen Fallstudie durchführen sollten, anregen und unterstützen. Die realen AR-Prozesse wichen jedoch erheblich von der Planung ab. So hatte beispielsweise ungefähr in der Mitte des Semesters eine Teilnehmerin ihr Problem "gelöst", eine ihres aufgegeben und eine noch kein eigenes gefunden. Nur eine arbeitete ungefähr programmgemäß. Interessanterweise gaben jedoch alle Teilnehmer ihre schriftlichen Fallstudien am Ende des Semesters rechtzeitig zum eigentlich sehr knappen Termin ab.
Die Ungleichzeitigkeit der Forschungsprozesse führte dazu, daß die Teilnehmer jeweils recht unterschiedliche Beratungsbedürfnisse hatten, die schwer in einer Gruppenberatung zu befriedigen waren. So schrieb ich beispielsweise:
"*Beobachtung: Am Ende der Lehrveranstaltung mußte ich immer mit vielen Teilnehmern noch individuelle Angelegenheiten regeln (Termine ausmachen, Buch empfehlen, Blatt geben usf.). Hängt das mit den unterschiedlichen Themen zusammen?" (TB 12).*
Die Tatsache, daß die realen Forschungsprozesse nicht mit den geplanten idealen synchron liefen, führte im Verein mit den individuellen Beratungsbedürfnissen dazu, daß die geplante Aufeinanderbeziehung von Informationsphasen und Supervision der laufenden Forschung auseinanderfiel, und nach und nach die ersteren sich zugunsten der letzteren verdünnten.

Zur Verbesserung dieser Situation schlug ich folgende Veränderungsstrategien vor:

(1) Zeitliche Trennung von Informationsphasen und Beratung der laufenden Forschung

Die Informationen sollen weiterhin nach den Phasen eines "idealen Forschungsprozesses" angeordnet sein, jedoch von den "realen Forschungsprozessen" der Teilnehmer, denen sich gesonderte Gruppensupervisionssitzungen zu widmen hätten, strikt getrennt werden. Das soll heißen:

Wenn ein Teilnehmer in seinem AR-Prozeß schon weiter fortgeschritten ist, so soll in der Gruppenberatung darauf Rücksicht genommen werden, doch beeinflußt dies in der Regel nicht den geplanten Ablauf der Informationsphasen. Voraussetzung für eine solche strikte Trennung zwischen Gruppenberatung und Informationen sind allerdings günstigere zeitliche Bedingungen.

(2) Ausdehnung des Zeitrahmens
Statt der zwei Stunden sollen vier Stunden, u.zw. je zwei für Informationsphasen und zwei für Gruppensupervisionssitzungen, zur Verfügung stehen. (Durch eine in der Zwischenzeit erfolgte Studienplanänderung konnte dies verwirklicht werden.)

3.2.3 Auswahl von Ausgangspunkten der Forschung

Ein Teil der beschriebenen Ungleichzeitigkeit und der Schwierigkeiten der Lehrveranstaltungen erklärt sich jedoch wohl auch dadurch, daß sehr unterschiedliche Forschungsfragestellungen behandelt wurden. Das beginnt damit, daß von den Teilnehmern augenscheinlich sehr Unterschiedliches als "Problem" angesehen wird. Clara hatte mehrere Probleme, die alle gleich wichtig waren, sodaß es "egal" war, welches sie letztlich nahm (vgl. INT 10.3, 10). Birgit hatte *ein* Problem, wollte es aber nicht bearbeiten, weil sie es "ohnehin nicht lösen könne" (TB 18). Astrid hatte explizit nur *ein* Problem, das für sie augenscheinlich bedrängend ist (INT 10.1, 10), das sie aber von allen Problemen in der Lehrveranstaltung "am wenigsten interessiert" (INT 10.1, 10), wohl weil es nicht "lösbar" ist.
Ich nehme an, daß Astrid und Birgit eine existentiellere Interpretation von "Problem" haben, während für Clara auch kleinere Schwierigkeiten darunter fallen. Außerdem scheinen alle drei genannten Teilnehmerinnen "Problem" und "Lösung", die in einem Verschwinden des Problems besteht, in enger semantischer Nachbarschaft zu sehen.

Es könnte jedoch auch sein, daß einige der tatsächlich gewählten Fragestellungen keine günstigen Ausgangspunkte für Forschungsprozesse darstellen. Hopkins (1985, 47) meint, daß Themen für Lehrerforschungs-Prozesse drei Kriterien genügen sollten:
a) Der Forscher sollte genügend Einflußmöglichkeiten und einen gewissen Handlungsspielraum bezüglich des Themas haben.
b) Das Thema sollte zumindest am Anfang überschaubar und relativ begrenzt sein, weil der Zeitaufwand für Forschung leicht unterschätzt wird und Lehrerforschung sich auf anfänglichen Erfolgen aufbauen und größer werden sollte.
c) Und das Thema soll für den Forscher persönlich interessant sein (und, wenn möglich, einen Aspekt seiner beruflichen Tätigkeit betreffen, den er sowieso erledigen muß.)

Die Fragestellung von Astrid verstieß nun möglicherweise gegen die Kriterien a und b, was sie zu einem ungünstigen Ausgangspunkt für die Semesterarbeit gemacht haben kann. Birgit hatte, da sie von Astrid zunächst nicht involviert wurde, überhaupt kein Handlungsfeld. Später zeigte sich, daß sie sich nicht mit einem Problem in ihrem Handlungsfeld beschäftigen wollte, während der Lehrveranstaltungsleiter wiederum eine "bloße Literaturarbeit" nicht als Ausgangspunkt für ihre Arbeit akzeptieren wollte (vgl. TB 18f). Zur Verbesserung der dargestellten Situation wurden folgende Handlungstrategien formuliert:

(3) Mehr Augenmerk auf die Auswahl der Forschungsausgangspunkte

In der Lehrveranstaltung soll mehr Zeit für die Auswahl und Formulierung von Forschungsausgangspunkten aufgewandt und mehr Hilfen dazu angeboten werden. Einesteils soll klargemacht werden, daß es nicht unbedingt um ein "Problem" (und seine vollständige "Lösung") gehen muß. Andernteils sollen die Studenten zur selbständigen Überprüfung ihrer Ausgangspunkte anhand einer Kriterienliste (analog Hopkins 1985) angeregt werden. Unverzichtbares Kriterium sollte dabei sein, daß jeder Teilnehmer eine Situation zum Ausgangspunkt seiner Forschung wählt, in der er tatsächlich über einen gewissen Handlungsspielraum verfügt. Die gerade genannten Überlegungen auf den gesamten Forschungsprozeß ausdehnend, wurde folgende Veränderungsstrategie formuliert.

(4) Arbeitsvorschläge als Angebot zur Strukturierung des Forschungsprozesses

In der nächsten Lehrveranstaltung soll mit schriftlichen "Arbeitsvorschläge" experimentiert werden. Sie sollen zu "typischen Forschungsproblemen", die während eines Forschungsprozesses üblicherweise Schwierigkeiten machen (z.B. Finden und Überprüfen von Ausgangspunkten für die Forschung, Problemklärung usw.) auf Arbeitspapieren angeboten werden; ihre Bearbeitung wird nicht als verpflichtend angesehen, sondern soll jene anregen, die Anregung brauchen. Diese Arbeitsvorschläge sollten auch außerdem so formuliert sein, daß sie einlinige Handlungsanweisungen vermeiden und statt- dessen zur Reflexion über die eigene Situation anregen und verschiedene Alternativen bewußt machen.

3.3 Schluß

Ich denke, die letzten Abschnitte haben vorgeführt, daß durch "Lehrerforschung" kein problemloses Instrument der Theorie-Praxis-Vermittlung zur Hand ist. Ich hoffe aber auch, daß sie ein wenig davon vermitteln konnten, was wir als Erfahrung der Arbeit der letzten Jahre festhalten zu dürfen meinen, daß nämlich in "Lehrerforschung" ein bisher noch nicht voll entfaltetes Potential zur Weiterentwicklung von Unterricht und Schule wie auch zur Intensivierung der wechselseitigen Nutzung der jeweiligen Erfahrungen von Praxis- und Wissenschaftssystem liegt.

Insofern wird unsere Antwort auf die eingangs gestellte Frage "Wie kann Wissenschaft für Lehrer wichtig werden?" wohl noch einige Zeit im Sinne der Action Research-Tradition ausfallen. "Dadurch, daß man die wissenschaftlichen Elemente in der praktischen Tätigkeit von Lehrern akzeptiert und fördert!"

Anmerkungen

1 Mit STENHOUSE bin ich der Meinung, daß pädagogischen Ideen Lehrern in handlungsmäßig konkretisierter Form angeboten werden sollten. Die Funktion solcher "procedural expressions of ideas" besteht darin "to meditate between ideas and attempts to actualise them in practice" (Elliott 1983, 5). Indem Lehrern pädagogische Ideen als "konkrete, aber hypothetische" Vorschläge angeboten werden, werden sie eingeladen, mit ihnen zu experimentieren und anhand dieser Erfahrungen die pädagogischen Ideen und/oder deren prozedurale Umsetzungen weiter zu entwickeln.

2 In Altrichter (in Vorb.), Kap. 4-8 habe ich zu zeigen versucht, daß diese "Vorurteile" auf der Basis der Schön'schen (1983) Untersuchungen und im Lichte neuerer wissenschaftstheoretischer Argumentationen als höchst zweifelhafte anzusehen sind.

3 Diese erfolgte im SS85 über die damals noch zweistündige Lehrveranstaltung. Die Evaluation liegt als Fallstudie (Altrichter 1986) vor. Ich beziehe mich auf diese erste Realisierung (und nicht auf die Jüngste vom SS 1987 wie im Kap. 3.1), weil hier Entwicklungsprobleme am deutlichsten und m.E. am nachvollziehbarsten zu Tage treten. In der Zwischenzeit hat sich die Weiterentwicklung der LV auf spezielle Aspekte verlagert, die für sich genommen schwerer verständlich sind.

4 Aus dem vorliegenden Datenmaterial wird folgendermaßen zitiert: FS = Fallstudie; TB = Tagebuch des LV-Leiters; UB = Unterrichtsbeobachtung; INT = Interview. An dieses Kürzel wird die Nummer der jeweiligen FS etc. sowie die Seite angefügt.

Literaturverzeichnis

ALTRICHTER, H.: Kursentwicklung durch Action Research. Unv. Ms. Universität Klagenfurt 1986.

ALTRICHTER, H.: Lehrer machen ihre eigene Unterrichtswissenschaft. Universität Klagenfurt (in Vorb.).

ALTRICHTER, H./POSCH P.: Lehrer erforschen ihren Unterricht. Jugend&Volk: Wien (in Vorb.)

ELLIOTT, J.: A curriculum for the study of human affairs: the contribution of Lawrence Stenhouse. In: Journal of Curriculum Studies 15 (1983) 2, 105-123 (zit. nach dem Ms.).

ELLIOTT, J.: Educational Action-Research. In: J. NISBET et al. (Eds.): World Yearbook of Education 1985: Research, Policy and Practice. Kogan Page: London 1985, S. 231-250.

HOPKINS, D.: A Teacher's Guide to Classroom Research. Milton Keynes: Open University Press: 1985.

OELKERS, J.: Die Vermittlung zwischen Theorie und Praxis. München: Kösel, 1976.

SCHOFFMANN, B.: Action Research am Beispiel der Lehrveranstaltung: Lehrer erforschen ihren Unterricht. Unv. Seminararbeit. Univ. Klagenfurt 1985.

SCHON, D.A.: The Reflective Practitioner. London: Temple Smith, 1983.

STENHOUSE, L.: An Introduction to Curriculum Research and Development. London: Heinemann, 1975.

WENIGER, E.: Theorie und Praxis in der Erziehung. In: ders.: Die Eigenständigkeit der Erziehung in Theorie und Praxis. Weinheim: Beltz, 1952, S.7-22.

Eveline List

Mit oder ohne Bildung - ein Beamter wird gebildet

Österreich ist ein Beamtenstaat - daran hat sich wenig geändert. Um den globalen Einfluß der öffentlichen Verwaltung als gesamtgesellschaftlichem Sozialisationsfaktor zu veranschaulichen, seien folgende Zahlen (geltend für 1988) an den Beginn unserer Überlegung gestellt: 6 223 000 Personen im erwerbsfähigen Alter verteilen sich auf 2 818 000 Haushalte in Österreich. Davon sind rund 589 000 aktive Beamte und Vertragsbedienstete bei Bund, Länder und Gemeinden beschäftigt. Im Bundesdienst sind es 288 753 Beamte und Vertragsbedienstete, davon 174 625 aktive Beamte (dazu kommen 44 542 Öffentlich Bedienstete im Ruhestand).

Aus diesen Zahlen ergibt sich, daß fast jeder zehnte Österreicher im erwerbsfähigen Alter im Öffentlichen Dienst beschäftigt ist und jeder zwanzigste im Bundesdienst steht und daß weiter fast jeder dreißigste Österreicher im erwerbsfähigen Alter ein Bundesbeamter ist. In nahezu jedem vierten Haushalt gibt es einen Öffentlichen Bediensteten und in jedem zwölften Haushalt einen Bundesbeamten.

Es kommt, wie die Zahlen veranschaulichen, dem Öffentlichen Dienst und damit auch den dort stattfindenden Bildungsprozessen schon rein quantitativ große Bedeutung zu. Neben dem Österreichischen Gewerkschaftsbund ist der Öffentliche Dienst jene Institution, die den größten praktischen Einfluß auf die Erwachsenenbildung hat.

Wie alle Bildungsprozesse lassen sich auch jene innerhalb der öffentlichen Verwaltung differenzieren in das Erlernen von Fakten und Fertigkeiten einerseits und in ein psychosoziales Lernen, das bewußt oder/und unbewußt stattfindet. Wir müssen also zwischen verschiedenen Qualifikationen im engeren Sinn und dem umfassenderen Sozialisationsgeschehen unterscheiden.

Damit ist eine zentrale Problematik in der Bestimmung der Arbeit in der öffentlichen Verwaltung angeschnitten: Stets haben wir einmal den Beamten als spezialisierte Fachkraft und zugleich den Beamten als Staatsdiener, als Standesvertreter, als "Bürokrat". Eben dieses "zugleich" ist auch schon ein Kern der Schwierigkeiten: In der Verwaltungspraxis, im individuellen Selbstverständnis der Beamten wie im Versuch der Analyse der Zusammenhänge gerät man unweigerlich in den Zwiespalt des Doppelcharakters der Arbeit im Öffentlichen Dienst. Schon der Integrationsversuch von formalrechtlich eindeutig definierter Begrifflichkeit und alltagssprachlicher Verständigung wird manchmal zu einem ausweglos erscheinenden Verwirrspiel, in dem es unmöglich ist, zwischenmenschliche und politische Beziehungen zugleich stimmig und formalrechtlich richtig darzustellen. Ich nehme dies als eine Aporie, die für die öffentliche Verwaltung kennzeichnend ist und verstehe sie als Manifestation der real bestehenden Entfremdung. In der öffentlichen Verwaltung wird *jeder* Inhalt auf ein formalrechtliches Problem reduziert. Das sichert den Rechtsstaat, geht aber oft an sozialer Alltagserfahrung vorbei.

In diesem Beitrag habe ich mich entschlossen, im Zweifelsfall die Verständlichkeit und strukturelle Wahrhaftigkeit vor die juristische Richtigkeit zu stellen. So bezeichne ich gelegentlich Öffentlich Bedienstete als 'Beamte', selbst dann, wenn es sich nicht ausschließlich um solche handelt, die in einem öffentlich-rechtlichen Dienstverhältnis stehen. Außerdem möchte ich weniger auf spezifische Besonderheiten der Bundes-, Landes- und Gemeindebediensteten eingehen und mich im weiteren vorzugsweise auf Organe der Bundesverwaltung beziehen. Freilich ist auch das durchaus keine einheitliche Gruppe. Sie umfaßt Mitglieder des Staatsopernorchesters, Richter, Schreibkräfte, Landwirte, Sozialarbeiter, Reinigungspersonal und viele andere. Selbst im "Höheren Dienst", der Akademikern vorbehalten ist, gibt es fast 50 verschiedene Dienstzweige.

Ausbildung versus Sozialisation

Bildungsaktivitäten können vernünftigerweise nur aus einer adäquaten Entwicklungstheorie begründet werden. Bei Erwachsenen bedarf es zudem einer spezifischen Theorie der beruflichen Sozialisation. Für die Bürokratie gilt, daß die Logik, die in den sozialen Verhältnissen am Werk ist, sich grundlegend von jener des formalen Rechts unterscheidet, die die offizielle Organisationsstruktur der Bürokratie definiert. Es ergibt sich in der Folge eine prinzipielle Inkompatibilität zwischen sozialer Praxis und gesetzlicher Ordnung. Diese durchzieht die gesamte öffentliche Verwaltung und gibt ihr ein charakteristisches Klima. Die sachliche Leistung bzw. inhaltliche Arbeit muß "dazwischen" Platz finden. Es scheint da beinahe so, als sei der Öffentliche Dienst gar kein Bereich, über den sich Einheitliches aussagen ließe.

Das Problem dürfte jedoch vor allem in der doppelten Bestimmtheit liegen. Die Beamten bilden einen Stand als Staatsorgane und gehen dabei bestimmten Tätigkeiten nach; außerdem haben manche auch noch einen Beruf. Es scheint, als würde der Stand mit fortschreitender Dauer des Dienstverhältnisses ein immer stärker identitätsbildendes Element werden. Im konkreten Einzelfall sind immer viele Faktoren bestimmend, jedenfalls aber dürften die Art der Arbeit selbst und die Bindung an den ursprünglichen Beruf einen wesentlichen Einfluß auf ein mehr beamtisches oder mehr fachspezifisches Selbstverständnis haben. Spezialisten bestimmter Fachgebiete orientieren sich in ihren Informations- und Bildungsinteressen notwendigerweise auch mehr außerhalb der öffentlichen Verwaltung. Unabhängig davon aber sind und werden sie "Beamte", also Repräsentanten und Hüter der öffentlichen Ordnung, des allgemeinen und besonderen Verwaltungsrechts, Teile des Staatsapparats. Das scheint überhaupt der wichtigste Bildungsinhalt.

An der Bildung von Beamten im doppelten Sinn - als der Formung von Organen, mittels welcher staatliche Ordnung durchgesetzt wird, wie an der besonderen Qualifizierung für die dabei ausgeführten Tätigkeiten - wirken die bürokratischen Strukturen, wie das spezielle Bildungssystem zusammen. Diese Wirkung wird hauptsächlich durch die funktionale Integrationsdynamik der Bildungsinstanzen erzielt und erfolgt daher mehr unbemerkt als geplant. Bourdieus Konzept des Habitus scheint Ziel und Funktionsweise der Beamten"bildung" im doppelten Sinn treffend zu charakterisieren. Nämlich als ein weitgehend nicht bewußt reflektiertes, die gesamte persönliche Praxis leitendes System von Verhaltensweisen, welches im sozialen Kontext entsteht und sich an gesellschaftlichen Strukturen orientiert, die es seinerseits weiter verstärkt.

Das einigende Band des Verwaltungshandelns, wie schließlich überhaupt des Denkens und der Lebensführung von Beamten findet sich in der Institution selbst in Form tradierter Bilder und Haltungen. Die Einzelnen werden im Verlauf des Sozialisationsprozesses mit bewußten und unbewußten ‘beamtischen’ Modellen und Beschränkungen ausgerüstet, die in der Folge sich dann in einen Habitus, eine spezifische Form der Welt zu begegnen, sich zu präsentieren, münden. In ihm äußert sich das subkulturelle Erbe als Überschneidung von subjektiven und standesspezifischen bewußten und unbewußten Bildern von der Welt, welche handlungsleitende Bedeutung haben.

Die auf hierarchischer Kontrolle und bürokratisch-formalen Organisationsstrukturen basierende Arbeitsweise schränkt die Identifikationsmöglichkeit mit dem Prozeß wie dem Ergebnis der persönlichen Arbeit erheblich ein. Die eigentliche inhaltliche Tätigkeit taugt daher meist wenig als Identitätsbildungsfaktor im Sinne eines "Berufs". Eher erhalten die Organisation der Arbeit selbst und die Gliederung der Positionsmatrix Modellcharakter für strukturelle Anpassungsleistungen.

Institutionalisierte Aus- und Fortbildung

Aus allen diesen Umständen scheint es daher naheliegend, daß die Bedeutung von Aus- und Fortbildung im Öffentlichen Dienst im engeren Sinn nicht groß ist - und zwar deshalb, weil Personalpolitik und Standesintegration die eigentlichen Hauptträger der Beamtenbildung sind. Zugleich aber erfüllt das bestehende interne Bildungssystem, insbesondere die Grundausbildung, in hohem Maße eine Funktion als Barriere und Sozialisationsinstanz. Das Ausbildungssystem im Öffentlichen Dienst läßt sich nur im Zusammenhang mit dem gesamten bürokratischen Auswahl- und Eingliederungsprozeß verstehen. Die traditionelle Enge der beamtischen Laufbahn mit geringer Mobilität und systemimmanent vorgegebenem Aufstieg, die zugleich die Stabilität der institutionellen Strukturen selbst garantiert, scheint Bildung zunächst weder objektiv notwendig noch subjektiv erstrebenswert zu machen. Die staatliche Bürokratie erscheint als geschlossenes System, in welchem alles strukturell bereits festgelegt ist. Für die Ausbildung sind besonders folgende Tatsachen bemerkenswert:

Die Aufnahme erfolgt, da es in Österreich - wie etwa in anderen Ländern - keine öffentlich zugängliche Verwaltungsausbildung gibt, gemäß den Anstellungserfordernissen der jeweiligen Verwendungsgruppe. Bei den Akademikern führt das nach wie vor zu einer bedeutenden Überzahl an Juristen - auch dort, wo dies nicht erforderlich ist. Dies hat zweifellos erheblichen Einfluß auf die "Beamtenkultur" und ihre Wertvorstellungen. Die eigentliche Ausbildung beginnt oft erst Jahre nach dem Dienstantritt und hat zumeist ausschließlich die formal-rechtlichen Voraussetzungen für die Übernahme in ein öffentlich-rechtliches Dienstverhältnis zu erfüllen. Was er "braucht", hat der Einzelne dann bereits im Alltag gelernt. Das führt dazu, daß die Grundausbildung kein sehr hohes Ansehen genießt: sie erscheint fachlich nicht besonders notwendig, und der Beamte fehlt an der Dienststelle.

Überhaupt scheint der Grundsatz der Vorrangigkeit der Personal*politik* vor der Qualifikation durchgängig aufrecht. Damit bleibt eine stark systemstabilisierende Auswahltradition erhalten, und den "Rest" besorgen dann die immanenten Sozialisationsinstanzen. Grundausbildung und Dienstprüfung müssen folglich vor allem auch in ihrer Bedeutung als solche Sozialisationsinstanzen verstanden werden. Sie sind zugleich Grundlage und Legitimierung der besonderen Statusverleihung des Beamten. Dabei stellt die Durchführung von Kursen im Rahmen der öffentlichen Verwaltung eine standespolitische Errungenschaft dar.

Dienstprüfung und Grundausbildung

Im System der formalisierten Qualifizierung hat die Dienstprüfung zentralen Stellenwert. Es geht dabei historisch wie aktuell tatsächlich um die Prüfung als punktuellen Anforderungsnachweis. Ursprünglich war die Vorbereitung auf die Dienstprüfung nicht geregelt und hatte in der Freizeit zu erfolgen. Aus dieser Situation und aus der Angst der Prüflinge wußten private Kursleiter (die auch selbst Beamte waren) finanzielle Vorteile zu erzielen, was allgemeines Unbehagen hervorrief, den Prüfungskanditaten aber dennoch als Hilfe erschien. Mit dem Ziel der Erhöhung der "Chancengleichheit" und "Objektivität" wurde ein neues System der Vereinheitlichung von Unterricht und Prüfung installiert, welches nun nach langen, konflikthaften Auseinandersetzungen im Beamtendienstrechtsgesetz und in Verordnungen der Bundesregierung bzw. einzelner Minister geregelt ist. Für die einzelnen Verwendungsgruppen (die sich nach der abgeschlossenen Vorbildung und der Planstelle richten) werden Grundausbildungslehrgänge jetzt entweder innerhalb der Ressorts, oder an der Verwaltungsakademie des Bundes abgehalten, deren Ziel die Vorbereitung auf die Dienstprüfung ist, mit welcher sie zumeist abschließen.

Diese Grundausbildungslehrgänge lassen sich aus pädagogischer Sicht folgendermaßen charakterisieren.
Die Curricula bestehen weitestgehend aus juristischen Fächern. Der Stoff ist quantitativ so umfangreich, daß eine Auseinandersetzung während des Kurses nicht möglich ist. Die Skripten werden durchwegs von Beamten ohne einschlägige methodische Qualifikation erstellt (und aufgrund der vorgesehenen geringen Honorare sind Fachleute der Lehrmaterialentwicklung nicht verfügbar). Die vom Minister vorgeschlagenen Prüfer tragen oft nicht selber vor und haben keine pädagogische Bildung, insbesondere nicht in der Prüfungsmethodik. Die tatsächlich Vortragenden haben mit großer Mehrheit keine didaktische Qualifikation, insbesondere keine fachdidaktische für die "trockenen" juristischen Inhalte. Da das Ziel des Unterrichts das Bestehen der Prüfung ist (oft um den Arbeitsplatz, an dem man schon länger arbeitet, zu behalten), findet er unter hoher psychosozialer Belastung statt.

Bei einem Großteil der Teilnehmer von Grundausbildungskursen herrscht die Meinung, der Stoff habe keinerlei Bezug zu ihrer Arbeit. (Diese Meinung ist in der unteren Verwendungsgruppe stärker als in den oberen). Aufgrund der hohen Belastung stellt die Grundausbildung, die für viele der erste Unterricht seit dem Schulabschluß ist, weit eher eine abschreckende als eine die Fortbildung motivierende Erfahrung dar. Die Vorbereitung für die Prüfung erfolgt aber jetzt im Rahmen eines Kurses und eines "Lernurlaubs" während der Dienstzeit. Das ist eine Errungenschaft für Gewerkschaft und Kandidaten. Insgesamt hat sich auch die Quote der Prüfungserfolge erhöht, was gewiß auch dadurch erklärbar ist, daß ein Vortragender, der selbst prüft, indirekt auch seine eigene Lehrtätigkeit beurteilt. Überhaupt ist durch die Reform eine nicht unerhebliche Zahl von Beamten zu einem Statuszuwachs als Prüfer/Vortragender gekommen und zu nicht geringen Nebeneinkünften (die zumeist während der Dienstzeit möglich sind). Formal haben, so scheint es, alle "gewonnen".

In bezug auf die sachliche und psychosoziale Kompetenz freilich muß sich ein solches System eher negativ auswirken. Die mangelhafte Reflexion der Rechtsnormen und ihr Auswendiglernen für die Prüfung fördert eher die Gläubigkeit als das Verständnis gegenüber gesetzlichen Regelungen. Die große Abhängigkeit vom Prüfungserfolg in Verbindung mit der realen hierarchischen Abhängigkeit von Prüfern und Vortragenden führen zu Schein-Anpassung und ängstlicher Unterwürfigkeit, oft begleitet von Ohnmacht und Wut. Die hier angedeutete Streßbelastung variiert auch innerhalb der einzelnen Ressorts und scheint etwa bei der Exekutive besonders stark.

Allgemeine und spezielle Fortbildung

Mit der zunehmenden Erweiterung sachlicher Zuständigkeiten in der Öffentlichen Verwaltung hat sich die Notwendigkeit zu inhaltlicher Zusatzqualifizierung der Beamten in manchen Bereichen ergeben. Neben der - gewiß prägenden - Grundausbildung gibt es ein komplexes Angebot von Fortbildungsveranstaltungen, teils mit Prüfung teils ohne, auf freiwilliger Basis oder aufgrund von Weisung, innerhalb der Ressorts oder an der Verwaltungsakademie des Bundes. Die Inhalte sind naturgemäß heterogen, es dominieren aber bei weitem juristische Themen und technische Fertigkeiten (etwa EDV).

Je weniger reglementiert sachlich gearbeitet werden kann, umso eher werden gerade im Ausbildungsbereich gute Fortschritte möglich. Auch innerhalb der Bürokratie ist es doch immer wieder möglich "Nischen" zu finden, und es gibt auch immer wieder konsequente Einzelinitiativen, die wesentliche Lernprozesse in Gang setzen; besonders dort, wo es gelingt, fachliche Arbeitsprobleme in ihrer Verknüpfung mit den institutionellen Strukturen zu verstehen. Solche Prozesse sind aber gewiß nicht die Regel, sie geschehen stets trotz oder sogar gegen die Organisation. Häufig passiert es auch, daß aus solchen Veranstaltungen zwar Impulse, etwa zur Vereinfachung von Arbeitsabläufen, oder zu Verbesserungen durch irgendwelche Neuerungen mitgenommen werden, diese aber dann an den harten Konventionen und Regelungen der Institutionen scheitern. Manchmal wird dann gerade durch solche Erfahrungen erst dem Einzelnen auch die politische Dimension seines Ansinnens bewußt. Freilich ist es auch dann noch ein weiter Schritt bis zu einer vielleicht möglichen kooperativen Durchsetzung von Veränderungen, und oft endet die Initiative in einem resignativen Rückzug.

Damit wird stets deutlich, daß alle Bildungsansätze, die auf eine individuelle Veränderung von Einstellungen und Verhaltensweisen der Einzelnen abzielen, an den wesentlichen Problem der Bürokratie vorbeigehen, weil sie eben antiindividuell funktioniert. Sie stellen darüberhinaus wahrscheinlich sogar ein Hindernis für das Verstehen der Organisation dar, insofern sie die Reflexion auf leitende Wirkungszusammenhänge und Stabilitätsinteressen bürokratischer Systeme erschweren. Aber gerade in den letzten Jahren werden - besonders bei sogenannten "Führungskräfteschulungen" - Verhaltenstrainings- und Organisationstechnikseminare in verstärktem Maße angeboten. Sie scheinen vor allem Ventilfunktion zu haben und sind jedenfalls als ein Hinweis auf die Unzulänglichkeiten der institutionellen Strukturen, wie auch auf die inadäquate Ausbildung der Beamten zu sehen. Als Entsprechung zu den Gesetzesnormen bilden sie Versuche durch formalisierte, oft genormte Regeln den Tücken der alltäglichen Vielfalt beizukommen. Das muß sich freilich als Irrtum erweisen und führt manchmal zu unfreiwilliger Komik, etwa dann, wenn die gruppendynamischen Übungen an der Dienststelle wiederholt werden. Oft dienen solche Veranstaltungen aber auch zur ideologischen Untermauerung von Machtstrukturen, die dann mittels "Psychotechnik" erfolgt. Es ist nicht verwunderlich, daß solche Verhaltensschulungen, Führungstechniken, Managementstrategien usw. insbesondere in der Schulung leitender Beamter und in der Exekutive häufig eingesetzt werden. Die Bedeutung der sachlich-inhaltlichen Tätigkeit nimmt nämlich stetig ab, je höher die hierarchische Position ist, während jene der formalen Ordnungs- und Kontrollinstanz zunimmt.

Auch scheinen die Kenntnis von Normen und individueller Diszipliniertheit der Beamten die wachsende Legitimationsproblematik staatlichen Handelns nicht mehr ausreichend neutralisieren zu können. Kritik an der öffentlichen Verwaltung kommt hauptsächlich aus zwei Richtungen und wird als Dauerdiskussion um Verwaltungsreform und in Form permanenter Bürokratieverdrossenheit in den Medien wie an Stammtischen thematisiert. Sie läßt sich in zwei Schlagworten charakterisieren: "Effizienz" und "Bürgernähe".

Einerseits geht es um die Vorstellung, die öffentliche Verwaltung solle funktionieren wie ein wirtschaftliches Großunternehmen, dementsprechend wird insbesondere eine betriebswirtschaftliche Schulung der Beamten und der verstärkte Einsatz von Technologie und "modernen Führungstechniken" verlangt. Auf der anderen Seite gibt es die Forderung, die Entfremdung zwischen Staat und Bürger aufzuheben; hier steht die Dezentralisierung im Vordergrund. Dazu soll insbesondere die kommunikative Kompetenz im Sinne von Beratung bei den Ämtern erhöht werden. Es wird mehr die Schulung der einzelnen Beamten verlangt mit dem Ziel einer rascheren und den "Bedürfnissen" der Bürger angemesseneren Serviceleistung.

Beide Richtungen scheinen an der prinzipiellen Struktur der öffentlichen Verwaltung vorbeizuzielen. Weder ökonomische Effizienz noch Bürgerservice sind die Hauptanliegen des Staates, sondern die Aufrechterhaltung des Ordnungssystems selbst. Solange diese Grundfunktion nicht als zentrale Größe reflektiert wird, können individuelle korrektive Maßnahmen keine wesentliche Wirkung erzielen. Deutlich wird das vor allem regelmäßig bei der versuchten Umsetzung von erworbenem Wissen in der Praxis. Schon die Realisierung elementarer Fachkenntnisse in einem bestimmten Tätigkeitsfeld - z.B. bestimmte Lichtverhältnisse an einem Arbeitsplatz oder der Gebrauch eines neuen Lehrbuchs oder nur die Abweichung von bestehenden Formulierungen amtsprachiger Knappheit können zu mühsamen Kämpfen werden. Solche Konflikte sind auch von anderen betriebsinternen Fortbildungsinstituten bekannt.

Im Öffentlichen Dienst tritt aber ein besonders und hauptsächlich unbewußt wirksames Moment dazu: die starke Identifizierung mit dem Stand in seiner staatserhaltenden Funktion, die auch durch keine "rivalisierende" Bildung relativiert ist. Die Gewerkschaft des Öffentlichen Dienstes nämlich, die diese Aufgabe wahrnehmen sollte, ist eine Beamtenorganisation, in der die Amtstitel und Dienstklassen ungebrochen weiterwirken. Sie ist kein Ort, an dem die Arbeitsbedingungen im Staatsdienst kritisch überdacht werden konnten. Dem Beamten fehlt eine bürokratie-relativierende Sozialisationsinstanz, die wohl nur von außerhalb der öffentlichen Verwaltung kommen könnte. Da selbst die Serviceleistungen des Staates letztlich "zwangsbewehrt" sind, bleibt auch der Beamte mit Kundenkontakt meist im obrigkeitlichen Denken befangen, möglicherweise sogar besonders stark um sich keiner Verunsicherung aussetzen zu müssen.

Die innerhalb der öffentlichen Verwaltung gesetzten Ausbildungsschwerpunkte orientieren sich an der Situation des öffentlichen Haushalts und den politischen Machtverhältnissen: der Regierung und den Ressortleitern. In jedem Fall bleibt die grundlegende Beamtenbildung garantiert, weil sie strukturell vorgegeben ist. Die Vermittlung inhaltlicher Zusatzkompetenzen erleidet prinzipiell ein ähnliches Schicksal wie entsprechend staatliche Zusatzleistungen: In ökonomischen und politischen Krisenzeiten werden sie umso früher eingestellt, je weniger sie für die Staatserhaltung im engeren Sinn nötig sind. Es treten dann wieder "archaischere" Mittel der Herrschaft an ihre Stelle.

So gesehen, erscheint die Bedeutung des Aus- und Fortbildungswesens, insbesondere soweit es nicht Grundausbildung ist, auch als Indikator für die Beweglichkeit und Freiheit innerhalb der öffentlichen Verwaltung. Zumindest solange nicht ausschließlich technisch-formale Kenntnisse vermittelt werden, und umso mehr, als es darauf abzielt, auch Gesamtzusammenhänge zu erfassen und auf konkrete Arbeitspraxis zu beziehen.

Anders ausgedrückt: je mehr "Allgemeinbildung" vermittelt wird, umso eher kann auch der integrative Aspekt der institutionellen Sozialisation relativiert werden. Das geht nur in politisch stabilen Zeiten.

Eine Theorie politischer Lernprozesse setzt eine Theorie der Vermittlungsdynamik von Gesellschaftstruktur und intrapsychischen Vorgängen voraus. Politisches Lernen wäre dann weitgehend durch die Reflexion eben dieser Dynamik bestimmt bzw. durch den Diskurs über diese konkreten Manifestationen und deren Bedeutungen in Zusammenhängen. Politische Erkenntnis verlangt aber nicht nur Reflexion der untersuchten Zusammenhänge von Wirklichkeit, sondern auch die Reflexion dieser Reflexion. Sofern ein praktischer Bildungsprozeß in Gang kommen soll, muß eine Theorie politischer Zusammenhänge von einer Kritik der Verhältnisse ausgehen oder zumindest sie implizieren. Jeder andere Zugang setzt eine ideale Gesellschaft voraus. Nur unter der a priori Annahme, daß die sozialen Verhältnisse, die Institutionen und Organisationsformen eben nicht dem denkbar zufriedenstellendsten Zustand entsprechen, sind Reflexionen auf alternative Strukturen sinnvoll und können dann auch politisch wirksam sein.

Der beamtische Lebens- und Arbeitszusammenhang als Grundelement bürokratischen Funktionierens in seiner staatserhaltenden Bedeutung müßte folglich zentrales Thema in einer politischen *Beamten*bildung sein. Gerade die unmittelbaren Konfliktfelder der Arbeitssituation müs- sen in einem gesamtgesellschaftlichen Kontext vermittelt werden, damit der Einzelne weder in individualisierter Ohnmacht, noch in distanzierter Formalisierung im System verkommt. Das Überleben des Subjekts ist unmittelbar mit seiner bewußten Aneignung der Institution verknüpft, was zu einer dauerhaften Auseinandersetzung führen kann und so der Entfremdung entgegenwirkt. Daß solche Beamtenbildung innerhalb der bürokratischen Ordnung staatlicher Verwaltung weder vorgesehen noch möglich ist, muß gerade als ein Merkmal ihrer funktionalen Stabilität gelten.

Erich Ribolits

Patentrezept "Duales Lehrlingsausbildungssystem"?

Gedanken zum Widerspruch zwischen Bildung und Verwertungsinteressen am Beispiel des österreichischen Systems der Facharbeiterausbildung

"... Wir haben Sachen machen müssen, was man als Lehrling vielleicht gar nicht machen darf. Schwere Maschinen von unten raufbohren, raufstemmen, immer im dichtesten Staub eingehüllt auf der Baustelle, Gipssackel schleppen. Der Lehrling ist halt billiger wie ein Hilfsarbeiter. Die Firma ... hat damals 20 Lehrlinge aufgenommen. Das läuft dann so, daß die Gewerkschaft sagt, daß sie froh ist, wenn es überhaupt Lehrstellen gibt. ..."

"... Ich hab praktisch als Lehrling schon wie ein Facharbeiter verkauft. ..."

"... Dann ist es nicht mehr vorgekommen, daß ich das Gefühl gehabt hab, das ist der Beruf, den ich in Zukunft machen will. Zuerst hat man überhaupt keine Ahnung vom Beruf, das ist mehr ein Wunschdenken. Auf der Baustelle steht man vor dem Problem, das zu lösen ist, man steht dann vor Maschinen, und dann geht das nicht mehr. Am Anfang hat man eher noch Hoffnung, aber dann begreift man, daß einem doch nichts gezeigt wird. ..."

"... Im zweiten Lehrjahr hab ich gewußt, daß das nichts für mich ist, dauernd Schwierigkeiten mit den Lehrmeistern und Ausbildern. Die Arbeit ist immer die gleiche. Wir haben wochenlang immer das Gleiche gemacht, obwohl es nicht direkt eine Akkordpartie war. ..."

(Jugendliche über ihre Lehrzeit.[1])

"... Fragt man ... nach der Haltung der Interessensvertretung der gewerblichen Wirtschaft zu diesem "ihren" Bildungssystem, so ist die Antwort rasch gegeben: ein uneingeschränktes Ja zum System der dualen Ausbildung ..."

(DDr. Kehrer, Generalsekretär der Bundeswirtschaftskammer)

Lehrlingsausbildung - der "vergessene" Bereich der österreichischen Bildungspolitik:

Fast die Hälfte der 15-19jährigen Jugendlichen in Österreich absolviert eine Lehre, d.h. sie erlernen durch die Mitarbeit in einem Betrieb und durch den Besuch einer facheinschlägigen Berufsschule einen Lehrberuf. Die Wurzeln dieses Facharbeiterausbildungssystems reichen bis in die feudalistisch-ständischen Gesellschaftsstrukturen des Mittelalters zurück. Damals entstand neben dem schulischen Bildungsweg für angehende Kleriker auch die von den Handwerksgemeinschaften organisierte Meisterlehre, bei der die Ausbildung im Betrieb und im Haushalt eines Handwerksmeisters erfolgte. Im Laufe des 19. Jahrhunderts kam zu dieser Form der Berufsausbildung auch noch ein berufsbegleitender Teilzeitunterricht unter verschiedenen Titeln und Organisationsformen hinzu. Im letzten Viertel des vorigen Jahrhunderts bekam dieser, die betriebliche Ausbildung ergänzende Schulunterricht schließlich jene organisatorische Gestalt, die sich in ihren Grundzügen bis heute nicht verändert hat und firmiert seit dem Ersten Weltkrieg unter dem Titel "Berufsschule". Das sogenannte "duale Berufsausbildungssystem", mit seinen beiden Lernorten Schule und Betrieb, ist damit also etwas mehr als hundert Jahre alt. Bei diesem dualen System verbringen die Lehrlinge allerdings nur knapp 1/5 ihrer Ausbildungszeit in einer Ausbildungsinstitution - der öffentlich organisierten Berufsschule - den weitaus überwiegenden Teil ihrer Lehrzeit absolvieren sie in einem Lehrbetrieb, der primär zur Gewinnerzielung betrieben wird und in dem Ausbildung bestenfalls ein Nebenprodukt darstellt.

Einerseits gibt es also in Österreich keinen anderen Bildungsbereich, von dem ein vergleichbar großer Bevölkerungsanteil betroffen ist, andererseits läßt das Installierungsdatum des dualen Systems erwarten, daß dieser Bildungsbereich durch die gesellschaftlichen Veränderungen und die Umstrukturierungen der Arbeitswelt des letzten Jahrhunderts verschiedensten Anpassungszwängen ausgesetzt war und entsprechend oft in das Blickfeld der Bildungsreformer geriet. Dieser Bildungsbereich bietet sich ja geradezu als permanenter Testfall für die Fragestellung nach dem Vorbeigehen oder Nichtvorbeigehen der institutionalisierten Ausbildung an der Lebens- und Berufsrealität zukünftiger Arbeitnehmer an.

Man sollte also annehmen, daß dieser Bereich des österreichischen Bildungswesens in der pädagogischen und der bildungspolitischen Diskussion einen Dauerbrenner darstellt. Nichts davon ist allerdings der Fall. Lehrlinge stellen seit jeher die "vergessene Majorität" (Winterhager 1972) der österreichischen Bildungsszene dar. In der ohnehin sehr dürftigen Literatur zum Thema Lehrlingsausbildung sind Publikationen, die ein kritisches Hinterfragen oder eine Perspektivenentwicklung bezüglich Zielsetzung, inhaltlicher Ausrichtung oder methodisch-didaktischem Vorgehen der berufspädagogischen Praxis in Österreich vornehmen, absolute Raritäten. Im Gegensatz zu anderen Schul- oder Ausbildungsbereichen findet zum Thema der Facharbeiterausbildung faktisch überhaupt keine pädagogisch-wissenschaftliche Reflexion statt. Es existiert in Österreich auch keine staatlich organisierte Berufsbildungsforschungseinrichtung, wie sie z. B. in Form eines Berufsbildungsforschungsinstitutes in der BRD schon vor Jahren geschaffen wurde; und es gibt hierzulande auch keine erziehungswissenschaftliche Universitätslehrkanzel, die der Beschäftigung mit diesem pädagogischen Bereich gewidmet ist.

Liegt die Beschäftigungsabstinenz mit diesem offenbar äußerst wesentlichen Ausbildungsbereich darin begründet, daß das System der Lehrlingsausbildung so perfekt auf die Strukturen der Lebens- und Arbeitswelt in unserer Gesellschaft zugeschnitten ist? Gibt es zu diesem System so wenig kritische Stimmen, da im wesentlichen alle mit dieser Form der Facharbeiterrekrutierung (die faktisch nur in den deutschsprachigen Ländern Mitteleuropas vorkommt), zufrieden sind, weil eben gerade diese Ausbildungsform die an sie gestellten Anforderungen optimal erfüllt? Bekommen Lehrlinge in diesem System die für sie beste Ausbildung, d. h. stellt eine Lehre jene Investition für ihr Leben dar, für die es sich lohnt, drei bis vier Jahre auf das Einkommen eines jugendlichen Hilfsarbeiters zu verzichten und sich stattdessen mit einer relativ geringen Lehrlingsentschädigung zufriedenzugeben, dafür aber auf das spätere höhere Einkommen und die besseren Arbeitsplatzchancen einer gelernten Kraft gegenüber einem Ungelernten zu hoffen? Und findet bei diesem System der Facharbeiternachwuchsausbildung tatsächlich jener oft beschworene Selbststeuerungseffekt statt, der erwarten läßt, daß die so Ausgebildeten in Zukunft einem Angebot an Arbeitsplätzen gegenüberstehen, das ihren Grundqualifikationen entspricht und es ihnen außerdem ermöglicht, auf Veränderungen der Arbeitsmarktstruktur reagieren zu können, ohne auf ihren Status als qualifizierte Facharbeiter verzichten zu müssen?

Wie gut funktioniert das duale System der Lehrlingsausbildung bzw. für wen funktioniert das Lehrlingsausbildungssystem gut?

Das wesentliche Bestimmungsmerkmal des österreichischen Systems der Facharbeiterausbildung ist seine schon erwähnte, weitgehende Ausgliederung aus dem allgemeinen schulisch-organisierten Ausbildungssystem. Nur knapp 20% der Ausbildung des Lehrlings erfolgt in der Schule, den weitaus überwiegenden Teil seiner Ausbildungszeit verbringt der angehende Facharbeiter in einem Lehrbetrieb. Der primäre Zweck dieses Betriebes ist aber nicht Ausbildung, sondern die Erwirtschaftung von Gewinn, das heißt, daß es, unter den Konkurrenzbedingungen unserer Wirtschaftsordnung für den Kapitaleigner darum geht, nach dem Prinzip möglichst hoher wirtschaftlicher Erfolg bei geringstmöglichem Einsatz, Sachgüter zu produzieren oder Dienstleistungen bereitzustellen. Das ursächliche Interesse der Kapitaleigner von Betrieben liegt dabei selbstverständlich darin, einen möglichst hohen Gewinn aus dem investierten Kapital zu schöpfen. Auch die Beschäftigung von Lehrlingen erfolgt unter diesem Gesichtspunkt. Arbeitgeber müssen nach der Logik der Kapitalverwertung daran interessiert sein, in möglichst kurzer Zeit eine Arbeitskraft zur Verfügung zu haben, die eine auf die momentan absehbaren Erfordernisse des Betriebes optimal ausgerichtete Qualifikation besitzt. Diese betrieblichen Erfordernisse sind aber von Betrieb zu Betrieb, und ganz besonders zwischen den einzelnen Sektionen der Wirtschaft, ganz eklatant unterschiedlich. Daraus ergeben sich gravierende Unterschiede bezüglich der Qualität und Brauchbarkeit dieser betrieblichen Ausbildungen.

Die Vertreter der Wirtschaft beschreiben gerne und oft die Ausbildung in den großen Industrieunternehmungen, die meist moderne Lehrwerkstätten betreiben, qualifizierte hauptberufliche Ausbilder beschäftigen, sich an Ausbildungspläne halten (können) und oft sogar zusätzlich zur Berufsschule betrieblichen Unterricht abhalten. Diese Form der betrieblichen Lehrlingsausbildung setzt jedoch voraus, daß es sich der Betrieb leisten kann und will, in die Ausbildung des Arbeitskräftenachwuchses im Sinne einer langfristigen Profitplanung zu investieren. Diese Voraussetzung ist jedoch, wie im folgenden gezeigt werden soll, absolut nicht für alle Betriebe gegeben, welche Lehrlinge beschäftigen.

Die etwa 54 000 österreichischen Betriebe, die derzeit Lehrlinge ausbilden, verteilen sich auf die verschiedensten Wirtschaftssektionen. Das führt dazu, daß ca. 52% aller Lehrlinge im Gewerbe, 21% im Handel, 15% in der Industrie und etwa 11% im Fremdenverkehr beschäftigt sind. Der Rest von ca. 2% verteilt sich auf die beiden Sektionen Geld, Kredit, Versicherung und Verkehr. Der tatsächliche Anteil der Beschäftigten dieser Wirtschaftsbereiche ist allerdings weitgehend anders. An Arbeitskräften sind derzeit beschäftigt: 27% im Gewerbe, 19% im Handel, 33% in der Industrie, 7% im Fremdenverkehr und die übrigen 14% in den Bereichen Geld, Kredit, Versicherung und Verkehr.[2]

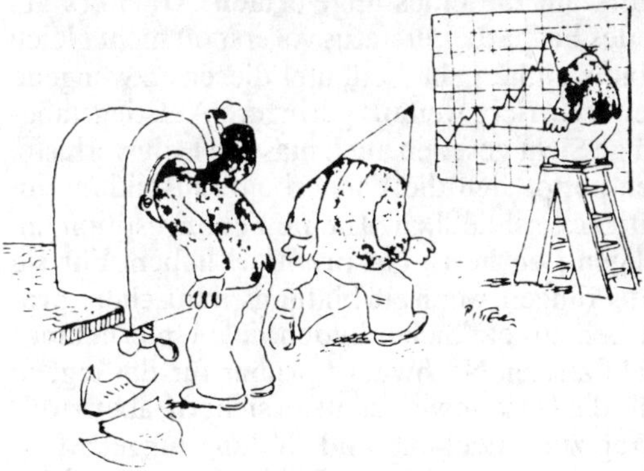

Grafik 1: Lehrlingsausbildung

Ein noch deutlicheres Bild ergibt sich, wenn man die Zahl der Beschäftigten mit den Lehrlingen im jeweiligen Bereich vergleicht. Dabei zeigt sich, daß im Gewerbe auf 100 erwachsene Arbeitnehmer 35 Lehrlinge entfallen; in der Industrie beträgt das Verhältnis zwischen erwachsenen Arbeitnehmern und Lernenden 100:5! Diese Zahlen zeigen überdeutlich, daß eine der Beschäftigtenzahl überhaupt nicht entsprechende, überproportional hohe Zahl von Lehrlingen hauptsächlich im Gewerbe ausgebildet wird, daß also die Anzahl der Lehrverhältnisse in den meist kleinen Gewerbebetrieben offensichtlich nicht durch den tatsächlichen Fachkräftenachwuchsbedarf bestimmt ist. Zu einem gewissen Grad tritt dieses Phänomen auch im Fremdenverkehr auf. Die naheliegende Erklärung dafür ist, daß diese Bereiche gar nicht an fertig ausgebildeten Fachkräften interssiert sind, sondern an der Verwertung der (billigen) Arbeitskraft des Lehrlings. Darauf deutet auch eine andere Tatsache hin: "Berufe mit hohen Lehrlingsquoten weisen einen auffallend geringen Anteil an Hilfsarbeitern auf. Das heißt nichts anderes, als daß die anfallenden Hilfstätigkeiten von den Lehrlingen ausgeführt werden, Lehrlinge sind in diesen Fällen - eben vor allem in Kleinbetrieben - in erster Linie billige Arbeitskräfte, wie immer wieder in österreichischen Untersuchungen, aber auch in einem Bericht der OECD über Österreich festgestellt wird." (Samlicki 1984, 24) Diese Tatsache spiegelt sich auch darin wieder, daß Lehrlinge aus Gewerbebetrieben eine deutlich schlechtere Erfolgsquote bei den Lehrabschlußprüfungen haben (siehe dazu weiter unten). Hilfsarbeitertätigkeiten sind selbstverständlich nicht geeignet, dazu die notwendigen Facharbeiterqualifikationen zu erwerben.

Die Folge des Lehrplatzangebotes, das nicht dem tatsächlichen Arbeitskräftebedarf entspricht, ist, daß die Lehrabsolventen der überproportional ausbildenden Bereiche, im wesentlichen also die ehemaligen Lehrlinge von Gewerbebetrieben, versuchen müssen, in anderen Wirtschaftssektionen einen ihrer Qualifikation entsprechenden Arbeitsplatz zu finden. Das kann ihnen logischerweise nur zum Teil gelingen, größtenteils müssen sie in fremde Berufe abwandern, fast immer sinken sie dabei von der Position eines Facharbeiters auf die eines angelernten Arbeiters ab. Wenngleich dieser Verlust des Facharbeiterstatus vorerst oft nicht gleich mit einer Einkommenseinbuße einhergeht, bedeutet dieser erzwungene Verzicht auf eine Facharbeiterkarriere weitaus geringere Aufstiegsmöglichkeiten und damit auf lange Sicht gesehen auch massive Lohnverluste. Für diese Arbeitnehmer entpuppt sich die Facharbeiterausbildung im Sinne ihrer beruflichen Tätigkeit schließlich als eine Fehlinvestition, an der allerdings ihre ehemaligen Lehrherrn gut profitiert haben. Für sie muß es wie blanker Zynismus klingen, wenn ein bildungspolitischer Sprecher der Unternehmerseite behauptet: "Sicher bilden viele Unternehmer Lehrlinge aus, um den qualifizierten Nachwuchs primär für das eigene Unternehmen, aber auch für die Gesamtwirtschaft zu sichern, aber zweifellos auch, um einen Beitrag zur Erziehung und Bildung junger Menschen zu leisten. Diese Unternehmen ... zeichnen für die Qualität und Ergebnisse dieser Ausbildung selbst verantwortlich." (Riemer 1985, 36)

In der derzeitigen Arbeitsmarktsituation finden solche "falsch" Ausgebildeten jedoch oft nicht einmal mehr einen Arbeitsplatz unter ihrem Qualifikationsniveau, sondern müssen gleich den Weg in die Arbeitslosigkeit antreten, wenn sie nach der Behaltefrist von ihrem ehemaligen Lehrherrn gekündigt werden. Immerhin haben von den im Oktober 1986 als arbeitslos gemeldeten 19-24jährigen Österreichern etwa 43% eine Lehre abgeschlossen! Diese Tatsache scheint dem Generalsekretär der Bundeswirtschaftskammer Kehrer allerdings kein alarmierendes Indiz einer Ausbildung zu sein, die an den Lebensinteressen der Betroffenen vorbeigeht; sonst ließe sich seine Aussage, daß "neben der bildungsmäßigen auch die beschäftigungspolitische Leistung des Systems der Lehrlingsausbildung beeindruckend ist," wohl kaum nachvollziehen. Die angeführten jugendlichen Arbeitnehmer können schließlich, obwohl er meint, daß "dieses System..." (auch) "eine gute Ausgangsbasis für die Bewältigung der Anforderungen der Zukunft bieten wird" (Kehrer, 1985, 11), derzeit nach Abschluß ihrer Lehre keine Weiterbeschäftigung finden; und das, weil sie entweder einen Lehrberuf erlernt haben, in dem weit über den tatsächlichen Bedarf an Facharbeitern ausgebildet wurde, oder weil die berufliche Bildung, die sie erhalten haben, ein zu enges Spektrum aufweist und in anderen Berufen nicht verwendbar ist. Die Ausbildung im dualen System wird damit für eine erschreckend hohe Zahl von Jugendlichen zur Vorbereitung auf die Arbeitslosigkeit.

Dabei soll nicht die weitverbreitete Illusion genährt werden, daß der derzeitigen Arbeitslosigkeit grundsätzlich durch eine verbesserte und auf die Bedürfnisse der Arbeitgeber ausgerichtete Qualifikation der Arbeitssuchenden begegnet werden kann. Das Erwerben einer höheren, bzw. am Arbeitsmarkt besser verkaufbaren Qualifikation stellt immer nur eine individuelle Möglichkeit für einige wenige Arbeitnehmer dar, um auf einem durch Verdrängungstendenzen geprägten Arbeitsmarkt ihre Konkurrenzsituation zu verbessern. Die grundsätzliche Ursache der derzeit ständig steigenden Arbeitslosigkeit liegt in der Tatsache begründet, daß es durch neue Technologien möglich wurde, dasselbe bzw. sogar ein erhöhtes Sozialprodukt nicht unter Beibehaltung oder Erhöhung des Arbeitskräftebedarfs sondern mit weniger Beschäftigten zu schaffen, daß also eine erhöhte Arbeitsproduktivität erreicht wurde.[3]

Trotzdem wird in den derzeitigen Diskussionen um die Beseitigung der Arbeitslosigkeit oft damit argumentiert, daß es noch immer Arbeitsbereiche gäbe, für die es Unternehmern - trotz einer großen Zahl von Arbeitssuchenden - nicht gelingt, entsprechend qualifizierte Facharbeiter aufzutreiben. Darin offenbart sich aber nur deutlich die Disfunktionalität des derzeitigen Facharbeiterausbildungssystems, das eben logischerweise nur auf die kurzfristigen Verwertungsinteressen der Arbeitgeber ausgerichtet sein kann. Welcher Unternehmer, und besonders welcher Kleingewerbetreibende kann und wird es sich denn leisten, in eine, erst am Horizont des Arbeitsmarktbedarfs heraufdämmernde (Spezial-)Qualifikation einer Nachwuchsarbeitskraft zu investieren, wenn er nicht sicher sein kann, daß sich diese Investition in Form einer späteren profitablen Verwertbarkeit rentiert? Die gewerbliche Wirtschaft ist mit "ihrem" dualen Ausbildungssystem[4] offensichtlich nicht einmal imstande, den Arbeitskräftenachwuchs ihrem eige- nen Bedarf entsprechend zu steuern. Wenn man aber weiß, wie sehr die Unternehmerverbände das duale Ausbildungssystem idealisieren, und andererseits "das Unternehmerklagen über einen Facharbeitermangel ernst nimmt, wäre zu fragen, wer denn eigentlich für die Ausbildung von Facharbeitern (qualitativ und quantitativ) zuständig ist. Betriebe, die hier Schwierigkeiten haben, müssen sich den Vorwurf gefallen lassen, eine nicht angemessene Personalentwicklungsplanung zu haben" (Schwarzenbrunner 1987, 5).

Daß ein Ausbildungssystem, dessen überwiegender Teil im Betrieb erfolgt, der nach ökonomisch-wirtschaftlichen Gesichtspunkten ausgerichtet ist, um so schlechter funktioniert, je mehr diese Lehrlingsausbildung dem Ziel der kurzfristigen Gewinnerzielung untergeordnet ist (sein muß), läßt sich auch an den (Miß-)Erfolgsquoten bei den Lehrabschlußprüfungen zeigen. So beschäftigt der Gewerbebereich zwar überproportional viele Lehrlinge, die Durchfallsquote dieser Gewerbelehrlinge bei der Lehrabschlußprüfung ist mit 17,7% aber etwa doppelt so hoch wie im Durchschnitt der anderen Bereiche. In einzelnen gewerblichen Lehrberufen bestehen sogar bis zu einem Drittel der Lehrlinge ihre Lehrabschlußprüfung nicht![5] Dabei ist der überwiegende Teil der negativen Prüfungserfolge auf mangelnde Leistungen bei der praktischen Prüfung zurückzuführen. Damit werden die Ergebnisse der Lehrabschlußprüfungen zu einem Parameter der betrieblichen Ausbildungsqualität. Da aber, wie schon ausgeführt, in diesem Bereich die Beschäftigung eines Lehrlings vielfach gar nicht durch den zukünftigen Bedarf an einem gut ausgebildeten Facharbeiter motiviert ist, erscheint es nur logisch, daß für den Gewerbebetrieb oft gar kein besonderes Interesse daran besteht, den Lehrling für das Bestehen der Lehrabschlußprüfung zu qualifizieren; darüber können auch verbale Bekenntnisse, daß "das Unternehmen ... für die Erreichung des vorgegebenen Ausbildungszieles verantwortlich" ist (Riemer 1985, 37), nicht hinwegtäuschen. Das trotzdem so genannte "Ausbildungs"verhältnis dient in diesen Fällen vordergründig der ökonomischen Verwertung der Lehrlingsarbeitskraft, eine Tatsache, die viele Lehrlinge mit der vergeudeten Investition in ihre Lehrzeit bezahlen.[6]

Aber auch dann, wenn es für den Verantwortlichen im Gewerbebetrieb tatsächlich ein Anliegen ist, dem Lehrling die für den Beruf notwendigen

Qualifikationen zu vermitteln, sind die Grenzen der Ausbildungsmöglichkeiten eines solchen Betriebes sehr eng gezogen. Der Kleingewerbetreibende kann es sich selbstverständlich nicht leisten, eine Lehrwerkstätte zu unterhalten und den Lehrling dort ein systematisches Ausbildungsprogramm durchlaufen zu lassen. Damit ist aber das, was der Lehrling an qualifizierten Tätigkeiten in seinem Beruf kennenlernen kann, weitgehend abhängig von der Art der betrieblichen Aufträge. Für einen Kleinbetrieb ist es aber unter den derzeitigen technologischen und wirtschaftlichen Begleitumständen kaum mehr anders möglich zu überleben als durch Spezialisierung auf bestimmte Auftragsbereiche; für viele Betriebe sind das sogar nur spezifische Reparatur- und Ausbesserungsarbeiten - die eigentliche Erzeugung liegt bei der Industrie. Die Folge davon ist, daß der Lehrling das ganze Spektrum der Anforderungen seines Berufes in seinem Lehrbetrieb gar nicht erlernen kann.

Zusätzlich dazu besitzen die Personen, denen der Lehrling im Gewerbebetrieb anvertraut ist, meist kaum eine pädagogische Qualifikation, besonderes Einfühlungsvermögen für die Situation eines Lernenden oder Interesse an der Ausbildung des jugendlichen Mitarbeiters. Eine pädagogische Grundschulung für den im Betrieb für die Ausbildung Zuständigen ist zwar formal vorgesehen, aber es sind zum einen die schon länger aktiven Lehrberechtigten und Ausbilder vom Ablegen dieser Ausbilderprüfung befreit, zum anderen wurde die Verpfichtung zu dieser Prüfung für neue Ausbilder mit beschäftigungspolitischen Argumenten immer wieder, zuletzt bis Ende 1985, hinausgeschoben. Die Namen geprüfter Ausbilder stehen vielfach bloß auf dem Papier, weil sie mit betrieblichen Aufgaben betraut sind, die ihnen das tatsächliche Wahrnehmen ihrer Ausbildungsaufgabe gar nicht ermöglichen.

Schließlich liegt die Überwachung der Facharbeiterausbildung im wesentlichen bei den Handelskammern, die gleichzeitig die Interessensvertretung des Arbeitgebers des Lehrlings ist. Daß dabei, im Falle von Kollisionen zwischen den betrieblichen Verwertungsinteressen und dem Interesse des Lehrlings nach einer systematischen und umfassenden Ausbildung eher die Lehrlingsinteressen auf der Strecke blei- ben, liegt auf der Hand.

Die Tatsache, daß die derzeitige Form der Facharbeiterausbildung in vielen Fällen eher dem Ziel dient, den Lehrling rasch und einträglich im Produktionsprozeß einzusetzen, als daß sie darauf ausgerichtet wäre, seine berufsspezifische Leistungsfähigkeit optimal zu fördern, wirkt sich auch in der retrospektiven Einschätzung der Lehrzeit durch die Ausgelernten aus. Bei einer Befragung von Lehrabsolventen gaben nur 45,3% an, daß sie sich, wären sie noch einmal 15 Jahre alt, wieder einer Lehre unterziehen würden; fast 40,7% von ihnen würden statt- dessen im Falle der Möglichkeit, sich nocheinmal entscheiden zu kön- nen, als Berufsvorbereitung eine weiterführende Schule besuchen. Die Ursache für das offensichtliche Gefühl, sich bei der Entscheidung für ihren Berufsausbildungsweg geirrt zu haben, liegt in ihrer Beurteilung der Qualität der Lehrzeit. Nur 33,8% der ehemaligen Lehrlinge glauben in der Lehre gut auf ihren Beruf vorbereitet worden zu sein; 43,4% halten die Berufsvorbereitung durch die Lehrausbildung für ausreichend; 22,8%, also nahezu ein Viertel, schätzen sich, trotz ihrer absolvierten Lehre, jedoch überhaupt als nicht ausreichend für den Beruf vorbereitet ein.[7]

Zusammenfassend lassen sich die angeführten Daten und Fakten ohne Übertreibung folgendermaßen interpretieren: Die derzeitige Form der Lehrlingsausbildung ist zum großen Teil nicht auf die optimale Bewältigung der Berufs- und Lebensrealität der Arbeitnehmer ausgerichtet, sondern dient weitgehend nur der frühzeitigen profitablen Verwertung der jugendlichen Arbeitskraft. In vielen Fällen verdient dieses System nicht einmal die Bezeichnung einer Ausbildung, sondern stellt sich eher als eine versteckte Subvention des (Klein-)Gewerbes dar.

Perspektiven der Berufsbildung im Zusammenhang mit den Veränderungen der Arbeitswelt durch die derzeitigen technologischen Entwicklungen:

Diese weitgehende Disfunktionalität des Lehrlingsausbildungssystems im Sinne der Interessen der Auszubildenden hat sich, wie oben ausgeführt, auch bisher schon für die betroffenen Arbeitnehmer sehr nachteilig ausgewirkt. Die derzeitigen grundlegenden Veränderungen der Arbeitsinhalte, der Arbeitsbedingungen und der Arbeitsanforderungen, bedingt durch einen sich ständig beschleunigenden Wandel in allen Wirtschafts- und Produktionsbereichen, verstärken diese negativen Auswirkungen jedoch noch gravierend.

Grafik 2: Qualifizierung fürs Museum?

Die technologischen Veränderungen in Form der sich rapid weiterentwickelnden Möglichkeiten der Datengewinnung und -verarbeitung, des immer massiveren Einsatzes computerunterstützter Planung, Steuerung und Produktion z. B. führen zu ständig neuen Qualifikationsanforderungen an die Beschäftigten. Ganze Berufsgruppen verschwinden aus der Arbeitswelt, neue Berufe entstehen oder Berufe werden völlig in ihren beruflichen Alltagsanforderungen umstrukturiert. Das führt bei der derzeitigen Form der Facharbeiterausbildung einerseits zur ständigen Dequalifizierung großer Arbeitnehmergruppen, andererseits führt diese Entwicklung auch dazu, daß die traditionell ausgebildeten Facharbeiter zunehmend nicht mehr ausreichend den neuen Anforderungen gewachsen sind.

Noch niemals wurden deshalb so große Anstrengungen unternommen, um eine Anpassung der Arbeitskräftequalifikationen an den technischen Entwicklungsprozeß zu erreichen. In Großbetrieben und in den von Arbeitgeber- und Arbeitnehmerverbänden geführten Institutionen der beruflichen Erwachsenenbildung werden Millionenbeträge für Umschulung und berufliche Fortbildung aufgewendet. So wurden seit 1980 ca. 526 000 Österreicher umgeschult. War der dafür erforderliche Aufwand vor sechs Jahren mit 296 Millionen öS für 46 447 Betroffene noch verhältnismäßig gering, wurden im Jahre 1986 bereits 1,4 Milliarden öS für die berufliche Neuqualifikation von 114 331 Personen ausgegeben.[8]

Der Trend, der sich in diesen Zahlen ausdrückt, aber auch viele Zukunftsprognosen lassen den Gedanken immer selbstverständlicher erscheinen, daß es in Zukunft immer häufiger notwendig sein wird, beruflich um- und weiterzulernen, daß das Konzept des Lebensberufes zunehmend hinfällig und mehrfacher "Berufs"wechsel (sofern der Begriff Beruf dann überhaupt noch Sinn gibt) selbstverständlich werden wird. In diesem Zusammenhang taucht neuerdings immer deutlicher auch die Forderung auf, daß schon im Rahmen der beruflichen Erstausbildung allgemeine Fähigkeiten vermittelt werden sollen, die es den Berufstätigen später erleichtern können, sich schneller und problemloser auf verändernde berufliche Anforderungen einzustellen. Diese "neuen beruflichen Allgemeinqualifikationen" werden, zwar zum Teil unter verschiedenen Titeln und mit verschiedenen Schwerpunktsetzungen, sowohl von Arbeitnehmer- aber auch von verschiedenen Arbeitgebervertretern reklamiert. Angesprochen werden diese neuen Kenntnisse häufig unter dem Titel "dynamische Fähigkeiten" oder "extrafunktionale Qualifikationen", verstanden werden darunter Kompetenzen wie z.B.: Fähigkeit zur Kommunikation und zur Zusammenarbeit im Team, Fähigkeit zur rationalen Konfliktaustragung, Bereitschaft zu lebenslangem Um- und Dazulernen, sowie die innere Flexibilität, sich auf verändernde Arbeitsbedingungen einstellen zu können, aber auch Initiative und Unternehmensgeist oder Selbständigkeit und Selbstvertrauen.

Wie schon erwähnt, werden solche oder ähnlich umschriebene Forderungen an die Berufsbildung verschiedentlich sowohl von Unternehmer- als auch von Arbeitnehmerseite gestellt, wobei die Motive jeweils weitgehend verschieden sind. Für die Vertreter der Wirtschaft steht im Vordergrund, daß solche Arbeitnehmerqualifikationen für das Überleben der im internationalen Wettbewerb stehenden Betriebe zunehmend notwendig werden. Interessant ist in diesem Zusammenhang eine Untersuchung der OECD über die Veränderungen der Arbeitsstrukturen in fünf großen Automobilkonzernen. Dabei fallen die folgenden Entwicklungen besonders auf:

Die neuen Technologien ermöglichen die fortschreitende Automatisierung von Routinetätigkeiten und gleichförmigen Arbeitsabläufen. Für die (nachher noch verbleibenden) Arbeitskräfte ergibt sich eine Erhöhung der beruflichen Anforderungen.

Die Notwendigkeit zur Teamarbeit nimmt stark zu. Die gegenseitige Abhängigkeit innerhalb und zwischen den hierarchischen Betriebsebenen erhöht sich stark.

Immer häufiger muß ein und dieselbe Person eine Vielzahl von organisierenden, ausführenden und kontrollierenden Aufgaben wahrnehmen.

In immer kürzeren Abständen erfolgt eine Neuorientierung von Aufgabenbereichen für die Arbeitnehmer. Eine fast kontinuierliche Fortbildung wird dadurch erforderlich (Posch 1984, 2).

Die Konsequenzen, die sich aus solchen Veränderungen der betrieblichen Arbeitsstrukturen ergeben, lassen es verständlich erscheinen, daß - logischerweise eher von Vertretern der großen Betriebe, die von diesen Entwicklungen vorerst hauptsächlich betroffen sind, - neue Arbeitnehmerqualifikationen gefordert werden. So erklärte z.B. der Leiter der Ausbildungsabteilung der VOEST-Betriebe bei einer Veranstaltung an der Universität Klagenfurt im Herbst 1986 sinngemäß: Die alten Arbeitstugenden Ordnung, Sauberkeit und Pflichttreue reichen nicht mehr zur Bewältigung der neuen betriebswirtschaftlichen Aufgaben, dazu sind Mitarbeiter

Grafik 3: Technologischer Fortschritt und Berufs"vielfalt"

notwendig, die Fähigkeiten wie Flexibilität, Mobilität, Teamarbeitsvermögen u. dgl. besitzen.

Die Arbeitgeberseite sieht mit der Forderung nach der Vermittlung neuer beruflicher Grundqualifikationen berufliche Bildung natürlich weiterhin nur darin, potentielle Arbeitskräfte für die Anforderungen des Arbeitsmarktes zurechtzurichten. Nachdem sich die Anforderungen an die Arbeitskräfte "moderner" Unternehmen derzeit eben in ganz bestimmte Richtungen verändern, soll auch der Ausbildungssektor entsprechend reagieren. Es ist das alte Konzept der Berufsausbildung: Berufliche Bildungsprozesse werden einseitig und linear als Mittel zur Bereitstellung und Anpassung von Qualifikationen an die Forderungen des Arbeitsmarktes mit seinen jeweiligen technischen, organisatorischen und ökonomischen Bedingungen gesehen.

Trotzdem stecken aber in diesen Veränderungsansprüchen für den Berufsausbildungsbereich geradezu revolutionäre Konsequenzen. Ein System der beruflichen Ausbildung, das tatsächlich berufsunabhängige, für verschiedene berufliche Arbeitsfelder anwendbare Grundqualifikationen vermitteln soll, kann unmöglich weiter so organisiert sein, wie es das duale Berufsausbildungssystem bis jetzt ist. Dazu wäre es notwendig, die Facharbeiterausbildung zu "homogenisieren" und sie von den kurzfristigen (und oft genug kurzsichtigen) Verwertungsinteressen der Einzelunternehmen abzukoppeln. Das läßt sich realistisch nur durch die Schaffung außerbetrieblicher Facharbeiterausbildungsstätten und dem Abgehen vom Konzept des "learning on the job" verwirklichen.

Für die Großunternehmen, die meist sowieso in Form von Lehrwerkstätten, hauptberuflichen Ausbildern und systematischen Ausbildungsgängen in die Lehrlingsausbildung investieren - natürlich auch nicht aus reiner Menschenfreundlichkeit, sondern weil sie es sich leisten können, langfristigere Profitplanung zu betreiben, - ist das keine bedrohliche Aussicht. Verständlicherweise weisen aber jene Unternehmergruppen, die schon an der Arbeitskraft des Lehrlings und nicht erst des ausgelernten Facharbeiters (gut) verdienen müssen, jeden Gedanken weit von sich, der in die Richtung geht, die Facharbeiterausbildung überbetrieblich zu organisieren. Im Problem um die neuen Qualifikationsanforderungen werden damit die Interessensunterschiede bezüglich der Lehrlingsausbildung zwischen den verschiedenen Arbeitgebergruppen virulent. Es zeigt sich zunehmend deutlicher, daß das Kleingewerbe und die industriell arbeitenden Betriebe völlig verschiedene Ansprüche an das Nachwuchsausbildungssystem haben. Die eine Unternehmergruppe braucht für ihr Überleben im internationalen Wettbewerb immer mehr die beruflich flexible Arbeitskraft, die mit einer Palette beruflicher Grundqualifikationen ausgestattet ist und sich entsprechend schnell auf sich verändernde Bedingungen der Produktion einstellen kann. Die Vermittlung dieser beruflichen Fähigkeiten ist in der traditionellen Form der Facharbeiterausbildung, der Mitarbeit im Betrieb beim alltäglichen Berufsgeschehen, kaum mehr erreichbar. Im Gegensatz dazu ist die andere Gruppe der Unternehmer, das Kleingewerbe, für ihr Überleben darauf angewiesen, weiter die billige Lehrlingsarbeitskraft zur Verfügung zu haben.

Worauf es nun ankommen wird, ist die Haltung und die Durchsetzungsfähigkeit der Arbeitnehmerseite. Breite berufliche Grundqualifikation und überbetriebliche Lehrwerkstätten sind langjährige Forderungen von Gewerkschaft und Arbeiterkammer. Für Arbeitnehmer kann es dabei aber nicht nur um die Anpassung der Ausbildung an veränderte Bedingungen des Arbeitsmarktes und der Arbeitsstrukturen gehen. Denn solange berufliche Bildung nur darin gesehen wird, potentielle Arbeitskräfte für die Anforderungen des Arbeitsmarktes zurechtzurichten, wird sich an der Position der Arbeitnehmer als ohnmächtiges Anhängsel der technologischen Entwicklung nichts ändern. Damit die Arbeitenden bewußt in die Auswirkungen technischer und ökonomischer Entwicklungen eingreifen können, muß es zu einem konstituierenden Moment der Berufausbildung werden, die Interessensbezogenheit des Umgehens mit "Fortschritt" zu reflektieren.

Neue technische und organisatorische Möglichkeiten bewirken ja nicht naturgemäß und unausweichlich bestimmte arbeitsorganisatorische, soziale und gesellschaftliche Veränderungen. Das derzeitige Umgehen mit den Möglichkeiten der technologischen Entwicklung, das sich z.B. in den rapide steigenden Arbeitslosenzahlen oder der Dequalifikation großer Arbeitnehmergruppen zeigt, entspricht eben auch der Interessenslage ganz bestimmter gesellschaftlicher Gruppen. Die Verteilung der gesellschaftlichen Macht ist die maßgebliche Größe für die Auswirkungen technischer Entwicklungen. Grob vereinfacht kann die derzeitige Erhöhung der Arbeitsproduktivität für eine Verkürzung der für alle notwendigen Arbeitszeit verwendet werden oder dazu führen, daß Arbeitskräfte entlassen werden und der Profit aus der Möglichkeit, ein zumindest gleich großes Sozialprodukt unter Verringerung des Arbeitskräfteeinsatzes zu produzieren, im wesentlichen nur dem Kapitaleigner zugutekommt.

Die Reflexion der interessensbezogenen Dimension des Umgehens mit "Fortschritt" passiert aber im Rahmen beruflicher Bildung faktisch überhaupt nicht, ja gehört überhaupt nicht zum gängigen Verständnis von Ausbildung. Das paßt zum üblichen Konzept der Arbeitsrealität in unserer Kultur, in dem "die Arbeitenden nicht die Position von mitentscheidenden Subjekten einnehmen, die ihre Interessen von vornherein als konstitutive Momente in den gesellschaftlichen Entwicklungsprozeß einbringen können. Von ihrer grundsätzlichen Position her sind die Arbeitenden mit fremden Entscheidungen konfrontiert und in die Rolle von Reagierenden gedrängt, die sich anzupassen haben oder - entsprechende gewerkschaftliche und politische Organisiertheit vorausgesetzt - gewisse Zugeständnisse erkämpfen können." (Ofner 1986, 9)

Daß eine solche Reflexion der Tatsache, daß es weitestgehende Divergenzen bezüglich des Umgehens mit den Möglichkeiten technischer und organisatorischer Innovationen gibt, aber nicht im Rahmen einer mit betrieblichen Verwertungsinteressen verknüpften Ausbildung in einem Lehrbetrieb stattfinden kann, liegt auf der Hand. Wo die Ausbildung im Sinne und unter der Dominanz der Interessen eines Kapitaleigners erfolgt, wird sie immer nur darin gesehen werden, Arbeitskräfte im Sinne von höherer Verwertbarkeit zurechtzurichten. Das Hinterfragen dieses Vorgangs auf seine Zielsetzung und seine Nutznießer kann logischerweise nicht im Interesse dessen sein, der diese Arbeitskraft für den problemlosen Einsatz beim Erwirtschaften eines möglichst hohen Profits aus seinem investierten Kapital braucht.

Genau darin, daß eine solche Reflexion der Bedingungen beruflicher Tätigkeit niemals Teil einer an den Interessen der Kapitaleigner ausgerichteten Ausbildung sein kann, offenbart sich der unauflösbare Widerspruch zwischen einer Bildung, die zu persönlicher und gesellschaftlicher Emanzipation führt, und den Interessen derer, die an der derzeitigen Form der Facharbeiterausbildung interessiert sind: Bildung intendiert einen Akt der Befreiung, sie soll den Menschen befähigen, sich zu lösen von der Vorstellung eines schicksalhaften Ausgeliefertseins an Bedingungen individueller oder gesellschaftlicher Natur, sie soll ihn auch in die Lage versetzen, gesellschaftliche Abhängigkeiten oder die spezifischen Auswirkungen technologischer Entwicklungen als die Folgen bestimmter Machtverhältnisse zu erkennen. Eine so verstandene Bildung schärft das Bewußtsein für das Erkennen der eigenen Stellung im Gesellschaftsgefüge und der Machtverhältnisse, die zu dieser gesellschaftlichen Position geführt haben.

Im Verständnis derjenigen, welche die bestehenden betrieblichen Herrschaftsverhältnisse und die damit verknüpften Formen der Arbeitsorganisation als grundsätzlich gut und im wesentlichen nicht für veränderungsbedürftig halten, kann sich Berufsausbildung logischerweise darauf beschränken, Arbeitskräfte für die optimale betriebliche Einsetzbarkeit zu qualifizieren. Demgegenüber steht aber die Ansicht, daß auch der Bereich der betrieblichen Arbeit demokratisierungsfähig in dem Sinn ist, daß Berufstätigen größere Entscheidungs- und Handlungsräume erschließbar sind, ohne daß damit das für unsere Gesellschaft notwendige Produktionsvolumen gefährdet würde. Dann aber muß die Reflexion der Bedingungen, unter denen sich Berufstätigkeit in unserer Gesellschaft abspielt, genauso integrierender Bestandteil der Vorbereitung zukünftiger Lohnabhängiger auf ihre berufliche Tätigkeit sein, wie die Vermittlung fachspezifischer Kenntnisse und Fertigkeiten. Die derzeitige Organisation der Lehrlingsausbildung mit ihrer untrennbaren Verknüpfung mit Kapitalinteressen, schließt ein solches Verständnis von Ausbildung von vornherein aus. Erst wenn es gelingen wird, die Ausbildung des Facharbeiternachwuchses dem Einfluß derer zu entziehen, die auch schon an der Verwertung der Lehrlingsarbeitskraft zu profitieren versuchen, wird es möglich sein, daß hier wirklich Bildung mit emanzipatorischem Anspruch und nicht bloß Zurichtung erfolgt.

Otto Bauer hat oft auf den Zusammenhang zwischen Schulsystem und gesellschaftlichen Machtverhältnissen hingewiesen. Setzt man in der folgenden Aussage aus einer seiner Schriften statt dem Ausdruck "Schule" das Wort "Ausbildungssystem", so ist das Zitat gut geeignet um zusammenfassend die Funktion der österreichischen Facharbeiterausbildung im Zusammenhang mit der Realität der Machtverhältnisse in unserer Gesellschaft zu beleuchten:
"Jede herrschende Klasse, jedes Herrschaftssystem schafft sich die Schule, die seinen besonderen Bedürfnissen entspricht. Jede soziale Umwälzung, jede Umwälzung der politschen Mächte hat daher auch eine Umwälzung im Schulwesen zur Folge. Jede Schulreform ist nichts anderes als die Anpassung der Schule an neue oder neu bewußt gewordene gesellschaftliche Bedürfnisse, das heißt: Anpassung der Schule and neue Machtverhältnisse in Staat und Gesellschaft." (Bauer 1976, 409)
Diese Worte sollten allen, die eine Veränderung unserer Gesellschaft in Richtung von mehr Demokratie und Mitbestimmung anstreben, Ansporn sein, sich auch für ein dementsprechendes System der Facharbeiterausbildung stark zu machen.

Anmerkungen

1 Zitate aus einer Befragung Jugendlicher zu den Themen "Lebensbedingungen, Alltagshandeln, Zukunftsperspektiven" des Europäischen Zentrums für Ausbildung und Forschung auf dem Gebiet der sozialen Wohlfahrt.

2 Prozentsätze errechnet aus den Daten der Lehrlingssta tistik 1985 der Bundeskammer der gewerblichen Wirtschaft.

3 Im Jahre 1986 kamen mehr als sechs Arbeitssuchende auf eine offene Stelle. Das bedeutet, daß, selbst wenn diese Arbeitssuchenden "Idealqualifikationen" gehabt hätten, von sechs Arbeitssuchenden noch immer mindestens fünf "übriggeblieben" wären.

4 Siehe dazu z. B. die am Anfang dieses Artikels zitierte Aussage des Generalsekretärs der Bundeswirtschaftskammer.

5 Daten aus der Lehrlingsstatistik der Bundeskammer der gewerblichen Wirtschaft.

6 Die Richtigkeit dieser Behauptung beweist sich immer wieder auf das deutlichste durch die verschiedensten Untersuchungen zu den durchschnittlichen Tätigkeiten im Berufsall-

tag eines Lehrlings. So wurde z.B. vor kurzem erst wieder in einer Untersuchung der Kammer für Arbeiter und Angestellte in Wien zu den vier Berufen Bürokaufmann, Elektromechaniker, Elektroinstallateur und Koch festgestellt, daß die durchschnittliche berufliche Unterweisungsdauer pro Ausbildungstag 16 Minuten beträgt! (Baier 1985, 15)

7 Daten aus der ÖIBF-Untersuchung: Wie reagieren die Jugendlichen auf die gegenwärtige Situation am Arbeitsmarkt? Die Kluft zwischen Sehnsucht und Realität. Wien 1986.

8 Daten aus ÖGB-Nachrichtendienst Nr. 2378, April 1987.

Literaturverzeichnis

BAIER, A. u.a.: Beruflicher Alltag von Lehrlingen. Forschungsbericht der Kammer für Arbeiter und Angestellte für Wien. Wien 1985.

BAUER, O.: Schulreform und Klassenkampf. Werkausgabe II. Wien: Europa-Verlag, 1976.

KEHRER, K.: Die Stellung der Bundeswirtschaftskammer zur dualen Berufsausbildung. In: PISKATY/RIEMER/STEINRINGER (Hrsg.): Lehrlingsausbildung in Österreich. Wien : Orac, 1985, S. 9-11.

OFNER, F.: Grundkonzepte einer neuen Allgemeinbildung. In: Aufrisse, Zeitschrift für politische Bildung (1986) 3, S. 9.

POSCH, P.: Gesellschaftlicher Wandel und neue Anforderungen an die Schule. Referatspapier zur Tagung der Erziehungsminister der OECD-Länder. Klagenfurt 1984.

RIEMER, G.: Das duale System - der österreichische Weg einer praxisnahen Ausbildung Jugendlicher. In: PISKATY/RIEMER/STEINRINGER (Hrsg.): Lehrlingsausbildung in Österreich. Wien: Orac 1985, S. 34-40.

SAMLICKI, P.: Technische Entwicklung und Berufsausbildung. In: Bericht zur gleichnahmigen Enquete der Bundeskammer des Österr. Gewerkschaftsbundes und der Vereinigung österr. Industrieller. Wien 1984, S. 19-32.

SCHWARZENBRUNNER, W.: Thesen zum Zusammenhang zwischen Qualifikation und Arbeitslosigkeit. In: Start und Aufstieg - Zeitschrift des Berufsförderungsinstitutes 1987/2, S. 5.

WINTERHAGER, W.D.: Lehrlinge - die vergessene Majorität. Weinheim: Beltz, 1972.

Dietmar Larcher

Soll man Minderheiten in ihrer Kultur bilden?

Wer ist "man"? Was heißt "Minderheit"? Was heißt "Kultur"? Kann man überhaupt jemanden bilden? Ist "bilden" ein transitives Verb? Kann Bildung außerhalb der eigenen Kultur erfolgen?
Mit diesen Fragen hat sich unsere Forschungsgruppe (Boeckmann/ Brunner/Egger/Juric/Larcher), in deren Namen ich hier spreche, lange Zeit auseinandergesetzt (zuletzt in einem von der Berghof-Stiftung für Konfliktforschung geförderten Projekt "Interethnische Konfliktformen und interkulturelle Friedenserziehung").

Versuchen wir eine kurze Antwort, um nicht schon als Einleitung ein Endlostraktat zu produzieren. Am besten, wir zitieren große Namen: Kant, Hegel, Marx, Freud, Adorno, Habermas. Von ihnen leiten wir unser Bildungsverständnis ab. Bildung ist daher in unserem Verständnis mit dem Projekt der Aufklärung untrennbar verbunden - sie ist die Aufklärung, verstanden als Ausgang aus selbstverschuldeter Unmündigkeit. Von all den unterschiedlichen Ansätzen wollen wir festhalten, daß Bildung die Freisetzung der universalen, öffentlichen, zwanglosen, herrschaftsfreien Momente des individuellen und kollektiven Lebens erstrebt. Bildung in diesem Sinn verträgt sich nicht mit Wortwahl und grammatisch-syntaktischer Struktur des Titels. Dessen Sprache suggeriert ein Herrschaftsverhältnis, ein Subjekt-Objekt-Gefälle, und zwar auf beiden sprachlichen Ebenen. Wir schlagen daher vor, den Titel umzuformulieren: "Sollen marginalisierte Gruppen sich in ihrer Kultur bilden?" Wobei wir stillschweigend unterstellen, Kultur meine die Gesamtheit der von dieser Gruppe im Verlaufe ihrer geschichtlichen Entwicklung geschaffenen materiellen und ideellen Werte und den Umgang mit diesen Werten. Wir formulieren nochmals, diesmal die unausgesprochene Alternative verbalisierend: "Sollen marginalisierte Gruppen sich in ihrer Kultur bilden - oder sollen sie sich an die herrschende Kultur anpassen?"

Solange die Frage auf diesem Niveau von Abstraktheit gestellt wird, lassen sich von den impliziten Prämissen der von uns chiffrenhaft angedeuteten Bildungskonzeption zahlreiche kluge Sätze deduzieren.

Wir nehmen an, daß jeder halbwegs diskursfähige Mensch einem Bildungsbegriff zustimmen würde, der "reziproke Herstellung aller beteiligten Willensinteressen im Medium des herrschaftsfreien Diskurses" (Apel 1976, 361) meint. Damit wäre aber nur verbale Festmusik zum Tönen gebracht, die gegenüber widerständiger gesellschaftlicher Praxis folgenlos bliebe.

Statt weiter in der dünnen Höhenluft bildungstheoretischer Konzeptbildungen zu turnen, wollen wir uns der Praxis zuwenden - nicht, um die Theorie zu verabschieden, sondern um zu überlegen, inwieferne die Leitideen abendländischer Aufklärung

Freiheit, Gleichheit, Brüderlichkeit, Recht auf Glück,
Transformierung unsittlicher Verhältnisse in sittliche

- als Reflexionsbasis von Bildungsarbeit in konkreten Situationen geeignet sind. Wir schildern also Praxis, aber nicht, um die Theorie zu verifizieren oder zu falsifizieren, sondern um den (notwendigen) Gegensatz zwischen Theorie und Praxis herauszuarbeiten und zu überlegen, inwieferne ein Insistieren auf den Begriffen fruchtbar auf die Praxis zurückwirken kann.

Wir arbeiten in Kärnten. Wir sind aber als Universitätsangehörige nicht gänzlich in die Kärntner Gesellschaft integriert. Wir sind teilnehmende Beobachter im Kärntner Volksgruppenkonflikt. Als engagierte Wissenschaftler war es für uns von Anfang an klar, daß wir Partei ergreifen müßten; daß es nicht unsere Aufgabe sein könne, in den Auseinandersetzungen zwischen der deutschsprachigen Mehrheitsbevölkerung und der slowenischsprachigen Volksgruppe den unbeteiligten Schiedsrichter zu spielen, der ex cathedra seine wissenschaftlichen Urteile fällt. Eine solche Haltung wäre nicht nur theoretisch und forschungspraktisch paradox gewesen, sondern hätte nur wirkungslose Ergebnisse zeitigen können: denn niemand ist in praktischen Fragen ohne Diskurs der Wahrheit näher als ein anderer. Der Versuch für andere denken zu wollen, hätte sich rasch als Anmaßung der Theoretiker entpuppt.

Diese Theoretiker, "teilnehmende Beobachter", sind freilich auch selbst Betroffene. Wir agieren in einer Doppelrolle, indem wir direkt in die lebensweltlichen Probleme der Region als Mitglieder der Gesellschaft verstrickt sind bzw. uns in diese Gesellschaft hineindrängen, aber zugleich auch draußen stehen, einer internationalen Forschergemeinschaft und dem Ideal der Wahrheit verpflichtet. Zwischen zwei Betroffenheiten pendelnd, nähern wir uns manchmal mehr der alltagspraktischen Ebene, um dann wieder die wissenschaftlichen Diskurswelten aufzusuchen. Dies macht uns stark und schwach zugleich. Stark, weil zu wenig Rücksichten und Kompromissen verpflichtet, schwach, weil durch unseren Wechselschritt zwischen diskurstheoretischer Wahrheit und alltäglicher Wirklichkeit bei den Menschen der Eindruck entsteht, wir säßen letztlich immer im trockenen - wir seien nie in Probleme so existentiell involviert, wie sie es sind (was hier nicht bestritten werden soll).

Unsere Vorentscheidung, Weiterbildungsarbeit als Engagement für die schwächere der beiden Gruppen, also die slowenische Volksgruppe, zu betreiben, ist bereits Folge der Auseinandersetzung mit den zentralen Begriffen der Aufklärung. Hegels Modell reziproker Anerkennung war die latente Interpretationsfolie der Deutungen unserer Beobachtungen im sozialen Feld: "Nur der Mensch, der bereit ist, sich auf den Anderen hin selbst zu verlassen (aus seinem selbstbeharrenden Solipsismus heraus), vermag durch die Anerkennung des Anderen sich selbst anzuerkennen. Durch die Aufhebung dieser Entäußerungsbewegung erhält sich der Mensch zweifach zurück, indem er wieder sich gleich wird, aber bereichert um den internalisierten Anderen, der durch die Aufhebung der Entäußerung wieder befreit wird" (Steinlechner 1987, 125). Alle unsere Beobachtungen liefen darauf hinaus, daß wir glaubten, bei der deutschsprachigen Mehrheitsbevölkerung keinerlei Anzeichen für die Anerkennung des anderen entdecken zu können, bei der slowenischsprachigen Volksgruppe dagegen eine stärkere Anerkennung des anderen, aber vielfach ohne Aufhebung der Entäußerungsbewegung. In anderen Worten: Wir nahmen wahr, daß die deutschsprachige Mehrheitsbevölkerung keinerlei Verständnis für die Anliegen der slowenischsprachigen Volksgruppe aufzubringen schien; daß die slowenischsprachige Volksgruppe dagegen große Assimilationsbereitschaft an die deutschsprachige Mehrheitsbevölkerung zeigte. Dies fanden wir auch durch einen Blick auf die Statistik bestätigt. 1900 wurden 75 136 Slowenen gezählt, 1981 nur mehr 16 552.

Das bedrückende psycho-soziale Klima des Landes schien uns eine direkte Folge der verweigerten Dialektik der Anerkennung zu sein: Das Fehlen einer kritischen Öffentlichkeit im Sinne bürgerlicher Aufklärung, eine Kultur des öffentlichen Schweigens, regressive Weltdeutungsmuster (Freund-Feind-Bilder, Schwarz-Weiß-Malerei), irrationale Angst und Aggressionsbereitschaft, Neigung zu Depressivität, eine extrem hohe Selbstmordrate (die höchste in Österreich, nämlich - 1984 - 33,5 Selbstmorde auf je 100 000 Einwohner, im Vergleich etwa zu 26,6 in Wien oder 15,9 in Vorarlberg).

Als Sozialwissenschaftlern schien uns die Vorannahme berechtigt, daß die Folgen der verweigerten Anerkennungsdialektik vor allem von der Mehrheitsbevölkerung verursacht, von der Volksgruppe dagegen ausgebadet würden: je geringer die Anerkennung, desto schlechter das psycho-soziale Klima, je schlechter das psycho-soziale Klima, desto geringer die Anerkennung. Ein Teufelskreis. Diese Vorannahmen ermöglichten ein probeweises Einsetzen von Deutungsmustern, die sich bei genaueren Untersuchungen der Wirklichkeit erst bewähren sollten, um schließlich zur Grundlage für ein elaboriertes Bildungskonzept zu werden: ein Bildungskonzept, in dem am Gelingen der bislang mißglückten Anerkennungsdialektik gearbeitet werden sollte.

Doch aktuelle Ereignisse kamen dazwischen (wie immer in der Bildungsforschung, wenn sie in konfliktreichem Ambiente tätig wird): die Mehrheitsbevölkerung wurde von besonders weit rechts stehenden politischen Kräften (der Kärntner FPÖ und dem Kärntner Heimatdienst) in einem mehrstufigen Verfahren auf eine neue Welle der Verweigerung von Anerkennung eingestimmt: ein Schulmodell wurde vorgeschlagen, bei dem die Kinder der Mehrheit - im Gegensatz zum bisher geltenden Schulrecht - getrennt von der Minderheit unterrichtet werden sollten. Da dieser politische Vorstoß direkt an die latente Urangst der Mehrheit appellierte ("Unsere Kinder kommen zu kurz, sie haben zu wenig Lehrerzuwendung, sie werden schlechter für den Lebenskampf vorbereitet als die anderen!"), weckte er eine ungeheure emotionale Resonanz - auf Kosten der slowenischsprachigen Volksgruppe, die damit die letzte institutionalsisierte Anerkennung ihrer Existenz schwinden sah. Als Bildungswissenschaftler mußten wir nun Partei ergreifen; und zwar Partei für jene Gruppe, die in dieser Auseinandersetzung das Opfer war - also die slowenischsprachige Volksgruppe.

Durch den aktuellen Konflikt entstanden Zeit- und Handlungsdruck. Die Illusion, es sei möglich, zunächst einmal das soziale Feld in aller Ruhe zu erkunden - etwa im Sinne einer Bestandsaufnahme, - um dann mit allen interessierten Beteiligten gemeinsam Bildungskonzepte für die Zukunft zu entwickeln, diese Illusion verging uns sehr schnell. Denn bald merkten wir, daß unser bildungspolitisches Interesse - die Verflüssigung der verdinglichten Beziehungen, die Entgiftung der psycho-sozialen Atmosphäre, das Herstellen eines herrschaftsfreien Raumes diskursiver Orientierungen - gegenstandslos zu werden drohte, wenn der politische Vorstoß gegen den gemeinsamen Unterricht nicht aufgehalten werden könne. Die Mehrheits-Minderheits-Problematik, deren Untersuchung Voraussetzung unserer Bildungsarbeit hätte sein sollen, würde bald gar nicht mehr existieren.

Also änderten wir unsere Pläne. Kurzfristig setzten wir auf Kooperation mit der bedrängten slowenischsprachigen Volksgruppe, mittel- und langfristig hielten wir an den Plänen eines übergreifenden Projektes fest, das zum Ziel haben sollte, die psycho-soziale Lage aller in der Region lebenden Menschen zu erforschen und ihr Zusammenleben in Richtung auf eine Kommunikationsgemeinschaft hin zu entwickeln mit einem "kategorischen Imperativ der Reziprozität der Geltungsansprüche jedermanns gegenüber jedermann" (Steinlechner 1987, 403).

Seit mehreren Jahren leben wir nun schon mit diesem Konzept. Wir arbeiten auf drei Ebenen. Darin realisiert sich unsere Bildungsarbeit.

Ebene 1: **Handlungsforschung**

Wir mischen uns ein. Wir kooperieren mit den Lehrern und Bildungsfunktionären der slowenischsprachigen Volksgruppe im Kampf um ein Schulsystem, das minderheitenfreundlich ist.

Auf dieser Handlungsebene sind wir damit beschäftigt, gemeinsam mit Lehrern der slowenischen Volksgruppe Schulmodelle und Unterrichtsverfahren zu entwickeln, die einen ertragreichen gemeinsamen Unterricht von Mehrheit und Minderheit ermöglichen. Zugleich jedoch müssen wir - ebenfalls in Zusammenarbeit mit der slowenischen Volksgruppe - Öffentlichkeitsarbeit leisten, um die politischen Vorstöße der Rechten gegen den gemeinsamen Unterricht abzuwehren. Diese Öffentlichkeitsarbeit besteht unter anderem in publizistischer Tätigkeit, in Bildungsveranstaltungen, in Podiumsdiskussionen und öffentlichen Plädoyers für den hohen gesellschaftlichen Wert einer bikulturellen, zweisprachigen Gesellschaft.

Die intensive Kooperation mit Angehörigen der slowenischsprachigen Volksgruppe hat verschiedene Auswirkungen. Sie ermöglicht uns Einsichten in die Alltagskultur der Minderheit dadurch, daß wir in allen wichtigen Fragen der konkreten Zusammenarbeit Erwartungen, Erwartenserwartungen, Handlungsfahrpläne, Interaktionsgewohnheiten und Wertorientierungen aufeinander abstimmen müssen. Dies beginnt bei Details wie etwa den unterschiedlichen Vorstellungen von Verbindlichkeit selbstgesetzter Termine und geht bis zu unterschiedlichen Beziehungsmustern. Einerseits wird uns dabei bewußt, wie unser eigenes Alltagswissen funktioniert, andererseits können wir, indem wir die Reibungsflächen benennen, den Angehörigen der slowenischsprachigen Volksgruppe einiges über die ihnen nicht bewußten Anteile ihrer Alltagskultur mitteilen.

Die negative Auswirkung besteht darin, daß die Mehrheitsbevölkerung uns dieses Engagement für die Minderheit übelnimmt. Wir betonen bei jeder Gelegenheit, daß wir in der Existenz einer zweiten Kultur und einer zweiten Sprache etwas Positives sehen. Damit stören wir die eingespielten Weltdeutungsmuster der Mehrheit. Diese sagt von sich selbst, sie sei keineswegs slowenenfeindlich. Den Slowenen sollten alle Entfaltungsmöglichkeiten für ihre Kultur offenstehen - aber die Mehrheit dürfe davon nicht tangiert werden. Je privater diese Kultur sei, umso förderungwürdiger. Aber in der gemeinsamen Öffentlichkeit gäbe es nur eine Kultur und eine Sprache - eben die herrschende, die Mehrheitskultur. Unser Plädoyer für eine gemeinsame Öffentlichkeit beider wird als Verrat gewertet. Wir erleben nun an uns selber, wie Ausgrenzung hierzulande vor sich geht, welche Konsequenzen sie hat. Als unbeabsichtigte Folge unseres Engagements eröffnen sich uns Erkenntnismöglichkeiten, die herkömmlichen wissenschaftlichen Methoden verschlossen bleiben: die kognitive und emotionale Erfahrung der Marginalisierung. Trotz dieser erkenntnistheoretisch wertvollen Möglichkeit beurteilen wir diesen Ausgrenzungsvorgang negativ, da er uns die Verwirklichung unserer Bildungsarbeit - die Entwicklung eines kommunikativen Klimas mit reziproker Anerkennung - äußerst schwer macht.

Resumée: Auf der Ebene der Handlungsforschung haben wir zumindest erreicht, daß das Selbstbewußtsein derjenigen Slowenen, die mit uns kooperierten, gefestigt wurde. Zum ersten Mal hatten sie von Seiten der Mehrheitsbevölkerung Anerkennung erfahren, wenn auch nur von einem kleinen, elitären Kreis. Zum ersten Mal hatten sie erlebt, daß ihre Kultur von Außenstehenden als Wert betrachtet und gegenüber Angriffen verteidigt wurde. Zum ersten Mal erhielten sie positive Fremdbilder zurückgespiegelt. Dies alles hat zur Stärkung ihrer kollektiven Identität beigetragen.

Aber es hat sich auf einen relativ kleinen Personenkreis beschränkt und hat das psycho-soziale Klima in der Region nicht verbessert.

Ebene 2: Grundlagenforschung

Neben unseren aktuellen Eingriffen versuchen wir aber auch, die Genese, die Erscheinungsformen und die individuellen Verarbeitungsformen des Mehrheits-Minderheitskonflikts zu erforschen. Mit einem Projektteam, das aus Wissenschaftlern der slowenischsprachigen Volksgruppe, der deutschsprachigen Mehrheitsbevölkerung und Lehrenden der Universität zusammengesetzt ist, untersuchen wir seit über drei Jahren die sozial- und lebensgeschichtlichen Hintergründe sowie die psycho-sozialen Auswirkungen des gespannten Verhältnisses zwischen der Mehrheit und der slowenischsprachigen Volksgruppe. Ganz besondere Anliegen sind uns daneben noch die Kommunikationsmuster, die geschlechtsspezifischen

Implikationen der Mehrheits-Minderheitssituation sowie das Österreichbewußtsein der Mehrheits- und Minderheitsangehörigen.

Die erste große Studie "Zweisprachigkeit und Identität" (Boeckmann/ Brunner/Egger/Gombos/Juric/Larcher - Redaktion Brunner), die vor kurzem abgeschlossen wurde, zeigt zunächst auf, daß die sogenannte Kärntner Urangst viel mehr umfaßt als bloß die Angst vor der Abtrennung Südkärntens an Jugoslawien; daß sie vielmehr auch die panische Angst vor dem Rückfall in überwundene gesellschaftliche Verhältnisse von Ausbeutung und extremer Armut einschließt.

Mit Hilfe zahlreicher Tiefeninterviews ist es dem Forschungsteam gelungen, die verdrängte und entstellte Erinnerung an eine Zeit des Schreckens auszugraben, von der nur wenig gesprochen wird, über der ein noch größeres Tabu als über der Nazizeit lastet: die Zeit der Feudalherrschaft, die in der zweisprachigen Region nicht mit dem Mittelalter, sondern erst mit der Monarchie zu Ende ging. Sie hat die Mentalität der Menschen weitgehend geprägt, obwohl sie gesellschaftlich durch die Modernisierungspolitik des demokratischen Kärnten längst überholt ist; denn die Psyche ist konservativ.

Innerhalb dieses von den gesellschaftlichen Verhältnissen geprägten psycho-sozialen Kontextes mit vielen schlecht vernarbten seelischen Wunden und verdrängter Vergangenheit haben sich Muster der Identitätsbildung entwickelt, die sich - je nach dem Grad des Festhaltens an ethnischen Traditionen - in fünf Gruppen einteilen lassen: politisch aktive bewußte Slowenen, bewußte Slowenen, Kulturpendler, Assimilierte, radikale Assimilanten. Diese Typisierung spielt für das Alltagsbewußtsein und die gegenseitige Einschätzung der Bewohner dieser Region eine große Rolle. Sie hilft, eigene Identität zu entwickeln bzw. Identität zuzuschreiben. Der sozialgeschichtliche Teil unserer Studie untersucht vor allem, wie es dazu kommen konnte, daß innerhalb eines Jahrhunderts der größte Teil der Bewohner dieser Region seine ethnische Identität gewechselt hat, wie es dazu kam, daß von 85 000 Slowenen des Jahres 1880 hundert Jahre später nur noch 14 000 übrig sind. Es stellt sich dabei heraus, daß die spätfeudale Abhängigkeit vor allem die breite Schichte des slowenischsprachigen Proletariats zur Flucht aus ihrer angestammten ethnischen Identität motiviert hat; daß die slowenische Sprache mit dem Elend der Verangenheit assoziiert wurde/wird; daß diese Angst vor dem Rückfall in das Elend der Vergangenheit sich leicht vor den Karren einer antislowenischen Politik spannen läßt.

In genauen Einzelstudien werden die Beziehungs- und Kommunikationsmuster dieser Region untersucht: Stereotype, Feindbilder, Schwierigkeiten bei der Wahl der Sprache in Kommunikationssituationen, Geständnis- und Bekenntnisdruck bei der Frage nach der Sprache der Kindheit, Verwobenenheit von Minderheiten- und Frauenschicksal. Die unverarbeitete Vergangenheit liegt wie ein Schatten auf dem Leben in der Region. Sie erschwert denen das Leben, die sich als Slowenen bekennen; aber sie lastet als undurchschauter Zwang vor allem auf jenen, die sich assimiliert haben bzw. assimiliert worden sind.

Ein eigener Teil der Studie untersucht das Österreichbewußtsein der verschiedenen Identitätsgruppen dieser Region. Die Interviews lassen recht eindeutige Schlüsse zu: daß ethnische Selbstbehauptung besonders eng mit ausgeprägtem Östereichbewußtsein verbunden ist; daß Assimilation dagegen dem Österreichbewußtsein eher abträglich ist. Dies heißt nicht mehr und nicht weniger, als daß die von deutschnationalen Kärtnern immer wieder geäußerten Verdächtigungen, bewußte Slowenen seinen wenig mit Österreich verbunden, schlicht falsch sind.

Die Ergebnisse dieser Studie werden demnächst publiziert.

Ebene 3: Bildungsarbeit als Bildungsforschung

Die oben vorgestellte Forschergruppe hat begonnen, an einem neuen Projekt zu arbeiten, das sie "Interethnische Konfliktformen und interkulturelle Friedenserziehung" nennt. Im Unterschied zum ersten Projekt ("Zweisprachigkeit und Identität") werden hier nicht Grundlagen erarbeitet, sondern Materialien und Verfahren entwickelt, die allen vom Mehrheits-Minderheitskonflikt Betroffenen die selbständige Entwicklung einer neuen Alltagskultur ermöglichen soll; einer Alltagskultur, die eben jene Anerkennungsdialektik ermöglichen soll, die bisher - aufgrund pathologisch entstellter Sinnzusammenhänge, beschädigter Interaktionsverhältnisse - nicht möglich war.

Dieses neue Projekt baut auf dem ersten Projekt "Zweisprachigkeit und Identität" auf. Während das erste Projekt Grundlagenforschung betrieb, geht es hier um die Entwicklung von Bildungsangeboten, um den Versuch, Materialen und didaktische Konzepte zu erarbeiten. Der Projektentwurf formuliert dies folgendermaßen:

Die Hauptintention dieses Projektes sollte sein, die relevanten Aspekte und Problemlagen von zweisprachiger Kultur in Südkärnten zu erfassen und mit unterschiedlichen didaktischen Materialien verfügbar und bearbeitbar zu machen.

Ausgehend von einem erweiterten Begriff bikulturellen Lernens sollen diese Materialien dann dazu dienen, gemeinsam mit den Betroffenen erste Ansätze eines interkulturellen Lernens und Versuche einer Diskussion und Veränderung subjektiver Problemlagen und Deutungsmuster zu entwickeln. Die erhobenen Materialien sollen hierbei die Funktion eines Medienkoffers erfüllen, der Ausgangspunkt und Grundstock möglicher Lernschritte sein kann.

In einem ersten Schritt wird es notwendig sein, die Bedingungen von zweisprachiger Kultur, deren Förderung und Verhinderung, wie sie im Projekt 1 "Zweisprachigkeit und Identität" untersucht wurden, kritisch zu reflektieren.

In welchem Klima findet sie statt, kann überhaupt von ihr gesprochen werden, wie wirkt sich die allgemeine gesellschaftliche Lage auf die Möglichkeit einer zweisprachigen Kultur aus? Für ein besseres Verständnis der beiden Volksgruppen in Südkärnten wird es darum gehen, eine Vielfalt an Materialien zu entwickeln (dokumentierte Gespräche, Geschichten, Videodokumentation, Fotos, Dia-Serien etc.), die die Problematik des alltäglichen Zusammenlebens und die Bedingungen zweisprachiger Kultur möglichst umfassend und problembezogen darstellen. Dann sollten diese Materialien nach begründeten Kriterien zusammengestellt und methodische Ansätze zur Arbeit mit ihnen entwickelt werden. Hier werden je nach Adressatengruppe unterschiedliche Schwerpunkte zu setzen sein. Vorrangig ist dabei die Entwicklung von Materialien für die Erwachsenenbildung, die Lehrerfortbildung und die schulische Bildungsarbeit.

In einer zweiten Arbeitsphase sollen einige Seminare und Veranstaltungen konzipiert werden, um Ansätze interkulturellen Lernens zu setzen und in der Verbindung mit den Materialpaketen Erfahrungen mit kulturellen Verschiedenheiten erfahrbar und bearbeitbar zu machen. Ausgehend von den Materialien soll eine Aufklärung und Diskussion über die historischen und psycho-sozialen Ursachen der eigenen Einstellungen und Verhaltensweisen gegenüber Angehörigen der anderen Volksgruppe möglich werden.

Dabei werden methodische Arrangements zu verwenden sein, die es ermöglichen,

- Übungen im kommunikativen Bearbeiten von Konflikten durchzuführen,

- durch Rollentausch die kontroversen Positionen einzunehmen und erfahren zu lernen,
- unterschiedliche Mehrheiten/Minderheiten-Beziehungen durchzuarbeiten,
- die erlebten Erfahrungen emotional und kognitiv zu verarbeiten, eine eventuelle Übertragung in die konkrete Lebenssituation zu versuchen bzw. zu prüfen,
- konkrete Veränderungsschritte zu leisten.

Die Erfahrungen mit diesen Ansätzen interkulturellen Lernens werden dokumentiert und werden einen Teil der Materialien ausmachen. Die Entwicklung und der Einsatz von Materialien erfordert auch eine intensive Evaluationsphase; im Zuge von Fortbildungsveranstaltungen sollen die Materialien probeweise auf ihre inhaltliche und methodische Brauchbarkeit geprüft werden. Dazu werden ausgewählte Materialpakete mit den Betroffenen diskutiert und durchgearbeitet werden. Diese Diskussion und die Dokumentation dieser Veranstaltungen sollen die Grundlage einer Effizienzprüfung sein und eine eventuelle Verbesserung der Materialien einleiten. Die konkreten Erfahrungen, die methodischen Schwierigkeiten und die inhaltliche Kritik werden die Modifizierung des Materialeinsatzes einleiten.

Nach der Evaluationsphase ist geplant, inhaltliche Richtlinien und methodische Vorschläge für den Gebrauch der Materialien auszuarbeiten und den Materialien beizugeben.

Zusammenfassend lassen sich für das Projekt folgende Ergebnisse erwarten:

- Entwicklung von Materialien für die Lehrerfortbildung, die Erwachsenenbildung und die schulische Bildungsarbeit;
- Entwicklung von Kursen/Referaten als Angebot für Diskussions- und Weiterbildungsveranstaltungen;
- Erstellung von Materialpaketen mit methodischem und inhaltlichem Kommentar;
- Zusammenstellung von Informationsmappen zur zweisprachigen Erziehung;
- Entwicklung von Modellen interkulturellen Lernens.

Mögliche Adressaten: Institutionen der Erwachsenenbildung, Minderheitenorganisationen.

Nochmals:

Soll man Minderheiten in ihrer Kultur bilden?

Die zweite Auseinandersetzung mit der Frage des Titels erfolgt auf der Grundlage mehrjähriger bildungswissenschaftlicher und bildungspolitischer Praxis, wie sie im letzen Abschnitt beschrieben wurde. Wir fassen die Einsichten aus unserer bisherigen Arbeit thesenartig zusammen:

1. Als Bildungswisschaftler in Mehrheits-Minderheitssituationen hat man viele wichtige Aufgaben. Die Belehrung der Minderheit über ihre eigene Kultur gehört nicht dazu.
2. Bildung, wie sie eine an der "Kritik der kritischen Theorie" geschulte Wissenschaft vermitteln kann, besteht vielmehr in der Entwicklung von kommunikativen Verhältnissen.
3. Dies bedeutet vor allem, die blinden Flecken, die aus der Kommunikation ausgegrenzten und verdrängten Inhalte aus der Geschichte in die Kommunikation zurückzuholen.
4. Durch die Auseinandersetzung gerade mit den verdrängten Anteilen der fremden und der eigenen Kultur wird Abwehr durchlässiger, wird Anerkennung des anderen leichter möglich, wird die Dialektik des Anerkennungsgeschehens erst ermöglicht.
5. Die Rolle des Bildungswissenschaftlers in solchen Lernprozessen besteht in der Hilfe bei der Organisation von Prozessen der Selbstaufkärung.
6. Bei allem Engagement für die Kultur der Minderheit darf der Bildungswissenschaftler nie übersehen, daß das Mehrheits-Minderheitsverhältnis dialektisch ist; daß eine Verbesserung der Entwicklungsmöglichkeiten der Minderheit nur möglich ist, wenn zugleich jene der Mehrheit verbessert werden, - und umgekehrt.
7. Schließlich gilt für den Bildungswissenschaftler, daß er selbst Teil der zu ändernden Verhältnisse ist, daß sein Engagement sich also letztlich der Sorge um sein Selbst verdankt, daß diese Sorge letztlich seine Bildungarbeit legitimiert.

Literaturverzeichnis

APEL, K.O.: Prachpragmatik und Philosophie. Frankfurt, 1976.

ARBEITSGRUPPE "ZWEISPRACHIGKEIT UND IDENTITÄT" (BOEKMANN/BRUNNER/EGGER/GOMBOS/JURIC/LARCHER: REDAKTION BRUNNER): Projekt "Zweisprachigkeit und Identität" - Endbericht, Klagenfurt, 1987.

BARKER, Th. M.: The Slovene Minority of Carinthia. New York, 1984.

BERTAUX, D./BERTAUX-WIAME. In: Autobiographische Erinnerungen und kollektives Gedächtnis. In: L. NIETHAMMER (Hrsg.): Lebenserfahrung und kollektives Gedächtnis. Die Praxis der "Oral History". Frankfurt/M., 1985, S. 146-165.

DEVEREUX, G.: Ethnopsychoanalyse: Die komplementaristische Methode in den Wissenschaften von Menschen. Frankfurt/M., 1978.

FILLA, W./L.FLASCHBERGER/F. PACHNER./A.F. REITERER: Am Rande Österreichs. Wien, 1982.

FLASCHBERGER,L./A.F. REITERER: Der tägliche Abwehrkampf. Wien 1980.

HAAS, H./K. STUHLPFARRER: Österreich und seine Slowenen. Wien 1977.

HABERMAS, J.: Vorbereitende Bemerkungen zu einer Theorie der kommunikativen Kompetenz. In: J. HABERMAS/N. LUHMANN: Theorie der Gesellschaft oder Sozialtechnologie. Frankfurt, 1971, S. 101-141.

HABERMAS, J.: Theorie des kommunikativen Handelns. Bd. 1 und 2. Frankfurt 1981.

HORKHEIMER, M./Th.W. ADORNO: Dialektik der Aufklärung. Frankfurt/M. 1971.

LARCHER, D.: Sprachunterricht als interkulturelle Verständigung. In: GSTETTNER/LARCHER: Zwei Kulturen, zwei Sprachen, eine Schule. Klagenfurt, 1985, S. 63-117.

OTTOMEYER, K.: Über Identität, Heimat und Ethnozentrismus. In: AG VOLKSGRUPPENFRAGE (Hrsg.): Zwischen Selbstfindung und Identitätsverlust. Ethnische Minderheiten in Europa. Wien 1984, S. 15-25.

REITERER, A.F.: Doktor und Bauer. Ethnischer Konflikt und sozialer Wandel: Die Sozialstruktur der slowenischen Minderheit in Kärnten. Klagenfurt 1986.

ROSENFELD, U.: Der Mangel an Sein. Identität als ideologischer Effekt. Gießen 1984.

STEINLECHNER, M.: Bildungsprozeß und Krisenbewußtsein. Pädagogische Motive der Moderne zur Begründung einer kritischen Theorie diskursiver Friedenserziehung. Innsbruck, 1987 (vervielfältigtes Manuskript, erscheint demnächst).

SUPPAN, A.: Die österreichischen Volksgruppen. Tendenzen ihrer gesellschaftlichen Entwicklung im 20. Jahrhundert. München 1983.

VOLKSZÄHLUNG 1981, Hauptergebnisse II, Kärnten. In: ÖSTERREICHISCHES STATISTISCHES ZENTRALAMT (Hrsg.): Beiträge zur österreichischen Statistik, Heft 630, 13. Wien 1985.

Anton Pelinka

Machtkultur Universität

Die Universität ist mächtig. Sie besitzt eine Außenmacht und eine Innenmacht. Nach außen hin wirkt die Universität in die Gesellschaft, in die vielen Subsysteme der sozialen Wirklichkeit hinein. Sie verleiht erhöhte Legitimation zur Erreichung bestimmter Positionen, sie plaziert ihre Absolventen an privilegierter Stelle und verleiht somit Macht. Durch diese Vermittlung von Macht ist die Universität selbst mächtig. Zur Außenmacht der Universität gehört auch, daß sie immer wieder und unausweichlich bestimmte Aspekte des politischen Systems und der Politik legitimiert. Sie betätigt - naturwissenschaftlich und medizinisch, rechtswissenschaftlich, daß bestimmte politische Maßnahmen "richtig" oder "notwendig", andere hingegen "falsch" sind. Die Universität betätigt sich als Schamane, weil sie als organisierter Wissenschaftsbetrieb auch die Schamanenrolle der Wissenschaften für sich beansprucht und institutionalisiert hat. (Preglau-Hämmerle 1986)

Die Innenmacht der Universität ist ein unvermeidlicher Aspekt ihrer unvermeidlichen Hierarchisierung. An der Universität wird gelehrt und wird gelernt. Die Lehrenden üben über die Lernenden Macht aus, und kein Konzept partizipativer Didaktik kann daran etwas grundsätzlich ändern. Die Lehrenden üben ihre Macht über die Lernenden vor allem dadurch aus, daß sie durch die Vergabe von Gratifikationen (Diplome) über die Lebenschancen der Lernenden wesentlich mitentscheiden.

Wie jede Machtkultur versucht auch die Universität, den unvermeidlichen Machtaspekt ihrer sozialen Existenz vor anderen und auch vor sich selbst zu verschleiern. Im Laufe der Jahrhunderte hat die Universität eine breite Palette von ideologisierenden Taktiken entwickelt, ihren Charakter als Machtkultur zu verbergen. Dazu zählt die immer wiederkehrende, unter unterschiedlichen Vorzeichen erfolgende Ideologisierung des Wissenschaftsbetriebes als ein der "Wahrheit" und sonst niemandem verpflichtetes System. Die Universität als Stätte intensiver Wahrheitssuche, abgekoppelt von politischen Interessen, von politischen Abhängigkeiten; frei auch von politischen Auswirkungen, von politischen Funktionen - das ist der Tenor des ideologisierenden Versuches, als Universität sich von bestimmten Konsequenzen der Machtverflechtung wegzustehlen. (Gstettner/Seidl 1975, 20-25 und 44-49)

Solange die Universität selbst sich sozialwissenschaftlich nicht oder nur ansatzweise betätigt hat, konnten solche Versuche noch teilweise erfolgreich sein. Durch die Übernahme sozialwissenschaftlicher Denkvorgänge in die Universität, durch die Entwicklung sozialwissenschaftlicher Disziplinen und durch die "Soziologisierung" traditioneller Disziplinen (z.B. Erziehungswissenschaften, Psychologie, etc.) wird die ständig versuchte ideologische Abkoppelung der Universität von ihrer Funktion als Machtkultur immer weniger überzeugend, immer weniger erfolgreich. Im sozialwissenschaftlichen Universitätsbetrieb kann jedenfalls heute niemand mehr mit Berufung auf sozialwissenschaftliche Erkenntnisse behaupten, daß das System Universität jemals von einer Machtfunktion frei war oder frei sein könnte.

Die Machtkultur Universität erhält in ihrer Außen- und in ihrer Innenfunktion, je nach traditioneller Verankerung, unterschiedliche, zusätzliche, wesentliche Aspekte. So ist für die Universitäten im kontinentaleuropäischen Bereich die strikte Statustrennung zwischen "Professoren" und "Assistenten" eine Besonderheit, die es z.B. in der angloamerikanischen Tradition, insbesondere auch in der Gegenwart US-amerikanischer Universitäten, so nicht gibt. Diese Zweiteilung in einen Stand der Professoren und einen Stand der Assistenten schafft zusätzliche Abhängigkeit, zusätzliche Macht - zur Abhängigkeit der Lernenden von den Lehrenden tritt die Abhängigkeit der Lehrenden des geringeren Status von den Lehrenden des höheren Status.

Dieser spezifische, zusätzliche Machtaspekt kontinentaleuropäischer Universitäten ist keineswegs die notwendige Konsequenz eines Leistungsprinzips oder eines Qualifikationsgedankens. Auch in Systemen, die nicht zwei Statusgruppen von Universitätslehrern, sondern einen einheitlichen Status von Lehrenden kennen, ist die Möglichkeit, ja Notwendigkeit von Leistungsnachweis und ständiger Zusatzqualifikation der Universitätslehrer vorhanden. Die kontinentaleuropäische Besonderheit ist der Graben zwischen zwei Ständen, ist nicht die Notwendigkeit, Qualifikation nachzuweisen.

Eine weitere Besonderheit - auch zwischen den Universitätssystemen europäischer Länder - ist das Ausmaß an sozialer Abschottung oder sozialer Öffnung. Bestimmte Universitätssysteme, wie etwa in skandinavischen Ländern, sind traditionell einer sozialen Öffnung der Universität verpflichtet, um so die Außenmacht der Universität mit bestimmten demokratischen Ansprüchen des politischen Systems eher in Einklang bringen zu können. Auf diese Weise wird es eher vermieden, daß die Außenmacht der Universität die soziale Ungleichheit der Startchancen noch verstärkt. In anderen Ländern hingegen, in denen Universitäten nicht - oder nicht in diesem Ausmaß - der sozialen Öffnung verpflichtet sind, in denen der Zugang zur Universität nicht bloß nach Leistungskriterien, sondern auch und wesentlich nach Abstammungskriterien reguliert wird, muß die Außenmacht der Universität viel stärker und vor allem auch stärker im Sinne einer sozialen Differenzierung wirksam werden. Wenn schon der Zugang zur Universität eine in der Gesellschaft vorhandene Chancenungleichheit reflektiert, so muß erst recht - über die Plazierungen der Universitätsabsolventen - der Abgang von der Universität die soziale Ungleichheit verstärken. (Fischer-Kowalski 1980)

Gegenkonzept: Negation oder Veränderung?

Die Machtkultur Universität stößt auf die Kritik derer, die zwischen demokratischen Ansprüchen und universitärer Wirklichkeit einen Widerspruch prinzipieller Art sehen. Tatsächlich reibt sich sowohl die Außenmacht der Universität, als auch deren Innenmacht mit bestimmten Vorstellungen von Demokratie:

Die Universität in ihrer Außenmacht rekrutiert "Führungspersonal" für eine ungleiche Gesellschaft. Die Universität dient in dieser Eigenschaft dem Prinzip der pyramidenförmigen Anordnung der Gesellschaft, sie dient somit einem politischen System, in dem der Zugang zur Macht ungleich verteilt ist. Die Universität beteiligt sich an der Aufrechterhaltung des Prinzips dieser Ungleichheit des Zuganges zur Macht.

Mit ihrer Innenmacht schreibt die Universität einen Unterschied fest, der prinzipiell nicht durchlässig erscheint. Da die Universität jedenfalls, auch wo der Statusunterschied zwischen Professoren und Assistenten nicht prinzipiell vorhanden ist, grundsätzlich zwischen Lehrenden und Lernenden unterscheidet, ist sie jedenfalls auch Antithese zur gesellschaftspolitischen Utopie allgemeiner Durchlässigkeit, allgemeiner Austauschbarkeit gesellschaftlicher Funktionen.

Der antiegalitäre Aspekt der Außenmacht der Universität ist in Grenzen veränderbar. Er kann jedoch nicht einfach beseitigt werden, ohne die Universität begrifflich ebenfalls zu beseitigen. Der antiegalitäre Aspekt ist veränderbar, wenn der Zugang zur Universität und, im Gefolge des Zuganges, auch der Ausgang von der Universität sich weitestmöglich freihält vom sozialen Differenzierungskriterium der Herkunft. Eine Universität, die - gesellschaftspolitisch gesteuert - sich bewußt verstärkt den sozial schwächeren Schichten öffnet, wird durch die Plazierung ihrer Absolventen bestimmte Formen der Ungleichheit des Zuganges zur gesamtgesellschaftlichen Macht nicht stärken, sondern sogar abbauen. Wenn die Universität nicht zur Sperre für sozialen Aufstieg, sondern zum Mittel desselben wird; wenn die Universität nicht sozial Schwächere hindert, sondern sie vielmehr sogar fördert, dann hat ein wichtiger Aspekt der antiegalitär wirkenden Außenmacht sich aufgelöst. (Bargel u. a. 1987)

Es bleibt freilich ein anderer Aspekt - nach allen Befunden von Industriegesellschaften werden weiterhin Absolventen der Universität bestimmte Privilegien genießen. Sie werden mit höherer Wahrscheinlichkeit als andere einen Arbeitsplatz auf Dauer erhalten, und sie werden auch mit hoher Wahrscheinlichkeit ein signifikant überdurchschnittliches Lebenseinkommen beziehen. Sie sind materiell und kulturell privilegiert.

Eine Änderung dieses antiegalitären Aspekts liegt nicht in der Macht der Universität selbst. Die soziale Plazierungsfunktion zählt unvermeidlich zur Universität; wenn sie der Universität genommen wird, so ist die Universität nicht mehr dieselbe wie zuvor. Eine Einrichtung ohne diese Plazierungsfunktion ist etwas signifikant Neues. Sie ist, angesichts der realen Möglichkeiten der Industriegesellschaft, eine nicht reale Utopie - und, gemessen an Vorstellungen von egalisierender Demokratie, auch nicht unbedingt wünschenswert. Denn die Beseitigung der Plazierungsfunktion der Universität macht die Gesellschaft noch nicht egalitärer, die Gesellschaft verliert nur ein - potentiell - egalisierendes Instrument des sozialen Ausgleichs, das - potentiell - sozial Schwächere fördert und somit den Faktor Herkunft gesamtgesellschaftlich relativiert.

In ihrer Innenmacht ist die Universität durch ihren transitorischen Charakter definiert. (Pelinka 1974, 98-103) Die Universität besteht aus Lehrenden und Lernenden, für die Lernenden ist die Universität ein Durchgangsstadium. Die Universität erfüllt ihre Funktion, wenn sie für die Lernenden - in deren individueller Lebenserwartung - sich überflüssig macht. Der erfolgreiche Abschluß des Studiums ist gleichzeitig der Verlust der konkreten, individuellen Ausbildungsfunktion. Für Lernende ist daher die Universität ein Transitorium, für die Lehrenden ist sie hingegen ein permanenter Betrieb.

Durch diese, vom Prinzip her festgeschriebene Ungleichheit der Rollenverteilung ist auch eine innere Ungleichheit festgeschrieben. Es wäre Illusion, zu glauben, daß der funktionale Graben zwischen Lehrenden und Lernenden einfach aufgehoben werden kann; daß Durchlässigkeit, daß Austauschbarkeit zwischen diesen beiden Funktionen herzustellen wäre. Dennoch: Auch mit Bezug auf die Innenmacht ist, im Rahmen des Systems Universität, eine Veränderung in Richtung auf mehr Egalität vorstellbar - durch die Aufhebung des Statusunterschiedes zwischen Professoren und Assistenten.

Dafür bieten gerade die US-amerikanischen Universitäten ein interessantes Beispiel: Der "Assistant Professor" ist vom "Full Professor" durch bestimmte Verpflichtungen und durch bestimmte Gratifikationen unterschieden, er ist jedoch von ihm nicht durch einen prinzipiellen Unterschied des Status getrennt. Vor allem kann der "Assistant Professor" sich durch Leistungen, auf seinem Posten, bis hin zum "Full Professor" qualifizieren. Es braucht keine zusätzliche "Berufung". Überdies wird auch der "Full Professor" nicht vollständig von einem ständigen Leistungsnachweis befreit. Dadurch werden die Belastungen zwischen den einzelnen Gruppierungen der Universitätslehrer gleichmäßiger verteilt, dadurch wird die auffallende Ungleichheit kontinentaleuropäischer Universitäten - alle Qualifikationsbelastungen für die "Assistenten", kaum noch Qualifikationsverpflichtungen für die "Professoren" - vermieden.

Die Alternative zur Machtkultur Universität ist, will man nicht einem irrealen Wunschdenken anheimfallen, nicht die simple Ablehnung der Außen- und der Innenmacht der Universität. Die Alternative ist eine teilweise Neugestaltung der Machtkultur Universität, ist eine schrittweise Demokratisierung sowohl der Außenmacht, als auch der Innenmacht. Mit Bezug auf die Außenmacht bedeutet dies die Übernahme der meßbaren Verantwortlichkeit zur Herstellung von größerer Zugangsgleichheit durch eine soziale Öffnung der Universitäten; die Demokratisierung der Innenmacht ist, neben und nach der Einführung bestimmter Formen studentischer Partizipation, die Aufhebung des Statusunterschiedes zwischen den einzelnen Gruppen von Universitätslehrern und die gleichmäßige Verteilung von Qualifikationsverpflichtungen auf alle Lehrenden.

Leistungsorientierung als Relativierung von Macht

In der Auseinandersetzung über die zukünftige Entwicklung der Universität stehen zwei grundsätzliche Konzepte einander gegenüber. Auf der einen Seite steht die Vorstellung, daß Universität grundsätzlich qualitätsorientiert in dem Sinn sein soll, daß die Absolventen ein Maximum an Befähigung zur Bewältigung der verschiedenen Aufgaben in der Gesellschaft vermittelt erhalten. Auf der anderen Seite steht die Vorstellung, daß Universität Wesentliches zur Verbreiterung des sozialen Zuganges zu den einzelnen gesellschaftlichen Führungspositionen beizutragen hat, daß Universität egalisierend sein muß. Die eine Vorstellung ist ouput-orientiert, die andere Vorstellung input-orientiert.

Zwischen diesen beiden Vorstellungen gibt es zwar ein Spannungsverhältnis, aber keinen prinzipiellen Widerspruch. Denn diese beiden Vorstellungen setzen auf unterschiedlichen Funktionsebenen an, die durchaus nebeneinander existieren. Die output-orientierte Vorstellung bezieht sich auf die im Rahmen der Außenmacht der Universität unvermeidlich verankerte Plazierungsfunktion. Die input-orientierte Vorstellung bezieht sich hingegen auf eine dieser Plazierungsfunktion vorgelagerten Selektionsfunktion - die Universität nimmt auf, wer dann nach Abschluß des Studiums plaziert werden kann. Für die input-Orientierung ist wichtig, ob und welche soziale Kriterien, jenseits von Leistung und Befähigung, dabei eine Rolle spielen. Und dies gilt auch für die output-Orientierung: Alle Kriterien, die die Plazierung jenseits von Leistung und Befähigung ergänzen und relativieren, sind letztlich nicht die aus der Universität selbst ableitbaren Variablen gesellschaftlicher Dynamik. (Kozlik 1965)

So ist letztlich der Leistungsaspekt der, der die input- und die output-Orientierung miteinander verbindet. Die Egalisierung des Zuganges zur Universität ist nicht als Leistungsfeindlichkeit zu sehen, sondern als Opposition zum Kriterium der (privilegierten) sozialen Herkunft. Und die Leistungsorientierung im Zusammenhang mit der Plazierungsfunktion widerspricht ebenfalls nicht egalisierenden Konzeptionen. Wenn eben der Zugang weitgehend egalisiert ist - dann ist Leistung als Ergebnis des Studiums, im Rahmen der Plazierungsfunktion der Universität, die Alternative zum Kriterium der Herkunft.

Tatsächlich ist in allen modernen Bildungssystemen, insbesondere im Rahmen der Universität, ein säkularer Wettbewerb zwischen Herkunft und Leistung zu beobachten. Betonung der Herkunft heißt Vererbung sozialer Ungleichheit, heißt Vererbung von Startvorteilen, heißt Widerspruch zu allen Konzepten von Demokratisierung. Eine Universität, die im Rahmen der Selektierung sich nicht sozial öffnet und sich nicht ausschließlich an Leistungskriterien orientiert, stärkt zumindest indirekt die soziale Herkunft. Dann studieren eben die Söhne der sozial Bessergestellten, dann werden die Töchter und Söhne der sozial Schwächeren (weiterhin) behindert. Eine Universität, die im Rahmen der Plazierungsfunktion das Kriterium der Leistung nicht in den Mittelpunkt aller Überlegungen stellt, nützt ebenso zumindest indirekt dem Faktor Herkunft - wenn der Abschluß der Universität nicht das entscheidende Kriterium bei der Aufnahme in bestimmte, wichtige Positionen der Gesellschaft ist, dann wird die "richtige" Herkunft von den "richtigen" Familien (weiterhin) der bestimmende Faktor innerhalb der gesellschaftlichen Hierarchie sein.

In den USA hat sich, als Resultat der Bürgerrechtsbewegung und der Frauenbewegung, eine stärkere Sensibilität für diese Aspekte entwickelt - mit dem Ergebnis, daß in den USA sowohl die Rekrutierung (also die Selektion beim Zugang), als auch die Plazierung durch die Universität unter dem Aspekt sozialer Repräsentativität gesehen wird. Das Ergebnis ist das Denken in "Quoten", das Ergebnis ist auch die Politik der "affirmative action". Vor allem beim Zugang zur Universität, also bei der Rekrutierung und Selektion, werden die Repräsentanten der sozial schwachen Schichten (Schwarze, Hispanics) bewußt gefördert. (Sowell 1984, 37-60)

Diese bewußte Förderung ist keineswegs eine Absage an die Leistungsorientierung. Vielmehr bedeutet dies die Schaffung von Leistungsmöglichkeiten. Ausgehend von der Annahme, daß in einer sozial ungleichen Gesellschaft durch nicht gesteuerte Selektion Begabungsreserven verloren gehen und Leistungsmöglichkeiten verschüttet werden, ist die bewußte Förderung von sozial schwächeren Gruppierungen die Herstellung von Chancengleichheit - mit Bezug auf Leistung, mit Bezug auf Begabungsförderung.

Diese Zusammenhänge erklären auch den gesellschaftspolitischen Stellenwert der ständigen Klagen über die "Vermassung" der Universität. Erst der Massencharakter der modernen Universität erlaubt hier, im Zuge einer egalisierenden Selektion die Begabungsreserven der sozial schwächeren Schichten zu stimulieren und eine nicht sozial differenzierende Leistungsorientierung anzustreben.

Freilich: Der durchaus mit Leistungsorientierung übereinstimmende, ja von der Leistungsorientierung zwingend ableitbare Massencharakter der modernen Universität bezieht sich ausschließlich auf den Zugang zur Universität, nicht - jedenfalls nicht im gleichen Sinn - auf den Abgang von der Universität. Ein nicht differenzierender Massenabgang im Sinne einer allgemeinen beliebig zu bewertenden Einheitsqualifikation schwächt wiederum die Plazierungsfunktion durch universitäre Leistung und nützt damit indirekt dem Gesichtspunkt der Herkunft. Eine leistungsorientierte Universität, die sich egalisierend versteht, die ihre Innenmacht und ihre Außenmacht in diesem Sinn demokratisch bewußt wahrnimmt, stärkt den Massencharakter des Zuganges - und betont gleichzeitig eine differenzierende Leistungsorientierung beim Abgang von der Universität.

Gegenmacht Universität?

Die Geschichte der Universität ist auch die Geschichte ihrer politisch dienenden Funktion. Immer wieder ist die Universität vom jeweils herrschenden Interesse im jeweils existierenden politischen System in den Dienst genommen worden. (Als Beispiel: Grenzfeste 1985)

Die Chance der Universität, sich dieser politisch dienenden Rolle teilweise zu entledigen, ist gegeben. Die Universität hat durchaus die Wahlmöglichkeit zwischen mehreren gesellschaftspolitisch dienenden Rollen - sie kann den dominanten gesellschaftlichen Strukturen dienen oder sie kann sich alternativen Strukturen, alternativen Machtbildungen zur Verfügung stellen. Die Option ist nicht die zwischen einer Machtkultur Universität und einem Elfenbeinturm Universität, die Option ist zwischen einer strukturkonservierenden und einer strukturreformierenden Machtkultur Universität.

Eine strukturreformierende Machtkultur Universität bedeutet im Innenverhältnis zunächst die volle Akzeptierung des Massencharakters der Universität heute und morgen. Nur eine Universität, die sich nicht gegen die als "Vermassung" denunzierte soziale Öffnung wehrt, entzieht sich ihrer Schutzfunktion im Dienste der herrschenden sozialen Herkunftseliten, ermöglicht den Zugang zu sozialen Funktionseliten für die Begabten und für die Leistungsorientierten sozial schwächerer Herkunft.

Der Massencharakter der Universität impliziert freilich auch die Entwicklung entsprechender Konzepte des didaktischen Umganges mit der großen Zahl der Studentinnen und Studenten, die als Folge der sozialen Öffnung nun zum Studium drängen. Der im Sinne des Gegenmachtkonzeptes erwünschte soziale Andrang kann teilweise oder vollständig seine positiven Auswirkungen einbüßen, wenn durch das Fehlen einer didaktischen Bewältigung des Massenandrangs ein extrem hoher Prozentsatz von Studierenden an den Universitäten resigniert und zu "dropouts" wird. Universität als Gegenmacht heißt, den Massencharakter akzeptieren und mit ihm positiv umgehen. (Kramer 1986)

Mit Bezug auf die Außenseite der universitären Machtkultur impliziert die reformistische Konzeption, daß die Universität noch stärker als bisher ihre Plazierungsfunktion wahrnimmt und diese mit einer pointierten und forcierten Leistungsorientierung verbindet. Verzichtet die Universität, als kurzsichtige und falsch verstandene Konsequenz sozialer Egalisierung, auf diese Leistungsorientierung, so bleibt einerseits - wie erwähnt - die soziale Herkunft weiterhin wesentlich bestimmend für die Plazierung; und andererseits entstehen der Universität Konkurrenten, die unter bewußtem Verzicht auf jeden reformistischen Anspruch sich offen in den Dienst der dominanten gesellschaftlichen Interessen stellen - wie etwa Universitäten neuen Typs, "Eliteuniversitäten", etc. Die französischen Entwicklungen sind dafür ein anschauliches Beispiel.

Gegenmacht Universität bedeutet, daß die Universität für sich in Anspruch nimmt, für die Gesellschaft und deren vielfältige Subsysteme funktional qualifizierte Eliten auszubilden, die - im Zuge der säkularen Verdrängung der Herkunftseliten - eine qualitative Verbesserung sozialer Gleichheit mit sich bringen. Gegenmacht Universität heißt, die Universität nicht als friedfertige Insel, als Ausnahmegesellschaft, als Spielwiese, als Vorwegnahme einer irrealen Utopie mißzuverstehen - Gegenmacht Universität heißt eben nicht, in der Universität alles das unmittelbar verwirklichen zu wollen, was in der Gesellschaft heute und morgen so nicht zu verwirklichen ist: eine Gesellschaft ohne Wettbewerb, eine Gesellschaft ohne Eliten, eine Gesellschaft ohne Macht.

Gegenmacht Universität heißt, daß die Universität einen Beitrag zu größerer sozialer Zugangsgleichheit zu den unabhängig von der Universität ablaufenden vielfältigen Formen des Wettbewerbes zu leisten; den Herkunftseliten zunehmend Funktionseliten entgegenzustellen; verschlossene und verkrustete Machtstrukturen zugunsten dynamisierter Machtstrukturen zu öffnen.

Literaturverzeichnis

BARGEL, T. u. a: Arbeiterkinder nach dem Abitur. Leistungsauslese oder soziale Auslese beim Hochschulzugang? In: A. BOLDER/K. RODAX (Hrsg.): Das Prinzip der aufge(sc)hobenen Belohnung. Die Sozialisation von Arbeiterkindern für den Beruf. Bonn: Verlag Neue Gesellschaft, 1987.

FISCHER-KOWALSKI, M.: Bildung und Klassenverhältnisse. In: M. FISCHER-KOWALSKI/J. BUCEK (Hrsg.): Lebensverhältnisse in Österreich. Klassen und Schichten im Sozialstaat. Frankfurt: Campus, 1980.

GRENZFESTE DEUTSCHER WISSENSCHAFT. Über Faschismus und Vergangenheitsbewältigung an der Universität Graz. Wien: Verlag für Gesellschaftskritik, 1985.

GSTETTNER, P./P. SEIDL: Sozialwissenschaft und Bildungsreform. Köln: Kiepenheuer und Witsch, 1975.

KOZLIK, A.: Wie wird wer Akademiker? Zum österreichischen Schul- und Hochschulwesen. Wien: Europaverlag, 1965.

KRAMER H. (Hrsg.): Überleben an der Uni. Hochschuldidaktische Erfahrungen an der Massenuniversität. Wien: Verlag für Gesellschaftskritik, 1986.

PELINKA, A.: Dynamische Demokratie. Zur konkreten Utopie gesellschaftlicher Gleichheit. Stuttgart: Kohlhammer, 1974.

PREGLAU-HÄMMERLE, S.: Die politische und soziale Funktion der österreichischen Universität. Von den Anfängen bis zur Gegenwart. Innsbruck: Inn-Verlag, 1986.

SOWELL, T.: Civil Rights. Rhetoric or Reality? New York: Quill, William Morrow, 1984.

Ursula Schneider

Habilitation - Initiationsritus in die Wissenschaft

1. Anstelle einer Einleitung: Impressionen aus einem ungeschriebenen Tagebuch

Es hat eine Zeit gegeben, da hat allein die Vorstellung, diesen Aufsatz zu schreiben, mich aufrecht erhalten. Isolation und Selbstzweifel sind zwei destruktive Gesellen. Wo sie zusammen auftreten, häufen sich negative Emotionen: Verlassensein, Trotz und immer wieder die peinigende Frage nach dem Sinn des Ganzen. Dabei war meine tiefempfundene Wut auf die vielen tausend Seiten bedruckten Papiers, die ich zu studieren hatte, noch das Beste dran: sie hat zumindest Energien freigesetzt und damit die gefürchtete, immer wieder verbissen bekämpfte Befindlichkeit von minimaler tonischer Aktivierung weit weggerückt.

Während ich das hier schreibe, ist meine Erinnerung an meine - mittlerweile der Vergangenheit angehörenden - Gefühlslagen vielleicht schon nicht mehr ganz echt, durch die Umsetzung in Worte erfährt sie eine weitere Verfälschung. Immerhin erinnere ich mich, mir mit meinen massiven Zweifeln am System Universität wie ein Marsmensch vorgekommen zu sein, was natürlich Unsinn und nur eine metaphorische Umschreibung sozialer Entfremdung ist. Universitätsleute scheinen alle so durchdrungen von der Wichtigkeit und menschheitsbewegenden Relevanz ihres Tuns. Aber, was bewirken wir denn, wenn wir mit dem Ball wissenschaftlicher Erkenntnis effektvoll, aber am Fleck herumdribbeln und dabei womöglich noch allzu rasch mauern, wenn nur ein abweichender Gedanke am Horizont des (im Sinne des Wortes) Spielfelds auftaucht? Manchmal wollte ich am Gelesenen verzweifeln: Hohl, tönern, nichts Neues unter der Sonne ... dieser da hat auch wieder nichts Bewegendes geschrieben, und jener da verbreitet sich langatmig über einen an sich interessanten Aspekt, ohne daß sich bei mir das ersehnte Aha-Erlebnis einstellt. Wo bleiben die Spannung, das Prickeln, das herrliche Erlebnis, sich im Mitdenken als Mit-Entdeckerin zu fühlen? Wo zum Teufel, und wann und wie sind sie mir verloren gegangen? Ich hake zu schnell ab, lese zu flüchtig, werfe potentielle Kommunikationspartner zu schnell zum alten Eisen. Abgestumpft!-Halbtot? Ich muß aufpassen, sagt meine Ratio: Da gibt's den Fehler zweiter Art: Zu verwerfen, was nicht verwerfbar ist, was der weiteren Überlegung lohnte. Meine Kollegen machen sich schon auch mal lustig über die befremdlichen Ergebnisse des Publish-or-Perish-Zwangs. Aber, ihr Zynismus scheint nur eine schützende Maske, die sie abzustreifen vermögen, wenn's um ihre ureigene Arbeit geht. Die Arbeit, die sie dann doch wichtig nehmen, die für sie sinnvoll ist, für die sie sich weit über das normale Maß hinaus anstrengen. Ich weiß das, denn ich war auch mal so durchdrungen (wer hat mir den Tiger aus dem Tank geklaut?). Jetzt strenge ich mich auch an, viele Stunden am Tag, zuletzt deren fast zwanzig, aber nur manchmal, ganz selten, habe ich das beglückende Gefühl, sinnvolle Arbeit zu leisten: Ein neuer Gedanke, eine prima vista bestechende Analogie, eine gelungene Formulierung. Dann gehört mir die Welt. Doch allzu häufig war mir anders zumute - und die vermeintliche Maske des Zynismus wurde immer mehr zum zweiten Ich, reichte bei mir tiefer, hätte den Gedanken ans Aussteigen provoziert, wenn ich ihn zugelassen hätte. Ich habe nicht. Ich hatte erstens ein Ziel und zweitens Angst - oder war es umgekehrt?

Wovon hier die Rede ist? Vom *Prozeß des Habilitierens* bzw. von seiner letzten und intensivsten Phase. Gut ein Jahr Tauchstation, Selbstzweifel und Größenwahn, das Theorie-Praxis-Problem am eigenen Leib, Zerrissenheit des Arbeitens und der Persönlichkeit, Haßliebe zur Disziplin, Ausstieg aus dem Normverhalten - all das parallel zum wissenschaftlich-beruflichen Tun, abgehoben davon, aber sicher nicht ohne Einfluß darauf - ein Prozeß intensiver Selbsterfahrung, den ich hier zu rekonstruieren versuche.

Allerdings hätte ich das begleitend tun sollen. So viele Formulierungen waren mir in guten, wie in schlechten Momenten im Kopf herum gegangen. Nun liegt die Euphorie der Vollendung dazwischen, schon wieder angenagt zwar von kognitiver Dissonanz, aber unauslöschlich als Eindruck. Wenn das äußerlich perfektionierte Werk dann fein säuberlich gebunden, mit Lesezeichen, vor dir liegt, dann kommt es, das große Aufatmen, erst danach kommt die Leere. Ich hab nie wieder drin geblättert seither. Hegels Ausführungen über die Abspaltung des Produkts vom Produzenten, dem es dann fremd, als Objekt, gegenübertritt, sind mir nie so greifbar, wie unmittelbar nach Drucklegung von etwas, das ich selbst geschrieben habe. Später, vielleicht Monate später, werde ich wieder drin lesen und mich von meinen eigenen Gedanken überraschen lassen. Jetzt ist das Ganze vorerst mal ausgespien, von mir geworfen, dem Lauf der Dinge überlassen.

2. Die Scientific Community als Zunft: Warum müssen Initiationsriten mit Qualen verbunden sein?

"Wenn du dich dann habilitierst, dann wirst du ohnehin mal gut ein Jahr hohlwangig und gestreßt herumlaufen, das gehört nun mal dazu...," so oder so ähnlich mein, wie's im in diesem Fall zutreffenden Jargon heißt, verehrter akademischer Lehrer, als es noch um die Planung der Angelegenheit ging. Ich habe es nicht geglaubt, so wie es viele nach mir nicht glauben werden. So schwer konnte es doch nicht sein? Ich schrieb doch ohnehin laufend, arbeitete an Projekten, hatte Freude am Formulieren. Nein, schwer war's nicht, nur ungeheuer mühsam, so mühsam, daß mir das Kostbarste dran, das inhaltliche Interesse, oft genug beinahe verloren ging: man kann sich offenbar über-lesen, so wie man sich überißt.

Das erste Thema nahm ich locker in Angriff. Die Ingredienzien für ein wirkliches Opus schienen vorhanden: Eine brauchbare Theorie, eine in Schwierigkeiten befindliche Praxis - und die vielleicht nicht zündende, aber Idee, die Theorie auf ein bisher noch unbeackertes praktisches Feld anzuwenden und mit den für dieses Feld bestehenden Ansätzen zu kombinieren. Strategische Kommunalentwicklung sollte das Werk heißen und circa ein Jahr lang sammelte ich wütend alles, was mir über Kommunalpolitik, autozentrierte Entwicklung, Ansiedlungsstrategien und die Wechselwirkung regionaler Entwicklungsfaktoren in die Hände fiel: Wenn schon Wirtschaftsförderung, dann sollte doch wenigstens das auf der Ebene der "Planwirtschaft" Unternehmung entwickelte Instrumentarium zur Anwendung kommen. Dazu waren die mich immer schon interessierenden Fragen der Entscheidungsfindung, Handlungsmotivation und Koalitionsbildung auf kommunaler Ebene noch wesentlich komplexer und spannender als auf einzelwirtschaftlicher. Die Problemstellung bot außerdem die Chance zum Grenzgängertum zwischen den Fachgebieten. An eben diesem Wandeln zwischen Welten, von denen ich geglaubt hatte, daß sie nur arbeitsteilig-funktional getrennte Disziplinen waren, bin ich dann auch gescheitert. Ich sollte mir das Thema noch mal überlegen, hieß es nach einem Jahr. Es sei fakultätspolitisch nicht klug, weil den Experten der Nachbardisziplinen immer irgend was fehlen, zu oberflächlich erscheinen und sie aufgrund meines anmaßenden Blicks über den Zaun ganz besonders kritisch sein würden. Das in Bausch und Bogen abgeschmetterte Exposé der ebenso grenzgängerischen Dissertation eines Kollegen schien die These von den Gräben zwischen der "edlen volkswirtschaftlichen Theorie" und eher "schnöden, betriebswirtschaftlichen Pragmatik" zu erhärten. Also habe ich die Flinte ins Korn geworfen, allzu rasch, wie ich heute meine. Denn das Thema hat für mich nichts von seiner Faszination verloren, auf Rücksichten würde ich pfeifen, weil eben solche Rücksichten Zustände zementieren, die nicht unbedingt wünschenswert erscheinen. Damals war halt ein Jahr vertan, daneben aber eine interessante Projektarbeit weiter gegangen, die den willkommenen Anlaß bot, mich gemeinsam mit einem Kollegen in die Aufgabe zu stürzen, zwei Bücher zu schreiben. Meine Publikationsliste wuchs. An der geisteswissenschaftlichen Fakultät reichte ein Kollege mit Erfolg seine umfangreichen bisherigen Arbeiten als Habil ein, eine prima Idee! Ginge es nicht vielleicht auch bei mir kumulativ? Es ging nicht, wiederum aus fakultätspolitischen Rücksichten, war nicht mal ein Diskussionsthema: Das setzen wir nie durch - Punkt.

"Einmal sollte man schon beweisen, daß man als junger Wissenschaftler *ein* Thema am Stück vertieft bearbeiten und sich dazu Expertise aneignen kann ...," so ein von mir sehr geschätztes Mitglied der Fakultät. Sein Argument leuchtete mir ein. Andererseits ist es doch schlicht eine Frage des Arbeitsstils, ob man innerhalb des Bereiches seiner Grundthemen, die man ohnehin nie verläßt, in die aspektreiche Breite oder mehr in die Tiefe geht. Für das Meisterstück bestanden offenbar ganz bestimmte Regeln, die zu verletzen nicht opportun war.

Opportun - das Wort wurde überhaupt zum Schlüssel. Viele sagten es mir ganz explizit: Eine Habil wird nicht für einen selbst und schon gar nicht zum Vergnügen geschrieben, sondern für die scientific community. Dort muß sie ankommen, und deren Standards muß sie entsprechen, das ist ihre primäre und dominierende Funktion. Walther v. Stolzing und Beckmesser sozusagen, da war nur zu hoffen, daß ich meinen Hans Sachs in der Kommission haben würde. Ich hatte - und darauf konnte ich die ganze Zeit vertrauen.

So habe ich im Lauf der Jahre die Vorstellung vom Initiationsritus verinnerlicht. Da aber mein engeres Fachgebiet, die Organisationstheorie, mir die Überlegung mitlieferte, daß Entwicklung nur dort möglich ist, wo überkommene Regeln nicht allzu rigide gehandhabt werden, habe ich meinen Gedanken keine strengen Zügel, wohl aber die eine oder andere verbale Verbrämung angelegt - trotz Theodor Kuhn oder gerade wegen ihm.

3. Informationsmüll, Desinformation, Misinformation. Mein Gott ist unsere Sprache unscharf! Muß ich schweigen?

Ausgangspunkt meiner nächsten Arbeit war weniger ein Thema - was man ihr bis heute anmerkt - als ein allgemeines sachliches Interesse, gekoppelt mit einem Unbehagen. Das Interesse bezog sich auf die elektronische Datenverarbeitung, das Unbehagen auf die Erfahrung, häufig erst von Dritten zu hören, was in meiner kleinen Organisation vor sich ging. Ich habe das Gefühl, nicht informiert zu sein, immer als besonders mißlich und den Satz ... "darüber habe ich dich nicht informiert, weil ich dachte, das sei für dich nicht wichtig" ... schlichtweg als blanken Hohn empfunden: Wer, wenn nicht ich, konnte denn authentisch darüber entscheiden, was für mich wichtig, von Interesse war? Hellhörig geworden, merkte ich bald, daß Information auch in den Unternehmen ein heikler Faktor war. Viele waren mit der Fremdbestimmung ihres Informationsbedarfs unzufrieden, so gut wie alle kämpften mit dem Problem der ungeheuren Flut, die über sie hereinbrach und ihnen den Blick für das Wesentliche zu verstellen drohte.

In meiner eigenen, mittlerweile stark expandierten Organisation waren Stunden über Stunden in gemeinsame Besprechungen zu investieren, die nicht so recht vom Fleck zu kommen schienen. Da Information aber begleitend mit der Tätigkeit entsteht, wurde vieles auch nur begleitend ausgetauscht, sodaß der offizielle Kanal nicht das ausreichende Maß an Hintergrundwissen garantierte, das notwendig war, um das Alltagsgeschehen organisationsgerecht zu interpretieren. Ich definierte die Realität immer häufiger etwas anders als die anderen - und das wurde schnell zum Identifikationsproblem. Theoretisch müßten Organisationen, und das heißt immer ihre Mitglieder, abweichende Interpretationen sogar fördern, um sich ihr Entwicklungspotential zu erhalten. So zumindest steht es in den Schriften meiner Kollegen nachzulesen. Praktisch erleben die Mitglieder Deviation als Bedrohung und reagieren entsprechend: Im Wechselprozeß von Ablehnung und Trotz setzte ein Desintegrationsprozeß ein, der mich häufig an den Rand der Exit Option trieb. Aber ich hatte ein Ziel, vielleicht auch Angst, oder war es umgekehrt?

Also verbiß ich mich in die Lektüre, versuchte, alles zu lesen, fraß mich von Kapitel zu Kapitel in der Hoffnung, doch noch auf das zu stoßen, was der Titel an Erwartungen in mir ausgelöst hatte. Doch wissenschaftliche Werke werden nicht dadurch zum Knüller, daß sich clevere Verleger journalistische Überschriften dafür ausdenken. Oft ging es seitenlang um ein Detailproblem, das mir nicht wesentlich oder von rein akademischem Interesse erschien, das erste Drittel vieler Bücher war in der Regel von definitorischen Spitzfindigkeiten in Beschlag genommen, wodurch auf den ersten Blick kaschiert wurde, was ein zweiter umso deutlicher enthüllte: Es ging um neue Federn für alte Hüte. Dissertationen und Habilitationen konnte ich bald treffsicher auf den ersten drei Seiten als solche erkennen; sie waren besonders schwerfällig und langatmig. Sollte ich diesem Buchmarkt akademisch aufgemaschelter Langeweile ein weiteres Exemplar hinzufügen? Welch' blasphemischer Gedanke! Da hilft nur kaltblütige Verdrängung, denn die Zeit eilt dahin und mein Schreibplan sieht keine Energiereserven für Motivationsrückgewinnung vor. Wäre ja noch schöner, wenn ich statt systematisch x Seiten pro Tag nur dann schreiben könnte, wenn mich sozusagen die Muße küßt. Also bedurfte es der Gewaltakte: Hiergeblieben, hingesetzt, die Gedanken der Feder (pardon, heute der Tastatur) abgerungen. Manchmal klappte das, oft genug ertappte ich mich dabei, immer wieder aufzuspringen, herumzuwandern, etwas anderes zu beginnen (meine Wohnung war nie sauberer). Ich mußte mich damit abfinden. Es ging nicht mit bloßer Willensanstrengung, wenn die Schreibdisposition völlig fehlte. In Phasen gebremsten Schöpfertums sichtete ich dann zumindest die Literatur, ordnete, exzerpierte, selektierte, legte ca. 30 Ordner und zwei Karteikästen an und bin doch bald hoffnungslos in der Fülle an Gesammeltem untergegangen. Das Wachstum an Argumenten und Aspekten zu jedem einzelnen Unterkapitel schien exponentiell, weil jede Andeutung eines Autors, soferne sie meine Aufmerksamkeitsschwelle überwand, einen Rattenschwanz an Folgeassoziationen und -relationen auslöste. Voll Selbstironie entsann ich mich der guten Ratschläge, die ich in der Diplomarbeitsbetreuung von mir zu geben wußte. Immer wieder warfen mein sprunghaftes Denken und die begrenzte Kapazität meines Kurzzeitgedächtnisses meine schöne Systematik, den anläßlich solcher Betreuungen beschworenen roten Faden über den Haufen. Natürlich ging ich nach einem bestimmten Aufbau vor, sichtete mein Material danach, ob es dem in Frage stehenden Argument begründbar zuzuordnen war. Doch strenge Selbstbeobachtung enthüllte mir noch eine ganz andere Schwelle, die vor jeder Systematik zum Tragen kam: Je nach Tagesverfassung, je nachdem, was mir zuletzt an zufälliger Lektüre in die Hände gefallen war, je nachdem, mit wem ich zuletzt worüber ebenso zufällig gesprochen hatte, setzte ich ganz bestimmte Akzente. Eine zufällige Begegnung eröffnete den Zugang zu ganz bestimmten Quellen, die den Fortgang der Arbeit wesentlich beeinflußten. Daneben gab es auch die geplante Fahrt zu anderen Universitätsbibliotheken, die systematische Literaturrecherche, eben ein deutliches Nebeneinander von Zufall und Plan, Systematik und Intuition.

Ich schrieb über menschliches Informationsverarbeitungsverhalten, indem ich Informationen verarbeitete. Dabei war ich ständig in Gefahr, der Methode der Introspektion zu viel Gewicht einzuräumen, weil ich vieles an mir nachvollziehen konnte, wovon in manchen Büchern die Rede war: Zufällige Selektion, Informationsabwehr, verkürzte Verarbeitung nach einem gespeicherten Schema, Warteschlangen, Uminterpretationen. Die Bücher, die sich mit solchen Problemen überhaupt auseinandersetzten und nicht vom rational und präferenzlos das Vorhandene abarbeitenden Homo rationalis ausgingen, waren mir sympathisch. In der Regel waren sie auch gut lesbar, wenn der Autor nicht gerade versuchte, seine Erkenntnis, daß es mehr als einen Rationalitätsbegriff gibt, durch Übersetzung in eine naturwissenschaftlich anmutende Formel salonfähig zu machen. Bei aller Nützlichkeit der Abstraktion entbehrt solches Bemühen für mich bisweilen nicht der Lächerlichkeit. Wenn z.B. die simple Tatsache, daß ein Mensch mit einem anderen spricht, wobei Mißverständnisse auftreten können, plötzlich als $r(a_{01} \cdot b_{10}) \in X_1 \longrightarrow r(b_{21} \cdot a_{12}) \in X_2$ aufscheint, wobei $0 <$ Störfaktor $r < 1$ ist, dann scheint oft mehr Komplexität geschaffen als reduziert.

Bücher, die tatsächliches Verhalten zu beschreiben wußten, ohne der Versuchung zu erliegen, es hinter mathematischen Symbolen zu verstekken, waren allerdings selten. Ich wollte natürlich beides: fundiert, präzise und doch griffig formulieren, die Angelegenheit endlich auf den Punkt bringen, verschiedene Sachverhalte ein für allemal klären. Ein größenwahnsinniger Anspruch! Je länger ich schrieb, umso deutlicher wurde mir die Ohn-Macht der doch mächtigen (deutschen) Sprache. Früher hatte ich über Begriffshöfe hinweggelesen, ohne mir Gedanken zu machen, jetzt wurde ich immer kritischer, untersuchte jeden Satz peinlich genau, stellte fest, daß der Löwenanteil der vorgefundenen Literatur der Präzision und Begründung ihrer Aussagen über weite Strecken entbehrte. Wie locker schrieben z.B. viele Autoren über die an einem Arbeitsplatz notwendigen Informationen, die im Informationsoptimum (! - unter dem geht's wohl nicht) sicherzustellen seien. Über die Art der Bestimmung dieses "notwendigen Optimums" und seine Abhängigkeit von einem ganz bestimmten Strukturgefüge an Arbeitsplätzen, nämlich dem vorgefundenen, schweigen sie sich aus. Tatsächlich bleibt angesichts des Doppelcharakters von Information als subjektivem und objektivem (= intersubjektiv vereinbartem) Tatbestand nicht viel übrig als der Hinweis auf Methodik, als ein Rückzug auf Verfahrensrationalität. Befragungen (vor allem der Vorgesetzten einer Stelle), Expertenurteile und Check Lists werden angeboten, deren Selektivität an mangelnder Begründung nichts zu wünschen übrig läßt. Aber, sie sind plausibel und helfen damit, die Gedanken zu strukturieren und zu klären. War ich also zu skrupulös? War die Literatur in Ordnung und mein Anspruch falsch? Aber, wenn sie nicht mehr zu bieten hat als systematisierte Spekulation, womit rechtfertigt dann Wissenschaft ihre besondere Stellung, woraus nähren Wissenschaftler ihr in ihrem Gehabe erkennbares Gefühl, überlegene Lösungen zu haben? "Wissenschaftliche Theorien unterscheiden sich nicht prinzipiell von Alltagstheorien." Dieser Satz von H. Moser ist mir erst nach vertiefter Befassung mit Theorie wirklich deutlich geworden. Wenn sie gut sind, haben die Theorieentwickler Methode und sind sich, speziell im Falle sozialwissenschaftlicher Theorien des hypothetisch-spekulativen Charakters, ihrer Aussagen bewußt. Solange sie diesen deutlich machen, so meine ich, müssen sie nicht schweigen, im Gegenteil, denn Schweigen wäre Kommunikationsverweigerung. Theorien sind, so betrachtet, ein Kommunikationsangebot, nicht mehr, aber auch nicht weniger.

Am liebsten würde ich einen kleinen Seitensprung in die Linguistik wagen. Sprache scheint mir plötzlich ein ungeheuer interessantes Phänomen. Wie sagte doch das Fakultätsmitglied? Sich einmal vertieft mit einer Sache zu befassen, das mache eine Habilitation aus.

4. Späte Evaluierung der Berufswahlentscheidung: Könnte ich mich geirrt haben?

Wenn die Betriebswirtschaftslehre, wie die Volkswirte meinen, keine wirkliche Theorie ist - und in der Tat hat sie kein geschlossenes Aussagengebäude aufzuweisen - und wenn sie ferner, wie ihr Praktiker vorwerfen, in ihrer Art Problemstellungen auszuwählen und zu bearbeiten an deren Bedarf häufig vorbeizielt, was ist die BWL dann, wem nützt sie, ist es überhaupt sinnvoll, sich mit ihr zu beschäftigen? Fragen, die ich mir seit langem nicht mehr gestellt hatte. Die Studienwahlentscheidung war mir nicht leicht gefallen. Die Vorstellung, mich unter der Vielzahl interessanter Richtungen für eine einzige entscheiden zu müssen, war mir nicht angenehm. Als die Entscheidung aber gefallen war, habe ich das Studium im großen und ganzen genossen: Es war interessant, abwechslungsreich, vom Fächerspektrum her relativ breit und schien die Welt der Unternehmungen einfach und überschaubar zu erklären. Erst danach in der Forschungsarbeit tauchten paradigmatische Fragen und solche der Relevanz auf, die acht Semester lang von keinem einzigen Dozenten (mit einer Ausnahme) je angerissen worden waren. Mit diesen Fragen kamen auch die Zweifel, mit den Zweifeln manchmal die Verzweiflung. Was würde sich schon ändern an dieser Welt der Unternehmen, wenn ich diese Arbeit schrieb? Wäre es nicht wesentlich sinnvoller, selbst etwas zu gestalten, einfach zu handeln, zu bewirken? Wenn die Sinnfrage erst mal aufgetaucht ist, läßt sie sich nicht mehr so leicht von der Schwelle weisen: Faszination wechselt mit Verbitterung. Alle anderen Disziplinen scheinen plötzlich attraktiver, ich entwickle lebhaftes Interesse für Atomphysik oder Biochemie. Wie freundlich die Welt doch ist, sie wirft immer wieder unerwartet Anker aus, an denen du dich festhalten kannst. Meine kleinen Exkurse, aus Haßliebe zur eigenen Disziplin entstanden, erweisen sich letztlich als für diese Disziplin fruchtbar. Ob es um die Frage der Objektivität geht oder um selbst evolvierende Systeme, überall tauchen Parallelen auf. Die BWL ist wie ein großer Schwamm, der vieles aufzusaugen vermag, was an Neuem, an Zeitgeist, an Analogiegeeignetem auftaucht. Kein Wunder, daß dieser Schwamm oft die Konturen verliert, zu weich erscheint, zurückweicht, wenn du ihn zu fassen versuchst. Aber er bietet Möglichkeiten, zumindest theoretischer Natur. Das vielschichtige Problem seiner Relevanz für eine zu Unrecht mit dem Singularbegriff "die" bezeichnete, ebenso vielschichtige Praxis ist damit noch nicht ausreichend geklärt.

5. Zum Teufel mit den Zitierregeln - alles Denken ist Plagiat

Langsam nimmt das Werk Gestalt an. Gleichzeitig verwirren sich meine Gedanken zusehends. Ich habe so viel gelesen, gehört, assoziiert, daß ich nicht mehr weiß, was originär von mir, was extern inspiriert und was überhaupt fremdes Gedankengut ist. Besonders ärgerlich scheint mir der gar nicht so seltene Fall, daß ich ein Argument neu entdeckt zu haben glaube und es danach bei der Lektüre, womöglich noch eines namhaften Autors, wieder entdecke. Warum ist das eigentlich ärgerlich? Ist es nicht beruhigend zu sehen, daß der Gedanke geteilt wird, ist das nicht unsere besondere Art von Kommunikation in der Scientific Community? Froh müßte ich sein über das Indiz, daß meine Gedanken sich offenbar nicht in eine Sackgasse verirren. Aber der verflixte Verwertungszwang stellt meine Empfindungen auf den Kopf. Zitiere ich nun oder zitiere ich nicht, und wenn ja, in welcher Form? Ich löse das "Problem" ein für alle mal, indem ich im entsprechenden Fall ein selbstbewußtes "Vergleiche dazu auch Soundso" einfüge. Dennoch bleibt der Sachverhalt gegeben, daß das Geschriebene ein unentwirrbares Konglomerat an bereits irgendwo dokumentierten Überlegungen ist und zu etwa 95% aus zitatlos übernommenem Hintergrundwissen besteht. Adam Riese zitiere ich nicht, wenn's um ein Rechenexempel geht, auch Newton nicht oder Leibnitz, Plato im Fall philosophischer Argumente hingegen meistens. Das BWL-Wissen aus dem Grundstudium zitiere ich nicht, obwohl es so unumstritten gar nicht ist, was darüber hinausgeht, scheint schon wieder quellnachweiswürdig. Wo aber liegt die Grenze, jenseits derer die Selbstverständlichkeiten (die nur per Konvention zu solchen geworden sind) aufhören?

Gemessen an diesen Fragen scheinen mir die häufig zentralen Anliegen, ob mit Semikolon oder Beistrich, mit Orts- oder Verlagsangabe gearbeitet, im Text oder an seinem Ende, kurz oder lang zitiert wird, einfach sekundär. Ich ertappe mich bei kleinen, sinnlosen Akten der Revolte gegen diesen von mir als unerheblich empfundenen Formalkram; setze hier einen Beistrich, da ein eigenwilliges Semikolon, mische die Konventionen, zitiere schlampig. Letzterer Akt genüßlicher Irrationalität, den ich im vollen Bewußtsein setze, daß den potentiellen Gutachtern Formalia wichtig sind, rächt sich allerdings regelmäßig. Zum Schluß erfaßt mich dann nämlich doch Perfektionswahn. Die in den Text eingefügten Zitiermarksteine bedürfen nun der Ergänzung. Ein nervenerschütternder Suchprozeß setzt ein trotz Karteikartensystem: Wo war das bloß? Welches der Werke dieses Autors habe ich mit 1986c bezeichnet? Die Zeit eilt, denn wie immer habe ich es nicht geschafft, streßfrei rechtzeitig einen Abgabetermin wahrzunehmen. Allein die Erstellung des Literaturverzeichnisses kostet zwei Tage. Zwei Tage Fließbandarbeit der Wissenschaftlerin, die mir nicht vorrangig erscheinen und die Wut auf das System in mir schüren. Soll ich wieder, wie einst bei der Diplomarbeit, mit einem lakonischen Satz alle jene erwähnen, die das Geschriebene durch ihre Kommunikationsangebote erst ermöglicht haben? Dann hätte ich das Problem der Selektion vom Hals, aber die Regeln gröblich verletzt. Schließlich bringt allein der

50-seitige Umfang des Literaturverzeichnisses etwas zum Ausdruck, mit dem ich mich schon identifizieren kann: Letztlich baut alles von Menschen Erdachte aufeinander auf, so ja auch die ursprüngliche Wortbedeutung von colere-cultus-Kultur.

6. Sozialer Muskelkater, Isolation und Selbstzweifel

Je länger ich mich mit dem Thema befasse, desto unsicherer werde ich, was meine Art, damit umzugehen betrifft. Am Institut gibt es für Informatik und Informationsmanagement wenig aktiviertes Interesse, diesen Aspekt hatte ich bei der Auswahl des Themas überhaupt nicht bedacht. Daher fließen aus der täglichen Institutsarbeit auch kaum Impulse, für Extragespräche fehlt häufig die Zeit. Dazu kommt der bereits beschriebene Desintegrationsprozeß, der meine Animosität steigen läßt. Als ich um das zweite Einzelgespräch bitte, wird mir eine Gruppensitzung aufgedrängt, die ich nicht will und die sich entsprechend unergiebig gestaltet. Als ich in diesem Gruppengespräch größenwahnsinnig davon ausgehe, daß mein Gegenüber die besprochene Grobgliederung im Kopf hat (es ist ja nichts wichtiger als meine Arbeit!), werde ich zwangsläufig enttäuscht. Als mir schließlich beim nächsten Mal, als ich nach langer rücksichtsvoller Abstinenz wieder einmal das Gespräch suche, mit Blick auf die Uhr zum dritten Mal der Tip gegeben wird, doch bei Soundso nachzulesen, wo, wie ich schon beim letzten Mal angemerkt habe, nichts Themenspezifisches zu finden ist, so als sei ich nicht mitten im Schreibprozeß, sondern noch ganz an seinem Anfang, habe ich endgültig die Nase voll. Gut, dann eben volles Risiko. Ich kann's auch unter erschwerten Bedingungen schaffen, das habe ich als Frau in einer männerdominierten Berufswelt schließlich gelernt.

Nur, daß ich statt emotionaler Unterstützung nunmehr das Gegenteil oder zumindest nichts erhalte (bzw. das in meiner erwähnten Animosität so empfinde), kostet doch mehr Energie, als ich dachte. Ich habe aber keine Energie zuzusetzen, die brauche ich für das Opus und den normalen Universitätsbetrieb. Auch fehlt mir einfach das Feed-back zu meinen Überlegungen. Ich schwanke zwischen dem Gefühl, einen großen Wurf getan und jenem, Unerhebliches geschrieben zu haben und bin froh, als teils zufällig externe Ansprechpartner auftauchen: Ein paar Gespräche nur, aber ihr Stellenwert für mich ist enorm. Es geht mir zusehends besser.

Im letzten halben Jahr allerdings, als ich morgens um 6 Uhr beginne und oft erst weit nach Mitternacht aufhöre, spüre ich sowas wie soziale Entwöhnung, komme mir bisweilen vor wie Kaspar Hauser, weil das Normale mir nicht mehr normal erscheint. Zufällige Gespräche, z.B. beim Einkaufen, führe ich jetzt häufiger, erlebe den kurzen freundlichen Austausch von Belanglosigkeiten viel bewußter als sonst. Andererseits scheine ich meine Geschmeidigkeit im alltäglichen Sozialverhalten verloren, meine selbstverständliche Aufmerksamkeit und ausgeprägte Zuhörfähigkeit (zumindest sagte man mir, daß sie ausgeprägt sei) verloren zu haben. Wie die klassische Figur des schusseligen Gelehrten weiß ich auf einfachste Fragen nicht zu antworten, tauche mitten im Gespräch in tiefe Abwesenheit, verwechsle Namen und Gesichter, kurzum benehme mich entfremdet und damit wahrscheinlich höchst befremdlich. Hin und wieder bringe ich das Problem zur Sprache und finde außerordentlich viel Verständnis. Nein, so nähme man das eigentlich gar nicht wahr, das käme nur mir so vor. Kann das stimmen? Verbirgt der Filter der Nachsicht den sozialen "Muskelkater", d.h. das Maß an bewußter Anstrengung, das Alltagsverhalten plötzlich erfordert? Jedenfalls, als dann alles vorbei und die "unerträgliche Leichtigkeit des Seins" (Kundera) zurückgekehrt war, war mir wesentlich wohler zumute.

7. Meine Schwierigkeiten mit zwei mir teuren K-s oder meine Unfähigkeit, Grenzen zu akzeptieren

"Mir fällt nichts ein, aber manches auf." (E. Kappler) Trefflicher könnte man die beiden K-s wissenschaftlicher Anstrengung nicht beschreiben: Konstruktion und Kritik, Neues entwerfen oder über die Reflexion des Bestehenden zu innovieren, das ist hier die Frage.

"Es gibt Wissenschaftler, die sind eher Gestalter und solche, die über die Gestaltungsvorschläge nachdenken und diese kritisch analysieren. Wenn man das als sinnvolle Arbeitsteilung akzeptiert, ist's problemlos." So meinte tröstlich ein Kollege, bei dem ich mein Unbehagen über die von mir wahrgenommene Schlagseite zum kritisch-reflexiven Element in unserer Organisationskultur abgeladen hatte. Gerade diese Arbeitsteilung wollte ich aber nicht akzeptieren, widerspricht sie doch meinem Idealmodell der Einheit von Entwurf-Handlung und Reflexion. Ich wollte kein Entweder-Oder sondern ein Sowohl-als-Auch und habe mich damit zum Teil hoffnungslos übernommen.

War ich klar, präzise und entschieden in bezug auf eine Variante, wurde der Text gut les-, nachvollzieh- und angreifbar, ließ sich in Listen und Graphiken überführen und vermittelte das gute Gefühl von Durchblick und Übersicht. Nahm ich's hingegen genauer, widerlegte mich selbst in nahezu jedem Argument, stellte jeder Empfehlung ihre "abers" gegenüber, verwirrte sich die Argumentation so, daß ein Leser vermutlich mit dem Text nichts mehr anfangen konnte. Aussagen, die m. E. im Text deutlich vorhanden waren, kamen dann häufig beim Rezipienten nicht an, offenbar hatte ich sie gut in aspektüberladenen Sätzen verborgen.

So stieß ich denn immer wieder an die Grenzen der Informationsverarbeitung und Kommunikation und damit an die Grenzen meines Themas.

8. Wenn das alles ist?

Schließlich näherte sich das Opus seinem Ende. Ein Ende? Wieder einer dieser unscharfen Begriffe. Das Thema hat kein natürliches Ende, ist nicht erschöpfend abhandelbar. Ganz im Gegenteil, da es eher als Problemaufriß für eine neue Betrachtungsweise in der Disziplin gedacht war, könnte ich ewig daran weiterarbeiten, umgruppieren, neuformulieren, umgewichten. Immer wieder fällt mir einschlägige Literatur in die Hand, denn meine Wahrnehmung ist diesbezüglich sehr geschärft. Ich öffne sie mit Bauchschmerzen. Wird sie Aspekte enthalten, die ich unbedingt hätte berücksichtigen sollen? Großes Aufatmen - sie enthält nicht! Also kommt irgendwann durch willkürliche Setzung der Schlußpunkt, gefolgt von hektischem Korrekturlesen, Kopieren, Rennen zum Buchbinder. Ich schaffe es! Am 1. April, einem nicht ganz unpassenden Datum, liegt der dicke Wälzer auf dem Tisch der Fakultät.

Danach hört der Streß allerdings noch nicht auf. Am 2. April habe ich ein Referat zugesagt, das Verfahren ist abzuwickeln, das Kolloquium vorzubereiten, die Gutachter sanft zur Eile zu drängen. Viel Zeremoniell und funktional Formuliertes kommt auf mich zu, eigentlich wieder keine ausführliche inhaltliche Auseinandersetzung, kein Dialog. Ein Stück gedanklicher Einsamkeit bleibt und füllt die große Leere.

Dann kommt der Tag der Euphorie. Händeschütteln, Freude, Wohlwollen, alles geht wie in Trance an mir vorbei. Hinter dem Nebel spüre ich Erleichterung. Ja, ich freue mich, daß der Spuk vorbei ist. Drei Tage hält die Freude an, danach hält der Alltag wieder seinen Einzug. Ich müßte das Werk überarbeiten für den Verlag, hab' schon wieder Ideen und Material gesammelt und beinahe Lust, das Thema wieder aufzugreifen. Ist das möglich? Nie wieder wollte ich so eine Arbeit schreiben, nichts mehr wollte ich davon wissen - und jetzt geht's doch wieder von vorne los? Mein kategorisches Nie bricht in sich zusammen, die Liste meiner Vorhaben ist lang und unterscheidet sich von der Habilitation nur durch ihre größere Variationsbreite.

Das ist wohl der Sinn von Initiationsriten, daß du dazu gehörst, wenn du sie durchlaufen hast. Ohne es zu merken habitualisierst du Verhaltensweisen, die du - da als Übergang gedacht - gar nicht vor deinem inneren Richter abgewogen und geprüft hast. Eine nicht ganz ungefährliche "Neben"-Wirkung. Ich werde auf der Hut sein müssen.

Christian Rechberger

Für die Abfassung meiner Dissertation zum Beispiel hatte es keine Rolle gespielt, ob mein Seelenleben zerstört war oder nicht; der Umstand, daß ich während meiner Dissertationszeit in einer psychischen Wüste Sahara lebte, hatte mit der wissenschaftlichen Brauchbarkeit meiner Dissertation nichts zu tun, und der Professor hatte nicht darüber zu entscheiden gehabt, ob sein Student nun ein gesundes oder krankes Seelenleben habe, sondern nur, ob dessen Dissertation gescheit sei oder nicht.

(Fritz Zorn)

Von der Dissertation übers "Dissertieren" zum Projekt mit Dissertanten

Kurzbericht über eine Dissertation, die anhand von Studienbiographien aufzeigt, was das "Dissertieren"[1] vielfach so schwierig macht und Ausblick auf ein Hochschulprojekt zur Entwicklung von Bewältigungsstrategien, die dem universitären Ausbildungsdefizit in dieser Studienphase entgegensteuern.

1. Lebenswelt - Das ist nicht immer nur "draußen"

Ein Studium an der Universität bildet an der Realität der Lebenswelt weitgehend vorbei. Für das Fach Psychologie aber auch andere Sozialwissenschaften gilt dieses pauschale Urteil in eklatanter Weise.

Bereits die Studierenden verspüren Unbehagen über die einseitige Ausrichtung auf rein akademische Studieninhalte, die eben nur zu oft keinen Bezug zur sozialen Wirklichkeit "draußen" und den Alltagsproblemen der Menschen haben. Diese Erkenntnis eröffnet sich spätestens den Jungakademikern, wenn sie in ihrer Berufspraxis mit den im Studium erworbenen Qualifikationen äußerst wenig anfangen können und zwangsläufig über Reibungsprozesse mit den dort gestellten Anforderungen in autodidaktischer Weise eine zweite "Ausbildung" erfahren (müssen). "Das Studium ist eben nur wissenschaftliche Vorbildung" lautet das Argument all jener Universitätslehrer, die an der rein akademischen Tradition fern der berufspraktischen Alltagserfordernisse festhalten.

Die Ausbildung an der Universität geht aber nicht nur an der Lebenswelt außerhalb der Tore der Hochschulen, sondern auch an der von ihr selbst so geschaffenen Wirklichkeit - an der Lebenswelt "im eigenen Haus" - vorbei.

Das Studium ist über weite Strecken so organisiert, als wäre die Ausbildung zum Fachwissenschafter sein einzig Ziel: Die Inhalte eines Großteils aller Lehrveranstaltungen verkörpern implizit diesen Anspruch. Die angestrebten und eingeschlagenen Wege der Absolventen und die Enge des wissenschaftlichen Arbeitsmarkts stehen in krassem Widerspruch dazu.

Wenn es aber in den höheren Semestern für die Studierenden darum geht, mit der Erstellung einer umfangreichen wissenschaftlichen Arbeit diesem Ideal zu folgen, versagt die Ausbildungsinstitution Universität mit einem Mal fast gänzlich ihre Dienste. Beinahe scheint es, als sei die Lehre in ihrer Funktion mit dem Anbieten von Lehrveranstaltungen für die Anfangssemester erschöpft; und als seien die Lehrenden der Meinung, die Studenten hätten damit ausreichend Grundqualifikationen erworben, um nun völlig sich selbst überlassen an eine größere wissenschaftliche Arbeit herangehen zu können.

Die hier leicht zugespitzte Beschreibung derartiger Verhältnisse ist nur ein Indiz dafür, welcher Stellenwert dem Stadium der Dissertation (für die Diplomarbeit gilt strukturell ähnliches) in der universitären Ausbildung zugemessen wird, obwohl die Arbeit daran zumeist mehr als die Hälfte der gesamten Studienzeit ausmacht. Die Erstellung der Studienabschlußarbeit wird somit weitgehend dem Wildwuchs überlassen.

Die Gründe dafür sind einerseits in den bestehenden Studienordnungen, andererseits in der defizitären Betreuungssituation zu suchen.

Sowohl das Doktoratsstudium alter Prägung als auch die neuen Diplomstudiengänge gehen in ihrem Aufbau und mit den in den Anfangssemestern vermittelten Kenntnissen an den (vor-)gegebenen Erfordernissen, eine eigenständige und umfassende wissenschaftliche Arbeit zu schreiben, vorbei. Es findet faktisch keine oder nur eine unzureichende Vorbereitung auf eine derart anspruchsvolle Aufgabe statt (wie dies etwa bei einem Projektstudium gewährleistet wäre).

Betrachtet man die Ausbildungssituation an der Universität aus der Innenperspektive der von ihr betroffenen Dissertanten, so zeigt sich in deren Aussagen eine weitverbreitete und umfassende Orientierungslosigkeit und Verunsicherung darüber, wie diese Arbeit zu bewerkstelligen sei und auch darüber, wie das Produkt der eigenen Bemühungen von der begutachtenden Instanz wohl beurteilt werden könnte.

Die in der Ausbildungsstruktur vorgesehene Form der Einzelbetreuung durch jeweils einen (habilitierten) Lehrenden erweist sich in der Praxis vielfach als unzureichende Hilfestellung bei der Abfassung von Studienabschlußarbeiten. Darüberhinaus gibt es aber bisher kaum Möglichkeiten und Einrichtungen im Studienbetrieb, welche für eine Begleitung der jeweiligen Forschungsvorhaben von Studierenden zur Verfügung stehen.

Entgegen der - von den Betreuern bislang häufig geübten - Praxis einer (nachträglichen) Sanktionierung und Kontrolle, erfordert eine fundierte Betreuung eine kontinuierliche Auseinandersetzung mit den Anliegen und Erfordernissen von seiten der Studenten und eine Reflexion der stets auftauchenden Probleme und ihrer Begleitsaspekte im Sinn von Supervision.

Neben dem Faktum, daß Dissertationsbetreuer unter einer gewissen zeit- und kapazitätsmäßigen Überforderung leiden, gibt es jedoch auch zahlreiche Beispiele für eine nicht zu rechtfertigende Leichtfertigkeit und Ignoranz gegenüber den Problemen der Betreuten. Ihre weitverbreitete Unfähigkeit im Umgang mit den erforderlichen Betreuungsaufgaben erweist sich in fachlich-didaktischer, aber auch in "menschlicher " Hinsicht (z.B. in der oftmals von vornherein mangelnden Bereitschaft, sich mit den an sie herangetragenen Problemen nicht nur in sanktionierender Weise auseinanderzusetzen). Kurzum: Es mangelt an der pädagogischen und sozialen Kompetenz der Lehrenden für die Erfüllung der Betreuungsfunktion. Die breite Basis von Erfahrungen (wie sie z.T. in Pkt. 3 dokumentiert sind) kann als ausreichender Beleg für eine derartige Beurteilung angesehen werden.

Wiewohl alle im Lehrbetrieb Tätigen diese (Studien-)Phase zumindest einmal aus eigener Erfahrung durchlaufen haben, scheinen sie die Sorgen und Nöte in dieser Situation nur allzu schnell wieder vergessen zu haben. Dies wiegt umso schwerer, als gerade jene als hauptamtliche Betreuer in Frage kommen, die kraft ihrer Position als Habilitierte gegenüber den Problemen des Dissertierens am meisten Distanz aufweisen und daher den Studierenden mit oftmals noch größerem Unverständnis entgegetreten als manch jüngere Assistenten.

Die Folgekosten derartiger Konstellationen sind allerdings bei den Betroffenen zu nicht zu unterschätzen: Fern vom Studienbetrieb und ohne jegliche Unterstützung von seiten der Universität droht manchen Studenten jahrelang das Scheitern an dieser Barriere; manche schaffen es noch "irgendwie", nicht selten kommt es zum Studienabbruch in hoher Semesterzahl.

Die vielfach schwierige Situation jener Studierenden, die sich mit der Erstellung ihrer Dissertation abmühen, spielt im offiziellen Studienbetrieb keine oder zumindest keine sichtbare Rolle; sie ist - wenn schon nicht totgeschwiegen - kein Thema einer öffentlich geführten Diskussion über Reformbemühungen, sondern wird abgeschoben ins Dunkel des persönlichen Schicksals und individuellen Verschuldens.

Dies sind nur einige herausragende Indizien dafür, wie wenig die universitäre Ausbildung den Verhältnissen ihrer eigenen Lebenswelt gerecht wird. Solange sich die Universität nicht stärker an den Erfordernissen dieser Studienphase und damit an den Interessen und Bedürfnissen eines wesentlichen Teils ihrer Studenten und deren faktischer inneruniversitärer Lebenswelt orientiert, ignoriert sie letztlich einen Hauptbestandteil ihrer sinnstiftenden Funktion: die Verbindung von Lehre und Forschung zum Zweck der Ausbildung.

2. "Dissertation als Lebens- und Leidensform" - Auch ein Thema für eine Dissertation

Das Problem vom Leiden vieler Dissertanten ist in universitären Kreisen zwar informell seit langem und weithin bekannt, aber bislang selbst in der breiten sozialwissenschaftlichen Szene noch niemandem eine Untersuchung wert gewesen. Das reale soziale Problem für einen beträchtlichen Teil von Studenten wird also nicht nur unter dem Aspekt der Ausbildung, sondern auch in der Forschung vernachlässigt. Dies steht ganz in Einklang mit der bedenklichen Tradition innerhalb der Sozialwissenschaften: Sie beschäftigen sich mit allem möglichen, nur nicht mit sich selbst, - und übergehen damit die dringend notwendige und durchaus fruchtbare Selbstreflexion.

Darüberhinaus kommt an diesem Umstand eine Schattenseite der Autonomie der Universität zum Ausdruck: Sie läßt sich bezüglich inneruniversitärer Vorgänge nicht gerne in die Karten schauen und wirft erst recht nicht selbst einen Blick in die dunklen Stellen ihres institutionellen Gefüges und der damit verbundenen Folgen für einen Teil ihrer Mitglieder. (Einen für die österreichische Universitätsgeschichte eher außergewöhnlichen Fall stellt die sozialpsychologische Untersuchung eines Berufungsverfahrens dar - Rainer 1988). Die Autonomie erfüllt prinzipiell eine wichtige Funktion, sie wird allerdings oftmals mißbräuchlich als Argument herangezogen, wenn es z.B. Professoren darum geht, sich vor Kritik immun zu machen.

Auch nach der Neuorganisierung von Hochschulstrukturen und Studienplänen bleibt de facto die Definitionsmacht von Professoren bestehen, bestimmen zu können, was wissenschaftlich sei und was nicht (ersichtlich am Beispiel ihrer Handhabung von Methodenfreiheit); dies wird an der Sanktionierung von Dissertanten weiterhin besonders offensichtlich.

Eine erste nun vorliegende Untersuchung handelt von den Lebens- und Leidensformen beim Dissertieren aus der Perspektive von Betroffenen am Beispiel von Psychologiestudenten (Rechberger 1985). Auf der Grundlage von narrativen Interviews und durch eine ausführliche Darstellung von Studienbiographien wird die Problematik dieser Studienphase, über die enge Sicht des Erwerbs einer fachlich-wissenschaftlichen Qualifikation hinausgehend, aufgezeigt. Das Erstellen einer umfangreichen wissenschaftlichen Arbeit während des Studiums ist für die Studierenden nicht bloß beschränkt auf das instrumentelle Bewältigen eines klar umrissenen Arbeitsvorhabens. Die damit verbundenen Anforderungen sind für viele neu und oftmals unüberschaubar, selbst in arbeitstechnischer Hinsicht alles andere als klar eingrenzbar und mit ihren Folgeproblemen im einzelnen nicht absehbar.

An den Berichten jener, die in einem oftmals jahrelangen und mühevollen Prozeß mit der Abfassung ihrer Doktorarbeit beschäftigt sind, wird besonders deutlich, in welch umfassender Weise die Begleit- und Nebenerscheinungen einer wissenschaftlichen Sozialisation auch in alle anderen Bereiche des Alltagslebens der Beteiligten eindringen und die Lebensqualität beeinträchtigen.

Die Lebens- und Leidensformen von Dissertanten in ihrer gesamten Vielfalt darzustellen übersteigt die Möglichkeiten eines solchen Artikels. Ich werde mich daher im Hinblick auf die eingangs formulierte These von der Vernachlässigung dieser Studienphase von seiten der Universität auf eine genauere Untersuchung der Betreuungsverhältnisse konzentrieren und beschreiben, wo Studenten die Unterstützung im Verfolgen dieses Ausbildungsziels durch die Lehrenden besonders vermissen.

Diese Herangehensweise ermöglicht es, die vielfältigen Schwierigkeiten von Dissertanten aus einer bestimmten Perspektive abrißartig zu beleuchten und trifft zudem den Kern der hier behandelten Problematik, die institutionell bedingten Mängel im gesamten Ausbildungsverlauf exemplarisch nachzuweisen.[2]

3. Kann man bei der Studienabschlußarbeit noch von Ausbildung sprechen?

3.1. *"Ich erlebe mich da sehr alleine gelassen von der Uni"* - Der studienbiographische Wendepunkt am Beginn der Dissertation

Dissertanten befinden sich zum laufenden Studienbetrieb in einer strukturell bedingten Distanz. Sie haben die bis dahin vorgeschriebenen Lehrveranstaltungen zum Großteil absolviert und sind - abgesehen vom gelegentlichen Sprechstundentermin beim Betreuer ihrer Arbeit - kaum in das bislang gewohnte Universitätsleben eingebunden. Tendenziell ist die Situation von Dissertanten durch psychosoziale Isolierung gekennzeichnet; es fehlt an Möglichkeiten der Zusammenarbeit und des Erfahrungsaustauschs mit gleichermaßen betroffenen Kollegen. Der Umbruch in den Studien- und Lebensbedingungen stellt für viele einen bedeutsamen Wendepunkt in ihrer Studienbiographie dar, was beim jeweils einzelnen zu geringfügigen Umstellungsschwierigkeiten bis hin zu schwerwiegenden Identitätkrisen führen kann.

Viele Studierende treten vorerst mit großem Enthusiasmus in das Stadium der Dissertation ein, sie sind erleichtert darüber, das oftmals als sehr eng empfundene Korsett des bis dahin absolvierten Lehrangebots verlassen zu haben und mit der anstehenden Arbeit einen Freiraum für die Umsetzung eigener fachlicher Interessen vorzufinden.

"Meine Vorstellung von einer Dissertation (...) die ich am Anfang gehabt habe, daß ich mir gedacht habe: Da habe ich jetzt ein Gebiet, und das taugt mir, und da machst du jetzt echt was, ja, was mich selber auch unheimlich befriedigt und weiterbringt." (338)

Auf der anderen Seite tut sich sowohl in arbeitsmäßiger wie auch in psychosozialer Hinsicht ein tiefer Abgrund auf, - ein studienmäßiges Vakuum:

"Dann auf einmal das Stadium, wo es mit der Diss anfängt, wo du auf einmal verunsichert wirst, wo du nicht mehr weißt, ob du was gut machst oder nicht, weil sonst, wenn ich was getan habe, habe ich wieder einen Schein gekriegt, und da war wieder die Bestätigung, daß ich was gut gemacht habe oder nicht, das ist nun total weggefallen, dann der Kontakt ist weggefallen zu - auch zu - Assistenten usw. -, weil ich kaum mehr auf der Uni bin, und zu Studenten auch sehr viel und ..., ja, daß ich einfach irgendwo die ganze Zeit über in der Luft gehängt bin." (277)

Bereits zu Studienbeginn existiert eine Vorahnung davon, welch hohe Anforderungen mit der Dissertation einmal verbunden sein werden.

"Am Anfang vom Studium habe ich schon gedacht: Mein Gott, eine Diss wirst du einmal schreiben. Aber dann habe ich mir immer gedacht: Naja, wenn du einmal soweit bist, dann wirst du schon wissen, wie das geht, weil die wissen es ja schließlich auch. Derweil ist es ..., es hat jeder fast Schwierigkeiten!" (341)

Die meisten Studenten erwarten jedoch, daß die Absolvierung der ersten Semester im Studium sie zu eigenständigem wissenschaftlichen Arbeiten befähigen werde und sie danach über die nötige Qualifikation zur Erstellung der Abschlußarbeit verfügen. In der Realität stellt sich das aber meist so dar:

"Das ist erstens einmal, daß ich nie gelernt habe, wie man wissenschaftlich arbeitet, wie man überhaupt so was angeht (...) Ich kann auch nicht sagen,

daß ich bei den Seminaren was gelernt hätte, überhaupt nicht. Und ja ..., und auch, weil dann auf einmal was verlangt wird. Es war überhaupt nicht aufbauend das Studium - in dem Sinn (...), wenn du mit der Diss anfangst, stehst du total daneben, weil vorher stellt man sich das immer so vor ... Im ersten Semester habe ich mir natürlich auch noch nicht vorstellen können, wie man eine Diss macht, und da habe ich mir gedacht: Ja, das ist eh klar, weil ich bin erst im zweiten Semester und da ist es auch noch unmöglich, da wächst man schon hinein mit der Zeit, wenn das Wissen steigt usw., nur ist das zum Schluß genauso, wenn du vor der Diss stehst, für mich war es halt so, daß ich genauso danebengestanden bin wie im zweiten Semester." (280)

Dieses Defizit versuchen die meisten in einem mühsamen Prozeß, etwa durch die Lektüre einschlägiger Literatur auszugleichen. Der informelle Austausch mit Studienkollegen und die "Gerüchtebörse" gewinnen dabei einen unverhältnismäßigen Stellenwert; ohne konkrete Orientierungshilfen werden einzelne Erfahrungen verabsolutiert und jeder ist bestrebt, etwaige Handlungsanleitungen für sich abzuleiten. Dies führt nebenbei auch dazu, daß die vorphantasierten Erwartungen hinsichtlich der gestellten Anforderungen in falsche Dimensionen hochgeschraubt werden und übermäßig hohe Ansprüche entstehen, die ein Scheitern geradezu vorprogrammieren. An der Produktion und Aufrechterhaltung des institutionellen Mythos Wissenschaftlichkeit sind allerdings die Lehrenden vorrangig beteiligt.

"Das habe ich mir dann selber durch Bücher ... und auch durch Bücher und auch durch viele Gespräche und schon auch im Dissertantenseminar vom S. ..., was halt da so zwischen den Zeilen auch geredet worden ist und von den andern her und von der Dissgruppe her und habe ich mir das angeeignet, was das heißt, ja, wissenschaftliches Arbeiten und wie man da vorgehen muß, nur ist es halt für jede Arbeit, für jede einzelne Arbeit wieder anders, und das kann man nicht gemeinsam machen mit irgendwem." (280)

Dazu kommt noch, daß gerade in der Anfangsphase die Rückmeldung über den Wert der eigenen Ideen und bereits geleisteter Arbeitsschritte völlig fehlt. Normalerweise sollte natürlich der ständige Kontakt zu einem Betreuer dieser Rückmeldung dienen und eine realistische Einschätzung der Arbeitsfortschritte bzw. der auftauchenden Schwierigkeiten herstellen. Dies gestaltet sich jedoch in verschiedener Weise als schwierig.

3.2. ".., *daß man erst 'was ganz Klares haben muß, bevor man zum Assisten ten gehen kann"* - **Herstellung von Betreuungskontakten**

Die Anfangssituation beim Dissertieren ist geprägt von der Verunsicherung auf mehreren Ebenen. Einerseits: Wie komme ich zu einem Thema? Dabei steht häufig die Erwartung im Vordergrund, eine Arbeit schreiben zu können, die mehr als bisherige Studieninhalte den eigenen Interessen

entspricht.
Daneben stellen sich weitere Fragen: Wie grenze ich einen Themenbereich ein, sodaß er in einem adäquaten wissenschaftlichen Rahmen realisierbar erscheint; welche theoretischen und methodischen Positionen bringt der jeweilige Zugang mit sich? Den betreffenden Studenten sind in dieser Phase Inhalt und Umfang eines beabsichtigten Themas oft noch zu unklar, um hier Entscheidungen allein treffen zu können.

"Und zwar ist da bei mir dazugekommen, daß ich im Grunde eigentlich überhaupt keine Ahnung gehabt hab, wie ich theoretisch arbeiten könnte, und mich auch nie getraut habe, zu jemandem hinzugehen, aus Angst, der könnte merken, wie wenig ich weiß .... Und ich hätte auch nicht gewußt, zu wem." (315)

Andererseits besteht hinsichtlich der Kontaktaufnahme zu einem möglichen Betreuer zu Recht die Angst, sich mit dieser Unklarheit zu blamieren oder mit dem eigenen Ansinnen abgewiesen zu werden.

"Ich bin damit zum A. gegangen, mit der Idee (eines Themas - C.R.) und er hat mich aber so ..., also, ich habe mich so abgelehnt gefühlt, ja, blöd bin ich mir vorgekommen. (...) Ich habe auch nicht das Gefühl gehabt, daß es ihn interessiert, er hat gesagt: Irgendwie kann man das nicht machen und wie ich denn das machen will? So mit dem Unterton, als ob ich mir denn einbilde, daß man so was machen kann (...)...bin dann damals sehr entmutigt weggegangen und dann hat es also ein Jahr ungefähr gebraucht, bis ich, also, bis langsam die Idee mit (dem neuen Thema) gekommen ist." (409)

Solche Erfahrungen führen oftmals zu einem qualvollem "Dahinwurschteln" auf eigene Faust über lange Zeiträume hinweg, ohne daß effektive Arbeitsfortschritte erzielt werden.

"Ich habe mit keinem Assistenten darüber geredet gehabt, so wie immer, nur für mich alleine, vor mich allein hingelesen (...) Nach eineinhalb Jahren habe ich mit dem A. geredet, dann noch einmal nach eineinhalb Jahren habe ich erst mit dem I. geredet, also das, jetzt arbeite ich vier Jahre. Also, ganz lange Zeiträume habe ich immer gebraucht bis ich mich getraut habe, irgendwie das zu deklarieren, was ich will überhaupt." (404)

Die auf diesem Weg schleichend vollzogene, weitergehende Distanzierung vom Studienbetrieb verstärkt die Orientierungslosigkeit darüber, ob das eigene Tun überhaupt noch mit den universitären Anforderungen in Einklang zu bringen sei und vor allem auch die Frage, wem von den Lehrenden man sich in dieser Situation anvertrauen kann.

"Wenn ich den R. nicht schon lange genug kennen würde, hätte mich der hinausgeschmissen, wie ich das erstemal hingekommen bin. (I: Weil du was gemacht hast?) ..., weil er wahrscheinlich gesagt hätte: Überleg dir ein bissel mehr und dann komm wieder!" (319)

Die Auswahl eines potentiellen Betreuers aus dem Lehrkörper ist zum einen durch die Voraussetzung der formalen Qualifikation (Habilitation) eingeengt und erfolgt im verbleibenden Kreis nach weiteren Kriterien: Spezialisierung auf einem bestimmten Teilgebiet, methodische Orientierung etc., aber auch unter Gesichtspunkten wie Grad seiner Ansprüche, Sympathie und bisherige Bekanntheit.

"Also Kontakt heißt, daß ich mit ihm per du war, weil da eben alle per du waren und innerhalb von dem Seminar, habe ich ihn in einer Pause einmal angesprochen, ob ich zu ihm kommen kann." (404)

Neben diesen persönlichen Momenten von seiten der Dissertanten gestaltet sich der Zugang zu einem Lehrenden auch von der anderen Seite her als schwierig.

"Die Betreuung war ähnlich auch, damals war noch der E. da, na, der S., und es war irgendwo irrsinnig ungut: Wenn du irgendwas wollen hast, hast zuerst einmal lange und lange arschkriechen müssen, hast du zuerst einmal lange ratschen müssen mit ihm, Kaffee trinken müssen mit ihm, obwohl mir das nicht getaugt hat, weil er war mir nicht sympathisch, aber wenn du es nicht gemacht hast, hat er dir keine Geräte erklärt oder nichts gezeigt, und das war dann für mich alles schon so negativ (...) besetzt und dann habe ich mir irgendwann schon einmal überlegt, jetzt weiß ich nicht: Soll ich was Neues anfangen? soll ich aufhören ...?" (406)

Aber selbst hinsichtlich der fachlichen Zuständigkeit ist die Aussicht auf eine erfolgreiche Kooperation mit einem Betreuer nicht besonders groß.

"..., aber bezüglich der Statistik - da habe ich mir das auch schon ausgedacht gehabt, wie ich das mache -, da ist sie weniger bewandert, da soll ich zum W. gehen, der kennt sich da ein bisserl aus (lacht). Ja, und dann bin ich zum W. gegangen, da sie das gesagt hat und der hat gesagt: Das geht halt nicht, da ..., wo die Theorie da ist, und wenn ich solche Gedanken vertrete, ... das muß in der Theorie begründet sein, die müssen halt von der Theorie abgeleitet werden und darauf muß ich dann die Statistik aufbauen .. und er kann mir da nicht helfen, da muß ich den Vorbau ganz anders gestalten; ich soll zum J. gehen, der kennt sich da ein bisserl aus (lacht). Ja, und dann bin ich zum J. gegangen und der hat gesagt: Bei der Sache ist es schon aussichtslos, das ist alles viel zu vage, das kann man nicht machen." (126)

Ein derartiger Spießrutenlauf endet für die Betroffenen oftmals in der Resignation.

"Es ist auch so bei uns mit der Betreuung, wir haben das nicht so: Bei einem machst die Diss und zu dem gehst du halt mit allen deinen Problemen hin, sondern es ist so blöd, ich bin so verstreut. Bei dem Technischen hat mir der G. geholfen, und dann wieder für manche Probleme, finde ich, ist er nicht zuständig, ich meine, wenn er mir das sagt, das glaube ich einfach nicht, da finde ich ihn einfach nicht kompetent dafür. Jetzt gehe ich mit so was, grad wenn

es was Statistisches ist, gehe ich zum Ge. hin, ja und dann ist der wieder einmal nicht da oder hat keine Zeit." (404)

3.3 *"Wenn du von den Leuten dann 'was brauchst, dann hängst du blöd da"* Destruktiver Umgang statt Hilfestellung

Die Auswahl eines bestimmten Betreuers wird weiters beeinflußt von der Einschätzung, inwieweit von dem- oder derjenigen tatsächlich Unterstützung und eine kooperative Betreuung zu erwarten ist.

"Eigentlich hätte ich es gerne beim W. gemacht, aber (...) ... Und das ist das mit dem W., daß man da einmal zwei Monate braucht, bis man einmal eine Sprechstunde kriegt. Das hat mich einfach abgeschreckt; oder, daß man danach warten muß, ein Jahr, bis er es durchliest. Und das ist beim E. nicht so gewesen. ja, der S. ist geschildert worden als - ja - als hin-und-her, da weißt du nie, wie du dran bist." (124)

"Ich erfahre das auch von den anderen ständig, die absolut drinhängen mit einer sinnvollen Betreuung, und der R. ist auch bestenfalls einmal im Monat zu ereichen und da hat er keine Ahnung mehr, was man vorher geredet hat. Aber das ist im Grunde nicht mein Problem, sondern mich einfach einmal hingehen trauen." (320)

Dies ist angesichts der weitverbreiteten Unerreichbarkeit und Unnahbarkeit mancher Lehrender ein gewichtiges Kriterium hinsichtlich der zu erwartenden Qualität der Betreuung.

"(Sie ging - C.R) dann zur H., weil es mir einfach wichtiger war, nicht, was sie denkt dazu, sondern, daß sie eher konkrete Unterstützung, was methodische und Arbeitsschritte und so anbelangt, gibt. (I: also eine pragmatische Entscheidung?) Ja, also überhaupt keine inhaltliche, weil sie ganz andre Auffassungen hat wie ich." (404)

Die Bedeutung solch formaler Gesichtspunkte erweist sich im konkreten Fall immer dann, wenn die Abhängigkeit der Studenten durch das Ausbleiben von praktischer Hilfestellung offensichtlich wird.

"Wenn du von den Leuten dann was brauchst, dann hängst du blöd da, weil ..., das sind so ganze Kleinigkeiten, wo du das spürst, so halt ..., einfach: Nein, da hab ich keine Zeit und da habe ich keine Zeit. Und dann .., total ausgeliefert!, weil er war dann ..., der einzige (...), der mit den Geräten umgehen kann, der mir den Computer erklären, der mir das ganze technische Zeug erklären kann." (406)

Auf diese Weise bekommen Dissertanten zwangsläufig den Eindruck, als seien ihre Anliegen etwas Ungebührliches und die Betreuung ihrer Arbeit im Rahmen ihrer Ausbildung keineswegs selbstverständlich, sondern der Gutwilligkeit bzw. Willkür des jeweiligen Betreuers überlassen.

"Die Art und Weise, wenn ich z.B. eine Besprechung gehabt habe mit ihm, ah, wie er dann mit mir geredet hat, wie wenig wichtig ihm eigentlich die ganze Sache war. Ich habe mich da wirklich fest hineingekniet und intensiv gearbeitet, und wenn ich hingekommen bin, hat er einmal daneben mit seiner Frau telefoniert und zu mir gesagt: Na, reden Sie nur, ich höre Ihnen schon zu. Und das war, das war furchtbar! Und dann habe ich mir auch schon gedacht: Ich weiß nicht, ob ich da jemals weiterkomme bei dem." (408)

Derartige Erfahrungen sind keine Einzelfälle und selbst durch die bei einzelnen Lehrenden sicherlich bestehende Überlastung durch eine große Zahl von Dissertanten alleine nicht erklärbar.

"Aber jedesmal wenn ich hingekommen bin, hat er zwar schon keine Ahnung mehr gehabt, was das letztemal war, hat auch keine Vorstellung gehabt, wer ich bin oder was ich für eine ... - oder kaum -, was ich für eine Dissertation mache, hat aber das, was ich gemacht habe, total immer zurückgeschmissen. Also, daß ich auch nie das Gefühl gehabt habe: Er ist eigentlich der, bei dem ich Dissertation mache, ich war für ihn halt eine, die gekommen ist alle Vierteljahre und nicht mehr." (408)

Dabei treten bei den Aussagen der Studierenden vor allem folgende Phänomene immer wieder zutage: die Betreuer haben nie (genügend) Zeit und sind allzu häufig nicht erreichbar; sie können sich von einem aufs andere Mal nicht an ihre Betreuten als Person bzw. erst recht nicht an das letztmalig Besprochene oder von ihnen Geforderte erinnern.

"... habe mit ihm dann eine halbe Stude ungefähr geredet drüber, über das Ganze und da hat er also getan, wie wenn ich ihm noch nie was Schriftliches gegeben hätte: Ja, wann haben Sie mir ..., haben sie mir denn schon überhaupt was Schriftliches gegeben? und so ... (...) Gekannt hat er mich schon, aber er hat halt irgendwie total ..., ja, es war einfach so ein fremdes Verhalten von ihm, also ganz komisch irgendwie, ja sehr distanziert." (284)

Darüberhinaus ist die "Betreuung" allzuoft reduziert auf vernichtende Kritik und die ausschließlich negative Sanktionierung der von den Dissertanten beabsichtigten oder geleisteten Arbeitsschritte, anstatt sich in beratender Weise mit der Überlegung alternativer Lösungen auseinanderzusetzen und dadurch eine echte Hilfestellung zu geben.

"(Vom Betreuer hört sie stets: - C.R.): Da habe ich keine Zeit und da habe ich keine Zeit, da mache ich das, und dann machst du das selber, und das machst du und zuerst schreibst du ein Konzept! Dann habe ich das Konzept geschrieben, ja und das ..., dann hat er gesagt: Ich kann kein Konzept schreiben, weil ich noch nicht genug Literatur gelesen habe! (...) Dann machst du halt einen Versuchsplan und beschreibst diesen Versuchsplan! Da habe ich gedacht: Na gut, das kannst du ja machen. Habe ich auch gemacht dann und abgegeben: Na, das genügt nicht, ich brauche ein Konzept! Naja, dann habe ich mich endlich - eh erst im Herbst - dazu aufgerafft und habe dieses Konzept geschrieben, das er dann natürlich nie gelesen hat dann, und so (...), ich habe dann

einfach ..., weil ich dann gemerkt habe, daß es einfach nur ist ..., daß, daß es nur eine Schikane ist, daß ich das abgebe. Ich glaube, ich hätte irgendetwas schreiben können, Hauptsache: Ich habe was abgegeben." (409)

3.4. *"Er hat halt seine Vorstellung hineingepreßt in meine Diss."* - Schikanen im Dienste der Wissenschaft?

Sind die Suche nach und Kontaktaufnahme mit dem Betreuer und die ersten Verhandlungen einmal soweit gediehen, daß man von einem Betreuungsverhältnis sprechen kann, beginnt meist ein langwieriger Prozeß der Auseinandersetzung mit den Vorstellungen des Lehrenden hinsichtlich theoretischer und methodischer Positionen und seiner Auffassung von Wissenschaftlichkeit.

"Ich muß mir Argumente suchen und vorweisen, daß ich meine Art von Methode rechtfertigen kann in Konfrontation mit der Betreuung. Das ist ..., ja, natürlich nicht die ideale Art der Betreuung, und insoferne bin ich recht angewiesen auf den Schriftverkehr." (169)

Dabei müssen die Dissertanten mehrfach in Kauf nehmen, eine Korrektur ihrer bisherigen Absichten und Standpunkte bezüglich der Herangehensweise und Bearbeitung des Themas zu erfahren und ständig Anpassungsleistungen an die Forderungen des Betreuers erbringen.

"Dann bin ich zum K. gegangen, weil der damals für mich der einzige war, zu dem ich hätte gehen können. Und da sind eben unsere Vorstellungen eben wieder ganz unterschiedlich gewesen, was er sich eben erwartet von einer Dissertation, und was ich mir erwarte, und dann habe ich eben versucht, mich auf ihn einzupendeln." (410)

Aufgrund von Berichten anderer Studienkollegen haben sich im Lauf des Studiums schon Bilder davon verfestigt, welche Ansprüche bei den einzelnen Lehrenden unweigerlich zu erfüllen sind, um mit der eigenen Arbeit akzeptiert zu werden.

"Das ist entstanden eigentlich von Unianfang her eigentlich, wenn du Leute gehört hast, die eine Dissertation schreiben, na der E. verlangt das, der I. das, du mußt so und soviel schreiben, und du mußt in der Statistik mindestens die oder jene Verfahren machen, also das muß mindestens, hundert Artikel mußt du drinnen haben und mindestens und mindestens na, also dauernd solche Limits ..." (410)

Mit zunehmender Dauer der "Zusammenarbeit" mit einem Betreuer erfahren manche der Studierenden schmerzhaft, daß Inhalt und Form ihrer Arbeit überwiegend fremdbestimmt sind und von der ursprünglichen Zielsetzung und den eigenen Interessen nicht mehr viel übrig bleibt.

"..., weil ich es so machen muß, wie es halt der Herr Professor oder die Frau Assistentin will, zumindest ..., ich meine sicher nicht immer sehr strikt, aber

letztendlich ... Ja, ich kann nicht meine Arbeit schreiben, sondern ich muß auch seine Arbeit schreiben, also was er hören will." (410)

Derartige Einschätzungen sind Produkt laufender Erfahrungen und führen bei den Dissertanten zu der Haltung, diesen Forderungen auch schon insgeheim Folge zu leisten, ohne daß sie explizit gestellt werden, um nicht ihre bisherigen Bemühungen und den zukünftigen Studienabschluß zu gefährden.

"Ich mache es wirklich nicht, weil ich glaube, daß es sinnvoll ist, sondern ich mache es wirklich nur - zielstrebig -, weil ich glaube, daß es dann eher angenommen wird, weil eben das die Forderungen vom H. sind, daß da sowas drinnen ist, was Wissenschaftstheoretisches, und deswegen muß ich das machen." (410)

"Aber alles in eine so bestimmte From zu bringen und dann die ganzen I-Tüpflereien (die der Betreuer fordert - C.R.), ob man den Satz jetzt so formuliert oder so formuliert, das ist für mich alles sinnlos, wenn ich mir denke, wenn ich fertig bin, hat es überhaupt keine Relevanz." (409)

Bis allerdings die Arbeit soweit gediehen ist, daß die Erfüllung solch formaler Auflagen Gegenstand der Diskussion mit dem (zukünftigen) Begutachter wird, steht den Studierenden ein langer, mühseliger und auch frustrierender Weg der Auseinandersetzung mit fremderlebten Ansprüchen und Anforderungen bevor, um die nötige Anpassung - wenn auch oft nur zum Schein - überhaupt erbringen zu können.

"Er hat so irrsinnig hohe ..., ja, er stellt sehr hohe Ansprüche, grade auf statistischem Gebiet und so. Er ist mir gerade in der Hinsicht ..., weil ich weiß: Da bin ich gar nicht so fundiert. Und da ist das dann immer so ein ungutes Gefühl, wenn du was willst von ihm und er sagt dir das dann, dann mußt du immer so tun, als ob du es verstehst, weil man eh immer erst nachdenken muß: Was war das?, haben wir das einmal gelernt in Statistik? Dann traust du dir nicht zuzugeben, daß du das nicht weißt." (405)

3.5. *"Es ist nie die Vorstellung von einem Dialog dagewesen"* - Kein Austausch, stattdessen negative Sanktionierung

Der Widerspruch zwischen den überfordernden Ansprüchen eines Betreuers einerseits und der vom Dissertanten erwarteten Hilfestellung andererseits bringt einen Betreuungsalltag hervor, der sich aus der Perspektive betroffener Studenten so darstellt:

"Wenn ich mir das jetzt so überlege, denke ich mir: Überhaupt kein Problem dürfte es sein, weil schließlich sind die dazu da. Und ich weiß genau, wenn ich hingehe, daß ich mich wahnsinnig bemühen werde, soviel zu theatern, wie nur irgendwie möglich. Ich komme aus der Haltung gar nicht heraus, weil alleine, daß ich dortsitze, da muß ich sagen können was ich getan habe und wie ich es getan habe und daß ich das gut finde, und um Himmels Willen

nicht zugeben, daß es mir saudreckig geht damit. Dementsprechend kann ich nicht hingehen, solange es mir so geht damit." (320)

Die Vorstellung, daß die Betreuung dem Austausch über die bei der Arbeit dienlichen Schritte und der Behebung dabei auftretender Schwierigkeiten dient, ist in einem fortgeschrittenen Stadium von Erfahrungen zumeist zerstört.

"Dann habe ich wirklich fest gearbeitet und dann bin ich ..., jedes Vierteljahr bin ich zu ihm hingegangen und habe wieder vorgebracht und so, und naja, es hat eigentlich nie gepaßt, was ich gebracht habe! Und da war vor allem das Schlimme, daß er mir nicht gesagt hat, was nicht gepaßt hat, sondern im Ganzen hat es ihm nicht gepaßt, er hat nie was Konkretes ... (...) (Er hat gesagt - C.R.): Da müssen Sie sich was andres einfallen lassen!" (408)

Derartige Interaktionsmuster mit einem bestimmten Betreuer entstehen allerdings nicht bloß in der Anfangsphase einer Dissertation, sondern bleiben bis hin zur Beurteilung einzelner Kapitel bzw. der Begutachtung der gesamten Arbeit aufrecht.

"Wie ich ihm dann das erste Kapitel gebracht habe, hat er gesagt: Naja, schreib weiter! Das war so auf der einen Seite eine Bestärkung (...), ... aber gleichzeitig war mir immer klar, daß ich mit ihm nicht - z.B. über die Gliederung - reden kann, sondern das muß ich wissen, mit dem muß ich kommen und er sagt: ja!, oder nein! (...), daß ich da hingehe und ihn was frage oder wir uns da unterhalten darüber, ob das so oder anders?, oder was gescheiter wäre als ...? Das ist nicht ..., ja, das ist einfach nicht drinnen." (406)

Die Studierenden müssen immer wieder feststellen, daß sie keine Antwort auf ihre offenen Fragen bekommen, selbst dann nicht, wenn sie diese in konkreten Punkten einfordern.

"Und dann habe ich mir gedacht: Naja, da komm ich momentan eh nicht weiter, jetzt rede ich ihn wieder auf das an, was mich interessiert und was ich wissen will, und weil ich jetzt einmal mit der Untersuchung anfangen muß, (...) und dann sagt er mir drauf: Ja, das ist Vorurteilsforschung, ja, dann probieren Sie das. Dann habe ich mir gedacht: Ja, wieso?, was heißt Vorurteilsforschung?, was meint er da jetzt?, meint er Vorurteile von Leuten, von andren Leuten den (Probanden) gegenüber oder der (Probanden) zu was? Ich habe keine Ahnung mehr gehabt, was er da meint, da bin ich vollkommen ausgestiegen; naja, und so ist es mir eh oft gegangen mit ihm." (285)

Die negative Erwartungshaltung darüber, was von einer Betreuung zu erwarten ist, wird durch wiederholte Erlebnisse in der geschilderten Form stets aufs Neue bestätigt und verfestigt. Schließlich kommt es zu Situationen wie der folgenden:

"Da habe ich mein Konzept einmal festgelegt, und das habe ich so ziemlich selbständig ..., so einfach drauflos gearbeitet, und zwar deswegen, weil ich den J. gehabt habe als Betreuer, und da bin ich zuerst öfter hingegangen und der

hat von einem zum anderen Mal nicht so recht gewußt, um was es geht, und dann hat er sich teilweise widersprochen - er hat gesagt: Das ist gut, und das nächste Mal hat er gesagt: Nein, das ist nicht gut, und so ... Und dann habe ich auf meine eigene Faust gearbeitet, und dann habe ich das eben so fertiggemacht, wie ich es mir vorgestellt habe." (127)

Faktisch führen solche Erfahrungen oftmals dazu, daß die Arbeit zum Erliegen kommt und die Dissertanten - um sich vor Demoralisierung zu schützen - Betreuungsgespräche möglichst aufschieben und vermeiden, sodaß kein kontinuierlicher Austausch über den Fortgang der Arbeit zustande kommt.
Die negative Sanktionierung bzw. die Erwartung einer solchen zu späterer Zeit wird durch dieses Setting geradezu vorprogrammiert.

"Am Anfang, bevor ich den ersten Teil abgegeben habe, war ich mir unsicher, ich habe nicht gewußt, ich habe sowas noch nie gemacht, jetzt gebe ich was ab, ich weiß überhaupt nicht, was er sagen wird, wie er damit einverstanden ist mit dem, was ich gemacht habe." (412)

Auf diese Weise arbeiten viele Dissertanten über lange Zeiträume notgedrungen isoliert vor sich hin, begleitet von der ständigen Orientierungslosigkeit darüber, wie sie vorgehen können und dürfen, um sicherzugehen, daß sie den wissenschaftlichen Anforderungen entsprechen.

"..., weil ich mir noch nicht sicher bin, ob es wirklich was (etwas Gescheites - C.R.) ist, weil irgendwo ist es ja abhängig von außen wieder, ob es was ist. Ich meine, wenn ich das für mich persönlich machen könnte, alles nur alleine von mir abhängig wäre, dann ist es bestimmt auch was Gutes, aber so weiß ich noch nicht wirklich, ob es das ist, was dann auch paßt. (...) Da arbeitest du doch seit zwei Jahren und weißt eigentlich nie so richtig, ist nicht alles, was du gemacht hast, einmal sinnlos, oder ein Teil wenigstens usw." (412)

Die negativ vorbelastete Einschätzung über den Wert der eigenen Arbeit ist oft immer noch nach Fertigstellung der Dissertation so verfestigt, daß auch dann noch große Zweifel bestehen, ob das Geleistete für eine positive Begutachtung wohl ausreicht.

"Ich habe ja bis in die letzten Wochen gezweifelt, ob ich überhaupt fähig bin, eine Diss zu schreiben, und ich meine ..., gut, dann habe ich gesehen: Das bringe ich jetzt zu Ende, das kann ich, bloß die Zweifel waren dann noch immer, ob das jetzt wohl als Diss gewertet wird, ich war mir überhaupt nicht sicher, ob das den Ansprüchen einer Diss, einer wissenschaftlichen Arbeit entspricht, weil ich auch keine Anleitung hatte (...) Ich hatte einfach keine Kriterien, wie es sein soll." (412)

3.6 Resümee

Die vorangegangene Beschreibung der Betreuungsverhältnisse aus der Innenperspektive von Dissertanten zeigt einen derart desolaten Alltag der universitären Ausbildung in dieser Studienphase auf, daß daraus Schlußfolgerungen gezogen werden müssen.

Resümierend läßt sich vorerst feststellen: Eine konstruktive Zusammenarbeit *mit* und Betreuung *von* den betreffenden Studenten ist in einem zu großem Ausmaß der Bereitschaft und dem persönlichen Engagement der Universitätslehrer überlassen (denn es gibt schließlich auch positive Gegenbeispiele). Die Betreuung wird von einer großen Zahl der Lehrenden nicht in genügendem Umfang als selbstverständliche Aufgabe innerhalb ihrer beruflichen Verpflichtung zur Lehre aufgefaßt und gehandhabt. Zum konkurrenzbedingten Desinteresse an der Förderung eines gut qualifizierten Nachwuchses kommt in vielen Fällen die folgenschwere Unfähigkeit vieler Lehrender, ihre Beziehungen zu Studenten positiv und dialogisch zu gestalten. Derartige Konstellationen sind nur ein Indiz für die strukturelle Vernachlässigung dieser Studienphase im Gesamtverlauf der Ausbildung.

Die derzeitige Situation konfrontiert die Studenten damit, mit einem zusätzlichen Aufwand an Engagement und Courage die Betreuung notfalls richtiggehend einzufordern; bittstellerische Haltung erscheint mir allerdings in Anbetracht der staatlich garantierten Ausbildung und von hochdotierten Professorenstellen als ein Paradoxon. Da über längere Sicht keine Veränderungen sowohl in der Einstellung der Lehrenden als auch in der Struktur von Studienordnungen hinsichtlich der Berücksichtigung dieses Ausbildungsdefizits (etwa im Ausbau von tutoriumsähnlichen Einrichtungen) zu erwarten sind, ist es naheliegend, Überlegungen in anderer Richtung anzustellen und dahingehende Lösungen zu entwickeln.

4. Das Projekt "Kontaktstelle für Dissertanten und Diplomanden"

4.1. Ausgangslage

Die ausführliche Darstellung der Lage von Dissertanten unter den bestehenden Ausbildungsverhältnissen macht auch deutlich, wie sehr die Betroffenen eine Hilfestellung suchen und benötigen (ähnliches gilt nach bisherigen Erfahrungen auch für Diplomanden). In Anbetracht der geübten Betreuungspraxis braucht es zusätzlich eine begleitende Beratung jener Studierenden, die mit der Erstellung umfangreicher wissenschaftlicher Arbeiten konfrontiert sind (dies könnte - nebenbei bemerkt - auch dem Qualitätsniveau dieser Arbeiten zuträglich sein).

Strukturell gesehen erweist sich derzeit insbesondere die Personalunion von Betreuung und (späterer) Begutachtung in vielen Fällen als ungünstig für eine Betreuung im Sinn einer hilfreichen Beratung. Die Verquickung der beiden Rollen führt zu dem für Dissertanten ungünstigen Mechanismus, daß sie sich mit ihren eigentlichen Schwierigkeiten und Schwächen nicht offenbaren können, ohne damit eventuell eine positive Begutachtung ihrer Arbeit zu gefährden. Grundsätzlich sollte das Aufzeigen dieser Problematik nicht zu der Vereinfachung verleiten, darin einen Aufruf an den guten Willen der Betreuer oder gar ein Plädoyer für eine stärker reglementierte Betreuung zu sehen.

Die Verbindung von Betreuung und Begutachtung mit ihren durchaus auch sinnvollen Aspekten kann als akzeptable Konstruktion angesehen werden, wenn daneben eine sanktionsfreie Beratungsmöglichkeit für die Studierenden besteht. Daher erscheint die Schaffung einer neutralen Einrichtung, welche eine begutachtungsfreie Begleitung der Forschungsvorhaben von Studenten und eine Bearbeitung ihrer Anliegen und Probleme leistet, prinzipiell überlegenswert.

Auch in der studentischen Geschichte der vergangenen Jahre finden sich Hinweise für die Sinnhaftigkeit und Notwendigkeit von alternativen Lösungen. Aufgrund des universitären Betreuungsdefizits hat es sich für viele Studierende in der Vergangenheit immer wieder als notwendig erwiesen, sich mit anderen Formen der Unterstützung abzuhelfen. Neben individuellen Ad-hoc-Lösungen (beispielweise einer privat finanzierten "Nachhilfe") ist es nur wenigen gelungen, sich in solidarischen Hilfsgemeinschaften selbst zu organisieren und eigene Dissertantengruppen zu bilden. Neben der zunehmenden Vereinheitlichung der Studiengänge und der um sich greifenden Verschulung mit einem verschärften Leistungs- und Konkurrenzdruck sind derartige Versuche als äußerst fruchtbare Ansätze zur Studienbewältigung anzusehen.

Aufgrund der pychosozialen Situation der betreffenden Studenten, d.h. durch ihre Distanz zum Studienbetrieb und damit zu gleichermaßen betroffenen Kollegen, sind solche Intiativen für die meisten auch organisatorisch nur schwer realisierbar. Angesichts der Isoliertheit einzelner, aufgrund des Mangels an Zeit und ihrer psychischen Drucksituation sind Dissertanten und Diplomanden in der Regel nicht in der Lage, selbst aufwendigere Aktivitäten in diese Richtung zu setzen.
Unter diesen Umständen sind die immmer wieder aufkommenden Versuche der Selbstorganisierung allzuoft zum Scheitern verurteilt. Hier liegt ein entscheidender Ansatzpunkt für die Idee einer "Kontaktstelle für Dissertanten und Diplomanden" begründet: Sie könnte - neben anderen Aufgaben - auch die Funktion der Koodinierung und Beratung einzelner Studenten zur Förderung von selbstorganisierten Arbeitsformen übernehmen und ihre Infrastruktur dafür bereitstellen.

4.2. Tätigkeitsbereiche

Beim folgenden handelt es sich um eine kurze Projektskizze. Die "Kontaktstelle für Dissertanten und Diplomanden" versteht sich als Anlauf-Vermittlungs- und Beratungsstelle für all jene Studierenden, die bezüglich ihrer Studiensituation bei der Dissertation oder Diplomarbeit offene Fragen oder Schwierigkeiten haben.
Die " Kontaktstelle" sollte für die Betroffenen vor Ort präsent sein und somit an der Universität als fixe, studienbegleitende Einrichtung zur Verfügung stehen, wobei die kontinuierliche Erreichbarkeit einen wesentlichen Aspekt darstellt. Auf der Grundlage einer Zusammenarbeit mit der Hochschülerschaft bietet sich eine Situierung in deren Räumlichkeiten an, weil dadurch auch der offene Charakter hinsichtlich der Zugänglichkeit und ihre Intention als Vertretung studentischer Interessen zum Ausdruck kommt.

Die Konzeption einer "Kontaktstelle" läßt sich am besten anhand ihrer möglichen Arbeitsbereiche umreißen. Die Tätigkeit umfaßt:

- Auskunft und Information in allen Belangen, welche die Erstellung einer wissenschaftlichen Arbeit betreffen (von Hinweisen über Literaturbeschaffung bis hin zur Aufklärung über studienorganisatorische und -rechtliche Möglichkeiten).
- Beratung und längerfristige Betreuung hinsichtlich der Entwicklung von Arbeits- und Problemlösungsstrategien auch unter Einbeziehung der mit den Arbeitschwierigkeiten verbundenen psychosozialen Begleitumstände.
- Abhaltung von Veranstaltungen und Seminaren zu bestimmten Problemschwerpunkten (von Techniken des wissenschaftlichen Arbeitens bis hin zur Reflexion der Studiensituation auf dem Hintergrund anderer Lebenszusammenhänge).
- "Vermittlungsbörse": Vermittlung und Koordiation von Studierenden mit ähnlicher Themenstellung, gleichlautenden Methodeninteressen und anderen Anliegen je einzelner zum Aufbau von Arbeitsbündnissen und themenzentrierten Arbeitsgruppen nach dem Selbsthilfekonzept.
- "Ombudsmann"-Funktion: Aufarbeitung von Betreuungserfahrungen und in besonderen Fällen Intervention bei Lehrenden.
- Aufbau eines "Handapparats", der die Erfahrungen von einzelnen Studenten sammelt und damit wichtige Tips etc. öffentlich zugänglich macht; Zusammenstellung von Informationsmaterial, (Hinweisen auf) Bibliographien etc.
- Öffentlichkeitsarbeit (vor allem für die Studenten an der Universität selbst).

- Längerfristig ist an den Aufbau von Tutorials und die Anleitung von Tutoren an den einzelnen Instituten gedacht.

Alle derartigen Aktivitäten sind auf die aktuelle Hilfestellung bei bereits aufgetretenen Schwierigkeiten gerichtet, sie sollen aber auch prophylaktisch der Verhinderung potentieller Studienkrisen dienen.

4.3. Bisherige Projektgeschichte

Abschließend will ich noch kurz einige Stationen der Entwicklung der Projektidee und ihrer bisherigen Realisierung nachzeichnen.

Während meiner Studienzeit war die schwierige Lage vieler Studenten in meinem Umfeld, die sich mit ihrer Dissertation abmühten, Anlaß und Motivation für mich, die Situation von Dissertanten umfassend (und nicht bloß hinsichtlich der Betreuungsmisere) zum Gegenstand einer empirischen Untersuchung und zum Thema meiner Studienabschlußarbeit zu machen. Aus dieser Zeit stammen auch eigene Erfahrungen mit einigen Dissertanten-Selbsthilfegruppen und mit Arbeitsbündnissen. Bereits damals hatte ich einen (durch die Thematik naheliegenden) breiten Erfahrungsaustausch mit Studienkollegen, - anfänglich für die gegenseitige Bewältigung der eigenen Lage, später aus dem Bedarf, der darüber hinausgehend von anderen Studenten an mich herangetragen wurde; dies entsprach den zunehmenden Erwartungen an mich als den "Experten" für diese Thematik und führte bei mir zu einem wachsenden Interesse an solcher "Beratungstätigkeit".

Nach Studienabschluß bin ich diesen Interessen weiter nachgegangen; bei meiner Tätigkeit im Verein "Werkstatt für Gesellschafts- und Psychoanalyse" (einer außeruniversitären Forschungs- und Bildungseinrichtung in Salzburg, die vorwiegend von Psychologiestudenten getragen wird) habe ich die Einzelgespräche mit Dissertanten fortgeführt und zunehmend beraterische Funktionen erfüllt. Dabei wurde von vielen Studenten - ebenso wie bei einer Vortragsveranstaltung über meine Dissertation - das Bedürfnis nach weiteren Aktivitäten in dieser Richtung artikuliert. Ich habe darauffolgend meine Tätigkeit verstärkt und als Projekt öffentlich vorgestellt. Das Angebot einer Reihe von Veranstaltungen zu verschiedenen Problemschwerpunkten beim Dissertieren wie auch die Beratung sind von einem zunehmend breiteren Personenkreis in Anspruch genommen worden.

Im weiteren Verlauf der Bekanntheit des Projekts wurde ich von verschiedenen Universitätsprofessoren als Referent zu ihren Dissertantenseminaren eingeladen, um dort bislang nicht thematisierte Problemebenen aus meinem Erfahrungshorizont einzubringen.

Das Projekt "Kontaktstelle" besteht nun seit fast zwei Jahren, und es hat sich binnen kurzem ein großer Bedarf daran gezeigt. Seine weitere Existenz ist vorläufig für eine Laufzeit von drei Jahren gesichert. Unter der Beteiligung verschiedener Institutionen im Rahmen von Arbeitsmarktförderungsmaßnahmen wurde die hauptamtliche Fortführung dieser Tätigkeit mittelfristig ermöglicht. Trotz intensiver und langwieriger Verhandlungen gilt es jedoch als bemerkenswert, daß die für die Belange der Universität zuständige Stelle lange Zeit nicht auf Anfragen reagiert hat. Erst in Anbetracht der beachtlichen Unterstützung der "Kontaktstelle" durch andere Körperschaften und unter dem drohenden Entgang der anderweitig bereits zugesagten Mittel in beträchtlicher Höhe für die Zwecke des eigenen Ressortbereichs hat sich das Bundesministerium für Wissenschaft und Forschung zur Übernahme der Restfinanzierung bereiterklärt. Dies kann auch als ein Symptom dafür angesehen werden, wie mit der Misere im Betreuungsbereich und der studentischen Ausbildung im allgemeinen verfahren wird.

Die Projektidee hat allerdings auch schon einige inneruniversitäre Folgewirkungen gezeigt: Aus der Tätigkeit in diversen Dissertantenseminaren hat sich inzwischen ein eigenständiger Lehrauftrag entwickelt, welcher den betreffenden Studierenden die Gelegenheit gibt, sich fachübergreifend mit den Schwierigkeiten bei der Dissertation bzw. Diplomarbeit auseinanderzusetzen und gemeinsam Bewältigungsstrategien dafür zu entwickeln. In der Zwischenzeit wurde dieser Arbeitsgemeinschaft von ministerieller Seite allerdings die Genehmigung wieder entzogen.

Eine ähnliche Lehrveranstaltung gibt es bereits seit einigen Semestern an der Universität Wien. Die beiden Lehrbeauftragten, Gerhard Stumm und Rüdiger Teutsch, werden daher auf der Grundlage eines längeren Erfahrungszeitraums im nächsten Beitrag über diese Lehrveranstaltung berichten. Im Anschluß daran werden wir gemeinsam Schlußfolgerungen ziehen und einen Ausblick daraufhin versuchen, wie dem universitären Ausbildungsdefizit weiterhin entgegengetreten werden kann.

Anmerkungen

1 "Dissertieren" ist der in Österreich gebräuchliche Ausdruck für die Erstellung einer Doktorarbeit, in der BRD wird üblicherweise der Begriff "Promovieren" verwendet.
In Österreich gibt es erst seit Beginn der 80er-Jahre durchgängig Diplomstudienordnungen; bis dahin war der Studienabschluß vielfach nur über eine Dissertation möglich und es gibt derzeit noch eine beträchtliche Zahl von Studenten, die innerhalb dieser "alten Studienordnung" das Studium beenden (wollen). Inzwischen hat eine Angleichung der Studienregelungen an jene der BRD stattgefunden: Das Studium wird mit dem Diplom abgeschlossen und erst danach ist eine Höherqualifizierung mit Doktorat möglich.
Im hier gebrauchten Sinn ist "Dissertieren" nicht streng als Kategorie für die wissenschaftliche Tätigkeit zu verstehen, sondern analog zum "Studieren" als umfassende Tätigkeit in einem bestimmten Lebensabschnitt.

[2] Die folgenden Zitate stammen alle aus den Interviews für die genannte Dissertation; sie sind mit der entsprechenden Seitenangabe jener Arbeit versehen.
Ihre Form der Darstellung erfolgt nach den hier angeführten Transkriptionsregeln:

...	ein Satz wird (etwa durch einen Einschub) unterbrochen
___	Die Unterstreichung bedeutet, daß dieses Wort besonders betont wurde
:	direkte, berichtete (indirekte) und erlebte Rede werden im alltagssprachlichen Gebrauch meist nicht grammatikalisch fehlerfrei (und damit manchmal auch inhaltlich nicht völlig korrekt) wiedergegeben, sodaß statt der irreführenden Anführungszeichen hier der Doppelpunkt derartige Redeteile kennzeichnet
(lacht)	Kommentar zu nonverbalen Vorgängen während des Interviews
(I:)	Äußerungen des Interviewers
(-C.R.)	Ergänzungen und Hinweise, die nachträglich zum besseren Verständnis einer Textpassage eingesetzt wurden sind mit C.R. als meine Anmerkung gekennzeichnet
(...)	nachträgliche Auslassungen bei der Darstellung

Literaturverzeichnis

RAINER, J.: Universität - Ort es denkenden Aufstands? Zur psychologischen Analyse eines bildungspolitischen Konflikts. Dissertation, Salzburg, 1988.

RECHBERGER, C.: Vom Studieren zum Dissertieren - Lebens- und Leidensformen von Psychologiestudenten. Studienbiographien von Dissertanten der Psychologie und eine exemplarische Analyse ihrer Erfahrungen im Alltag des Studierens und Dissertierens. Dissertation, Innsbruck, 1985. (erscheint Anfang 1988 im Akademischen Verlag Dieter Heinz, Stuttgart)

ZORN, F.: Mars (Roman). Fischer-tb., Frankfurt, 1979.

Gerhard Stumm, Rüdiger Teutsch

Problembewältigung im Stadium der Dissertation bzw. Diplomarbeit

Der nachstehende Beitrag berichtet über Erfahrungen mit der gleichnamigen Lehrveranstaltung an der Universität Wien. Leiter der Lehrveranstaltung ist der erstgenannte Autor. Er berichtet zunächst über seinen persönlichen Zugang zu diesem Thema.

Entstehungsgeschichte

Als ich vor einigen Jahren von Studenten der Psychologie angeregt wurde, eine Lehrveranstaltung anzubieten, kam mir sogleich die Phase meiner Dissertation in den Sinn. Über 4 Jahre hatte ich, weitgehend auf mich allein gestellt, eine lange Durststrecke zurückzulegen gehabt. Diese meine Betroffenheit und das Wissen, daß es fast allen meinen Bekannten und Freunden in dieser Phase ähnlich ergangen war, veranlaßten mich, eine Lehrveranstaltung auszuschreiben, die ich selber vermißt hatte. Denn deutlich habe ich noch in Erinnerung, mit welchen Problemen ich zu kämpfen hatte: überhöhte Ansprüche, nebenbei Geld verdienen, ein desorganisierter Arbeitsstil und nicht zuletzt die Bedeutung des von mir gewählten Themas für mich (siehe Stumm 1984). So gesehen, hätte ich meine Arbeit in ihrer Funktion überladen, nämlich nicht nur ein "wissenschaftliches Gesellenstück" zu produzieren, sondern an ihr Selbsterfahrung zu betreiben. Erst ein Verständnis von diesem Phänomen, existentielle Notwendigkeiten und der neu erworbene "Mut zur Lücke" haben mir geholfen, die Arbeit zügig abzuschließen. Diese Einsichten und Erfahrungen wollte ich weitergeben. Von vornherein war mir dabei klar, daß es dazu einer besonderen Vermittlungsweise bedarf, und so zog ich Rüdiger Teutsch, mit dem mich gemeinsame Erfahrungen "lebendigen Lernens" verbanden, hinzu. Er erschien mir als Co-Leiter aus zwei Gründen geeignet zu sein: Zum einen kannte er den Alltag des Dissertierens genau - er steckte mitten in seiner Dissertation (Teutsch 1987), - zum anderen brachte er das nötige Verständnis mit, das mir für die didaktische Konzeption der Lehrveranstaltung notwendig erschien.

Zielsetzungen und Selbstverständnis der Lehrveranstaltung

Die Lehrveranstaltung steht Studierenden aller Studienrichtungen offen, wird jedoch in der Praxis vornehmlich von Studenten sozialwissenschaftlicher Studienrichtungen besucht, in erster Linie von Psychologiestudenten. Zweck der Lehrveranstaltung ist es, Probleme zu lösen, die weder rein im inhaltlichen, noch vorwiegend im persönlichen Bereich anzusiedeln sind. Für die inhaltlichen Probleme sollte das Privatissimum oder der Betreuer zur Verfügung stehen, für schwerwiegende psychische Krisen und Arbeitsstörungen empfehlen wir die Studentenberatungsstelle. Am besten lassen wir zu diesem Punkt einen Auszug aus dem Aushang sprechen, mit dem wir vor Semesterbeginn Interessierte informieren:

- Arbeitssituation und persönliche Situation während dieser Phase reflektieren und im Falle von Schwierigkeiten Bewältigungsmöglichkeiten aufzeigen und erarbeiten;
- Sinn, Relevanz und persönliche Bedeutung des Themas der Arbeit beleuchten und Barrieren für die erfolgreiche Durchführung sichtbar machen;
- Hinweise zur Organisation selbständiger wissenschaftlicher Arbeit (z.B. Konzept, Literatursuche, Sammeln und Ordnen von Literatur, Zitierregeln, Zeitpläne, Gestaltung des individuellen Arbeitsstils);
- sozialer Halt, Erfahrungen gemeinsamer Betroffenheit und Anregung zur Kooperation.

Global läßt sich sagen, daß wir einerseits eine sozial-emotionale Stärkung und andererseits eine Steigerung der Effizienz der Arbeitsweise der Teilnehmer beabsichtigen. Weiters wollen wir die intrinsische Motivation der Teilnehmer hinsichtlich ihrer Arbeit fördern und Größenphantasien auf eine womöglich realistische Größe zurückschrauben. Wir verwenden dabei den Ansatz der "Themzentrierten Interaktion (TZI)", einer gruppenpädagogischen Methode, auf die im folgenden noch näher eingegangen wird.

Zur kommunkikativen Didaktik der Lehrveranstaltung

Die traditionelle Form der Betreuung von Dissertanten oder Diplomanden bestehet darin, Hilfestellung zur inhaltlichen Gestaltung der Arbeit zu geben. Oft jedoch zeigt sich, daß der Fortgang nicht durch mangelnde inhaltliche Kompetenz behindert wird, sondern Störungen auf andere Ursachen, wie Unsicherheiten in der Organisation der eigenen wissenschaftlichen Arbeitsweise und psycholsoziale Probleme, zurückzuführen sind.

Vor diesem Hintergrund wird die Notwendigkeit einer alternativen didaktischen Gestaltung deutlich: Die Unterrichtsorganisation hat nicht nur an die inhaltlich-kognitive Ebene, sondern an die Komplexität lebensweltlicher Erfahrungen der Teilnehmer anzuschließen, d.h. neben objektivem Weltbezug auch soziale und subjektive Erfahrungen zu thematisieren. Von dieser grundlegenden Tatsache ausgehend, sowie davon überzeugt, daß interaktives und erfahrungsnahes Lernen in der Gruppe am sinnvollsten zur Problembewältigung beitragen kann, erschien uns als pädagogisches Modell die "*Themenzentrierte Interaktion*" am geeignetsten (vgl. Cohn 1975, Cohn & Matzdorf 1979). Sie hat sich "lebendiges Lernen" zum Ziel gesetzt. Dieser Ansatz versteht sich als sachorientierte Gruppenarbeit, die zu gleichen Teilen dem Bereich der Wissensvermittlung (ES), der Kommunikation in der Gruppe (WIR) und der Person (ICH) der Teilnehmer Aufmerksamkeit zukommen läßt. Darüber hinaus wird der Eingebundenheit menschlichen Lebens in äußere, organisatorische Rahmenbedingungen (GLOBUS) Rechnung getragen. Mit dem Wissen, daß alle vier Ebenen gleichzeitig am Lerngeschehen beteiligt sind, jedoch nicht gleichzeitig behandelt werden können, bemüht sich der Gruppenleiter um ein "*dynamisches Gleichgewicht*" zwischen Sachthema, Interaktionen in der Gruppe und persönlichen Befürfnissen herzustellen. Damit soll einerseits der Tendenz zur abgehobenen akademischen Diskussion und andererseits der Gefahr, Lernen auf Selbsterfahrung zu reduzieren, entgegnet werden.

Problemebenen der Arbeit an einer Dissertation/Diplomarbeit

Analog zu den Wirklichkeitsbezügen, in denen menschliches Handeln stattfindet, unterscheiden wir nun *Problemfelder* bei der Arbeit an der

Dissertation bzw. Diplomarbeit: ICH-, WIR-, ES- und GLOBUS-Themen.

Auf der *ICH-Ebene* werden subjektive Befindlichkeiten, Gedanken, Gefühle, Phantasien etc. der Teillnehmer behandelt, die in engerem Bezug zur Dissertation bzw.Diplomarbeit stehen. Im Unterschied zur psychologischen Beratung, der in diesem Bericht nicht immer klar auszumachen ist, weist unser Arbeitskonzept starken Sachbezug auf: Persönliche Schwierigkeiten werden nur soweit bearbeitet, als sie auf den Forschritt der Arbeit direkt bezogen sind. Immer wieder auftretende, mit der Arbeitssituation verknüpfte Probleme lassen sich in den Stichworten "Ideale und Ansprüche", "Festlegen und Beurteilen", "Entscheidungen treffen", "Leiden, Krankheiten und Entspannung" etc. zusammenfassen. Als überaus bedeutsam zeigte sich vor allem die persönliche Bedeutung des Themas der Dissertation/Diplomarbeit. Gerade in sozialwissenschaftlichen Disziplinen geht diese häufig mit persönlicher Betroffenheit einher. Wir stießen dabei auf das Phänomen einer "*optimalen Distanz*" zum eigenen Arbeitsthema: Zu starkes Involviertsein ist zumeist mit Widerständen gegen die Themenbearbeituing verbunden, fehlt hingegen der persönliche Bezug, so geht unter Umständen ein entscheidendes motivationales Moment verloren.

Als *WIR-Themen* gelten alle, die Beziehungen zwischen Student und im weiteren Sine für die Arbeit relevanten Personen betreffen. Die Reaktionen anderer, z.B. des Betreuers, der Kollegen, des Partners oder der Eltern erweisen sich immer wieder als wesentlich für die Motivation zur Arbeit. Eine realistische Wahrnehmung und Einschätzung, die sich von diffusen Phantasien über von anderen gestellte Ansprüche befreit hat, trägt meist zu einem erfolgreicheren Arbeitsfortgang bei. Ebenfalls WIR-Themen sind solche, die die Interaktion in der Seminargruppe reflektieren. Sie dienen dazu, eigene soziale Verhaltensmuster in konkreten Situationen bewußt zu machen. Darüberhinaus wird eine vertrauensvolle Atmosphäre geschaffen, in der die Basis für "private" Arbeitsgemeinschaften und Beziehungen gelegt wird.

Als *ES-Themen* werden solche verstanden, die direkt die Arbeit an der Dissertation/Diplomarbeit ansprechen. Allerdings handelt es sich dabei nicht um die Erörterung inhaltlicher Fragen, sondern um übergreifende Probleme wissenschaftlicher Arbeitsorganisation. Diese reichen von der Diskussion allgemeiner Phänomene, wie der Konzeption eines Zeitplanes, der Gestaltung des Arbeitsplatzes oder dem Verhältnis von Arbeit und Freizeit, bis zum Austausch individueller Arbeitsweisen, wie z.B. Literatursuche, Exzerpieren, Lesetechniken, Karteikartensystem etc. Aber auch Richtlinien für Arbeitskonzepte, Forschungsdesigns und spezielle Probleme empirischer Untersuchungen haben, so sie fächerübergreifenden Charakter haben, ihren Platz. Immer wieder zeigt sich, daß die im

Laufe des Studiums erworbenen Kenntnisse für eine selbständige und eigenverantwortliche Arbeit unzureichend sind bzw. belastende Verzögerungen der Arbeit durch einfache arbeitstechnische Hinweise vermieden werden können (vgl. Theisen 1984, Poenicke & Wodke-Repplinger 1977).

Probleme, die im Laufe der Dissertation/Diplomarbeit auftreten, haben auch häufig ihre Ursache im "*GLOBUS*", also den Rahmenbedingungen des Arbeitens. Darunter fallen alle Lebensbereiche, die unmittelbar störend auf die Arbeit wirken. Dazu gehören etwa Nebenjob, Familien- oder Wohnsituation. In der Bearbeitung von Globus-Themen wird eine potentielle Gestaltbarkeit der Bedingungen angenommen, der allerdings bewußtes Erkennen problematischer Aspekte vorausgehen muß. Eben dieses Bewußtmachen von "Störfaktoren" aus anderen Lebensbereichen kann die Voraussetzung für realistische Entscheidungen schaffen.

Wiewohl es erklärtes Ziel ist, Probleme mit der Abschlußarbeit zu klären, um zu einem erfolgreichen Studienende zu gelangen, steht die Arbeit an den Themen nicht prinzipiell unter diesem Aspekt, sondern versucht vielmehr, dem einzelnen realistische Entscheidungsgrundlagen für die Gestaltung der eigenen Arbeit zu verschaffen. Die Entscheidung selbst, die der/die Student/in zu treffen hat, kann deshalb auch darin bestehen, die Arbeit auf einen späteren, günstigeren Zeitpunkt zu verschieben, abzubrechen, oder aber gar nicht anzugehen.

Konkrete Arbeitsweise in der Lehrveranstaltung

Grundlage unserer Arbeit ist die Orientierung an den Teilnehmern. Gemäß dem Modell der TZI betrachten wird das ICH und das WIR als Basis für die Sacharbeit. Wir fördern, daß die Teilnehmer einander besser kennenlernen und geben Raum, daß einzelne ihre konkrete Situation ausführlicher darstellen. Aus Gründen der Abwechslung und Balance von unterschiedlichen Schwerpunkten variieren wir sowohl die thematische Ebenen als auch die Arbeitsform. Das heißt, wir wechseln zwischen Themen, die sich mehr auf Persönliches beziehen und solchen, die Fragen der Arbeitsorganisation betreffen. Dazwischen schneiden wir immer wieder die Ebene der sozialen Kontakte an. Die Arbeitsformen sind: Plenum, Kleingruppe, Partnergespräch, Einzelarbeit; wir setzen aber auch Rollenspiel und kreativen Ausdruck (Malen) ein.

Die Arbeit im Seminar betrachten wir zumeist als Modellfall, der auch in abgewandelter Form für den Teilnehmer bei dessen Arbeit Gültigkeit hat. Die Beachtung von Merkmalen wie Regelmäßigkeit, Berücksichtigung von Realitäten (z.B. zeitlicher Rahmen), Notwendigkeit der Entspannung und des Abschaltens, Wechsel zwischen verschiedenen Arbeitsweisen und die Anerkennung der Bedeutung sozialer Bezüge, beeinflußt nicht nur den Semiarverlauf, sondern auch die alltägliche Arbeit an der Dissertation oder Dipomarbeit.

Literaturverzeichnis

COHN, R.: Von der Psychoanalyse zur themenzentrierten Interaktion. Von der Behandlung einzelner zu einer Pädagogik für alle. Stuttgart: Klett-Cotta, 1975.

MATZDORF, P.& R. COHN: Themzentrierte Interaktion. In: R. CORSINI, (Hrsg.): Handbuch der Psychotherapie. Bd. II. Basel 1983, S. 1272-1314.

POENICKE K. & I. WODKE-REPPLINGER: Wie verfaßt man wissenschaftliche Arbeiten? Systematische Materialsammlung - Bücherbenutzung - Manuskriptgestaltunag. Mannheim-Wien-Zürich: Bibliographisches Institut, 1977.

STUMM, G.: Psychosomatische Beschwerden und Erkrankungen vor dem Hintergrund von Arbeits- und Lebensbedingungen. Wien: Unveröffentl. Phil. Diss.1984

TEUTSCH,R.: Bildung und Kommunikation. Ein systematischer Versuch zur Klärung der Beziehung zwischen Bildungstheorie und Kommunikationstheorie. Wien: Unveröffentl. Phil. Diss.1987.

THEISEN, M.: Wissenschaftliches Arbeiten. München: Vahlen: 1984.

Gemeinsame Schlußfolgerungen und Ausblick auf die zukünftige Praxis

(Gerhard Stumm, Rüdiger Teutsch und Christian Rechberger)

Angesichts der bestehenden Ausbildungssituation wird es in Zukunft notwendig sein, die von uns skizzierten studienbegleitenden Aktivitäten fortzusetzen und zu verstärken. In einer Zeit, in der Einsparungstendenzen auch im Bereich der Hochschulen spürbar werden, geht es unseres Erachtens vor allem darum, das (Lehr-)Angebot nicht ausschließlich auf lineare Verwertungsinteressen zu reduzieren. Gegenläufig zur Verknappung und Verarmung von angebotenen Studieninhalten muß der Einbeziehung der - den wissenschaftlichen Produktionsprozeß der Studierenden begleitenden - Lebenszusammenhänge in die Ausbildung verstärkte Bedeutung zugemessen werden. Vor diesem Hintergrund erscheint es umso notwendiger, unsere Tätigkeit weiterhin auszuüben und Lehrveranstaltungen dieses Typs anzubieten. Der bisherige Bedarf bestätigt diesen Eindruck.

Grundsätzlich gilt es daneben, unser Anliegen in Zukunft verstärkt in der inneruniversitären Öffentlichkeit bekanntzumachen und die Problematik der Betroffenen zunehmend ins Bewußtsein aller Beteiligten zu rücken. Hinsichtlich der Lehrveranstaltungen heißt das beispielsweise, daß wir den Studierenden durch entsprechende Ankündigungen, aber auch den Professoren und Dozenten verstärkt Kenntnis von der Existenz einer solchen Lehrveranstaltung geben. Auf diesem Weg können all jene Studenten, die noch nicht davon wissen, von der bestehenden Möglichkeit Gebrauch machen, darüberhinaus ist es wichtig, den Lehrenden die Notwendigkeit dieses Angebots zu vermitteln.

Hinsichtlich der Bearbeitung spezifischer Probleme und der intensiven Beratung von einzelnen sind aber selbst im Rahmen einer solchen Lehrveranstaltung Grenzen gesetzt. Die darüber hinausgehenden Aufgaben kann eine "Kontaktstelle für Dissertanten und Diplomanden" in der vorgestellten Form, noch dazu für einen größeren Kreis von Studenten, leisten. Auf Grundlage der Erfahrungen eines derartigen Pilotprojekts an der Universität Salzburg, kann die Diskussion über die Notwendigkeit solcher Stellen in anderen Universitätsstädten in Gang gebracht werden und in weiterer Folge über deren Installierung entschieden werden..

Derzeit bleibt als weitere Perspektive nur die Verstärkung der bestehenden Kooperation mit den Studentenberatungsstellen; die Weitervermittlung von beiden Seiten kann bewirken, daß die Ratsuchenden dorthin gelangen, wo sie die für sie adäquate Hilfestellung erhalten. Der Studentenberatungsdienst ist allerdings schwerpunktmäßig mit der Beratung von Studierenden in der Studieneingangsphase (Studienwahl, Orientierungsprobleme, ...) beschäftigt und darüberhinaus meist mit akuten Krisenfällen (massive psychische Probleme, bevorstehender Studienabbruch, ...) konfrontiert und damit ausgelastet. Diese Einrichtung kann sich somit viel zuwenig der Arbeit im Vorfeld der Probleme widmen. Eine "Kontaktstelle für Dissertanten und Diplomanden" könnte sich dagegen spezifisch der Anliegen dieser Studentengruppe annehmen und eine Ergänzung zum bestehenden Beratungsangebot bilden.

Als weiterer Ausblick erscheint uns die Zusammenstellung eines "Ratgebers" für Dissertanten und Diplomanden in Buchform notwendig. Dieser soll, ausgehend von unseren eigenen Erfahrungen in dieser Phase und den Erfahrungen, die wir im Lauf unserer bisherigen Tätigkeit gesammelt haben, eine systematische Aufarbeitung aller arbeitsorganisatorischen und psychosozialen Aspekte des Problemkomplexes umfassen. Neben der Bearbeitung von offenen Fragen und Informationsdefiziten geht es dabei vor allem darum, Problemlösungsstrategien bzw. Vorgangsweisen zur Bewältigung schwieriger Abschnitte und Barrieren aufzuzeigen.

Trotz dieser "Begleitmaßnahmen" wird es weiterhin vor allem wichtig sein, daß die Studierenden mit eigenen Initiativen und selbstorganisierten Arbeitsformen der Verschulung und den Studienverschärfungen entgegentreten.

Edgar J. Forster

Notizen zum wissenschaftlichen Arbeiten Zur Rekonstruktion einer wissenschaftlichen Lebenswelt

(Ein Schreibexperiment)

1. Wie verhält sich wissenschaftliches Arbeiten zur existentiellen Grunderfahrung des Menschen? Können wir in der Ungeborgenheit, in der Verzweiflung und Orientierungslosigkeit der menschlichen Existenz, im Ausgeliefertsein an die Welt, allein im Wissen, daß ich bin und zu sein habe, den Erkenntnisprozeß vorantreiben? Wissenschaftlich arbeiten? Ist Wissenschaft nur im uneigentlichen Sein denkbar? Wenn sich ein Wissenschafter der existentiellen Grundgestimmtheit aussetzt: Sieht er das Ende der Wissenschaft? Löst sich Wissenschaft in Philosophie auf?

2. Warum befremdend wirkende Abgrenzungsversuche zwischen Philosophie und Wissenschaft? Etwa aus Angst, die Philosophie könnte die Wissenschaft bloßstellen? Entlarven? - Und dem Wissenschafter seine Handlungsfähigkeit nehmen? Ihn aus seiner Wissenschaftsgläubigkeit herausreißen? "Wer das Bescheidwissen durch Wissenschaften für Erkenntnis des Seins selbst und im Ganzen nimmt, ist einem Wissenschaftsaberglauben anheimgefallen." (Jaspers 1986, 97)

3. Welche Grundstimmung prägt den Wissenschafter zutiefst? Bestimmt sein Schaffen? Für Jaspers (1986, 95 f.) ist es die *Besinnung*, "die hinter allen Stimmungen und Bewegungen des Tages noch gegenwärtig bleibt, bindet und mich bei Entgleisungen, Verwirrungen, Affekten doch nicht ganz ins Bodenlose sinken läßt".
   Ich kenne eine harmonisierende, wegweisende Grundstimmung nicht mehr. Sie ist aufgefressen worden von der *Skepsis*.

4. Welche Bedeutung kommt der Skepsis im wissenschaftlichen Arbeitsprozeß zu? Ist sie eine Hemmschwelle? Ein Störfaktor im Streben nach Gewißheit? Stärkt sie nur die Ungewißheit? Den Relativismus? Wozu ein Hindernis? Gilt nicht auch für den Erkenntnisgang, was der Künstler lange schon weiß: Daß Klarheit die Wahrhaftigkeit in der Kunst sei (Marie v. Ebner-Eschenbach)? Offenbart sich Richtigkeit in der Einfachheit und Geradlinigkeit? Also: Für eine neue, unbekümmerte, fröhliche Wissenschaft? Oder ist Skepsis gar wissenschaftliche Methodik? Ja, wissenschaftliche Tugend schlechthin? Skepsis: eine Schimäre, die dafür verantwortlich ist, daß unser Tun ein wissen-

schaftliches ist? Die uns den Vorwurf erspart, wir seien unwissenschaftlich, "blind" vorgegangen? Skepsis als Korrektiv der Voreiligkeit, der "naiven Objektivität"?
Was nun ist Skepsis? Eine existentielle Grunderfahrung? Eine Methode, die die Wissenschaft sich zunutze machen kann? Kann Skepsis Methode sein?
Skepsis als Methode ist rationalisiert, gleichsam instrumentalisiert und gegängelt, d. h. die skeptische Methode ist ein mechanistisches Verfahren - als Reaktion auf einen definierten Reiz - vorhersehbar, kalkulierbar. Die Wirksamkeit der skeptischen Methode ist deshalb eine planbare Größe.
Skepsis als existentielle Grunderfahrung hat dagegen eine andere Dimension: Ihr Wesensmerkmal ist einerseits ihre *Allgegenwärtigkeit,* andererseits - komplementär - ihre Unberechenbarkeit. Diese wahre Skepsis ist nicht eingrenzbar, sie befällt den Menschen als Ganzes, das Sein als solches: Die Sinnhaftigkeit der menschlichen Existenz selbst ist permanent in Frage gestellt.

5. Wenn Skepsis eine wissenschaftliche Grunderfahrung sein soll, dann ist der Wissenschafter ein skeptischer Mensch. Aber: können wir uns einen skeptischen Menschen wissenschaftlich arbeitend vorstellen? Zerfrißt nicht eben jene Skepsis die Klarheit der Gedanken, ja überhaupt den Gang seiner Arbeit? Wirft uns die Skepsis nicht immer wieder auf den letzten Grund der Dinge zurück, auf das Sein des Seins selbst - gleich den Philosophen, den wahren Künstlern und Schriftstellern?
   "... ist dem Wissenschaftler der Grund seines Einsatzes selbst nicht mehr faßbar, so versucht der Philosophierende gerade, sich des letzten Ursprungs all seines Handelns zu vergewissern ..." (Stegmüller 1978, 199).
   Ist nicht die existentielle Skepsis derart destruktiv, daß diese nicht sachimmanent bleibt, eben nur innerhalb der Sache korrektiv wirkt, sondern darüberhinaus umgreifend den Menschen erfaßt?

6. "Ich weiß bald nicht mehr, wo ich bin und wer ich bin." "Das wissen wir alle nicht mehr, sobald wir davon ablassen, uns etwas vorzumachen." (Heidegger 1959, 35) Wer kann in einer solchen Situation noch Wissenschaft betreiben? - In der Gewißheit, doch immer nur am Oberflächlichen haften zu bleiben? Wissenschaft ist die Verleugnung des wahren Denkens. Wenn der Mensch auf sich selbst zurückfällt, ist er unfähig zur Wissenschaft.

7. Skepsis treibt an: Immer tiefer eindringen! Warum? Vermögen wir nur dann wissenschaftlich fruchtbringend zu arbeiten, wenn wir uns über das Sein des Seins klar geworden sind? Was drängt uns, die letzte aller letzten Fragen, dieses *Wozu?* ergründen zu wollen? Sind wirklich

alle Probleme damit verknüpft?
Warum nicht die Parole: Forscht nach dem Uneigentlichen, nehmt das Unwichtige wichtig, erklärt das Unnütze zum Nützlichen! - Fröhliche Wissenschaft?
Was ist eine wichtige Fragestellung?

8. Ist eine fröhliche Wissenschaft auch eine verantwortungsvolle Wissenschaft?

9. Was bringt Skepsis hervor? Klare, einheitliche Gedankengänge? Oder ratloses "Umherspringen" in der Gedankenwelt? Ist nicht Resignation vor der Skepsis, d.h. eine geordnete Lebensführung, eine klare Zielbestimmung in den Wissenschaften eine Niederlage? Das Eingeständnis, nicht in der eigentlichen Existenz, also im permanenten Schwebezustand verharren zu können? Die Skepsis entzieht uns festen Boden - aber: wir fallen nicht!
Ist der ein Wissenschafter, der nicht nach stabilisierenden, ruhenden Polen greift?

10. Was wissenschaftliche Tugend ist? Nach Gewißheit streben! - Diese auch erlangen? Aber nicht leichtfertig, sondern in skeptischem Geiste, stets auf der Lauer, nicht übertölpelt zu werden - vom Schein, von der Illusion, von Träumereien.

11. Gewißheit - was ist das? Die Erkenntnis der Wahrheit? Wie leicht es sich die Wissenschaft zuweilen macht: Das Objektive ist allein die Auflösung des Subjektiven: Aus Ich-Mitteilungen werden Wir-Sätze! (Vgl. Bachmann 1984, 52 f.) Das Objektive ist nichts anderes als das andere Subjektive: "Einer hat immer Unrecht: aber mit zweien beginnt die Wahrheit. - Eins kann sich nicht beweisen: aber zweie kann man bereits nicht widerlegen." (Nietzsche 1982, § 260)

12. Ist Gewißheit eine soziale Angelegenheit? Haben wir Gewißheit, wenn einer Aussage, einer neuen Erkenntnis (kontrafaktisch) alle anderen zustimmen? Gewißheit: Ein Quantitätskriterium? Ein demokratisches Entscheidungsspiel? Und wenn sich alle gewiß sind: Wahrheit und Ende? "Der Schwindel der Zu-Ende-Denker" (Handke 1977, 301).
Wenn Einigkeit, Gewißheit, Harmonie sich ausbreiten, ist Skepsis am heftigsten spürbar. Der Wissenschafter befindet sich in einem eigenartigen Dilemma: Er ist hin- und hergerissen zwischen den Polen Skepsis und Gewißheit. Beide befruchten einander, eins ist ohne das andere nicht zu denken. Aus diesem Spannungsfeld können wir nicht entkommen, beide - Skepsis und Gewißheit - sind für uns nicht erreichbar, d.h. wir kennen keine Gewißheit und treffen doch immerfort Entscheidungen, als ob wir im Besitz eben jener Gewißheit wären.
Deshalb sage ich: Nein, keine Gewißheit! Wissenschaftliches Arbei-

ten verhindert Gewißheit! Wissenschaft verhindert Gewißheit mehr als alles andere! Die Aufgabe der Wissenschaft kann überhaupt nicht sein, Gewißheit zu erlangen. Die Aufgabe der Wissenschaft ist allein eine aufklärerische: namentlich dahingehend zu wirken, alle Lügengebäude, die uns Gewißheit offenbaren, zu zerstören! Jede Wissenschaft ist nur als kritische, als zerstörende, als dekonstruierende Wissenschaft vorstellbar. Die Aufgabe der Wissenschaft ist somit genau die verkehrte der vermeintlichen: die Gewißheit zu entlarven - als Ungewißheit!
Und nach Gewißheit zu streben - ist sinnlos? Warum? ist nicht dadurch erst Dekonstruktion möglich? D.h.: Liegt nicht im Streben selbst der eigentliche Sinn?

13. Wir handeln aus einer Idee heraus. Wozu Gewißheit? Handeln erfordert nicht Gewißheit, sondern eine Idee und Macht, diese Idee durchzusetzen. Gewißheit ist *eine* Form der Macht, eine "noble" (deshalb seltene?) Form, Ideen durchzusetzen.

14. Wenn wir Gewißheit nicht erreichen können, sondern nach Gewißheit zu streben die Sinnbegierde befriedigt, verändert sich der Anspruch an das wissenschaftliche Arbeiten. Ein wissenschaftliches Werk ist kein Produkt, sondern der Versuch, den Gang der Gedanken, das dynamische Fortschreiten der individuellen Erkenntnis darzulegen, gleichzeitig zu stabilisieren, das Prozeßhafte in einen Zustand umzuwandeln.
Mit Stabilisierung verbindet sich die Absicht: Strukturierung, Zusammenschau, Kategorisierung, Ordnung. Ein wissenschaftliches Werk kann nicht mehr sein als ein Arbeits-, ein Denk-, ein Lebensprotokoll.

15. So also verhält sich das Denken zum Schreiben: "Denn wer aus dem Denken zu schreiben beginnt, muß unweigerlich den Menschen gleichen, die vor allzustarkem Zugwind in den Windschatten flüchten." (Heidegger 1954, 52) Deshalb hat Sokrates, der reinste Denker, nichts geschrieben.

16. Heidegger (1959, 12) unterscheidet zwei Formen des Denkens: Das rechnende Denken kalkuliert mit fortgesetzt neuen, aussichtsreicheren Möglichkeiten. Der planende, forschende Charakter und ein strategischer Zug ist ihm immanent. Es hält nie still, kommt nie zur Besinnung und denkt nicht dem Sinn nach.
Das besinnliche Nachdenken verliert den Boden, schwebt über der Wirklichkeit, es ist für Besorgungen der täglichen Geschäfte nicht nutzbringend, deshalb praxisfremd. "Das besinnliche Denken verlangt von uns, daß wir uns auf solches einlassen, was in sich dem ersten Anschein nach gar nicht zusammengeht." (ebda. 22)

17. Was anders ist Wissenschaftlichkeit als die Dokumentation des wissenschaftlichen Arbeitsprozesses? Des wissenschaftlichen Lebens? Wissenschaft ist im Grunde etwas höchst Subjektives! Wahre Wissenschaft ist deshalb eine *authentische* Wissenschaft! (Zum Begriff Authentizität vgl. Habermas 1985, Band 1, 135 ff.)

18. Heißt wissenschaftliches Arbeiten nicht idealiter: Permanentes Aufschreiben des Gedachten, wodurch Gedachtes selbst wiederum sich konstituiert. Wir halten es nicht mit Nietzsche: Wir *wollen* zu denen gehören, welche mit der nassen Feder in der Hand denken; und noch mehr zu jenen, die sich gar von dem offenen Tintenfasse ihren Leidenschaften überlassen, auf ihrem Stuhle sitzend und aufs Papier starrend. Weder ärgern noch schämen wir uns des Schreibens. Für uns ist Schreiben *keine* Notdurft, sondern eine Kunst! (vgl.Nietzsche 1982, § 93)
Praktisch könnte das heißen: Tagebuchschreiben - als die authentischste Form des Schreibens - und deshalb die beste Form einem subjektivitätsorientierten Wissenschaftlichkeitsansatz gerecht zu werden. "Das Tagebuch-Ich hat auch die Besonderheit, daß es die Figur Ich nicht zu erschaffen braucht, genauso wenig wie das Brief-Ich. Es kann gar nicht anders denn als Ich einziehen in den Text. Es muß auch nichts von der Stelle bewegen, es bekommt keine Zusammenhänge aufgebürdet, es geht schrittweise vor oder springt; es kann unterbrechen, alles berühren und alles wieder lassen. Denn dieses Ich zieht nicht als Leben, nicht dreidimensional in den Text ein. Es hört sich an wie ein Widerspruch, weil die Tagebuchform doch als die subjektivste, unmittelbarste Gattung gilt." (Bachmann 1984, 49)

19. "Er ist ein Denker: das heißt er versteht sich darauf, die Dinge einfacher zu nehmen, als sie sind." (Nietzsche 1982, § 244) Wie verstehen wir diesen Satz? "Gedanken sind die Schatten unserer Empfindungen - immer dunkler, leerer, einfacher als diese." (ebda. § 179)
Und: "Man kann auch seine Gedanken nicht ganz in Worten wiedergeben." (ebda. § 244)
So schwach ist unser Wort? - Nichtssagend? Sollen wir verstummen?

20. Wie irrt der, der verkündet, Schreiben sei ein Handwerk, ein Hilfsmittel des wissenschaftlichen Arbeitens, ein verdrießliches, wenngleich notwendiges Werkzeug, um Gedachtes und Gelesenes festzuschreiben und für spätere Zwecke abrufbar zu halten. Schreiben ist nicht reproduzierende Gedankenabbildung, sondern eine produzierende Kunst; ein konstitutiver, kreativer Akt der Erkenntnisgewinnung: "Es gibt kein Verfahren, das so unmittelbar in die komplexe Realitäten hinein führt wie die Verfertigung der Gedanken beim Schreiben." (Vormweg 1983, 11) Die Arbeit des Wissenschafters unterscheidet

sich hierin nicht von jener des Schriftstellers. Peter Handke (1987b, 26 f.), im Gespräch mit Herbert Gamper:

G: Das gilt auch fürs Schreiben, daß sie manchmal irgendwo hin kommen, wo sie gar nicht hin wollten? Oder ist diese Konstruktion, von der sie sprechen, verbindlich?

H: ... Die Konstruktion braucht man, weil sie grad in der Zerstörung oft fruchtbar werden. Sie bringen einen auf den Weg, der dann oft nicht begehbar ist. Aber sie haben einen immerhin auf den Weg gebracht. ... Und dann gibt's natürlich noch etwas Zusätzliches: daß ein Vertrauen da ist, daß sich in der Schreibtätigkeit Erkenntnisse ergeben, an die man im Vorsatz überhaupt nicht gedacht hat. ... Also das, was ich mir vorgenommen habe, dann nur am Schreibtisch aufzuschreiben, zu verknüpfen, zu verwirklichen, das genügt überhaupt nicht. Es sind ja immer diese zwei Sachen: Konstruktion - und dann diese vielleicht stupide Hoffnung, daß sich in der Arbeit ein schöner Umweg ergibt, daß ein Ding, das immer bedeutungslos war, in der Erzählung zu einer Art Zielding oder zu einem Sinnding wird - nur für die Erzählung natürlich. ... Aber nur das vorher Gedachte zu notieren - das gehört schon auch dazu, daß man das vorher Gedachte im sinnlichen Aufschreiben wieder, vielleicht erst wirklich belebt -, aber das allein, das wäre dann, wie soll ich sagen, nur eine Nacherzählung einer Erzählung.

Die Konstruktion ist die Bedingung für das Schreiben, durch das aber dieselbe Konstruktion transzendiert, dekonstruiert werden kann. So entstehen neue Konstruktionen. In dieser Hinsicht ist das Diskutieren dem Schreiben ähnlich. In beiden Fällen ist der Gedanke der Innenwelt (der Gedankenwelt) zu entreißen und nach außen (in die Außenwelt) zu kehren. Bei diesem Transformationsprozeß, so Sartre (in: Biemel 1985, 26), verändert sich der Gedanke: "Im Sprechen geschieht ein Benennen der Dinge ... Das benannte Ding ist nicht mehr dasselbe, wie das unbenannte, es hat ... seine Unschuld verloren. Es ist durch das Benennen festgelegt worden."
Und doch ist der gesprochene Gedanke wieder von anderem Gefüge als das geschriebene Wort. Dieses ist der Sprachstruktur am vollkommensten unterworfen.

21. Ist Schreiben ein Instrument der Rationalisierung? Schreiben schafft Ordnung; der Welt wird eine Sprachordnung gleichsam übergestülpt. Schreiben als Grundbedingung für rationales Argumentieren? Für den wissenschaftlichen Diskurs? Klarheit der Gedanken durch Klarheit der Sätze?
Kann es gelingen, schreibend zu dekonstruieren, ohne gleichzeitig zu konstruieren?
Ich fühle wieder und wieder die Unzulänglichkeit der Sprache. Die Eindrücke und Empfindungen, die Gedankenwelten sind komplex,

nicht geordnet, deshalb nicht Unordnung, sondern als Ganzes, als Totalität be-greifbar. Das Geschriebene hat mit diesem keine Ähnlichkeit mehr; es ist etwas Neues, eine Ordnung, die die Gedankenwelt zerlegt, d.h. zerstört hat. Das Ganze ist nicht mehr. Das Geschriebene steht zu jenem nur noch in losem, vagem Zusammenhang.

22. Wozu Schreiben? Weshalb dem Schreiben diese Bedeutung? "Schreiben entschlüsselt sich als das äußerste Stadium menschlichen Lernens, das Medium originär humanen Erkennens und das den Menschen eigene und für sie bestimmende Mittel, auch gesellschaftlich Veränderung zu bewirken." (Vormweg 1983, 7) Mehr noch als lesend ist schreibend die Komplexität der Wirklichkeit erschließbar. Gibt uns der Literat nicht recht? Wirklichkeit können wir in ihrer Vielfalt nicht erfahren, sondern nur schreibend entdecken - "erschreiben".
Und Schreiben weist auf das schreibende Ich, ruft es aus der Vergessenheit zurück: Durch das Schreiben wird mir bewußt, Subjekt zu sein. Allein das Subjekt trägt die Verantwortung für Schreiben und Sprechen (Roland Barthes).
Schließlich zeigt das schreibende Ich nicht nur auf sich selbst, sondern wird durch das Schreiben verändert: "So ungewiß ich zwar nicht grundsätzlich, doch für meine Schreibarbeit bin, was das Erkennen, gar was die Veränderung angeht: daß Schreiben den Schreibenden lehrt, dessen bin ich sicher." (Vormweg 1983, 11)

23. Indem wir die Gegenwart beschreiben, verändern wir die Vergangenheit und wirken schreibend in die Zukunft hinein. Wer sagt da noch: Deskription - und nur diese - sei objektiv?

24. Wozu das Zitat? Wirken unsere eigenen Gedanken zu wenig überzeugend? Vertrauen wir nicht auf sie? Wir Wissenschafter sind bescheiden: Zuweilen genügt uns ein Zitat - anstelle des Beweises oder der Begründung!

25. Schreiben ist ein Spiel, das Fiktionen erzeugt, die gleichwertig neben der Realität sich plazieren. Schreiben vergrößert unseren Bewegungsspielraum; schreibend können wir Trennendes zusammenfügen - wie leicht läßt sich das Bindeglied "und" handhaben oder das Trennende "entweder ... oder" -; es befreit den Menschen aus seiner gedanklichen Erstarrung; Schreiben verringert den Abstand zur Utopie.
Und die Kehrseite? Verhext die Sprache unseren Verstand (Wittgenstein)? Sind unsere Probleme zuerst Probleme der uns unbekannten Mittel unserer Sprache?

26. Bedeutet Schreiben "ein(en) der Lebenspraxis beigeordneter Simulationsraum (zu erzeugen), Spielfeld für ein fiktives Handeln, in den man als Autor und als Leser die Grenzen seiner praktischen Erfahrungen und Routinen überschreitet, ohne ein wirkliches Risiko dabei einzu-

gehen" (zit. nach Eykman 1985, 34).
Heißt Wissenschaft Lebenspraxis überspringen? Wissenschaft als Simulation? Oder : Wissenschaft als Utopie? Die Aufgabe der Wissenschaft: Idealtypen zu konstruieren? Verlangt Wissenschaft ein distanziertes Verhältnis zur Realität - wie es Wellershof für die Kunst fordert? "Die Kunst verlöre dann (im Falle der Annäherung an die Realität - E.J.F.) mit dem Bewußtsein der Entfremdung die Kraft der Idealität und ihre kritische Autonomie." (zit. nach Eykman 1985, 34)? Geht Wissenschaft an der Lebenswelt vorbei?

27. Nein! Wissenschaft geht nicht an der Lebenswelt vorbei, vielmehr: sie konstituiert eine neue Lebenswelt! - Eine wissenschaftliche Lebenswelt? Gedankenwelt statt Tatsachenwelt? Eine Welt des Lesens, des Schreibens, des Reflektierens, des Diskutierens?
Statt hektischer Betriebsamkeit: Einsamkeit? Weltverlorenheit? Peter Handke (1987a, 73): "Schon indem ich, vor wievielen Jahren nun?, mich absonderte und beiseite ging, um zu schreiben, habe ich meine Niederlage als Gesellschaftsmensch einbekannt; habe ich mich ausgeschlossen von den anderen auf Lebenszeit."
Und ist nicht die Nacht deine Zeit? Die Stille? Die Dunkelheit?
"Daß mir dies glückte (nämlich Wesentliches zu entdecken - E.J.F.), liegt nicht an mir, sondern an der inzwischen hereingebrochenen Nacht, die zur Sammlung zwingt, ohne Gewalt anzuwenden. Sie läßt uns Zeit zum Nachdenken, indem sie den Schritt verlangsamt." (Heidegger 1954, 31)

28. Wie Unrecht Nietzsche (1982, § 182) mit dem Satz hatte: "Wenn man allein lebt, so spricht man nicht zu laut. Man schreibt auch nicht zulaut: denn man fürchtet den hohlen Widerhall - die Kritik der Nymphe Echo."
Im Gegenteil: In der Einsamkeit wird der Denker wagemutig; er hat kühne Gedanken, verwegene Pläne; er hält alles für möglich - er greift die Utopie!
"Und alle Stimmen klingen anders in der Einsamkeit!" (ebda.) Jubelstimmen sind es!

29. Wissenschaft ernst nehmen, heißt: Auf eine wissenschftliche Lebenswelt sich einlassen; diese neben der Alltagswelt etablieren. Wie beide Welten zueinander in Beziehung stehen? Du meinst: Wie ich beide Welten harmonisiere? Soll denn Harmonie bestehen? Ein fließendes Ineinander-Verschmelzen? Ist denn zwischen dem "rechnenden Denken" und dem "besinnlichen Nachdenken" eine klare Trennlinie aufgehoben? Kannst du in dieser Welt sein, ohne aus jener herausgetreten zu sein?

30. Dann gibt es also ein wissenschaftliches Ethos? Und es ist kein Universalethos, sondern nur ein Partialethos? Hans Mohr (1975, 124): Das wissenschaftliche Ethos ist ein "Partialethos, das die Existenz des Wissenschafters nur teilweise beherrscht. Objektivität und irrationale Leidenschaft schließen sich in der personalen Existenz nicht aus." Verfall keinem Irrtum! Wissenschaftliche Existenz: Zwei (Lebens-) Welten? Zwei Leben? Eins kennt das andere nicht? Und trotzdem im permanenten Konkurrenzkampf - um dich? Besinn dich - auf dich selbst! Du bist es, der den Kampf ausficht - mit dir selbst!

31. Wissenschaftlich Tätigsein ist Ausdruck einer Lebensweise, die bestimmt ist durch permanente Reflexion. Karl Jaspers (1984, 44) reklamiert in fast lyrischem Duktus das Träumen (im Sinne der Reflexion) als notwendigen Bestandteil des wissenschaftlichen Arbeitens für sich: "Wer nicht täglich eine Weile träumt, dem verdunkelt sich der Stern, von dem alle Arbeit und jeder Alltag geführt sein kann."
Reflexion: Bedingung für die Vermittlung einer authentischen Wissenschaft?

32. Neben der "systematisch fragenden und forschenden Tätigkeit" (Ulich) verbindet sich mit dem Begriff wissenschaftliche Tätigkeit eine besondere, eine *umgreifende* Lebensweise, die Errichtung einer Gegenwelt zur uneigentlichen Seinsweise des Menschen, eine wissenschaftliche Lebenswelt.
In dieser Art zu leben, in der umgreifenden, alles erfassenden Reflexion - was anderes ist Intellektualität? - nähert sich der Wissenschafter dem Künstler, dem Literaten, dem Philosophen; die wissenschaftliche Lebenswelt ist dann auch eine künstlerische, eine literatische, eine philosophische Lebenswelt.
"... Schreiben, das ja immer für einen Schriftsteller mit dem Leben eigentlich identisch ist." (Handke 1987b, 27)

33. "Die Sache des Denkens ist nie anders als bestürzend." (Heidegger 1954, 48)

Lesehinweis:

Die "Notizen zum wissenschaftlichen Arbeiten" entsprechen (erweiterten) Tagebuchaufzeichnungen - entstanden während der Arbeit an meiner Dissertation (vgl. Forster 1987, insbes. 381ff.). Zwei Absichten erklären den Entstehungszusammenhang:
Indem ich den wissenschaftlichen Arbeitsprozeß selbst einer kritischen Reflexion unterzog, erhoffte ich mir Klarheit über das Zustandekommen von neuen (sozial-)wissenschaftlichen Erkenntnissen - jenseits der permanent spürbaren Zufälligkeit des (individuellen) Erkenntnisfortschritts. Oder sind gar Unsicherheit und Zufall Grundbedingungen des wissenschaftlichen Ar-

beitens?
"Waren nicht die paar wenigen (Regeln des Schreibens - E.J.F.), die er sich bisher zu geben versucht hatte, immer wieder etwas anderem gewichen, den Launen, den Zufällen, den Eingebungen, die ihm da als das Richtigere erschienen? Zwar lebte er, schon seit Jahrzehnten, auf sein jeweiliges Schreibziel hin; doch bis heute kannte er dafür kein verläßliches Wie; alles an ihm war so vorläufig geblieben ... alles Endgültige war ihm seit jeher unheimlich." (Handke 1987a, 18)
Die zweite Absicht bestand darin, der nüchternen, abstrakten, mechanistischen Wissenschaftssprache, die zunehmend meine Gedanken kontrollierte und manipulierte, eine Art "Gegensprache" entgegenzusetzen. Tatsächlich: Mit einer neuen, leidenschaftlichen, gewagten Sprache wurden auch die Gedanken gewagter. Schließlich befruchteten sich Sprache und Gedanken wechselseitig!

Literaturverzeichnis

BACHMANN, I.: Frankfurter Vorlesungen: Probleme zeitgenössischer Dichtung. München/Zürich: Piper, 1984 (2. Aufl.).
BIEMEL, W.: Sartre - mit Selbstzeugnissen und Bilddokumenten. Reinbek bei Hamburg: Rowohlt, 1985 (154.-158. Tsd.).
EYKMAN, C.: Schreiben als Erfahrung - Poetologische und kunsttheoretische Positionen von Schriftstellern und Künstlern im Zeitraum von 1945 bis 1983. Bonn: Bouvier, 1985.
FORSTER, E.J.: Grundprobleme der politischen Jugendforschung - am Beispiel Vorarlberg. Innsbruck, 1987 (phil. Diss.).
HABERMAS, J.: Die Theorie des kommunikativen Handelns (2 Bände). Frankfurt am Main: Suhrkamp, 1985 (3. Aufl.).
HANDKE, P.: Das Gewicht der Welt - Ein Journal (November 1975 - März 1977). Salzburg: Residenz, 1977.
HANDKE, P.: Nachmittag eines Schriftstellers. Salzburg/Wien: Residenz, 1987a.
HANDKE, P.: Aber ich lebe nur von den Zwischenräumen - Ein Gespräch mit Herbert Gamper. Zürich: Amman, 1987b.
HEIDEGGER, M.: Was heißt Denken? Tübingen: Niemeyer, 1954.
HEIDEGGER, M.: Gelassenheit. Pfullingen: Neske, 1959.
JASPERS, K.: Philosophische Autobiographie. München: Piper, 1984 (2. Aufl.).
JASPERS, K.: Einführung in die Philosophie. München: Piper, 1986 (25. Aufl.).
MOHR, H.: Das wissenschaftliche Ethos. In: E. MENNE/W. TRUTWIN (Hrsg.): Wissenschaftstheorie. Düsseldorf: Patmos, 1975 (= Philosophisches Kolleg, Heft 1).
NIETZSCHE, F.: Die fröhliche Wissenschaft. Frankfurt am Main: Insel, 1982.
STEGMÜLLER, W.: Hauptströmungen der Gegenwartsphilosophie - Eine kritische Einführung. Band 1. Stuttgart: Kröner, 1978 (6. Aufl.).
VORMWEG, H.: Schreiben und Leben. Wiesbaden: Steiner, 1983.

Helga Peskoller

Acmeridasel - ein Textexperiment

Schreiben in Bildern als selbstreflexives Verfahren, um authentisches Denkmaterial, Wissen und eine subjektiv brauchbare Denkordnung zu produzieren?

Diese Sehnsucht zu verdoppeln, sich ausgedrückt zu sehen, mehrere Leben in dieses eine schachteln, auf mehreren Plätzen der Welt gleichzeitig sein zu können - das ist, glaube ich, einer der mächtigsten und am wenigsten beachteten Antriebe zum Schreiben.

(Ch. Wolf 1987,7.)

Gleich vorweg, Acmeridasel ist weder ein Gag noch ein neues Paradigma. Sie ist das Herz des Artikels und steht hier als eine Metapher unter vielen. Sie versucht, zwischen begrifflicher Verlegenheit und Spuren sprachloser Erfahrungen, die sich einer Logifizierung entziehen, hindurchzuführen (vgl. Macho 1987, 176). Schreiben in Bildern, aufgefaßt als imaginative Vorzeichnung dessen, wie ich mich in Bezug zur Welt setze, Erfahrungen organisiere und ordne, um (noch) mitteilbar zu sein. Verknüpft damit ist die Absicht herauszufinden, wie Wissenwollen in Gang zu setzen und Wissen zu integrieren ist, daß **den Dingen ihre Kraft erhalten bleibt,** nachdem sie durchs Benennen ihre Unschuld verloren (J.P. Sartre) und ihre Aura eingebüßt haben (W. Benjamin).

Ich werde also der Frage nachgehen, ob es möglich ist, Metaphern als authentische Denk- und Reflexionsimpulse zu verwenden, ohne Faktisches zu verschleiern und ohne zu rasch in fixe Denkschemata/ Sprachfertigteile zu steuern, die darauf hinauslaufen, Ebenen von Wirklichkeiten einzuschränken. Wie können Denkräume subjektiv erkundet und erschlossen werden, die eine Vielfalt und Mehrdeutigkeit von Ideen produzieren, ohne reine Beliebigkeit zu sein, die dem Leser oder der Leserin keinerlei Orientierung mehr garantiert und ihn bzw. sie in einem Denkwirrwarr im Stich läßt?

Diese Frage sehe ich als vorläufige Essenz dessen, was sich aus drei unterschiedlichen Kontexten ergab - meiner Dissertationsgeschichte, den inhaltlichen Vorbereitungen zur Lehrveranstaltung 'Leidenschaft und

Abstraktion' und der letzten BIWe. (BIWe heißt soviel wie Bunte Informationswerkstatt und findet unregelmäßig am Institut für Erziehungswissenschaften statt, um zu Aktuellem einen diskursiven Austausch zwischen Studierenden und Lehrenden in Gang zu setzen.)

Mein Wunsch und der vieler Studierender, sich zu- und einordnen zu können in einen Orientierungsrahmen, den die Wissenschaftsgeschichte setzt, um in dieser Überfülle von Theorie(elemente)n, Didaktiken, Interessen und Informationen nicht vollkommen die Übersicht und damit sich selbst zu verlieren, müßte, wie ich meine, in der Nähe dessen reflektiert werden, was ich einmal Rekonstruktion der eigenen Denkgeschichte nennen will.

Das gelingt wohl erst, wenn man/frau sich die Erlaubnis gibt, eine subjektive Denkanordnung entstehen zu lassen mit Blick darauf, wie Erfahrungen, Erlebnisse, Informationen usw. jeweils aufgefaßt und bearbeitet werden.

Mit diesem Artikel fange ich an, schriftlich über diese aktuelle und komplizierte Frage nachzudenken. Was mir dabei wichtig wird, wie ich das Problem 'authentisches Wissen' angehe und argumentativ festhalte, soll hier als eine Möglichkeit unter sehr vielen anderen gelesen und zur Diskussion gestellt werden.

Meine Überlegungen setzen damit ein, daß ich über **Sprache** nachdenke, ohne eine Sprachanalyse zu betreiben und ohne lange Beweisführung, um mich zu legitimieren. Trotz aller Skepsis gegenüber Sprache, baue ich auf sie und möchte mich immer wieder auf sie ein- und verlassen, mit dem Ziel, weder mich selbst noch andere/Wirklichkeiten mittels Sprache zu verschleißen. Außerdem setze ich voraus, daß es *'die'* Sprache nicht gibt. Umgangssprache, Alltagssprache, öffentliche Sprache, Wissenschaftssprache, Kunstsprache - hinter allem zieht der Beweis, daß es sich um Männersprache handelt (Pusch 1984; Trömel-Plötz 1982). Wirklichkeitsaneignung über Sprache, über Männersprache, die ein mächtiger Abstraktionsapparat ist und als ein in sich geschlossenes Verweissystem eigene Wirklichkeit konstituiert. Universität, als Institution bestimmt von Inauthentizität (Prengel 1986, 76), setzt auf Männer-Sprache als Grundlage, um Wissen und damit auch Kultur zu re-produzieren, sich anzueignen bzw. sich mit ihr kritisch auseinanderzusetzen. Ob und wie dieses 'kritisch' auf der Basis von Männersprache passieren kann und ob die fast ausnahmslos verbale Kommunikation dafür ausreicht, kulturkritische Lernprozesse in Gang zu bringen und zu halten, werde ich hier nicht genauer diskutieren.

Ich fange an, den roten Faden, brüchig und dünn, an einem Eco-Zitat aufzuwickeln: "Halten wir fest, daß die dialektische Alternative zur Schönen Seele das völlige Sichverlieren im Gegenstand und die Freude an diesem Sichverlieren ist. Gibt es eine Rettungsmöglichkeit zwischen diesen beiden Formen der Selbstzerstörung?" (Eco 1977, 248).

Ohne den Begriff der 'Schönen Seele' zu präzisieren oder den der Entfremdung als dem 'Sichverlieren im Gegenstand' und ohne auf das Verhältnis von Tradition und Avantgarde in der Kunst zu rekurieren, auf das sich Eco hier bezieht, fällt mir spontan eine Antwort ein zu dieser für mich sehr spannenden Frage: Vielleicht gibt es eine Chance, sich zu retten, die entweder darin besteht, mit den eigenen Leidenschaften des Wissenwollens in Räume außerhalb der Uni abzuziehen, wo Erkenntnis stattfinden kann, **bevor** Mensch und Wirklichkeit in zahlreichen abstrakten Organisationsmodellen bereits entworfen sind oder indem wir immer wieder neu den Versuch starten, uns ans eigene Denksystem anzuschließen, Subjekte von Erfahrung und deren reflexiver/rekonstruktiver/dekonstruierender Bearbeitung zu werden i. S. einer 'Erkenntniskritik von innen' (vgl. Kamper 1979, 11).

Dennoch, die Gegenüberstellung von Schöner Seele und Gegenstand, Mensch und Wirklichkeit macht mir Kopfzerbrechen. Sie impliziert die Vorstellung, daß eine Spaltung von subjektiv und objektiv, Individuum und Gesellschaft völlig real ist, in der Form, als sei Gesellschaft ein additives, strukturloses Nebeneinander vieler einzelner Menschen, demgegenüber das Individuum als ein ganz für sich allein existierendes Wesen steht. Mit dem Begriff der Figuration hat N. Elias (1976, 1978) diese Polarisierung überwunden und E. Fox Keller fordert in diesem komplizierten Geflecht, sich eine 'dynamische Autonomie und dynamische Objektivität' anzueignen (1986, 101 ff.).

An dieser Stelle müßte ein wissenschaftstheoretischer bzw. wissenssoziologischer Diskurs einsetzen, den ich in diesem Rahmen nicht zu leisten vermag.

Bevor ich aber zum Ausgangspunkt zurückkomme, subjektiv sinnvolle Denk(an)ordnungen zu schaffen, die mir helfen, Wirklichkeiten zu regeln, möchte ich es nicht versäumen, auf eine der Fallen von Ordnung insbesondere in unserem Fach hinzuweisen. Die Geschichte der Erziehung kann, ohne detailliert zu werden im Sinne einer "Beeinflussungspädagogik", die Kinder, junge Menschen und Frauen mittels unterschiedlicher Konzepte und Techniken zu formen versucht verstanden werden auf der Grundlage unmenschlicher Menschenbilder und in der "Hoffnung auf die

Heranbildung des idealen Menschen", verbunden mit dem "Wahn von dessen unbegrenzter Machbarkeit" (Rathmayr 1987, 2).

Dabei ist anzumerken, daß diese technokratischen Erziehungskonzepte nahezu ausschließlich von Männern gemacht wurden als eine der Auswirkungen der geschlechtsspezifischen Trennung von Erziehungswissenschaft und Erziehungsarbeit und daß, "je größer dieser Abstand zwischen Wissenschaft und Leben ist", sich "um so ungehinderter männliche Allmachtsphantasien entfalten" können und "als Wissenschaft legitimiert, kontrollierenden und beherrschenden Einfluß auf das Kind und die Mutter-Kind-Beziehung nehmen" (Holzkamp/Steppke 1984, 69).

Zurück aber zur Forderung, über wissenschaftliches Denken und Schreiben (was ist das genauer?) Ordnung in 'die' Wirklichkeiten zu bringen - ein alter Hut, die Philosophiegeschichte gibt dazu die große Rahmenerzählung ab. Ich greife diesen Wunsch hier nochmals auf, um ihn auf meine Weise einer vorläufigen Lösung zuzuführen. Im Laufe meiner Denkgeschichte sind mir schon etliche Ordnungen untergekommen, die mich durcheinanderschüttelten. Die Ordnung der Taten (Bacon), die Ordnung der Dinge (Foucault), die Ordnung des Symbolischen (Lacan), die Ordnung der Ziffern und Zahlen (Ifrah), die Ordnung des Nacheinanders (Elias) und die flüchtige Ordnung der Geschwindigkeit (Virilio).

Ich selbst scheine einer **Ordnung der Beliebigkeit** oder einer **Unordnung der Faszination** zu folgen, die sich aus Sehnsucht, Rätselhaftigkeit, Einbildungskraft und Eros zusammensetzt. Diese (Un)Ordnung tendiert zu Überraschung und Irritation. Sie verunsichert und gefährdet die Verständigung immer wieder beträchtlich. Das hat aber auch einen nicht zu unterschätzenden Vorteil - permanent sind die Beteiligten und ich selbst herausgefordert, die verwickelten, widersprüchlichen und halbbewußt inszenierten Situationen zu strukturieren und sie als **Lernakte** aufzufassen, die auch scheitern dürfen.

Aber versuchen wir es nochmals mit der Ordnung. Wer meint, daß die beste, d.h. die vollständige Ordnung dann entsteht, wenn es uns gelänge, möglichst viele verschiedene Ordnungen übereinander zu legen, der irrt, denn "dieses Universum menschlicher Beziehungen" befindet sich in der "Krise, weil der Ordnung der Wörter keine Ordnung der Dinge mehr entspricht (die Wörter werden noch gemäß der traditionellen Ordnung artikuliert, während die Wissenschaft uns die Dinge im Lichte anderer Ordnungen oder überhaupt als ordnunglos und diskontinuierlich erscheinen läßt); es befindet sich in der Krise, weil der Ausdruck der Gefühle in Stereotypen erstarrt ist und selbst in den Formulierungen der Ethik nicht mehr ihrer tatsächlichen Realität entspricht; weil die Sprache eine Struktur der Phänomene reproduziert, die nicht mehr die ist, die bei den operativen Beschreibungen, die wir von ihnen geben, sichtbar wird; weil die Regeln des sozialen Zusammenlebens auf Ordnungsmodellen beruhen, die die tatsächliche Unausgewogenheit dieser Beziehungen nicht zum Ausdruck bringen" (Eco 1977, 264). Was tun, wenn die Ordnung der Wörter nicht mehr der der Dinge entspricht? Wozu im Schreiben ordnend nachdenken, wenn Wissenschaft auf Ordnungslosigkeit und Diskontinuität hinausläuft? Ohne mich auf eine erkenntnistheoretische Diskussion einzulassen, will ich diese Frage ernst nehmen und darauf eine erste Antwort versuchen. Ich habe die Erfahrung gemacht, daß das Schreiben in Bildern (womit ich nicht Erzählen meine), eine Möglichkeit darstellt, zum einen zwischen den Dingen und den Wörtern spielerisch und lebendig, im Sinn von anschaulich, zu vermitteln und zum anderen als ein Anlauf gilt, zu einer 'bodennahen' Metaspache zu gelangen, die schrittweise Wirklichkeiten assimiliert und dabei ständig auf die eigene Lebenspraxis zurückweist (vgl. Wutscher-Peskoller 1987, 6 f.). Ohne jetzt die unterschiedlichen Arten und Funktionen von Metaphern ins Kalkül zu ziehen (u.a. Wiedemann 1986, 150 ff.), ist eines ihrer Hauptmerkmale, daß sie einen Teil aus der vertrauten Domäne der persönlichen Konzeptstruktur nehmen, um ihn auf eine unvertraute zu übertragen. Dieser Transfer geschieht nicht willkürlich oder irgenwie zufällig, sondern wird vom jeweiligen Subjekt in einem Denkakt geleistet. Es trifft eine Auswahl darüber, welche Aspekte dieser fortschreitenden Wirklichkeitsaneignung hervorgehoben und welche zurückgedrängt werden sollen. Diese komplexen Vorgänge im Rückblick selbst zu überdeuten gewährt nicht nur die Chance einer Selbstanalyse, sondern legt das Schwergewicht auf die Frage, in welcher Lebenswelt das Subjekt steht, wo es sich sicher fühlt und sich auskennt und zu welchen Wirklichkeiten es beginnt, sich in Bezug zu setzen, sich zu erkunden und irgendwie wichtig zu finden. In diesem angesteuerten neuen Feld stößt es natürlich auf eine Reihe von Grenzen, die sich in Vagheit und einer gewissen Unbegrifflichkeit ausdrücken. Und hier bieten Mataphern eine Hilfe an. Sie ersetzen die Ordnung der Wörter durch die der Bilder. Bilder sind nie eindeutig, meist mehrdimensional, synchron, bunt und plastisch, wodurch Räume geschaffen werden, in die wir uns hineindenken und auch hineinverlieren können. Will ich da wieder retour, d.h. 'Geschautes' in Worten auf seine Buchstaben stellen, um diese in Verweissystem der Sprache einzureihen, dann gelingt dieser Zu- und Einordnungsvorgang nur lückenhaft und evoziert laufend wieder Wildwuchs. Mataphern sind so gesehen ein Perpetuum mobile. Sie fördern permanent Material aus dem Un- und Vorbewußten zutage, ähnlich wie Träume, und stellen immer wieder neue Bezüge zu anderen Wirklichkeiten her. Gleichzeitig provozieren sie den Wunsch, in die üppige Ideenproduktion Ordnungen zu legen, die weder ihrer Fülle noch ihrer Schnelligkeit Gewalt antun, im Sinne einer klischeehaften, klumpigen Schlagzeilensprache, die viel zu grob-rastrig ist. Im Folgenden will ich anhand des Beispieles "Acmeridasel" demonstrieren, was ich mit dem bisher Ausgeführten faktisch meinte und worauf ich hinauswill.

Ich bitte Sie nun in einem Zweierschritt, meinem intuitiv geschriebenen Textstück zu folgen, das ursprünglich überschrieben war mit der Frage: "Weißt Du wo die Gefahren beim Schreiben und Denken liegen?"

Es ist Sonntag, wie der letzte und vorletzte und der nochmals davor. Viele schon habe ich so verbracht, zuhause an der Schreibmaschine zwischen Büchern, Essays und Papier.
Und ab und zu ein Kuchen, Joghurt, Tee und Schokolade.
Ich schreibe und exzerpiere aus wichtigen Büchern, beispielweise aus Kampers Geschichte des Körpers, Dalys Gyn/Ökologie, Duerrs Traumzeit und Elias Theorie des Zivilisationsprozesses. ... Im Nebenzimmer sind die Abenteuer in den Bergbüchern abgelegt, nebeneinander, übereinander, durcheinander, damit ich die Sehnsucht danach nicht verlier.
Es jahrmarktet nach Ideen und Wünschen, dem Schweigen darüber, nach Spinstern und vertexteten Körpern. Ich grabe im lauten Reigen nach Verstummtem und Vergessenem. Gleichzeitig fällt mein Körper mehr und mehr in sich zusammen, der Kopf behauptet ihn, unwiderruflich strikt.
So beginnt der Magen, dem das meiste zugemutet wird, zu stöhnen; dauernd überladen und gefüllt mit allem Möglichen, eingezwängt und zugedrückt. Ihn gibt es kaum leer. Das Lesen und Schreiben ätzt sich wie Säure in die Magenwände und so funktioniert er seit Jahren widerwillig.

Doch ich werde weiterhin denken und ihn dabei zurichten, bis nur mehr in seiner Anamnese vom Leid zu hören ist, gekrümmt, verwickelt und aufgefressen.
Mit mehr Anstand gehe ich an die Gliedmaßen heran. Sie sind nicht wegzuanalysieren. Sie handeln. Deshalb verwöhne ich sie hin und wieder übers Maß. Einen Waldlauf oder zwei pro Woche, Dienstagabend Turnen, manchmal Emulsion von Piroche oder Sauna. Sie nehmen im allgemeinen dankbar an und sind zufrieden. Nur des morgens frieren sie und machen die Seele schwer.
Besonders die Füße scheinen labyrintisch verbunden zu sein mit Herz und Eingeweiden. Es ist vor allem die Kälte, die sie weiterleiten. Ruckweise. Sie trifft auf Vielerlei und kriegt Resonanz. Da ist zuerst die Psyche, die empfindlich reagiert, weil sie ein leises Votum hat im Spiel um Ausdruck und Produktion und daher täglich x-mal übergangen wird. Sie zieht sich zurück, meldet den einen oder anderen Vorstoß an die Galle bzw. an die Niere weiter, manchmal an die Blase. Oder sie dreht auf Überschwemmung, spontan und unausweichlich. Dann ist der Brustkorb so voll Elend und Schmerz, von Alleinsein und Verzweiflung, daß er Augen und Stimme sprengt.
Das passiert immer wieder. Und in diesen Momenten ruht der Kopf, nicht die

Nerven, die ihn durchjagen. Sie werden durch solche Ausbrüche ganz besonders angegriffen und in Mitleidenschaft gezogen. An ihnen hängt der weitere Erfolg, da sie das Äußerste mit dem Innersten verbinden. diese feinen Drähte verspannen die Ländereien der Menschnatur wie Flüsse die Erde durchziehen. So treffen sie, gemeinsam mit den Adern, wie Pfeilspitzen auf die winzigsten Winkel unserer Haut und lassen vermuten, welches Substrat der Vitalität zugrunde liegt. Sie statten die Sinne zum Wahrnehmen aus und achten darauf, daß der Bogen der Allmacht nicht überstreckt wird. Sie schützen uns und setzen sich aus.

Eine Archäologie des Subjektiven mußte daher die Geschichte der Nerven mitschreiben. Sie hätte sich an Orten zu erkundigen, wo die Nerven durchtrennt wurden, da sie sich zu sehr spannten und dehnten nach den Wünschen und Utopien, nach dem Spuk der Sinne und der Haut über den Körpern. Wo der Wahnsinn eingemeindet ist, müßten sie befragt werden.
Aber gerade hier bedarf es äußester Vorsicht, damit nicht die Scherbe, die übrigblieb, zertreten und zerschlagen wird. Und wenn wir die Naturseite des Menschen Stück für Stück gesammelt haben und auf der Landkarte möglicher Entwürfe kartiert, dann liegt erst seine Morphologie vor, vermutlich unvollständig und ungenau. Die Karte redet, lebt aber nicht. Die Ländereien mit ihren neuen Grenzen, Seen, Bergen und Metropolen müßten erst bereist oder durchwandert werden. Es täte gut, dieselben Fehler nicht zu machen, welche uns im Rationalisierungs- und Verallgemeinerungswahn beide Ohren verstopft und die Türen zugeknallt haben, Irrationales eingeklemmt.
Somit werden wir darauf achten, daß diese Landschaften nicht allzu rasch Namen kriegen, bevor sie nicht selbst welche erfinden, ihrer Lebenswelt angemessen. Die neuen Bezirke nicht mit den alten Maßen vermessen.
Vielleicht werden sie mißtrauisch, mit Groll oder neugierig unserem Suchen und Rätseln zuschauen, schmunzeln, wenn wir eine Acmeridasel akribisch nach Alter, Geschlecht und Status untersuchen. Dazu sind ihnen zahllose Geschichten eingelagert, darüber wissen sie Bescheid. Zu Leblosen erklärt, haben sie ein gemeinsames Schicksal mit den Unterdrückten, Dämonisierten, Idealisierten und Mystifizierten.
Es wird ein Risiko sein, sich an diese Verschiedenheiten heranzumachen, hinterm Schrecken Natur könnten uns Fratzen und Ungeheuerlichkeiten entgegenspringen. Wir haben mit Bizarrem zu rechnen, mit Verstümmeltem und Verkehrtem, mit Zerfressenem und Ausgezehrtem, vermutlich auch mit feinst Gewebtem und Gesponnenem, bunt Gemaltem und heftig Pulsierendem.
Für diese Exkursion zu ein paar Ursprüngen müßten wir halbwegs vorbereitet sein, da es um Erleben geht und nicht um dessen Rekonstruktion. Es ist ein psychisches und geistiges Abenteuer, wenn wir mit unserem Körper ins Wilde gehen, ins Heimatlose, des nachts, am Morgen und in der Dämmerung; mit und ohne Gepäck, mit und ohne Begleitung. Und wenn Du zurückkommst, dann sollst Du mit Deinen Eindrücken nicht hinterm Berg halten, es kann sein, daß Deine Details wichtig sind und faszinieren oder verwirren, besonders Leute, die daheim gesessen sind, geschrieben und gedacht haben, unentwegt.

Ganz ungefährlich sind sie für Dich nicht - ihre Bäuche könnten zu schwer und ihr Köpfe zu leicht geworden sein.
Wie immer, ich habe mir vorgenommen, Dir einen liebevollen Empfang zu bereiten.

P.S.: Bilder, viele Bilder, zuviel? Metaphern sind Interpretationsfolien, durch die wir, in den Worten Piagets, assimilieren: Fremdes, Komplexes, Unbegreifliches, affektiv Hochbesetztes, Tabuisiertes.

Was mit diesem Denkstein sinnvollerweise tun? Irgendwie steht er eigentümlich und rätselhaft da. Wie können wir uns mit und über ihn unterhalten, ohne ihn zu zerstückeln? Bleibt nur das Anschauen, um zu verstehen? Aber "von der Hermeneutik, von innen her betrachtet, wäre ein Denken des Außen sinnlos und unannehmbar. In der Perspektive einer radikalen Ästhetik, von außen, würde sich ein Sprechen von Sinnhorizonten nicht mehr lohnen. Hermeneutische Evidenz und strukturale Analyse sind - strenggenommen - inkompatibel ... Wenn man keine der Seiten losläßt, gerät man ins 'Herzzerreißende der Dinge', wie es sich im Grunde der Geschichte nach und nach ergeben hat" (Kamper 1987). Für welche Seite sich entscheiden, um den Bildtext zu besehen? Fürs Sehen also, d.h. wir wenden weder tiefenhermeneutische noch systematische Verfahren zur Textanalyse an, noch halten wir uns an das interpretative Paradigma oder eine dokumentarische Interpretation. Wir greifen vielmehr irgendeine Textpassage heraus und schauen sie wie ein Bild an, das in uns Assoziationen weckt. Vielleicht geben diese einmal eine Denkfigur ab mit einer bestimmten Ordnung, einem Muster, einer Struktur. Vielleicht passieren ganz andere Dinge. Experimentieren wir einfach voraussetzungslos- mit einer Einschränkung: das Ich, die Autorin selbst, darf nicht ganz verloren gehen, denn sie will schließlich mittels dieses Versuchs auf irgendetwas draufkommen bzw. über sie soll eine Wirkungsweise des metaphorischen Schreibens herausgefunden werden.

Fangen wir mit *Viele habe ich schon so verbracht, zuhause ...* an, denn hier tritt zum ersten Mal ein Ich auf. Aber wo befindet sich dieses Ich? Es hält sich zwischen habe und verbracht auf. Dieses Ich scheint sich inmitten von Vergangenem zu denken. Es hat eine Geschichte. Vielleicht könnte es ebenso gut etwas getan oder geleugnet haben, erkundet oder entwendet. Genau so könnte man mit ihm etwas erlebt haben, etwas eingetauscht, zerstört oder geboren haben. Oder es könnte mit ihm etwas passiert sein, ihm etwas zugestoßen oder entgangen sein. Es könnte sich am Gegenwärtigen verzücken oder sich ins Zukünftige hinüberwagen wollen. Es könnte sich sogar strecken und in die Länge dehnen und wichtig werden oder auch resignieren, sich erinnern oder verstummen. Wie immer, diese Zeitwörter haben ganz besondere Qualitäten, die in der Aussage liegen, denn die

"Schwelle der Sprache ist dort, wo ein Verb auftaucht. Man muß das Verb also als gemischtes Wesen behandeln, gleichzeitig als Wort unter Wörtern, das den gleichen Regeln unterliegt, wie diese den Regeln und Konkordanzgesetzen gehorcht; und dann als hinter ihnen allen in einem Gebiet befindlich, das nicht das des Gesprochenen ist, sondern das, von wo aus man spricht. Es liegt am Rande des Diskurses, an der Nahtstelle dessen, was gesagt wird, und dessen, was selber spricht, genau dort, wo die Zeichen im Begriff sind, Sprache zu werden. In dieser Funktion muß es befragt werden, indem man es von dem befreit, wovon es unaufhörlich überladen und verdunkelt wird. Man darf nicht mit Aristoteles bei der Tatsache stehenbleiben, daß das Verb die Zeiten bezeichnet (...). Man darf nicht, wie es von Buxdorf getan wurde, den verschiedenen Personen des Verbs Bedeutungen zumessen, denn bestimmte Pronomina haben ebenfalls die Eigenheit, sie zu bezeichnen. Dagegen muß man sofort das voll ans Licht bringen, was es ausmacht: das Verb *bestätigt*, das heißt, es zeigt an, 'daß der Diskurs, wo dieses Wort angewandt wird, der Diskurs eines Menschen ist, der nicht nur die Namen begreift, sondern der sie auch beurteilt'. Es liegt ein Satz und Diskurs vor, wenn man zwischen zwei Dingen eine attributive Verbindung feststellt, wenn man sagt, dies *ist* jenes. Die gesamte Art des Verbs führt auf das eine Verb zurück, das *sein* bedeutet. Alle anderen bedienen sich insgeheim dieser einzigen Funktion, sie haben sie aber mit sie verbergenden Determinanten bedeckt ..." (Foucault 1974, 133). Verlieren wir uns noch nicht ganz im Verb, bleiben wir dem Ich auf der Spur.

Ich schreibe und exzerpiere aus wichtigen Büchern. Hier hat das Ich seinen Platz gewechselt. Schreibend und exzerpierend beherrscht es den Hauptsatz und setzt sich damit eine Zeile über die namentlich angeführten Autoritäten, denen es sich verpflichtet fühlt wie *beispielsweise Kampers ..., Dalys ... und Duerrs ...* Sie denken, ich hätte hier eine unseriöse Weglassung vorgenommen, das stimmt nicht. Ich habe diese Autoritäten nur vom Akkusativ in den Genitiv transferiert, von einer Zielgröße in eine Anteilsgröße verwandelt. Schauen wir aber weiter nach dem nächsten Ich.

Im Nebenzimmer sind die Abenteuer in den Bergbüchern abgelegt, nebeneinander, übereinander, durcheinander, damit ich die Sehnsucht danach nicht verlier. Jetzt hätte ich mich beinahe um das Ich gesorgt, es ist solange nicht aufgetaucht. Jetzt ist es da, in einem Nebensatz ist das Ich zu einem Glied neben anderen geworden, hat sich eingereiht, angehängt, da der Gliedsatz, wie es in der Neuauflage zur "Kleine(n) Wort- und Satzanalyse des Bundesministeriums für Unterricht vom 16.12.1985, Z.87-94-18/58" heißt, nicht irgendwie beginnt, sondern u.a. mit damit. Ein damit finden wir unter der Großkategorie der "zusammengesetzte Satz", der fast ins uferlose gehende Unter- und Unterkategorien geschaffen hat. Ganz rechts außen finden wir zu damit: "2. Absicht (Finalsatz)" und kleingedruckt fortfahrend, "Wozu? .. Zu welchem Zweck?" dann weiter in normaler Größe: "Wir beeilen uns, damit wir den Zug erreichen." Über allem steht, diesmal fettgedruckt, "Begründungss. (Kausals.) und GG (GK)". Da der Begründungssatz ganz oben plaziert ist und zur Rechtfertigung zwingt, braucht er sich selbst nicht mehr legitimieren. Er kann nach dem zweiten "s" einen Punkt setzen oder sich nur als Signum präsentieren - wie es viele gibt: TT, CV, FP, NS etc.

Aber jetzt ist uns das Ich entwischt. Rekapitulieren wir nochmals: Es ist zu Beginn in einen Gliedsatz abgerutscht, einem, der sich ständig zu erklären und zu rechtfertigen hat. Gefolgt von einem Substantiv, das die Hauptrolle übernimmt. Das Verb ist weit abgeschlagen fast auf der Strekke geblieben. Kurzum, dieses Ich ist in Verzug geraten, zu einer Nebensache geworden und hat sich nun damit zu plagen, Erklärungen zu suchen, denn "immerzu müssen wir uns und alles, was wir tun, wünschen, denken, begründen; das Leben, wie wir es seit Jahrtausenden leben ist nichts Selbstverständliches. Schon frühe Aussprüche wie 'leben geschenkt', 'Gnade', 'Befreiung' deuten auf gigantische Unselbstverständlichkeiten. Alle diese Worte müssen verschwinden. Hier wird nicht mehr geschenkt, benadigt, befähigt, anerkannt etc., wenn hier dies nicht mehr getan wird - es wird das Morgenrot sein. Eben deshalb darf es keine Opfer geben (Menschenopfer), Menschen als Opfer, weil der geopferte Mensch nichts ergibt. Es ist nicht wahr, daß die Opfer mahnen, bezeugen, Zeugenschaft für etwas ablegen, das ist eine der furchtbarsten und gedankenlosesten, schwächsten Poetisierungen. Aber der Mensch, der nicht Opfer ist, ist im Zwielicht, er ist zwielichtige Existenz par excellance, auch der beinah zum Opfer Gewordene geht mit seinen Irrtümern weiter, stiftet neue Irrtümer, er ist nicht in der Wahrheit', er ist nicht bevorzugt. Auf das Opfer darf keiner sich berufen. Es ist ein Mißbrauch" (Bachmann 1985, 135). Gehen wir zurück zur Sprache, bevor wir die transportierten Inhalte genauer besehen bzw. suchen wir sie in der Schrift aufzulesen, denn wie "Vignere und Duret sagten", ist die "Schrift stets dem Gesprochenen vorausgegangen, ganz gewiß in der Natur; vielleicht auch im Wissen der Menschen. Möglicherweise hat es vor Babel, vor der Sintflut eine Schrift gegeben, die aus den Zeichen der Natur zusammengesetzt war, so daß diese Charaktere die Kraft gehabt haben, direkt auf die Dinge einzuwirken und sie abzustoßen, ihre Eigenarten, ihre Kräfte und ihre Geheimnisse darzustellen. Das ist eine auf primitive Weise natürliche Schrift ..." (Foucault 1974, 71 f.) Und wenn man den "Ursprung der Sprache an den Tag bringen will, heißt es, "den ursprünglichen Moment wiederzufinden, in dem sie reine Bezeichnung war ... Die Elemente, aus denen die Gebärdensprache zusammengesetzt ist (Laute, Gesten, Grimassen), werden nacheinander von der Natur vorgeschlagen, und dennoch haben sie zumeist keine inhaltliche Identität mit dem, was sie bezeichnen ... man muß sich die Sprache also als empfangen und nicht von den Menschen konstruiert vorstellen ... Die Sprache und die Wörter sind streng miteinander verkreuzt. Die Natur gibt sich nur durch den Raster der Benennungen, und sie, die ohne solche Namen stumm und unsichtbar bliebe, schillert von fern hinter ihnen ... Die Naturgeschichte liegt zugleich vor und hinter der Sprache, sie zerlegt die alltägliche Sprache, um sie erneut zusammenzusetzen und das zu entdecken, was sie durch die blinden Ähnlichkeiten der Vorstellungskraft möglich gemacht" (Foucault 1974, 145 ff.).

Nun mag man sich vorstellen, daß sich die 'Naturgeschichte' immer weiter hinter die Sprache zurückschiebt, daß sich die Sprache in zahllosen Abstraktionsstufen von den Dingen entfernt hat und daß immer mehr Abbilder der Bilder von den Dingen diese bezeichnen. Außerdem ergreift "die Stimme die Macht über die Bilder" und "die Ideen, die wie Parolen agieren, nisten sich in die tönenden Bilder oder in die tönenden Wellen und sagen uns, was in den anderen Bildern zu interessieren hat: sie diktieren unsere Wahrnehmung" (Godard 1980, 124). Ein Widerstreit zwischen Bildern und der Sprache, den Augen und den Ohren? Nachdem "Das Schwinden der Sinne" konstatiert wurde (Kamper/Wulf 1984), wird es schwierig werden, der Vormacht des Redens und der Schrift erfolgreich entgegenzuwirken. Vielleicht geht es nicht einmal um Widerstand, sondern nur um eine desillusionierende Begrenzung - "Die schaurige Unendlichkeit einer leeren Wiederkehr oder die Endlichkeit augenblicklichen Gelingens: das ist die kleine Wahl, die dem Denken in der Differenz des Mündlichen und Schriftlichen immerhin bleibt" (Kamper 1976, 10).

Schneiden wir an dieser Stelle den Gedankenfluß ab, er wäre grenzenlos, und halten wir fest, daß eine Funktion des Schreibens in Bildern darin besteht, daß sie zur Ideenproduktion anregt. **Acmeridasel als eine Textsorte, die die Sprache zu einem Assoziations- und Kombinationskraftwerk macht**, zu einer heuristischen Triebfeder (Lyotard 1986, 87). Die eigentliche Versuchung des denkenden Menschen ist die zu verstummen, meint E. Canetti, und G. Roth befürchtet das allmähliche Verstummen der Sprache, nachdem dasselbe schon für die Wünsche und den Körper vermutet wurde. Und dennoch, *Es jahrmarktet nach Ideen und Wünschen, dem Schweigen darüber, nach Spinstern und vertexteten Körpern. Ich grabe im lauten Reigen nach Verstummtem und Vergessenem. Gleichzeitig fällt mein Körper mehr und mehr in sich zusammen, der Kopf behauptet ihn, unwiderruflich strikt.*

Ob die oben dargestellte Form, eigenes Denken mit dem anderer zu konfrontieren, stimmt und ausreicht, um eine zureichende Verständigungsbasis abzugeben, bleibt für mich offen und als Wunsch aufrecht. Ebenso der Gedanke, über das hier fragmentarisch reflektierte Verfahren subjektiver Wissensaneignung durch den assoziativen Gebrauch von Sprache, einmal ein Mosaiksteinchen zu setzen, um das, im Entstehen begriffene, komplizierte Bild historischer Sozial(isations)forschung, um einen Farbtupfer zu bereichern. Und zwar um der dort konstitutiven Frage "Wie verschränkt sich individuelle Lebensgeschichte mit der Geschichte von Gesellschaft/Kultur und umgekehrt?" (vgl. Herrmann 1982, 232 ff.) über eine (spielerische) Rekonstruktion subjektiver Denkmodelle und -modellierungen, als einem Teil von Lebensgeschichte, ein Stückchen beizusteuern.

Meine persönliche Denkgeschichte anwachsen lassen und über sie in und mittels unterschiedlicher Textsorten voller Metaphern nachdenken. Das ist eine Zielrichtung des langen Denkbilderbogens, den ich erst noch zu spannen habe.

Sprache als Schlüssel zum Rätsel nehmen, das in neue Rätsel mündet; einer Un-Ordnung der Faszination nachgeben, die in krisenhafte Lernprozesse verwickelt; dem Schreiben in Bildern die Kraft zutrauen, von Zeit zu Zeit, wie ein Blitz, in die Ordnung der Dinge und in die der Wörter hineinzufahren, um sie mit Hilfe einer dritten Ordnung der Bilder zu überkreuzen. Für einen Augenblick hell genug, um die Figuration Individuum-Gesellschaft im Hintergrund auszuleuchten und sich selbst darin auszumachen, sich mit einer Reihe von Denkfäden an diese Figuration an- und loszubinden; später einmal das Flechtwerk anschauen und im Beschreiben, Zentimeter für Zentimeter, jene insgeheimen Motive begreifen, die zum Erkennen treiben, sich laufend verändern und dabei eigenartige, unverwechselbare Muster fädeln ...

Literaturverzeichnis

BACHMANN, I.: Die Wahrheit ist dem Menschen zumutabar. München: Piper, 1985 (3. Aufl.).

ECO, U.: Das offene Kunstwerk. Frankfurt/M.: Suhrkamp, 1977.

ELIAS, N.: Die Gesellschaft der Individuen. Frankfurt/M.: Suhrkamp 1987.

ders.: Soziologie als Sittengeschichte. In: Psychologie heute. (1978) 2, S. 32-38.

FOUCAULT, M.: Die Ordnung der Dinge. Frankfurt/M.: Suhrkamp, 1974.

FOX KELLER, E.: Liebe, Macht und Erkenntnis. Männliche oder weibliche Wissenschaft? München: Hanser, 1986.

GODARD, J.-L.: Liebe Arbeit Kino. Rette sich wer kann (Das Leben). Berlin: Merve, 1981.

HERRMANN, U.: Probleme und Aspekte historischer Ansätze in der Sozialisationsforschung. In: K. HURRELMANN und D. ULICH (Hrsg.): Handbuch der Sozialisationsforschung. Weinheim, Basel: Beltz, 1982 (2. Aufl.), S. 227-252.

HOLZKAMP, CH./G. STEPPKE: Erziehung als Wissenschaft und Erziehung als produktive Tätigkeit. Ein Beitrag zu Geschlechtsspezifik in der Sozialisationsforschung. In: B. SCHAEFFER-HEGEL/B. WARTMANN (Hrsg.): Mythos Frau. Projektionen und Inszenzierungen im Patriarchat. Berlin: publica, 1984, S. 61-78.

KAMPER, D.: Ästhetik versus Hermeneutik oder das Denken des Außen. Referat beim 1. Wintersymposium im Kulturgelände Nonntal/ Sbg., 4.-6.12.1987 zum Rahmenthema: Das Heimliche und das Unheimliche. Das Über-Denken der Postmoderne.

ders.: Dekonstruktionen - Gesammelte Denkbruchstücke aus einundzwanzig Marburger Semestern. Reihe Metro Bd.2. Mahrburg/Lahn: Guttandin und Hoppe, 1979.

KAMPER, D./V. RITTNER (Hrsg.): Zur Geschichte des Körpers. München: Hanser, 1976.

KAMPER, D./Ch. WULF: Das Schwinden der Sinne. Frankfurt/M.: Suhrkamp, 1984.

LYOTARD, J.-F.: Das postmoderne Wissen. Ein Bericht. Graz, Wien: Böhlau, 1986.

MACHO, Th.: Explosion und Gebirg. Überlegungen zu Martin Heideggers Vortrag über 'das Ding'. In: P. Sloterdijks 'Kritik der zynischen Vernunft'. Frankfurt/M.: Suhrkamp, 1987, 173-188.

PRENGEL, A.: Abschied von der Abhängigkeit. Zur historischen und biographischen Entmachtung der Frauen. In: Beiträge zur feministischen theorie und praxis, 9 (1986) 17, S. 69-82.

PUSCH, L.F.: Das Deutsche als Männersprache. Frankfurt/M.: Suhrkamp, 1984.

RATHMAYR, B.: Studien zur Theorie und Praxis kulturaneignender und kulturkritischer Lernprozesse. Habilitationsschrift, Innsbruck 1987.

RUTSCHKY, K. (Hrsg.): Schwarze Pädagogik. Quellen zur Naturgeschichte der bürgerlichen Erziehung. Frankfurt/M.: Ullstein, 1977.

TRÖMEL-PLÖTZ, S.: Frauensprache: Sprache der Veränderung. Frankfurt/M.: Fischer, 1982.

WIEDEMANN, P.M.: Erzählte Wirklichkeit. Zur Theorie und Auswertung narrativer Interviews. Weinheim, Basel: Beltz, 1986.

WOLF, Ch.:Die Dimension des Autors. Essays und Aufsätze, Reden und Gespräche 1959-1985. Darmstadt, Neuwied: Luchterhand, 1987.

WUTSCHER-PESKOLLER, H.: Zwischen Sternen und Steinen - eine Fläche zum Nachsinnen. Ideen zum Verhältnis von Kunst und Wissenschaft. In: Inn, Zeitschrift für Literatur 12, 1987, S. 6-7, "Alle Sinne".

Autorinnen und Autoren

Herbert Altrichter, geb. 1954 in Wien, Dr., von 1975-1980 Studienassistent und Universitätsassistent am Institut für Erziehungswissenschaften der Universität Wien, seit 1980 Universitätsassistent am Institut für Schulpädagogik und Sozialpädagogik der Universität Klagenfurt; Schwerpunkte: Lehrerausbildung, Lehrerfortbildung, Hochschuldidaktik, Action Research, Forschungsmethodologie.
Anschrift: Universitätsstraße 65-67, A-9010 Klagenfurt

Peter Awecker, seit 1966 Lehrer für Mathematik, Physik, EDV und Informatik am BG und BRG Innsbruck Reithmannstraße und seit 1987 am Schulpraktikumszentrum der Universität Innsbruck tätig.
Anschrift: Schöpfstraße 3, A-6020 Innsbruck

Heinrich Dauber, Dr. phil., Universitätsprofessor an der Gesamthochschule Kassel (Universität des Landes Hessen), Fachbereich Erziehungs- und Humanwissenschaften, Lehrgebiet: Erziehungs- und Schultheorie, einschließlich Weiterbildung; Forschungsschwerpunkte: Bildungstheorie, Neue Soziale Bewegungen, ökologisches und interkulturelles Lernen, Integrative Therapie und Gestaltpädagogik.
Anschrift: Gesamthochschule Kassel, FB 1, Postfach 10 13 80, D-3500 Kassel

Georg Albrecht Feurstein, geb. am 2. 7. 1957 in Dornbirn; 1979 Matura im 2. Bildungsweg; 1979-1985 Studium der Psychologie und Pädagogik in Innsbruck; 1976-1984 Saisonjobs als Busfahrer; Dissertation "Busfahrer für die Reiseindustrie"; 1984 Gründung eines Reisebüros, seither dort Geschäftsführer.
Anschrift: Franz-Fischer-Straße 29, A-6020 Innsbruck

Edgar J. Forster, geb. 1961, Studium der Erziehungswissenschaft, Psychologie, Volkswirtschaft und der Philosophie in Innsbruck und Wien. Dissertation über "Grundprobleme der politischen Jugendforschung". Anschrift: Augasse 13/15, A-1090 Wien

Anne Henzinger unterrichtet seit 1980 Mathematik und Physik am BG Kufstein.
Anschrift: Schillerstraße 2, A-6330 Kufstein

Lutz Hieber, geb. 1944, Prof. Dr. Dipl.-Phys., Universität Hannover; Lehr- und Forschungsbereich: Soziologie unter besonderer Berücksichtigung des sozialen Wandels, der Wissenschaftssoziologie und - seit einigen Jahren - der Kunstsoziologie; daneben Mitarbeit im Wissenschaftsladen Hannover und in Projekten der Erwachsenenbildung.
Anschrift: Schneiderberg 50, D-3000 Hannover 1

Helmwart Hierdeis, Dr. phil., geb. 1937, Prof. für Pädagogik an der Universität Innsbruck. Schwerpunkte: Geschichte der Pädagogik, Erziehungsinstitutionen, Theorie der Schule und des Unterrichts; besonderes Interesse an der pädagogischen Reflexion "vergessener" Themen wie Glück, Tod, Liebe.
Anschrift: Bauhof 31, A-6176 Völs

Dietmar Larcher, Dr., Mag. phil., Univ.-Professor, Universität Klagenfurt. Seit 1968 als Universitätslehrer tätig; zuerst in DeLand/USA, später Innsbruck, derzeit Klagenfurt. Arbeitsschwerkpunkte sind Erforschung von Zweisprachigkeit in Mehrheits-Minderheitssituationen, Sprachdidaktik, Weiterbildung. Wichtige Buchveröffentlichungen: Sprache als Symbolgebrauch, Wien 1980; (gemeinsam mit Gstettner) Zwei Kulturen zwei

Sprachen eine Schule, Klagenfurt 1985; Weiterbildung and Universitäten (Hrsg.), Wien 1988.
Anschrift: Universitätsstraße 65-67, A-9010 Celovec/Klagenfurt

Stephan Laske, geb. 28. 12. 1944 in Überlingen; Studium der Betriebswirtschaftslehre, seit 1980 Univ.-Prof. für Betriebswirtschaftslehre und Wirtschaftspädagogik an der Universität Innsbruck, "Miterfinder" des Patenschaftsmodells.
Anschrift: Universität Innsbruck, Innrain 52, A-6020 Innsbruck

Georg Leiter arbeitet seit 1981 als Lehrer für Mathematik, Physik und Informatik.
Anschrift: BRG, Adolf-Pichler-Platz 1, A-6020 Innsbruck

Thomas Leithäuser, Prof. Dr., Studiengang Psychologie, Universität Bremen, Forschungsarbeiten und Veröffentlichungen in den Bereichen Alltag, Arbeit und Technik, Entwicklungspsychologie, Friedens- und Konfliktforschung, Hermeneutische Forschungsmethoden.
Anschrift: SG Psychologie, FB Human- und Sozialwissenschaften, Universität Bremen, Bibliothekstr., D-2800 Bremen 33

Eveline List, Dr. phil., Mag.rer.soc.oec., Verwaltungsakademie des Bundes in Wien, Sozialwissenschafterin und Psychoanalytikerin.
Anschrift: Mariahilferstraße 108/27, A-1070 Wien

Herbert Maschat, geb. 1941, Dr., Philosoph, Historiker, Techniker, Handwerksmeister. Dissertation: "Studien zur Technik des Spätmittelalters und der Rennaisance am Beispiel von Leonardo da Vinci". Arbeitsgebiete: Philosophie der Technik, Technikgeschichte, Energie und Entropie, Mensch - Maschine - Wissenschaft. Bildungsberatung.
Anschrift: Am Rautkogel 2, A-9061 Wölfnitz

Gottfried Moser ist seit 1978 Lehrer für Mathematik und Informatik.
Anschrift: BORG, Fallmerayerstraße 7, A-6020 Innsbruck

Anton Pelinka, geb. 1941, seit 1975 Prof. für Politikwissenschaft an der Universität Innsbruck. Arbeiten zu Fragen der Demokratietheorie, der vergleichenden Parteien- und Gewekschaftsforschung, des Neokorporatismus (Sozialpartnerschaft) und des Parlamentarismus.
Anschrift: Universität Innsbruck, Institut für Politikwissenschaft, Innrain 52, A-6020 Innsbruck

Helga Peskoller, geb. 1956, seit 1982 Vertragsassistentin am Institut für Erziehungswissenschaft in Innsbruck. Befaßt sich derzeit mit dem Verhältnis von Reden, Denken und Schreiben unter der Frage, wie Wissenschaft, Kunst und Handwerk miteinander kooperieren - angeregt und herausgefordert durch ihre Lehrveranstaltungen und Betreuungsarbeiten mit Studierenden, die aushäusigen Tätigkeiten in der Erwachsenenbildung und das Erfahrungsfeld Natur bzw. Klettern.
Anschrift: Siberweg 6, A-6060 Hall in Tirol

Kurt Pruner ist seit 1975 im Schuldienst. Er unterrichtet Mathematik, Physik und Informatik.
Anschrift: BRG, Adolf-Pichler-Platz 1, Innsbruck

Christian Rechberger, geb. 1955, Dr., Psychologe, Lehrbeauftragter an der Universität Salzburg; Leiter eines Beratungsprojekts für Dissertanten und Diplomanden der natur- und geisteswissenschaftlichen Fakultät; Mitarbeiter des Vereins "Werkstatt für Gesellschafts- und Psychoanalyse".
Anschrift: Eduard-Heinrich-Str. 5/10, A-5020 Salzburg

Erich Ribolits, geb. 1947, Ing. für Elektrotechnik, Dr. phil. (Pädagogik, Politikwissenschaft); 14jährige Tätikeit als Berufsschullehrer; seit 1985 Professor an berufspädagogischen Akademien (Land- und Forstwirtschaft und Abteilung Gewerbe) für den human- und sozialwissenschaftlichen Bereich; Lehrbeauftragter an der Universität Graz (Berufspädagogik); Arbeits- und Überlegungsschwerpunkte: Emanzipatorische Bildung und berufliche Qualifizierung, Fragen der politischen Sozialisation durch die inneren und äußeren Strukturen der Schule, soziales Lernen im Rahmen berufsbezogener Ausbildung, Schulklima und Lehrerpersönlichkeit.
Anschrift: Strozzigasse 38/3; A-1080 Wien

Ursula Schneider, geb. 1953, dzt. Gastprofessorin für Betriebswirtschaftslehre an der Katholischen Universität Eichstätt; versucht zumindest innerhalb ihres Faches mit integrierten Ansätzen zu arbeiten, hauptsächlich in den Bereichen Organisations- und Personalenteicklung, Informations- und ökologisches Management und Hochschuldidaktik.
Anschrift: Schrottstraße 3, A-6020 Innsbruck

Michael Schratz, geb. 1952, Universitätsdozent am Institut für Erziehungswissenschaften der Universität Innsbruck, Mitarbeiter in mehreren Forschungsprojekten an der Bruchstelle von Universität und Lebensalltag. Arbeitsschwerpunkte: Aus- und Weiterbildung, Curriculumarbeit, Erwachsenenbildung und Wissenschaftsdidaktik.
Anschrift: Innrain 52, A-6020 Innsbruck

Johann August Schülein, Prof. Dr. phil., geb. 1947, studierte Soziologie, Psychoanalyse and Philosophie, arbeitet von 1973 bis 1986 an der Universität Gießen, seitdem an der Wirtschaftsuniversität Wien. Arbeitsschwerpunkte: Mikrosoziologie, Institutionsanalyse, Probleme selbstreflexiver Praxis.
Adresse: Wirtschaftsuniversität Wien, Augasse 2-6, A-1090 Wien

Werner Schweinitzhaupt unterrichtet seit 1975 Mathematik, Physik und Informatik.
Anschrift: BG und BRG, Sillgasse 10, A-6020 Innsbruck

Horst Siebert, geb. 1939 in Iserlohn, seit 1970 Professor für Erwachsenenbildung und seit 1986 Mitglied einer Arbeitsgruppe "Lernbereich Dritte Welt" am Fachbereich Erziehungswissenschaften der Universität Hannover.
Anschrift: Schollweg 21, D-3000 Hannover 91

Gerhard Stumm, Dr., geb. 1950, Psychologe; Lehrbeauftragter an der Universität Wien; in eigener Praxis psychotherapeutisch tätig; Volkshochschultätigkeit; sozialwissenschaftliche Forschung mit dem Schwerpunkt Psychotherapie.
Anschrift: Kalvarienbergg. 24/10, A-1170 Wien

Peter Swozilek, geb. am 22.3.1959 in Dornbirn; 1978-1980 Studium der Betriebswirtschaftslehre in Wien, seither in Innsbruck; 1987 Diplomarbeit mit dem Titel "Lernen im Kleinbetrieb" im Rahmen des Patenschaftsmodells.
Anschrift: Bahnhofstraße 7, A-6858 Schwarzach

Rüdiger Teutsch, Dr., geb. 1958; Studium der Publizistik- und Kommunikationswissenschaft/Pädagogik; Mitarbeit in der Gewerkschaftsschule OÖ; Betreuungsfunktion bei Einführungstutorien an der Universität Wien; Co-Leitung einer Lehrveranstaltung; Vorstandsmitglied im Verein Wiener Kindergruppen.
Anschrift: Costagasse 7/19, A-1150 Wien